Präventive Rechtsschutz-mechanismen im japanischen Umwandlungsrecht

Ein Vergleich der präventiven Unterlassungsklage mit dem deutschen Freigabeverfahren

Von

Dr. Veronika Julie Gaile

Carl Heymanns Verlag 2026

Zitiervorschlag: *Gaile*, Präventive Rechtsschutzmechanismen im japanischen Umwandlungsrecht (JR Bd. 54), S. 1

Bibliografische Information der Deutschen Nationalbibliothek
Die Deutsche Nationalbibliothek verzeichnet diese Publikation in der Deutschen Nationalbibliografie; detaillierte bibliografische Daten sind im Internet über http://dnb.d-nb.de abrufbar.

ISBN 978-3-452-30600-5

D 30

www.wolterskluwer.com

Satz: R. John + W. John GbR, Köln
Druck und Weiterverarbeitung: SDK Systemdruck Köln GmbH & Co. KG

Gedruckt auf säurefreiem, alterungsbeständigem und chlorfreiem Papier.

Meinen Eltern

Vorwort

Diese Arbeit wurde von der juristischen Fakultät der Johann Wolfgang Goethe-Universität Frankfurt am Main im Sommersemester 2024 als Dissertation zur Erlangung des Grades eines Doktors der Rechtswissenschaften angenommen.

Die Arbeit befasst sich mit den Änderungen im Bereich des japanischen Umwandlungsrechts durch die Reform des japanischen Gesellschaftsgesetzes 2014/2015. Durch die Einführung der präventiven Unterlassungsklage verfolgt der japanische Gesetzgeber eine Stärkung des effektiven Rechtsschutzes bei Umwandlungsmaßnahmen durch einen verstärkten präventiven Rechtsschutz. Er greift damit auf einen Rechtsschutzmechanismus zurück, der sich von dem deutschen Freigabeverfahren unterscheidet. Das vorliegende Werk stellt – soweit ersichtlich – die erste Monografie zur präventiven Unterlassungsklage bei Umwandlungsmaßnahmen nach dem japanischen Gesellschaftsgesetz dar, die in westlicher Sprache verfasst wurde.

Mein Dank gilt zuallererst und ganz besonders Professor Dr. *Moritz Bälz*, LL.M. (Harvard), der meine Promotion als Doktorvater betreute, mir stets mit konstruktiven Anregungen und Hinweisen bei der Erstellung der Arbeit zur Seite stand und mich darüber hinaus auch bei der Organisation meines Forschungsaufenthalts umfassend unterstützte. Bedanken möchte ich mich auch bei Professor Dr. *Christian Decher* für die zügige Erstellung des Zweitgutachtens, die weiteren wertvollen Denkanregungen sowie den wissenschaftlichen Austausch im Rahmen der Disputation. Darüber hinaus bedanke ich mich bei Professor Dr. *Joachim Zekoll*, LL.M. (Berkley), für die Übernahme des Vorsitz im Prüfungsausschuss der Disputation.

In fachlicher Hinsicht möchte ich mich zudem bei Professor *Masafumi Nakahigashi* von der Nagoya-Universität, Professorin *Maki Saito* von der Kyoto-Universität, Professor *Wataru Tanaka* von der Tokyo Universität sowie Professor *Koji Funatsu* von der Doshisha Universität bedanken, die sich jeweils Zeit nahmen für ausgiebige Diskussionen zur präventiven Unterlassungsklage bei Umwandlungsmaßnahmen nach japanischem Recht und zum japanischen Konstrukt des präventiven Rechtsschutzes im Gesellschaftsrecht. Dank diesem wertvollen Austausch war es mir möglich, die neue Gesetzesregelung in ein weiteres Gesamtverständnis für das japanische Gesellschaftsrecht einzubetten und deren Anwendung in der Praxis zu reflektieren.

Dem Deutschen Institut für Japanstudien Tokyo der Max Weber Stiftung sei für die Gewährung eines großzügigen Promotionsstipendiums zu danken. Professor Dr. *Franz Waldenberger* und Dr. *Luise Kahlow*, die mir für die Fertigstellung der Arbeit einen weiteren, kurzen Forschungsaufenthalt am Deutschen Institut für Japanstudien Tokyo ermöglicht haben, sei an dieser Stelle ein besonderer Dank auszusprechen.

Ein ganz besonderer Dank gilt zudem Herrn *Simon Kiefer*, LL.M. (Edinburgh), der diese Arbeit nicht nur zwei Mal vollständig Korrektur gelesen und mit wertvollen Anregungen bei deren Erstellung unterstützt hatte, sondern mir vom ersten Tag der Arbeit bis zu deren Abschluss den Rücken freihielt und mit unermüdlicher Geduld und Verständnis zur Seite stand.

Der größte Dank gilt hier jedoch meinen Eltern, ohne deren unermüdliche Unterstützung in allen Lebenslagen und uneingeschränkte Förderung sämtlicher akademischer Vorhaben, vor allem aber ohne deren Entscheidung zur bilingualen Erziehung ihrer Kinder, diese Arbeit niemals möglich gewesen wäre. Ihnen sei diese Arbeit gewidmet.

Tokyo, im Juli 2025 *Veronika Julie Gaile*

Inhaltsübersicht

Inhalt

Einleitung

A. Der gerichtliche Rechtsschutz zur Gewährleistung des Interessenausgleichs

Sowohl das deutsche als auch das japanische Umwandlungsrecht dienen der vereinfachten Umstrukturierung von Unternehmen.[1] Die Gründe für eine Unternehmensrestrukturierung sind vielfältig: Umwandlungsmaßnahmen können aus unternehmensinternen Gründen im Rahmen des Erwerbs oder der Veräußerung von (Gruppen-)Gesellschaften genutzt werden.[2] Aber auch Veränderungen makroökonomischer Rahmenbedingungen wie beispielsweise der Austritt des Vereinigten Königreichs aus der Europäischen Union oder Änderungen regulatorischer Vorgaben können konzerninterne Umstrukturierungen notwendig machen.[3]

Dem Umwandlungsrecht ist dabei ein tiefgreifendes Spannungsverhältnis zwischen den entgegenstehenden Interessen der Gesellschaft einerseits und der Anteilsinhaber anderseits inhärent. Die Umwandlungsmaßnahmen umfassen regelmäßig weitreichende Änderungen der Gesellschaft und ihrer Rechtsbeziehungen. Dabei werden unter anderem Gesellschaften aufgelöst, neue Gesellschaften gegründet, sämtliche Rechte und Pflichten operativ tätiger Unternehmen auf neue Gesellschaften übertragen und Vertragsparteien und Anspruchsgegner durch neue Rechtsträger ausgetauscht. Damit einher geht auch ein umfassender operativer Eingliederungsprozess von Unternehmensbereichen in die übernehmende Gesellschaft oder Umstrukturierung von gesamten Betriebsabläufen aufgrund von Synergieeffekten oder Redundanzen.[4] Die beteiligten Gesellschaften

1 *Tanaka*, Kaisha-hô [Gesellschaftsrecht] (2021), S. 605; *Stengel*, in: Semler/Stengel/Leonard, UmwG (2021), § 1 Rn. 2.

2 *Fröndhoff*, Warum die Aufspaltung von Bayer nun näher rückt, Handelsblatt, 22.11.2023 (abrufbar unter: https://www.handelsblatt.com/meinung/kommentare/kommentar-warum-die-aufspaltung-von-bayer-nun-naeher-rueckt/29513816.html); Z Holdings and LINE Announce Completion of Business Integration, 1.3.2021 (abrufbar unter: https://linecorp.com/en/pr/news/en/2021/3646).

3 Vgl. Deloitte – Brexit for Japanese Banks in Germany, November 2019 (abrufbar unter: https://www2.deloitte.com/content/dam/Deloitte/jp/Documents/financial-services/bk/Brexit%20Top%20Topics%20for%20Japanese%20Banks%20-%202019-11-27.pdf); *Landgraf,* Wie der Finanzplatz Frankfurt vom Brexit profitiert, Handelsblatt, 12.11.2018 (abrufbar unter: https://www.handelsblatt.com/finanzen/banken-versicherungen/banken/britischer-eu-austritt-wie-der-finanzplatz-frankfurt-vom-brexit-profitiert/23622496.html).

4 *Tanaka*, Kaisha-hô [Gesellschaftsrecht] (2021), S. 605, 624.

haben daher ein hohes Interesse an einem kostengünstigen und unkomplizierten, schnellen Vorgehen ohne hohe formelle, steuerliche oder zeitliche Hürden.[5] Nur so können sie auf Veränderungen im Markt flexibel, schnell und ohne erhebliche Kosten reagieren.[6] Die Maßnahmen beinhalten dabei so weitreichende Rechtsfolgen, deren Rückabwicklung in der Praxis mit erheblichen Komplikationen verbunden wäre, so dass die beteiligten Gesellschaften zusätzlich ein besonders hohes Interesse an der Rechtssicherheit des Umwandlungsvorgangs selbst haben.[7]

Dem steht das Interesse der Minderheitsanteilsinhaber an umfassender Gewährleistung ihrer Rechte gegenüber. Denn Umwandlungsmaßnahmen gehen regelmäßig einher mit Veränderungen der Vermögensmasse der Gesellschaft, des Verhältnisses von Vermögen zu bestehenden Verbindlichkeiten, der Zusammensetzung der Anteilsinhaberstruktur bis hin zu einer Änderung des Rechtsträgers. Die Maßnahmen können folglich derart in die Aktionärsstellung eingreifen, dass der betroffene Aktionär sich in einer vollständig umgestalteten Gesellschaft wiederfindet.

Das Umwandlungsrecht muss daher einen möglichst weitreichenden Rechtsschutz bieten, der in der praktischen Anwendung nicht dem Zweck des Umwandlungsrechts zuwiderläuft. Besondere Bedeutung ist daher dem präventiven Rechtsschutz im Umwandlungsrecht zuzusprechen, der bereits im Vorfeld der Durchführung einer Umwandlungsmaßnahme deren Überprüfung ermöglicht.

B. Die Einführung der präventiven Unterlassungsklage im japanischen Umwandlungsrecht

Der japanische Gesetzgeber hat 2014 eine Änderung des Gesellschaftsgesetzes (*kaisha-hô*) beschlossen, die am 1. Mai 2015 in Kraft trat und auch Änderungen im japanischen Umwandlungsrecht mit sich brachte.[8] Die Reform des Gesellschaftsgesetzes diente – neben zentralen Aspekten der Corporate Governance – in erster Linie der Behebung der Probleme und Lücken, die sich seit dessen

5 *Sagasser/Luke*, in: Sagasser/Bula/Brünger, Umwandlungen (2017), § 3 Rn. 1 f.; *Tanaka*, Kaisha-hô [Gesellschaftsrecht] (2021), S. 624.

6 *Sagasser/Luke*, in: Sagasser/Bula/Brünger, Umwandlungen (2017), § 3 Rn. 2; *Stengel*, in: Semler/Stengel/Leonard, UmwG (2021), § 1 Rn. 3.

7 *Tanaka*, Kaisha-hô [Gesellschaftsrecht] (2021), S. 668.

8 Vgl. *Ueda/Sugewara/Matsushima,* Kaisei kaishahô [Das reformierte Gesellschaftsrecht] (2015), S. 2. Neben den Änderungen des Gesellschaftsgesetzes wurden auch die Verordnung zum Inkrafttreten des Gesellschaftsgesetzes (*kaisha shikô kisoku*) sowie die Verordnung zur Rechnungslegung und Rechnungsprüfung von Unternehmen (*kaisha keisan kisoku*) zum 6. Februar 2015 geändert.

Inkrafttreten 2006 herauskristallisiert hatten.[9] Dies umfasst auch die Einführung der allgemeinen präventiven Unterlassungsklage für alle Umwandlungsmaßnahmen (*soshiki saihen nado ni kan suru sashitome seikyû seido*).[10] Durch die Einführung der präventiven Unterlassungsklage für alle Umwandlungsmaßnahmen sollte der Schwerpunkt des Rechtsschutzes der Anteilsinhaber von dem nachträglichen auf den präventiven Rechtsschutz verschoben werden.[11] Gleichzeitig wurde das neue prozessuale Instrument als notwendiger Bestandteil eines angemessenen Rechtsschutzes neben den bereits bestehenden prozessualen Rechtsschutzinstrumenten gesehen. Sollte die neue präventive Unterlassungsklage diese gesetzgeberische Zielsetzung erfüllen, wäre das japanische Beispiel auch für die deutsche Regelung des umwandlungsrechtlichen Rechtsschutzes interessant. Denn auch der deutsche Gesetzgeber befindet sich seit Einführung des Umwandlungsgesetzes 1995 in einem konstanten Balanceakt widerstreitender Interessen im Rahmen der Gewährung angemessenen Rechtsschutzes der Parteien bei Umwandlungsmaßnahmen.

C. Hintergrund und Anlass der Arbeit

Die vorliegende Arbeit untersucht den Rechtsschutz der Aktionäre im Rahmen von Umwandlungsmaßnahmen im japanischen Gesellschaftsrecht. Der Fokus liegt dabei auf dem präventiven Rechtsschutz, da aufgrund des Charakters der Umwandlung und ihrer Komplexität die Geltendmachung eines nachträglichen Rechtsschutzes in der Regel nicht oder nur erschwert möglich ist.[12]

Die Einführung der präventiven Unterlassungsklage bei regulären Umwandlungsmaßnahmen als das neue zentrale Rechtsschutzinstrument im japanischen Umwandlungsrecht bietet dabei den richtigen Zeitpunkt, den umwandlungsrechtlichen präventiven Rechtsschutz im japanischen Recht einer genauen Betrachtung zu unterziehen. In der deutsch- und englischsprachigen Literatur findet sich bisher weder eine umfassende Darstellung noch eine rechtlich kritische Analyse der neuen präventiven Unterlassungsklage bei regulären Umwandlungsmaßnahmen.[13] Ebenso mangelt es in der deutschen Literatur an einer ausführlichen Darstellung der präventiven Rechtsschutzinstrumente im japanischen

9 *Ueda/Sugewara/Matsushima,* Kaisei kaishahô [Das reformierte Gesellschaftsrecht] (2015), S. 4; *Gotô*, in: Kanda, Heisei 26nen kaisei kaisha-hô [Gesellschaftsrechtsreform 2014] (2015), S. 13.
10 *Ôta/Yasui*, Shôji Hômu 1988 (2013), 15.
11 Vgl. *Nakahigashi*, Jurist 1495 (2016), 63, 68.
12 Siehe oben Einleitung – A.
13 Bisher nur zusammenfassend darstellend *Kamerling*, Der Squeeze-out im Japanischen Gesellschaftsrecht (2020), S. 222-223.

Umwandlungsrecht unter Berücksichtigung des Zusammenspiels von gesellschaftsrechtlichen und prozessrechtlichen Vorschriften.

Gleichzeitig ist in Deutschland seit Einführung des ARUG und der damit einhergehenden Verschärfung der Freigabevorschriften zulasten der Rechtsdurchsetzung der klagenden Aktionäre die anfangs so vehemente und grundlegende Kritik an der Ausgestaltung des Freigabeverfahrens zunehmend aus dem Fokus der rechtswissenschaftlichen Diskussion verschwunden. Das wird man insoweit als gutes Zeichen deuten dürfen, als die Gefahr missbräuchlicher Klagen nicht mehr in dem Ausmaß besteht, dass sie den rechtspolitischen Diskurs prägt.[14] Dennoch ist dieser Zustand allein keine Rechtfertigung des *status quo*; viel eher besteht mehr als zehn Jahre nach der letzten, stark kritisierten Gesetzesänderung hinreichend Bedarf, die zuvor geäußerten Kritikpunkte aus heutiger Perspektive und abseits des damaligen unmittelbaren Handlungsdrucks kritisch zu untersuchen. Dem hat sich in der deutschen Rechtswissenschaft in den letzten zehn Jahren kaum jemand angenommen.

Diese Lücken sucht die vorliegende Arbeit zu schließen. Der derzeitige Standpunkt beider Rechtsordnungen bietet dabei nicht nur Anlass zur jeweiligen rechtlichen Analyse, sondern legt auch einen Rechtsvergleich nahe, mit dem Ziel, Optimierungsbedarf in den jeweiligen Systemen aufzudecken und Gedankenanstöße voneinander abzuleiten.

D. Gang der Untersuchung

Die vorliegende Arbeit analysiert den präventiven Rechtsschutz der Minderheitsaktionäre im deutschen und japanischen Umwandlungsrecht.

Ausgangspunkt ist dabei die Darlegung der Grundlagen des deutschen und japanischen Umwandlungsrechts und der Interessen der beteiligten Parteien (*Erster Teil*). Sodann betrachtet sie die deutschen und die japanischen präventiven Rechtsschutzinstrumente separat unter Berücksichtigung ihrer Einbettung in das jeweilige Gesamtsystem des umwandlungsrechtlichen Rechtsschutzes und unterzieht diese jeweils einer rechtspolitischen Bewertung. Der Fokus im deutschen Umwandlungsrecht liegt dabei auf der kritischen Analyse des Freigabeverfahrens (*Zweiter Teil*). Auf eine detaillierte Betrachtung des deutschen Umwandlungsrechts, die für den Leser im Wesentlichen nur eine Wiederholung des Bekannten darstellen würde, wird dabei in weiten Teilen bewusst verzichtet; im Rahmen des Freigabeverfahrens erfolgt jedoch eine ausführliche Analyse und Darstellung der im Schrifttum vertretenen Ansichten, um bestehende Rechtsschutzprobleme aufzuzeigen. Die Untersuchung zum japanischen Umwandlungsrecht widmet sich der ausführlichen Darstellung sowie kritischen

14 So auch *Bayer/Hoffmann*, AG 2017, R 155 ff.; ferner *Bayer/Möller*, NZG 2018, 801, 803.

Analyse des japanischen präventiven Rechtsschutzes von Aktionären bei bevorstehenden Umwandlungsmaßnahmen, insbesondere der mit der Reform 2014 neu eingeführten präventiven Unterlassungsklage bei regulären Umwandlungsvorhaben (*Dritter Teil*). Anschließend wird im Rahmen einer rechtsvergleichenden Analyse die deutsche und japanische Ausprägung des präventiven Rechtsschutzes bei Umwandlungen erörtert (*Vierter Teil*). Auch wenn die japanischen gesellschaftsrechtlichen Regelungen in ihrem Ursprung auf dem deutschen Recht fußen, hat sich das japanische Gesellschaftsrecht zunehmend US-amerikanische Rechtsinstrumente zu eigen gemacht, so auch die präventive Unterlassungsklage. Im Rahmen des Rechtsvergleichs werden der japanische Fokus auf präventive Unterlassungsklagen als präventives Rechtschutzinstrument mit dem deutschen Konstrukt aus Registersperre und Freigabeverfahren verglichen und deren jeweilige praktische Effektivität unter Berücksichtigung des Gesamtrechtsschutzniveaus der jeweiligen Rechtsordnung gegeneinander abgewogen. Der japanische Ansatz wird dabei als potenzielle Lösung für die aufgezeigten Rechtsprobleme des deutschen Freigabeverfahrens analysiert.

Die Methodik des vorliegenden Rechtsvergleichs folgt dabei dem klassischen funktionalen Rechtsvergleichsansatz.[15] Der Rechtsvergleich im Umwandlungsrecht soll deshalb primär einen problembezogenen Ansatz annehmen. Dabei soll der Fokus jedoch nicht allein auf dem Aufzeigen von Gemeinsamkeiten der zwei Rechtsordnungen liegen, sondern in einem zweiten Schritt insbesondere der Erarbeitung eines Reformansatzes für das deutsche Umwandlungsrecht dienen. Ein über den klassisch-funktionalen Ansatz hinausgehender Rechtskulturvergleich[16], der die Rechtsordnung als ein aus der Gesellschaft geformtes Substrat, welches nicht isoliert von dessen sozialer Einbettung in die Gesellschaft betrachtet werden kann, erachtet[17], soll hier nicht gänzlich negiert, aber nur in begrenztem Umfang erfolgen. Rechtskulturelle Faktoren sollen daher in die Bewertung miteinfließen, werden aufgrund der Gefahr zur Simplifizierung allerdings nur in begrenztem Umfang berücksichtigt. Den Abschluss bilden schließlich die Ergebnisse in Thesen. Zudem wird ein Ausblick auf zukünftige Entwicklungen gegeben.

15 Vgl. *Zweigert/Kötz*, Einführung in die Rechtsvergleichung auf dem Gebiet des Privatrechts (1996), S. 27 ff. Ausführlich zum funktionalen Rechtsvergleichungsansatz siehe *Michaels*, in: Reimann/Zimmermann, The Oxford Handbook of Comparative Law (2019), S. 339, 340 ff.

16 Vgl. *Baum/Bälz*, in: Baum/Bälz, Hdb. Japanisches Handels- und Wirtschaftsrecht (2011), S. 3 f. mwN. Auf eine ausführliche Darstellung der Diskussion im Schrifttum kann an dieser Stelle nicht eingegangen werden. Siehe dazu *Bälz*, ZJapanR 25 (2008), 153 ff.; *Milhaupt*, Harvard International Law Journal 37 (1996), 3 ff.; *Baum*, RabelsZ 59 (1995), 258 ff. 287; vgl. auch *Rahn*, Rechtsdenken und Rechtsauffassung in Japan (1990), S. 14.

17 Vgl. *Baum/Bälz*, in: Baum/Bälz, Hdb. Japanisches Handels- und Wirtschaftsrecht (2011), S. 3; *Kitagawa*, in: Reimann/Zimmermann, The Oxford Handbook of Comparative Law (2019), S. 237, 245 ff.

Die Arbeit beschränkt sich auf nationale Umwandlungsmaßnahmen im Sinne des § 1 Abs. 2 UmwG[18] und im Fünften Buch des japanischen Gesellschaftsgesetzes genannte Maßnahmen[19], welches in Auszügen im Anhang 1 dieser Arbeit wiedergegeben wird; außer Betracht bleiben daher Kontrollerwerbsvorgänge durch öffentliche Übernahmeangebote sowie das Squeeze-out-Verfahren. Zudem bleibt die Vermögensübertragung nach § 174 UmwG unberücksichtigt, die aufgrund ihres beschränkten Anwendungsbereichs nach § 175 UmwG, nur selten Verwendung findet. Gleiches gilt für den in beiden Rechtsordnungen vorgesehene Formwechsel. Dieser ist im japanischen Recht aufgrund der Dominanz der japanischen Aktiengesellschaft (*kabushiki kaisha*) von etwa 93,7 % aller bestehenden Handelsgesellschaften auf dem japanischen Rechtsmarkt [20] nicht nur wenig praxisrelevant, sondern darüber hinaus auch vom Anwendungsbereich der neuen umwandlungsrechtlichen, präventiven Unterlassungsklage ausgenommen.[21] Die rechtliche Betrachtung beschränkt sich daher im japanischen Recht auf die *kabushiki kaisha* und im deutschen Recht auf die Aktiengesellschaft. Aufgrund des weiten Spektrums rechtlicher Ausgestaltungsmöglichkeiten der japanischen Aktiengesellschaft, die je nach Ausgestaltung auch eine der deutschen GmbH ähnliche personalistische Struktur aufweisen kann, wird im deutschen Recht jedoch vereinzelt auch auf abweichende Besonderheiten des GmbH-Rechts hingewiesen.

E. Terminologie

Arbeiten zum japanischen Recht unterliegen in besonderem Maße der Schwierigkeit der Wahl der angemessenen Terminologie. Dabei liegt die Problematik nicht allein in der korrekten Übersetzung des Begriffs; Probleme ergeben sich auch daraus, dass die deutsche Übersetzung regelmäßig bereits mit einer rechtlichen und sozioökonomischen Bedeutung ausgefüllt ist und der deutsche Leser eine bestimmte Vorstellung davon hat, was der jeweilige konkrete Begriff erfassen soll. Die genutzten Begrifflichkeiten in Arbeiten zum japanischen Recht sind deshalb mit Vorsicht zu betrachten, um Missverständnisse zu vermeiden.

Eine Lösung dieser Begriffsproblematik hat sich bis heute nicht gefunden, wenn auch inzwischen die vorhandene deutsche Literatur zum japanischen Recht aufgrund der dort in weiten Teilen einheitlichen Nutzung der Terminologie das Verständnis erleichtert. Diese Arbeit folgt deshalb dem unausgesprochenen

18 Umwandlungsgesetz vom 28.10.1994, BGBl I, S. 3210; ber. 1995 BGBl. S. 428; im Folgenden »**UmwG**«.

19 Für die Begrifflichkeit der Umwandlungsmaßnahmen nach japanischem Recht siehe unten Erster Teil – A.2.

20 Siehe ausführlicher unten Erster Teil – D.I.1.

21 *Kanda*, Kaisha-hô [Gesellschaftsrecht] (2023), S. 406.

Begriffsstandard, der sich in den deutschsprachigen Arbeiten zum japanischen Recht im vergangenen Jahrzehnt herausgebildet hat. Als maßgebliche Referenz richten sich Terminologie sowie Gesetzesabkürzungen in dieser Arbeit insbesondere nach den Standards der *Zeitschrift für japanisches Recht (ZJapanR)* und des von Harald Baum und Moritz Bälz herausgegebenen Standardwerks »Handbuch Japanisches Handels- und Wirtschaftsrecht[22]«.

Zur Vereinfachung und Verschlankung der Textdarstellung werden zudem der *Umwandlungsbeschluss* und *Umwandlungsbericht* in der Arbeit als Oberbegriff für die Beschlüsse verschiedener Umwandlungsvarianten genutzt. Mit Anpassung der Begrifflichkeiten im Fünften Buch des UmwG durch das Gesetz zur Umsetzung der Umwandlungsrichtlinie[23] besteht damit auch keine Verwechslungsgefahr mit den Begriffen iSd §§ 192, 193 UmwG a.F.

Die Arbeit gibt den Rechtsstand von Ende Februar 2024 wieder. Entwicklungen und Veröffentlichungen nach diesem Zeitpunkt sind nur teilweise berücksichtigt. Der Wechselkurs entspricht demjenigen Ende Februar 2024, wonach 100 Yen ungefähr 0,63 Euro entsprechen. Zitierte Internetseiten wurden Ende Februar 2024 zuletzt besucht.

22 *Baum/Bälz*, Hdb. Japanisches Handels- und Wirtschaftsrecht (2011).

23 Gesetz zur Umsetzung der Umwandlungsrichtlinie und zur Änderung weiterer Gesetze vom 22.2.2023, BGBl. I 2023 Nr. 51, im Folgenden »**UmRUG**«.

Erster Teil Grundlagen

Der erste Teil stellt den rechtlichen und ökonomischen Rahmen für die vorliegende Arbeit dar. Im Folgenden wird das Grundkonzept des Umwandlungsrechts sowohl im japanischen als auch deutschen Rechtssystem erläutert, indem zunächst auf das rechtsordnungsübergreifende Verständnis des Umwandlungsbegriffs (A.), die Bedeutung des Umwandlungsrechts und die dabei zu berücksichtigenden Interessen (B.) sowie auf das jeweilige umwandlungsrechtliche Regelungskonzept im deutschen und japanischen Recht (C.) eingegangen wird. Im Anschluss werden die Umwandlungsmaßnahmen der japanischen Rechtsordnung im Kontext der japanischen Aktiengesellschaft (*kabushiki kaisha*) (D.) und die unterschiedlichen Interessensgruppen erläutert (E.). Diese vor die Klammer gesetzte Darstellung soll dem deutschen Leser ein Grundverständnis für das japanische Gesellschafts- und Umwandlungsrecht vermitteln und dadurch die Schwerpunktsetzung in der späteren Untersuchung der japanischen umwandlungsrechtlichen Rechtsschutzmaßnahmen ermöglichen.

A. Der Begriff der Umwandlung

Vorab ist eine dogmatische Kategorisierung des Verständnisses von Umwandlung nach deutschem und japanischem Recht unabdingbar als Grundlage für den hierauf aufbauenden Rechtsvergleich der präventiven Rechtsschutzmechanismen bei Umwandlungsmaßnahmen.

Das Phänomen der »Umwandlung« und die damit einhergehenden Rechtsfolgen sind global äußerst unterschiedlich. Ein Rechtsordnungsübergreifendes Verständnis ist daher kaum festzustellen. Selbst der Vorgang der Verschmelzung bzw. *merger* im englischen Sprachgebrauch, bei dem üblicherweise Vermögenswerte einer Gesellschaft auf eine bereits existierende oder neu zu gründende Gesellschaft übertragen werden und die übertragende Gesellschaft im Zuge dessen aufgelöst wird[24], birgt nicht zwingend die gleichen Rechtsfolgen wie in anderen Jurisdiktionen. So unterliegen derartige Vorgänge beispielsweise nach englischem Recht einem sog. *scheme of arrangement*, einer Vereinbarungserklärung zwischen der Gesellschaft, Gesellschaftern und Gläubigern, die der Bestätigung durch das Gericht unterliegt.[25] Im englischen Recht werden demnach auch unter dem Begriff *(private) mergers* allgemein Akquisitionen des

24 So u.a. Section 251 Delaware General Corporation Law; § 2 UmwG.

25 Section 895 UK Companies Act 2005; *Davies/Worthington,* Principles of Modern Company Law (2021), S. 1066.

Geschäftsbereichs und/oder Vermögenswerte oder der Erwerb der Anteile an einer Gesellschaft verstanden.[26] Sog. »umwandlungsrechtliche« Vorgänge können daher nicht universell von gewöhnlichen Einzelrechtsübertragungen abgegrenzt werden.

I. Der Umwandlungsbegriff im deutschen Umwandlungsgesetz

Der deutsche Gesetzgeber hat das Umwandlungsrecht mit dem 1995 in Kraft getretenen Umwandlungsgesetz als eigenständiges, in sich abgeschlossenes Regelwerk kodifiziert.[27] Dennoch bietet das Umwandlungsgesetz keine Legaldefinition für die Umwandlung als eigenständigen Rechtsbegriff. § 1 Abs. 1 UmwG enthält lediglich eine nach § 1 Abs. 2 UmwG abschließende Aufzählung von Maßnahmen, auf die das Umwandlungsgesetz anzuwenden ist. Im deutschen Umwandlungsrecht sind dies die folgenden Maßnahmen: (i.) die Verschmelzung, also die Übertragung des Vermögens einer oder mehrerer Rechtsträger auf einen bereits bestehenden oder neu zu gründenden Rechtsträger (§§ 2–122m UmwG), (ii.) die Spaltung, als Übertragung des gesamten Vermögens auf verschiedene Rechtsträger oder eines Teilvermögens auf einen bereits bestehenden oder neu zu errichtenden Rechtsträger (§§ 123–173 UmwG), (iii.) die Vermögensübertragung für die Übertragung von (Teil-)Vermögen von Kapitalgesellschaften auf die öffentliche Hand sowie zwischen Versicherungsgesellschaften gegen Barzahlung (§§ 174–189 UmwG) sowie (iv) der Formwechsel, der den identitätswahrenden Wechsel von einem Rechtsträger einer Rechtsform in eine andere Rechtsform ermöglicht (§§ 190–304 UmwG). Demnach ist der Begriff der Umwandlung im Sinne des Umwandlungsgesetzes als reiner Oberbegriff dieser Maßnahmen zu verstehen.[28]

Maßgebliches Merkmal bei den aufgelisteten Umwandlungsmaßnahmen der Verschmelzung, Spaltung und der Vermögensübertragung ist eine Übertragung von Vermögenswerten, die nicht durch Einzelrechtsnachfolge, sondern im Wege der vollständigen oder zumindest partiellen Gesamtrechtsnachfolge erfolgt.[29] Damit stellt das Umwandlungsrecht, neben weiteren gesetzlich bestimmten Einzelfällen im Erbrecht (§ 1922 BGB) oder im Steuerrecht (§ 45 AO), eine weite-

26 Vgl. *Levy u.a.*, Private mergers and acquisition in the UK (England and Wales): Overview (abrufbar unter http://www.uk.practicallaw.thomsonreuters.com/3-552-5708?transitionType=Default&contextData= (sc.Default)&firstPage=true).

27 *Stengel*, in Semler/Stengel/Leonard, UmwG (2021), Einl. A Rn. 6.

28 So auch *Stengel*, in: Semler/Stengel/Leonard, UmwG (2021), § 1 Rn. 1; *Drygala*, in: Lutter, UmwG (2024), § 1 Rn. 3; *Schnorbus*, DB 2001, 1654, 1656; *Schwarz*, DStR 1994, 1694, 1695; *K. Schmidt*, Gesellschaftsrecht (2002), § 13 I 1 a); *Dauner-Lieb*, in: Kölner Komm. UmwG (2009), § 1 Rn. 2.

29 §§ 20 Abs. 1 Nr. 1, 131 Abs. 1 Nr. 1 und § 176 Abs. 3 UmwG (»als Ganzes«); *K. Schmidt*, AcP 191 (1991), 495, 496 ff. und 512 ff.; *ders.*, Gesellschaftsrecht, § 12 IV 3, 4.

re Ausnahme von dem allgemeinen Rechtsgrundsatz des deutschen Zivilrechts dar, nach welchem Rechte und Verbindlichkeiten grundsätzlich nur im Wege der Einzelrechtsnachfolge übertragen werden können.[30] Das ermöglicht einen verschlankten Übertragungsvorgang von Vermögensgegenständen und Verbindlichkeiten, ohne die Zustimmung betroffener Gläubiger[31] und ohne die mühselige Auflistung aller überzugehender Vermögensgegenstände, Forderungen und Verbindlichkeiten gemäß des sachenrechtlichen Bestimmtheitsgrundsatzes. Beim Formwechsel ist darauf hinzuweisen, dass das Prinzip der Gesamtrechtsnachfolge mangels Vermögensübertragung durch den Grundsatz der Identität des Rechtsträgers[32] gewahrt ist.[33] Aus dem Prinzip der Gesamtrechtsnachfolge ergibt sich zugleich auch das Merkmal, dass die erloschenen Rechtsträger nicht liquidiert werden.[34]

Weiteres Merkmal bei allen Umwandlungsarten im Sinne des Umwandlungsgesetzes ist die Anteilskontinuität.[35] Dies bedeutet, dass keine Anteile übertragen oder neue Anteile gezeichnet werden, sondern die Anteile am ursprünglichen oder übertragenden Rechtsträger kraft Gesetzes in den Anteilen am neuen, übernehmenden oder gewandelten Rechtsträger fortwirken.[36]

Die genannten gemeinsamen Eigenschaften der Umwandlungsmaßnahmen sind als maßgebend dafür anzusehen, was unter dem Begriff der Umwandlung im Sinne des deutschen Umwandlungsgesetzes zu verstehen ist.[37] Im Regelfall liegt zudem die Identität der Anteilsinhaber vor.[38] Dies ist jedoch nicht zwingend[39] und folglich kein Unterscheidungsmerkmal.

30 *Stengel*, in: Semler/Stengel/Leonard, UmwG (2021), § 1 Rn. 3; *Schwarz*, DStR 1994, 1694, 1697; *Dauner-Lieb*, in Kölner Komm. UmwG (2009), Einl. A Rn. 49.

31 *Stengel*, in: Semler/Stengel/Leonard, UmwG (2021), § 1 Rn. 4; *Decker*, in: Henssler/Strohn, UmwG (2021), § 1 Rn. 2; *Hörtnagl*, in: Schmitt/Hörtnagl, UmwG (2020), § 1 Rn. 22; *Marsch-Barner/Oppenhoff*, in: Kallmeyer, UmwG (2020), § 1 Rn. 7.

32 *Drinhausen/Keinath*, in: Henssler/Strohn, UmwG (2021), § 202 Rn. 3; *Hoger*, in: Lutter, UmwG (2024), § 202 Rn. 7; *Ganske*, Umwandlungsrecht (1995), S. 227.

33 § 202 Abs. 1 Nr. 1 UmwG; vgl. *Stengel*, in: Semler/Stengel/Leonard, UmwG (2021), § 1 Rn. 7; *Decker*, in: Henssler/Strohn, UmwG (2021), § 1 Rn. 2.

34 Vgl. *Stengel*, in: Semler/Stengel/Leonard, UmwG (2021), § 1 Rn. 5; *Decker*, in: Henssler/Strohn, UmwG (2021), § 1 Rn. 2; *Marsch-Barner/Oppenhoff*, in: Kallmeyer, UmwG (2020), § 1 Rn. 8.

35 *Stengel*, in: Semler/Stengel/Leonard, UmwG (2021), § 1 Rn. 6; *Decker*, in: Henssler/Strohn, UmwG (2021), § 1 Rn. 2.

36 Die Anteilskontinuität führt dazu, dass die Rechte Dritter an den erworbenen Anteilen weiterbestehen, *Marsch*-Barner/*Oppenhoff*, in: Kallmeyer, UmwG (2020), § 1 Rn. 9.

37 Vgl. *Stengel*, in: Semler/Stengel/Leonard, UmwG (2021), § 1 Rn. 2.

38 *Stengel*, in: Semler/Stengel/Leonard, UmwG (2021), § 1 Rn. 7.

39 Seit Einführung der Möglichkeit des Verzichts auf Anteilsgewährung (§§ 54 Abs. 1 S. 3, 68 Abs. 1 S. 3 UmwG) durch das 2. UmwGÄndG, *Marsch-Barner/Oppenhoff*, in: Kallmeyer, UmwG (2020), § 1 Rn. 10.

II. Der Umwandlungsbegriff im japanischen Gesellschaftsgesetz

Das japanische Gesellschaftsgesetz[40], das seit seiner Kodifizierung im Rahmen der umfassenden gesellschaftsrechtlichen Reform 2005/2006 ebenfalls die Umwandlungsvorgänge systematisch gebündelt hat, kennt grundsätzlich keinen ausdrücklichen Oberbegriff für Umwandlungen. Das Fünfte Buch (*daigoben*) des Gesellschaftsgesetzes umfasst die Vorschriften zur Verschmelzung (*gappei*), Gesellschaftsspaltung (*kaisha bunkatsu*), Aktientausch (*kabushiki kôkan*), Aktienübertragung (*kabushiki iten*), Aktienzuteilung (*kabushiki kôfu*) sowie zum Formwechsel (*soshiki henkô*). Verschmelzung, Gesellschaftsspaltung und Formwechsel nach japanischem Recht entsprechen dabei grundsätzlich dem jeweiligen Äquivalent des deutschen Umwandlungsrechts. Der Aktientausch stellt einen Anteilstausch zwischen einer Gesellschaft und den Anteilsinhabern einer weiteren Gesellschaft dar, bei dem letztere 100 % ihrer Anteile gegen neue Anteile an der übernehmenden Gesellschaft übertragen und die Gesellschaft zur 100 %igen Tochtergesellschaft der übernehmenden Gesellschaft wird.[41] Bei der Aktienübertragung handelt es sich um eine Übertragung aller Anteile an einer Gesellschaft auf eine neu gegründete Gesellschaft, an dieser die übertragenden Anteilsinhaber im Gegenzug Anteile erhalten, sodass auch hier eine vertikale Konzernstruktur mit einer 100 %igen Tochtergesellschaft entsteht.[42] Die Aktienzuteilung entspricht im Grundsatz dem Aktientausch, wobei die übernehmende Gesellschaft jedoch nur mindestens 50 % der Anteile zu übernehmen hat.[43]

In der japanischen Rechtsliteratur hat sich die Bezeichnung der *soshiki saihen* durchgesetzt[44], die am ehesten als Reorganisation der (gesellschafsrechtlichen) Struktur zu übersetzen ist, auch wenn diese im Gesellschaftsgesetz selbst nicht erwähnt wird[45] und bereits der Titel des Fünften Buchs nicht den Begriff der *soshiki saihen* nutzt, sondern stattdessen stets die Aufzählung der Umwandlungsmaßnahmen vorsieht.[46] Im Schrifttum divergieren dennoch Auffassungen, wie weit der Begriff der *soshiki saihen* zu fassen sei. Teilweise wird der Begriff

40 *Kaisha-hô* [Gesellschaftsrecht], Gesetz Nr. 86/2005; im Folgenden »**GesG**«.

41 Siehe ausführliche Erläuterung unten in Erster Teil – D.II.3a.

42 Siehe ausführliche Erläuterung unten in Erster Teil – D.II.3b.

43 Siehe ausführliche Erläuterung unten in Erster Teil – D.II.4.

44 Vgl. etwa *Tanaka,* in: Itô/Ôsugi/Tanaka/Matsui, Kaisha-hô [Gesellschaftsrecht] (2021), S. 404; *Kanda*, Kaisha-hô [Gesellschaftsrecht] (2023), S. 375; *Tanaka*, Kaisha-hô [Geselschaftsgesetz] (2021), S. 623.

45 *Tanaka*, Kaisha-hô [Geselschaftsgesetz] (2021), S. 623. Auch das Handelsgesetz (*Shôhô*), das bis zur Gesellschaftsrechtsreform 2005/2006 die wichtigsten handels- und gesellschaftsrechtlichen Vorschriften enthielt, kannte weder *soshiki saihen* noch einen vergleichbaren Oberbegriff.

46 Der Titel lautet: *Soshiki henkô, gappei, kaisha bunkatsu, kabushiki kôkan oyobi kabushiki iten* [Formwechsel, Verschmelzung, Gesellschaftsspaltung, Aktientausch und Aktienübertragung].

der *soshiki saihen* wörtlich genommen und als zu eng für den Formwechsel (*soshiki henkô,* wörtlich übersetzt Strukturänderung) angesehen, da der Formwechsel im Gegensatz zu den übrigen Maßnahmen weder eine Änderung der Vermögenslage noch der Struktur der Anteilsinhaber mit sich bringe.[47] Andere wiederum sehen selbst die Geschäftsübertragung (*jigyô jôto,* Art. 467 GesG) als Unterfall der *soshiki saihen*[48], auch wenn diese Form der Übertragung von Vermögenswerten schon nicht im Fünften Buch normiert ist und eine Übertragung von Vermögenswerten hierbei im Wege der Einzelrechtsnachfolge erfolgt.[49]

Da der japanische Gesetzgeber 2014 im Änderungsgesetz zum Gesellschaftsgesetz[50] von »allen Umwandlungen mit Ausnahme der verkürzten Umwandlung« (*ryakushiki soshiki saihen igai no soshiki saihen*)[51] sprach, und die vorgesehene präventive Unterlassungsklage seitdem für Verschmelzung, Spaltung, Aktientausch sowie Aktienübertragung im Gesellschaftsgesetz normiert ist, scheint sich die Ansicht durchgesetzt zu haben, die die Verschmelzung, Spaltung, den Aktientausch und die Aktienübertragung unter den Begriff *soshiki saihen* fasst.[52] Unter diesem Gesichtspunkt wird auch in dieser Arbeit der Begriff der *soshiki saihen* als Synonym für die Umwandlung verwendet.

Legt man somit die japanischen Umwandlungsmaßnahmen zugrunde, handelt es sich bei diesen um Vorgänge der Vermögensübertragung im Wege der zumindest partiellen Gesamtrechtsnachfolge (*hôkatsu shôkei*) bei gleichzeitiger Übertragung von Anteilen oder Gewährung sonstiger Gegenleistung, unter grundsätzlicher Kontinuität der Anteile.[53] Eine Zustimmung der Gläubiger ist auch bei den japanischen Umwandlungsvorgängen nicht erforderlich. Eine Liquidation und Abwicklung der übertragenden Gesellschaft erfolgt ebenfalls

47 *Kanda*, Kaisha-hô [Gesellschaftsrecht] (2023), S. 375 ff.; *Yanaga*, Kaisha-hô Legal Mind [Gesellschaftsrecht Lega Mind] (2021), S. 368; *Maeda,* Kaisha-hô nyûmon [Einführung Gesellschaftsrecht] (2018), S. 721; *Egashira*, Kabushiki kaishahô [Das Recht der Aktiengesellschaft] (2021), S. 863; so nun auch *Tanaka,* in: Itô/Ôsugi/Tanaka/Matsui, Kaisha-hô [Gesellschaftsrecht] (2021), S. 404.

48 Vgl. *Tanaka,* in: Itô/Ôsugi/Tanaka/Matsui, Kaisha-hô [Gesellschaftsrecht] (2021), S. 404, der aber dieser Meinung selbst nicht folgt.

49 *Kanda*, Kaisha-hô [Gesellschaftsrecht] (2023), S. 381.

50 *Kaishahô no ichibu wo kaisei suru hôritsu* [Gesetz zur Reformierung eines Teils des Gesellschaftsgesetzes], Gesetz Nr. 90/2014 (im Folgenden »**Gesellschaftsgesetz-Änderungsgesetz 2014**«).

51 *Kaishahôsei no minaoshi ni kan suru yôkôan* [Entwurf des Programms zur Überarbeitung des Gesellschaftsrechtlichen Systems] vom *Hômushô minji kyoku sanjikanshitsu* [Regierungsratsreferat der Abteilung für Zivilsachen des japanischen Justizministeriums] vom 1.8.2012, im Folgenden »**Entwurf der Gesetzesreform**« Teil 2 Abschnitt 4 (S. 24), abrufbar unter http://www.moj.go.jp/content/000100819.pdf.

52 Die Aktienzuteilung wurde erst nach dem Änderungsgesetz 2014 normiert, ist aber ebenfalls von dem Begriff »*soshiki saihen*« erfasst.

53 Art. 705 Abs. 1, 754 Abs. 1, 759 Abs.1, 764 Abs. 1 GesG.

nicht; sie wird lediglich im Zuge der Vermögensübertragung aufgelöst.[54] Einen Fremdkörper in der Systematik stellt lediglich die 2021 neu eingeführte Aktienzuteilung dar, die einen Aktientausch zwischen Aktionären der Zielgesellschaft und der übernehmenden Gesellschaft zulässt und einem Übernahmeangebot im Wege eines Tauschangebots ähnelt.[55] Hierbei finden keine Gesamtrechtsnachfolge und keine Vermögensübertragung zwischen Gesellschaften statt.[56]

III. Parallelen des Umwandlungsbegriffs im deutschen und japanischen Recht

Sowohl das deutsche als auch das japanische Recht sehen eine kodifizierte Kategorisierung des Umwandungsbegriffs vor. Zwar bieten beide Rechtsordnungen keine ausdrückliche Definition der Umwandlungsmaßnahme. Sie definieren den Begriff der Umwandlung aber durch eine abschließende Aufzählung bestimmter Maßnahmen.[57] Zudem sind in beiden Rechtsordnungen Normen vorgesehen, die diese umwandlungsrechtlichen Vorgänge mit gesetzlich geregelten Voraussetzungen und damit einhergehenden Rechtsfolgen ausdrücklich und gesondert regeln.

Die Betrachtung der jeweiligen umwandlungsrechtlichen Regelungen erlaubt dabei grundsätzlich ein rechtsordnungsübergreifendes Verständnis des Umwandlungsbegriffs nach sowohl deutschem als auch japanischem Umwandlungsrecht anhand folgender drei Merkmale: Gesamtvermögensübertragung, Wirkung der Universalsukzession und Anteilskontinuität.

Beiden Rechtsordnungen dient die Umwandlung zunächst zur Abgrenzung einer Einzelübertragung von Gesellschaftsvermögen. Im Rahmen einer Umwandlungsmaßnahme wird regelmäßig das Gesamtvermögen eines Rechtsträgers auf einen anderen Rechtsträger übertragen.[58] Dies beinhaltet auch die Übertragung des Teilvermögens eines Rechtsträgers, sofern das zu übertragende (Teil-)Vermögen als Gesamtheit übertragen wird.[59] Sowohl die deutschen als auch die japanischen umwandlungsrechtlichen Regelungen sehen für jede der Umwandlungsmaßnahmen die Wirkung der Universalsukzession oder zumindest der partiellen Universalsukzession im Falle der Übertragung des Teilvermögens vor, für die in der Regel kein Zustimmungserfordernis Dritter zur wirksamen Übertragung von Rechtsverhältnissen besteht.[60]

54 *Kanda*, Kaisha-hô [Gesellschaftsrecht] (2023), S. 385 f.
55 Siehe unten Erster Teil – D.II.4.
56 *Kanda*, Kaisha-hô [Gesellschaftsrecht] (2023), S. 428.
57 Siehe oben Erster Teil – A.I. und A.II.
58 Siehe oben Erster Teil – A.I. und A.II.
59 Siehe oben Erster Teil – A.I. und A.II. Eine Vermögensübertragung findet indirekt auch bei der Aktienzuteilung statt, auch wenn diese zwischen der Gesellschaft und einem Teil der Anteilsinhaberschaft stattfindet.
60 Siehe oben Erster Teil – A.I. und A.II.

Des Weiteren folgen beide Rechtsordnungen dem Grundsatz der Anteilskontinuität. Denn jede Umwandlungsmaßnahme sieht zunächst grundsätzlich vor, dass keine Anteile übertragen oder neue Anteile gezeichnet werden, sondern die Anteile am ursprünglichen oder übertragenden Rechtsträger kraft Gesetzes in den Anteilen am neuen, übernehmenden oder gewandelten Rechtsträger fortbestehen.[61]

Demnach umfasst das Verständnis der Umwandlung sowohl nach deutschem als auch japanischem Recht grundsätzlich die Übertragung des Gesamt- oder Teilvermögens eines Rechtsträgers auf einen anderen Rechtsträger im Wege der (partiellen) Universalsukzession mit der Rechtsfolge, dass Anteile am übertragenden Rechtsträger *ipso iure* in einer entsprechenden Form am neuen oder übernehmenden Rechtsträger fortbestehen. Dieses Verständnis wird im Folgenden der Betrachtung des Umwandlungsrechts im Rahmen dieser Arbeit zugrunde gelegt.

B. Die Bedeutung des Umwandlungsrechts

Umwandlungsmöglichkeiten dienen dem wirtschaftlichen Bedürfnis der Unternehmen, ihre rechtliche Struktur möglichst unkompliziert und ohne hohe formelle, steuerliche oder zeitliche Hürden an wirtschaftliche Gegebenheiten und Veränderungen im Markt anpassen zu können.[62] Maßgeblich für einen umwandlungsrechtlichen Vorgang in Abgrenzung zur Einzelrechtsübertragung ist daher insbesondere auch die Übertragbarkeit von Rechtsverhältnissen ohne erforderliche Zustimmung Dritter.[63] Das umwandlungsrechtliche Optimum ist folglich die reibungslose und zügig durchzuführende Umstrukturierungsmaßnahme.

So kann beispielsweise durch eine ohne große rechtliche und tatsächliche Schwierigkeiten durchführbare Spaltung die Entflechtung von Großunternehmen in kleinere, flexiblere Unternehmenseinheiten begünstigt und auf Krisenzeiten flexibler reagiert werden.[64] Dies ist gerade in den heutigen Zeiten des globalisierten und technologischen Zeitalters und des schnellen Wandels unabdingbar; die zentrale Steuerung eines organisch gewachsenen Großkonzerns

61 Siehe oben Erster Teil – A.I. und A.II.

62 *Sagasser/Luke*, in: Sagasser/Bula/Brünger, Umwandlungen (2017), § 3 Rn. 2.

63 *Tanaka*, Kaisha-hô [Gesellschaftsrecht] (2021), S. 624.

64 *Sagasser/Luke*, in: Sagasser/Bula/Brünger, Umwandlungen (2017), § 3 Rn. 3; *Schwanna*, in: Semler/Stengel/Leonard, UmwG (2021), § 123 Rn. 7; *Tanaka*, Kaisha-hô [Gesellschaftsrecht] (2021), S. 658.

bietet nicht die notwendige Flexibilität, die der schnelle Wandel der Märkte und der Geschäftsmodelle derzeit erfordern.[65]

Gleichzeitig sind umwandlungsrechtliche Maßnahmen als flexibel handhabbare Mechanismen sowohl im Vorfeld als auch im Nachgang von Unternehmensakquisitionen und sonstigen M&A-Transaktionen für die Anpassung an die neue Inhaber- bzw. Konzernstruktur unabdingbar und für die nationalen Unternehmen von entscheidender Bedeutung, um im globalen Wettbewerb konkurrieren zu können. Ein rechtlicher Rahmen, der zügig durchführbare Umstrukturierungsmöglichkeiten bietet, kann zudem auch bei der Entscheidung als international kompetitiver Wirtschaftsstandort relevant sein. Eine derartige rechtliche Erleichterung wurde in Deutschland beispielsweise durch die Zusammenfassung der umwandlungsrechtlichen Regelungen in einem gesonderten Gesetz und der dadurch erhöhten Transparenz erreicht.[66] Gleiches hat Japan durch die Neuordnung der umwandlungsrechtlichen Vorschriften im Jahr 2005 erreicht.

C. Das Regelungskonzept des deutschen und des japanischen Umwandlungsrechts

Zunächst soll die Regelungssystematik im deutschen Umwandlungsgesetz sowie im japanischen Gesellschaftsgesetz erläutert werden (I.), bevor im Anschluss vertieft auf die konkreten Umwandlungsmaßnahmen im Zusammenhang mit der japanischen Aktiengesellschaft (*kabushiki kaisha*) eingegangen wird (II.).

65 So haben in den vergangenen Jahren vermehrt deutsche Großkonzerne verschiedener Branchen bestimmte Bereiche in einer Tochtergesellschaft abgespalten: beispielsweise hat Siemens die Medizintechnik unter dem Namen Healthineers verselbständigt, EON seine Kraftwerkstochter Uniper und Bayer den Kunststoffhersteller Covestro, vgl. Handelsblatt, 20.7.2018, Warum sich immer mehr Konzerne aufspalten (abrufbar unter https://www.handelsblatt.com/unternehmen/management/neue-konglomerate-immer-mehr-konzerne-spalten-sich-auf-das-steckt-hinter-dem-trend/22817512.html?ticket=ST-340599-6cfnnRxznCoeX4gVNPOd-ap3) oder so auf makroökonomische Änderungen reagiert, wie beispielsweise im Zuge des Ukraine-Konflikts, vgl. *Fröndhoff u.a.*, Handelsblatt, 4.5.2022, BASF lotet Abspaltung von Wintershall-Russland-Geschäft aus (abrufbar unter https://www.handelsblatt.com/unternehmen/energie/energieunternehmen-basf-lotet-abspaltung-von-wintershall-russland-geschaeft-aus/28301522.html); Börsen-Zeitung, 12.5.2022, Siemens gibt Russland-Geschäft auf (abrufbar unter https://www.boerse-online.de/nachrichten/aktien/siemens-gibt-russland-geschaft-auf-der-rest-lauft-1031451849).

66 *Sagasser/Luke*, in: Sagasser/Bula/Brünger, Umwandlungen (2017), § 3 Rn. 2. Siehe auch die Gesetzesbegründung zum Umwandlungsgesetz, die als Ziel der Reform unter anderem die Rechtsbereinigung nennt, vgl. BT-Drs. 12/6699 S. 71 (unter I.).

I. Die Regelungssystematik des deutschen Umwandlungsgesetzes

Das Charakteristikum des deutschen Umwandlungsgesetzes liegt in der »Baukasten-Technik«[67], welche sich durch die gesamte Regelungssystematik des Gesetzes zieht. Das Baukastenprinzip äußert sich in der Form, dass das Umwandlungsgesetz die vier Umwandlungsformen Verschmelzung, Spaltung, Vermögensübertragung und Formwechsel im Wesentlichen in vier Bücher gliedert, wobei jedes der drei letzteren Bücher zahlreiche Verweise auf den allgemeinen sowie besonderen Teil des ersten Buchs zur Verschmelzung umfasst. Diese Baukasten-Technik wird dabei nicht nur innerhalb der jeweiligen Bücher angewandt, sondern auch im Aufbau des gesamten Umwandlungsgesetzes umgesetzt. Demnach stellt das Buch zur Verschmelzung – und darin insbesondere die Allgemeinen Vorschriften – gleichzeitig auch eine Art »Allgemeinen Teil« für die darauffolgenden Umwandlungsarten der Spaltung, Vermögensübertragung und, in bestimmten Teilen auch des Formwechsels, dar. Diese Systematik erstreckt sich auch auf die Vorschriften zu den grenzüberschreitenden Umwandlungsmaßnahmen im Sechsten Buch des UmwG. Aufgrund der durch das Baukastenprinzip bedingten zahlreichen Verweisungen innerhalb des Umwandlungsgesetzes ist es zwar gelungen, die Länge der Vorschriften zu minimieren; gleichzeitig unterliegt der Aufbau des Umwandlungsgesetzes der häufig erhobenen Kritik der Unübersichtlichkeit.[68] Dabei nutzt das Umwandlungsrecht durchgehend einheitlich den Begriff des übernehmenden und übertragenden Rechtsträgers und ermöglicht dadurch eine einheitliche Begriffsnutzung ohne umständliche, rein sprachliche Differenzierung der jeweiligen Gesellschaftsformen in den Allgemeinen Teilen.[69]

II. Die Regelungssystematik im japanischen Gesellschaftsgesetz

Mit Inkrafttreten des Gesellschaftsgesetzes am 1. Mai 2006 wurden erstmals alle Gesellschaftsformen[70] und die sie betreffenden Vorschriften einheitlich in einem eigenständigen Regelungswerk systematisch kodifiziert.[71] Im neuen Ge-

67 *Ganske*, Umwandlungsrecht (1995), S. 26 (RegBegr.); *Stengel*, in: Semler/Stengel/Leonard, UmwG (2021), Einl. A Rn. 51.

68 So z.B. *Lieder*, in: Lutter, UmwG (2024), § 125 Rn. 3; *Raiser/Veil*, Recht der Kapitalgesellschaften (2015), § 46 Rn. 16.

69 Vgl. *Simon*, in: Kölner Komm. UmwG (2009), § 3 Rn. 1 ff.

70 Mit Ausnahme der *yûgen sekinin jigyô kumiai* (Personengesellschaft mit beschränkter Haftung, vergleichbar mit der LLP), die in einem Sondergesetz geregelt ist.

71 Die Vorschriften des Gesellschaftsgesetzes werden zusätzlich von weiteren Spezialgesetzen und Verordnungen ergänzt, wie u.a. dem *Shasai, kabushiki nado no furikae ni kansuru hôritsu* [Gesetz über den Buchungstransfer von Aktien und Anleihen] (Gesetz Nr. 75/2001), *Sangyô katsuryoku saisei oyobi sangyô katsudô no kakushin ni*

sellschaftsgesetz wurden auch erstmals die zuvor im Handelsgesetz verstreuten umwandlungsrechtlichen Vorschriften in einem eigenen Buch gebündelt.

Die Regelungssystematik des japanischen Umwandlungsrechts unterscheidet sich dabei vom deutschen Umwandlungsrecht bereits durch die Eingliederung der japanischen umwandlungsrechtlichen Vorschriften in das gesellschaftsrechtliche Gesamtgefüge des Gesellschaftsgesetzes. Dieses beinhaltet erstmals das gesamte Umwandlungsrecht zusammengefasst und systematisiert im Fünften Buch (*daigoben*, Artt. 782-816-10 GesG). Das japanische Umwandlungsrecht ist mithin kein eigenständiges Regelungswerk.

Das Fünfte Buch selbst gliedert sich – neben den Vorschriften zum Formwechsel – in die Kapitel zu den jeweiligen Umwandlungsmaßnahmen (Verschmelzung, Spaltung, Aktientausch- und -übertragung sowie Aktienzuteilung). Anschließend folgen die Vorschriften zu den Umwandlungsmaßnahmen übergreifenden Verfahrensvorschriften (Artt. 775-816-10 GesG), wie unter anderem Regelungen zu Zustimmungserfordernissen, Gläubigerschutz und Schutz- und Klagerechten der Anteilsinhaber, wie beispielsweise das in dieser Arbeit im Mittelpunkt stehende Antragsrecht auf Unterlassen der Umwandlungsmaßnahme (*sashitome seikyû-ken*).

Die umwandlungsrechtlichen Vorschriften im Gesellschaftsgesetz sind mangels verschachteltem Baukastenprinzips zugänglicher als das deutsche Umwandlungsgesetz. Dafür erschwert die fehlende Einheitlichkeit im Gesellschaftsgesetz bei der Bezeichnung vermögensübertragender und -übernehmender Rechtsträger bzw. Gesellschaften das Verständnis.[72] Die japanischen umwandlungsrechtlichen Vorschriften sprechen stattdessen von erlöschender Gesellschaft (*shômetsu kaisha*) und fortführender Gesellschaft (*sonzoku kaisha*) bei der Verschmelzung zur Aufnahme, der spaltenden Gesellschaft in der Spaltung zur Aufnahme (*kyûshû bunkatsu kaisha*) und der Nachfolgegesellschaft (*kyûshû bunkatsu shôkei kaisha*) bei der Spaltung zur Aufnahme, der 100 %igen Mutter- und Tochtergesellschaft (*kanzen oyako kaisha/kanzen kokaisha*) bei Aktientausch und Aktienübertragung sowie der neugegründeten Gesellschaft (*shinsetsu kaisha*) bei Neugründungsvorgängen. Die beteiligten Gesellschaften der neu eingeführten Aktienzuteilung lauten Aktienzuteilungs-Muttergesellschaft und -Tochtergesellschaft (*kabushiki kôfu oyako kaisha/kokaisha*).

kansuru tokubetsu sochi-hô [Sondermaßnahmegesetz zur Wiederherstellung der Wirtschaftskraft und Erneuerung der wirtschaftlichen Aktivität] (Gesetz Nr. 131/1999), *Kaisha-hô shikô-rei* [Ausführungsverordnung zum Gesellschaftsgesetz] (Verordnung des Kabinetts Nr. 364/2005), *Kaisha-hô shikô kisoku* [Durchführungsverordnung zum Gesellschaftsgesetz] (Verordnung des Justizministeriums Nr. 12/2006).

72 So auch *Tanaka,* in: Itô/Ôsugi/Tanaka/Matsui, Kaisha-hô [Gesellschaftsrecht] (2021), S. 406

D. Umwandlungsmaßnahmen der kabushiki kaisha im japanischen Recht

Im Folgenden werden die im Gesellschaftsgesetz normierten Umwandlungsmaßnahmen unter Berücksichtigung der korrespondierenden deutschen Umwandlungsmaßnahmen im Einzelnen erläutert. Da die Umwandlungsmaßnahmen ausschließlich unter Berücksichtigung der in der Praxis relevantesten japanischen Gesellschaftsform, der *kabushiki kaisha*, Gegenstand der Untersuchung dieser Arbeit sind, sind zunächst die Eigenheiten der japanischen *kabushiki kaisha* zu erläutern (I.), bevor im Anschluss auf die Verschmelzung (II.1.), die Gesellschaftsspaltung (II.2.), den Aktientausch und die Aktienübertragung (II.3.) sowie zur Vollständigkeit auch auf den Formwechsel (II.4) eingegangen werden kann.

I. Die Merkmale der kabushiki kaisha als japanische Aktiengesellschaft

1. Nutzung der Gesellschaftsformen in der Praxis

In der japanischen Praxis dominiert die japanische Aktiengesellschaft (*kabushiki kaisha*).

Das japanische Gesellschaftsgesetz unterteilt die Gesellschaftsformen in die sogenannten Anteilsgesellschaften (*mochibun kaisha*)[73] und die *kabushiki kaisha*[74], die rein vom Wortlaut betrachtet als Aktiengesellschaft zu übersetzen ist. Die Anteilsgesellschaften unterteilen sich in die (i) *gômei kaisha,* eine Gesellschaft mit eigener Rechtspersönlichkeit, bei der alle Anteilsinhaber unmittelbar persönlich haften (vergleichbar mit der OHG nach deutschem Recht), (ii) *gôshi kaisha,* vergleichbar mit einer KG nach deutschem Recht, sowie (iii) *gôdô kaisha*, die auch oft nach ihrem anglo-amerikanischen Vorbild als *Limited Liability Company* bezeichnet wird.[75] Da die japanische *Limited Liability Company* bisher keine besondere Bedeutung im Rechtsverkehr erlangt hat[76], waren 2021 rund 91,2 % aller Handelsgesellschaften mit Sitz in Japan als *kabushiki kaisha* inkorporiert.[77] Hieraus erklärt sich auch die hohe Anzahl der *kabushiki kaisha*

73 Drittes Buch des GesG (Artt. 575-675).

74 Zweites Buch des GesG (Artt. 25-574).

75 *Egashira*, Kabushiki kaishahô [Das Recht der Aktiengesellschaft] (2021), S. 4; *Witty,* ZJapanR 23 (2007), 185, 190.

76 Derzeit sind rund 160.000 Gesellschaften als gôdô kaisha registriert, *Kokuzeichô* (Nationales Steueramt), The 147th National Tax Agency Annual Statistics Report (Financial Year 2021), S. 238 (aufrufbar unter: https://www.nta.go.jp/publication/statistics/kokuzeicho/r03/R03.pdf).

77 *Kokuzeichô* (Nationales Steueramt), The 147th National Tax Agency Annual Statistics Report (Financial Year 2021), S. 238 (aufrufbar unter: https://www.nta.go.jp/publication/statistics/kokuzeicho/r03/R03.pdf).

mit über 2,5 Millionen registrierten Gesellschaften, im Vergleich zu knapp 12.000 Aktiengesellschaften und KGaAs sowie rund 304 Europäische Aktiengesellschaften (*societas europaea*) in Deutschland, auch wenn hierzulande die Gesamtsumme von Aktiengesellschaften und Gesellschaften mit beschränkter Haftung insgesamt 850.000 übersteigt.[78]

Um die teilweise abweichenden Bedürfnisse der japanischen Aktiengesellschaft von der deutschen Aktiengesellschaft im Rahmen der in dieser Arbeit erfolgenden Untersuchung für den deutschen Leser besser nachvollziehbar zu gestalten, werden vorab die wesentlichen Merkmale der *kabushiki kaisha* dargestellt.

2. Ausgestaltungsmöglichkeiten der kabushiki kaisha

Hinter der Rechtsform der *kabushiki kaisha* verbergen sich, im Gegensatz zur Mehrheit der deutschen Aktiengesellschaften, nicht regelmäßig Großunternehmen mit einer Vielzahl an Anteilsinhabern. Stattdessen deckt die *kabushiki kaisha* die gesamte Bandbreite von börsennotierten Großunternehmen bis hin zu mittleren und kleineren Gesellschaften ab. Das japanische Gesellschaftsgesetz, mit dessen Inkrafttreten die frühere *yûgen kaisha* nach dem Vorbild der deutschen GmbH abgeschafft wurde, trägt den unterschiedlichen Typen der *kabushiki kaisha* dadurch Rechnung, dass es in den – im Vergleich zur Anzahl der deutschen Aktienrechtsvorschriften beinahe doppelt so vielen – Regelungen zur *kabushiki kaisha* (Artt. 25-574 GesG) abhängig von der Größe[79] und je nach Grad der Öffnung der Gesellschaft gegenüber dem Anlegerpublikum unterschiedliche organisatorische Vorgaben festsetzt.[80] Art. 2 Abs. 5 GesG schreibt bei den sogenannten »offenen« Gesellschaften (*kôkai kaisha*) vor, dass zumindest ein Teil der Aktien frei übertragbar sein muss; bei den »geschlossenen« Gesellschaften (*jôto seigen kaisha*) hingegen unterliegt die Aktienübertragung als sog. vinkulierte Aktien der Zustimmung der Hauptversammlung. Weiter kann auch zwischen börsennotierten Gesellschaften, die zusätzlichen kapitalmarkt- und börsenrechtlichen Regelungen unterliegen, und solchen, die nicht börsennotiert sind, unterschieden werden.[81]

78 Statistisches Bundesamt, Umsatzsteuerstatistik (Veranlagungen) (Stand: 2.12.2021), (abrufbar unter https://www.destatis.de/DE/Themen/Staat/Steuern/Umsatzsteuer/Tabellen/veranlagungen-rechtsformen.html).

79 Hinsichtlich der Größe wird zwischen den großen Gesellschaften (*dai-kaisha*) mit einem Stammkapital ab 500 Millionen Yen (rund 3 Millionen Euro) oder Verbindlichkeiten von mindestens 200 Millionen Yen (rund 1,3 Millionen Euro), und den Mittel- und Kleingesellschaften (*chûshô kaisha*) differenziert, die ein geringeres Stammkapital und geringere Verbindlichkeiten aufweisen.

80 *Baum/Takahashi*, ZJapanR 32 (2011), 153, 154.

81 In Japan sind rund 3.830 *kabushiki kaisha* börsennotiert, Japanese Exchange Group, Number of Listed Companies/Shares (Stand 29.7.2022) (abrufbar unter: https://www.jpx.co.jp/english/listing/co/index.html).

3. Aktionärsstruktur in der kabushiki kaisha

Aufgrund der Vielfältigkeit der Ausgestaltung bei der *kabushiki kaisha* können sich augenscheinlich auch die Anteilsinhaberstrukturen erheblich unterscheiden. Die Vorschriften der *kabushiki kaisha* bieten organschaftliche Ausgestaltungsmöglichkeiten für geschlossene und kleinere Aktionärskreise, die eher mit der personalistischen Struktur einer deutschen GmbH vergleichbar sind, sowie für große Aktionärskreise, die der einer Publikumsgesellschaft gleichen.[82]

Bei der überwiegenden Mehrheit der Anteilsinhaber handelt es sich dabei um institutionelle Anleger; nur ein Bruchteil der Anteile befindet sich in der Hand von Privatanlegern.[83] Auch wenn die Anzahl der Privatanleger sich in den börsennotierten *kabushiki kaisha* seit 1970 beinahe verdreifacht hat, hält diese Gruppe lediglich rund 16,6 % des Marktvolumens[84]; die größten Anteilsinhaber am Markt sind hingegen ausländische Investoren, finanzielle Institutionen und andere Unternehmen.[85]

Dabei haben rund 21,5 % der börsennotierten *kabushiki kaisha*, häufig einen Großaktionär, der 20–33,33 % der Stimmrechte hält. [86] Nur wenige Großaktionäre (rund 25 % aller börsennotierten *kabushiki kaisha*) überschreiten die ein Pflichtangebot auslösende Schwelle von 33,33 % der Stimmrechte.[87] Große und offene *kabushiki kaisha* verfügen deshalb häufig über keinen Mehrheitsaktionär mit einer Beschlussmehrheit von über 50 % bzw. über 66 % der Stimmrechte, dafür aber einen stabilen Großaktionär.[88] Der Mangel an einem klaren Mehrheitsgesellschafter bedeutet daher nicht, dass der Schutz der Minderheitsgesellschafter vernachlässigt werden kann. Wie auch im Rahmen der deutschen Aktionärsstruktur, bei der ab einer Anteilsinhaberschaft von 30 % die Abgabe

82 Vgl. *Baum/Takahashi*, ZJapanR 32 (2011), 153, 154 ff.

83 Vgl. *Takahashi*, Konzern und Unternehmensgruppen in Japan (1994), S. 4.

84 Im Vergleich zu rund 30 % des Marktanteils in den 1970ger Jahren, Japanese Exchange Group, Shareownership Survey 2021 (abrufbar unter: https://www.jpx.co.jp/english/markets/statistics-equities/examination/b5b4pj0000050ilw-att/e-bunpu2021.pdf).

85 Japanese Exchange Group, Shareownership Survey 2021 (abrufbar unter: https://www.jpx.co.jp/english/markets/statistics-equities/examination/b5b4pj0000050ilw-att/e-bunpu2021.pdf).

86 *Tokyo Stock Exchange*, Corporate Governance White Paper 2023, S. 7.

87 *Tokyo Stock Exchange*, Corporate Governance White Paper 2023, S. 7. Die Angebotsschwelle von einem Drittel der Stimmrechte gilt für die Überschreitung der Schwelle durch außerbörslichen Erwerb, Art. 27-2 Abs. 1 Nr. 4 Finanzinstrumente- und Börsengesetz (*kinyû shôhin torihiki-hô*, Gesetz Nr. 25/1948). Daneben bestehen weitere Fallkonstellationen, die eine Offerte auslösen können. Ausführlicher hierzu siehe *Tanahashi u.a.*, Corporate M&A. Law and Practice Japan, S. 10; *Ono/Furusumi/Yamada*, Nishimura Asahi hôritsu jimusho. Cross border newsletter, November 2009, S. 1, abrufbar unter https://www.jurists.co.jp/sites/default/files/tractate_pdf/ja/newsletter_200911_cbt_en.pdf.

88 *Tokyo Stock Exchange*, Corporate Governance White Paper 2023, S. 8 f.

eines Pflichtangebots im Sinne des § 29 Abs. 2 WpÜG vorgesehen ist, ist ab einem derartigen Größenverhältnis eines Großaktionärs durchaus mit der tatsächlichen kontrollierenden Mehrheit in der Hauptversammlung zu rechnen, da in der Praxis kaum jemals eine Anwesenheit von 100 % der Stimmberechtigten erreicht wird.

Gleichzeitig ist der Minderheitenschutz auch deshalb nicht zu vernachlässigen, weil der Schutz der Mitgliedschaftsrechte ein Recht ist, das nicht zwingend von der Größe des Anteilsbesitzes abhängt.[89] Mehr als die Hälfte aller Aktionäre börsennotierter Gesellschaften hält zwischen 5 % und 20 % der Aktien.[90]

Auch wenn einsehbare Datenerhebungen hierzu fehlen, ist anzunehmen, dass sich die Mehrheitsverhältnisse in den personalistisch strukturierten *kabushiki kaisha* mit einer geringeren Anzahl an Anteilsinhabern anders verteilen. Personalistischer strukturierte *kabushiki kaisha* werden vermehrt einen klaren Mehrheitsgesellschafter vorweisen. Der Schutz der Minderheitsgesellschafter wird hier besonders relevant sein.

4. Organe der kabushiki kaisha

Die japanische Aktiengesellschaft besteht grundsätzlich aus der Hauptversammlung (a.), und einem geschäftsführungsbefugten Direktor oder einem Verwaltungsrat als Geschäftsführungsorgan (b.) sowie gegebenenfalls einem Prüfungsorgan, der in bestimmtem Umfang zur Prüfung und Aufsicht über die Geschäftsführung ernannt ist (c.).

a. Die Hauptversammlung

Wie bei der deutschen Aktiengesellschaft stellt auch bei der *kabushiki kaisha* die Hauptversammlung als Beschlussorgan der Anteilsinhaber (*kabunushi sôkai*, Artt. 295 ff. GesG) das Kernstück und das formell höchste Gesellschaftsorgan dar. Die Entscheidungsbefugnisse der Hauptversammlung sind dennoch – vergleichbar mit den Befugnissen der deutschen Hauptversammlung – zugunsten des Verwaltungsrats beschränkt, sodass erstere nur über ausdrücklich in Gesetz oder Satzung genannte Angelegenheiten entscheidungsbefugt ist (Art. 295 Abs. 1 GesG); ist kein Verwaltungsrat vorgesehen, entscheidet hingegen die Hauptversammlung vollumfänglich (Art. 295 Abs. 2 GesG).[91] Als zwingende Beschlusskompetenz weist das Gesellschaftsgesetz der Hauptversammlung unter anderem die Bestellung und Abberufung von Verwaltungsratsmitgliedern

89 Entsprechend wird im allgemeinen Beschlussanfechtungsrecht sowohl im japanischen Gesellschafts- als auch im deutschen Aktien- bzw. Umwandlungsgesetz grundsätzlich keine Mindestschwelle des Anteilsbesitzes vorausgesetzt.

90 *Tokyo Stock Exchange*, Corporate Governance White Paper 2023, S. 9.

91 *Matsui*, in: Iwahara, Kaisha-hô kommentâru (7) [Gesellschaftsrecht Kommentar Band 7] (2013), S. 40; *Baum/Takahashi*, ZJapanR 32 (2011), 153, 156–157.

und gesellschaftsinternen Prüfern, Satzungsänderungen sowie die Auflösung der Gesellschaft zu (Art. 295 Abs. 1 GesG). Insbesondere Grundlagenentscheidungen (*kaisha no kiso no henkô*) bedürfen der Zustimmung der Hauptversammlung, so beispielsweise Kapitalmaßnahmen, der Erwerb und die Veräußerung bedeutender Betriebsteile sowie Strukturveränderungen.[92]

Auch wenn in den letzten Jahren die Stellung und Bedeutung der Hauptversammlung innerhalb der Gesellschaft deutlich zugenommen hat, ist sie dennoch im Vergleich zur Hauptversammlung nach deutschem Aktiengesetz in ihrer Wirkungskraft begrenzt. So sind die Hauptversammlungen einer *kabushiki kaisha* trotz verlängerter Veranstaltungsdauer mit durchschnittlich 52 Minuten im Jahr 2006[93] deutlich kürzer als der deutsche Median der Hauptversammlungsdauer, der bei DAX Unternehmen 4,5 bis 6,5 Stunden beträgt,[94] und bei denen sich der deutsche Gesetzgeber eher zu einer Aufforderung der Begrenzung der Dauer verpflichtet fühlt[95]. Insbesondere zur Bekämpfung sog. räuberischer Aktionäre (*sôkai-ya*) wurden die Hauptversammlungstermine japanischer börsennotierter Unternehmen oftmals auf denselben Jahrestag gelegt.[96] Dabei handelte es sich ursprünglich um Aktionäre, die in der Vergangenheit von den Gesellschaften dafür engagiert wurden, für einen ruhigen Verlauf der Hauptversammlung zu sorgen, indem diese Aktionäre mit kritischen Fragen niederbrüllten oder bereits im Vorfeld der Versammlung einschüchterten. Diese gingen dann im Laufe der Zeit dazu über, die Gesellschaft selbst zu erpressen und sich dafür bezahlen zu lassen, die Versammlung nicht zu stören.[97] Insofern unterschieden sich die japanischen räuberischen Aktionäre von den räuberischen Aktionären in Deutschland, die vor allem durch Erhebung missbräuchlicher Klagen sowie die Blockadeposition mittels Registersperre die Gesellschaften zu Zahlungen erpressen.[98] Seit die Aktionärsklagen 1993 erleichtert worden sind, versuchen diese räuberischen Aktionäre durch Erhebung missbräuchlicher Klagen Zahlungen von der Gesellschaft zu erpressen.[99]

92 *Egashira*, Kabushiki kaishahô [Das Recht der Aktiengesellschaft] (2021), S. 319; *Yanaga*, Kaisha-hô Legal Mind [Gesellschaftsrecht Legal Mind] (2021), S. 386.
93 *Baum/Takahashi*, ZJapanR 32 (2011), 153, 157.
94 *Kremer,* in: Kremer/Bachmann u.a., DCGK (2023), A.7 Rn. 11.
95 RegE Begr., BT-Drs. 15/5092, S. 17.
96 *Baum/Takahashi*, ZJapanR 32 (2011), 153, 157 mwN zum Missbrauch von Aktionärsrechten durch *sôkaiya*; siehe auch *Takahashi/Sakamoto*, ZJapanR (2007), 41, 42 ff. Ausführlich zur Stellung und zum Ablauf der Hauptversammlung *Meckel*, Corporate Goverance im neuen japanischen Gesellschaftsrecht (2010), S. 139 ff.
97 *Kliesow*, Aktionärsklage und Aktionärsrechte in Japan (2001), S. 74 ff.
98 Vgl. *Schatz,* Der Missbrauch der Anfechtungsbefugnis durch den Aktionär und die Reform des aktienrechtlichen Beschlussmängelrechts (2012), S. 41 ff.
99 Vgl. *Bälz*, Die Spaltung im japanischen Gesellschaftsrecht (2005), S. 188 f.; vgl. auch M.D. West, Journal of Legal Studies 30 (2001), 351, 374 f.

b. Geschäftsführungsorgan

Als Geschäftsführungsorgan besteht regelmäßig ein Verwaltungsrat als Gremium (*torishimari yakkai*) bzw. seit der Reform 2005 alternativ ein Einzelverwaltungsrat (*torishimari yaku,* auch *Managing Director* oder *geschäftsführender Direktor*), der die Gesellschaft nach außen vertritt (Art. 349 GesG) und dem als Geschäftsführungsorgan grundsätzlich umfassende Entscheidungsbefugnisse über Gesellschaftsangelegenheiten zugewiesen sind. Eine Besonderheit des japanischen Gesellschaftsrechts ist die Wahlmöglichkeit hinsichtlich der Ausgestaltung des Geschäftsführungsorgans: Die Errichtung eines Verwaltungsrats ist nicht zwingend, sofern es sich um keine börsennotierte Gesellschaft handelt; dann muss aber zumindest ein Einzelverwaltungsrat eingerichtet werden.[100] Das Verhältnis zwischen der Gesellschaft und seinen Direktoren wird als Auftragsverhältnis (Art. 330 GesG) erachtet, welches den zivilrechtlichen Vorschriften des Auftrags (Artt. 643 ff. ZG) unterliegt.[101] Daraus ergibt sich die Pflicht zur ordnungsgemäßen Geschäftsführung (Art. 330 GesG iVm Art. 644 ZG) sowie die Treuepflicht zur Wahrung von Gesetz, Satzung und Hauptversammlungsbeschlüssen (Art. 355 GesG).[102] Bei Verstoß der ihnen obliegenden Pflichten haften die Direktoren der Gesellschaft gegenüber nach Art. 423 GesG.[103] In bestimmten Fällen der Art. 425 und des 426 GesG kann die Haftung der Organmitglieder der Höhe nach auf eine sog. Mindesthaftsumme begrenzt werden, wenn weder Vorsatz noch grobe Fahrlässigkeit vorliegt.[104] Diese Begrenzung muss allerdings per Hauptversammlungsbeschluss erfolgen oder die Entscheidung per Satzungsregelung auf den Verwaltungsrat übertragen werden.[105]

Neben der allgemeinen Verschuldenshaftung nach Art. 423 GesG unterliegen die Direktoren in bestimmten Fällen außerdem einer verschuldensunabhängigen Haftung (Art. 428 GesG), wenn der Direktor ausschließlich im Eigeninteresse eine Geschäftsbeziehung aufnimmt, sowie einer Haftung mit Verschuldensvermutung zulasten der Direktoren in Fällen der unrechtmäßigen Vermögensverfügung oder unrechtmäßiger Gewinnverteilung, dem Rückkauf von Aktien sowie

100 Art. 326 GesG.

101 *Egashira*, Kabushiki kaishahô [Das Recht der Aktiengesellschaft] (2021), S. 449; *Kanda*, Kaisha-hô [Gesellschaftsrecht] (2023), S. 251; *Meckel*, Corporate Goverance im neuen japanischen Gesellschaftsrecht (2010), S. 45, ebenso ausführlich zu den Verwaltungsrats- und Aufsichtsorganen S. 41 ff. und S. 97 ff.

102 *Iwahara*, in: Iwahara, Kaisha-hô kommentâru (7) [Gesellschaftsrecht Kommentar Band 7] (2013), S. 20; *Egashira*, Kabushiki kaishahô [Das Recht der Aktiengesellschaft] (2021), S. 449.

103 *Meckel*, Corporate Governance im neuen japanischen Gesellschaftsrecht (2010), S. 58; *Spiegel*, Independent Directors in Japan (2017), S. 161.

104 *Spiegel*, Independent Directors in Japan (2017), S. 162.

105 Die Haftungsbefreiung durch Verwaltungsratsbeschluss ist nicht wirksam, wenn Aktionäre mit mindestens 3 % der Stimmrechte diesem widersprechen, Art. 426 Abs. 7 GesG.

bei finanziellen Defiziten im Jahresabschluss.[106] Unter Anwendung einer japanischen Variante der *Business Judgement Rule* wird den Direktoren im Rahmen ihrer unternehmerischen Entscheidungen jedoch ein gewisser Ermessenspielraum zugesprochen.[107]

c. Prüfungsorgan bzw. Prüfungsausschuss

Grundsätzlich besteht die Wahl zwischen einer *kabushiki kaisha* mit gesellschaftsinternem Prüfer bzw. Prüferrat als separates Organ (*kansayakukai secchi kaisha*, Art. 381, 390 GesG), und einer *kabushiki kaisha* ohne ein separates Aufsichtsorgan, dafür allerdings mit einem Nominierungs-, einem Rechnungsprüfungs- sowie einem Vergütungsausschuss als Teil des Verwaltungsrats (*shimei iinkai secchi kaisha,* Art. 327 Abs. 1 Nr. 3 GesG). Während in der ersten Konstellation der Prüferrat allein von der Hauptversammlung bestellt wird (Art. 329 Abs. 1 GesG), werden die Mitglieder der jeweiligen Ausschüsse durch den Verwaltungsrat aus den eigenen Reihen bestimmt, müssen allerdings in den jeweiligen Ausschüssen mindestens zur Hälfte aus externen Direktoren (sog. outside directors[108]) bestehen (Art. 335 Abs. 3 GesG).[109] Im Falle des separaten Aufsichtsorgans steht diesem im Gegensatz zum deutschen Aufsichtsrat grundsätzlich nur eine Rechtmäßigkeitskontrolle zu; einen Verstoß durch den Verwaltungsrat kann der Prüfer bzw. Prüferrat gegebenenfalls mittels einer Unterlassungsklage (Art. 385 GesG) geltend machen.[110] Ihnen steht allerdings weder die Personalhoheit über den Verwaltungsrat zu, noch gibt es Maßnahmen, die ihrer Zustimmung bedürften.[111]

Seit der Reform 2014 ist zusätzlich eine Hybridform beider Varianten möglich (*kansa nado iinkai settchi kaisha*, Art. 399-2 GesG). Die neue Gestal-

106 *Meckel*, Corporate Governance im neuen japanischen Gesellschaftsrecht (2010), S. 61 f.

107 Die Business Judgement Rule ist im japanischen Gesellschaftsgesetz nicht normiert; die Anwendbarkeit der Business Judgement Rule wurde allerdings erstmals vom Obersten Gerichtshof in der Entscheidung OGH, Urt. v. 15.7.2010, Kinyû Shôji Hanrei 1347 (2010) 12 (Apamanshop), bestätigt. Näher dazu *Puchniak/ Nakahigashi*, A New Era for the Business Judgement Rule in Japan? Domestic and Comparative Lessons from the Apamanshop Case, SSRN Electronic Journal, Januar 2012, abrufbar unter: https://papers.ssrn.com/sol3/papers.cfm?abstract_id=2257827. Zur Business Judgement Rule in Japan auch *Iida*, Public Policy Review, Ministry of Finance, Japan, Vol. 11 No. 3 (2015), S. 485 ff.

108 Vgl. *Spiegel*, ZJapanR 46 (2018), 85, 117 f.

109 *Spiegel*, Independent Directors in Japan (2017), S. 113 f.

110 *Yamada*, in: Iwahara, Kaisha-hô kommentâru (7) [Gesellschaftsrecht Kommentar Band 7] (2013), S. 478; *Meckel*, Corporate Governance im neuen japanischen Gesellschaftsrecht (2010), S. 101.

111 *Meckel*, Corporate Governance im neuen japanischen Gesellschaftsrecht (2010), S. 101.

tungsmöglichkeit ermöglicht die Ernennung eines Aufsichtskomitees als Teil des Verwaltungsrats, dessen Ernennung von der Hauptversammlung in einem von der Wahl der Direktoren gesonderten Beschluss erfolgen muss, erlässt andererseits aber die Pflicht zur Errichtung von Vergütungs- und Ernennungsausschüssen.[112] Das Aufsichtskomitee, welches mehrheitlich mit unabhängigen Mitgliedern besetzt sein muss, verfügt dabei über verstärkte Prüfungs- und Vorschlagsrechte. Mit dieser Hybridform soll nun der Inflexibilität des Systems begegnet und der Einsatz von unabhängigen Direktoren gefördert werden.[113] Die Pflicht zur Errichtung eines der genannten Prüfersysteme richtet sich nach dem Typus der Aktiengesellschaft sowie nach den jeweiligen Satzungsbestimmungen (Art. 326 GesG).[114] Während das Ausschussmodell selten geblieben ist, findet die Hybridform mehr Anklang.[115]

Vom deutschen Aktienrecht unterscheidet sich das japanische Recht folglich insofern, als dass dem japanischen Verwaltungsrat entsprechend dem angloamerikanischem *board* eine Doppelfunktion zustehen kann, indem er sowohl als Geschäftsführungs- als auch Kontrollorgan tätig werden kann.[116] Da der Verwaltungsrat somit selbst für die Überprüfung der Tätigkeit der geschäftsführenden Direktoren zuständig ist, sind seine Kontrollkompetenzen auch deutlich eingeschränkter als die des Aufsichtsrats der deutschen Aktiengesellschaft.[117]

Daneben bietet das Gesellschaftsgesetz auch die Möglichkeit der Ernennung eines gesellschaftsinternen Rechnungsprüfers (*kaikei kansanin*, Art. 396 GesG).[118]

112 Art. 331 Abs. 6 GesG.

113 Vgl. *Ueda/Sugewara/Matsushima,* Kaisei kaishahô [Das reformierte Gesellschaftsrecht] (2015), S. 8.

114 Bei den großen und offenen *kabushiki kaisha* ist die Errichtung eines Kontrollgremiums durch Aufsichtsgremium und Rechnungsprüfer zwingend. In diesen Fällen liegt der Schwerpunkt der Aktionärsrechte vor allem auf den Informationsrechten (Artt. 371 Abs. 2, 394 Abs. 2, 433 Abs. 1, 442 Abs. 3 GesG). Bei kleineren Gesellschaften hingegen, folglich *kabushiki kaisha* mit einem Grundkapital von weniger als 500 Mio. Yen, Verbindlichkeiten von weniger als 20 Mrd. Yen und ausschließlich vinkulierten Aktien, wird die Kontrollfunktion meist durch die Aktionäre selbst wahrgenommen; vgl. *Günal*, Die Verschmelzung im japanischen Gesellschaftsrecht (2014), S. 44.

115 Legal and General Investment Management, Japan Corporate Governance and Responsible Investment Policy 2023, S. 9 (abrufbar unter https://www.lgim.com/landg-assets/lgim/_document-library/capabilities/japan-policy.pdf).

116 Vgl. *Meckel*, Corporate Governance im neuen japanischen Gesellschaftsrecht (2010), S. 50.

117 *Witty*, ZJapanR 23 (2007), 185, 187.

118 *Meckel*, Corporate Governance im neuen japanischen Gesellschaftsrecht (2010), S. 97.

5. Kein erforderliches Mindeststammkapital

Das ehemals erforderliche Mindestgrundkapital (*saitei shihon-kin*) von 10 Mio. Yen (rund 64.000 Euro) wurde bei der Gesellschaftsrechtsreform 2005 vollständig abgeschafft.[119] Allerdings herrscht ähnlich dem Kapitalschutz bei der deutschen Unternehmergesellschaft (§ 5a GmbHG) eine Auszahlungssperre bis zu einem Nettovermögen in der Höhe von 3 Mio. Yen (rund 18.900 Euro) (Art. 458 GesG). Dies führt in der Praxis dazu, dass die meisten Gesellschaften ein einbezahltes Kapital von mindestens 3 Mio. Yen aufweisen.[120]

6. Zusammenfassung

Die *kabushiki kaisha* weist folglich zahlreiche Parallelen zur Organisation und Struktur der deutschen Aktiengesellschaft auf. Weil sie jedoch die in der Praxis fast ausschließlich genutzte Gesellschaftsform darstellt, bietet die *kabushiki kaisha* eine breite Palette an Gestaltungsmöglichkeiten, die von der Aktionärsstruktur, Vinkulierung der Aktien bis zur Errichtung eines Prüfungsorgans reicht und damit oftmals einer GmbH-Struktur nähersteht. Dies gilt es bei der weiteren Prüfung im Rahmen der Umwandlungsmaßnahmen stets zu berücksichtigen.

II. Die Umwandlungsvarianten

Wie oben erwähnt, kennt das japanische Recht grundsätzlich sechs Umwandlungsarten: Die Verschmelzung, die Spaltung, den Aktientausch und die Aktienübertragung, die Aktienzuteilung sowie den Formwechsel, auch wenn Letzterer nach nun herrschender Ansicht nicht von dem japanischen Umwandlungsbegriff erfasst wird.[121]

1. Die Verschmelzung

a. Die Verschmelzungsvarianten

Eine Verschmelzung (*gappei*) nach japanischem Recht kann wie auch im deutschen Umwandlungsrecht nach einer von zwei verschiedenen Varianten verlaufen: der Verschmelzung durch Aufnahme (*kyûshû gappei*) oder der Verschmel-

119 Eine *kabushiki kaisha* kann folglich mit nur 1 Yen (rund 0,006 Euro) gegründet werden.

120 Vgl. *Egashira*, Kabushiki kaishahô [Das Recht der Aktiengesellschaft] (2021), S. 2; *Witty*, ZJapanR 23 (2007), 185, 186.

121 Siehe oben Erster Teil – A.II.

zung zur Neugründung (*shinsetsu gappei*).[122] Bei der Verschmelzung durch Aufnahme erfolgt die Übertragung des Vermögens mindestens einer Gesellschaft auf eine bereits bestehende andere Gesellschaft (Art. 2 Nr. 27 GesG). Bei der Verschmelzung zur Neugründung wird das Vermögen mindestens zweier bereits bestehender Gesellschaften auf eine neu zu gründende, dritte Gesellschaft übertragen (Art. 2 Nr. 28 GesG). Die Anteilsinhaber der jeweils übertragenden Gesellschaften werden in der Regel Anteilsinhaber der aufnehmenden Gesellschaft. Erforderlich hierfür ist stets ein Verschmelzungsvertrag, dem im Regelfall die Hauptversammlungen der teilnehmenden Gesellschaften zustimmen müssen (Artt. 309 Abs. 2 Nr. 12 iVm 783, 795 bzw. 804 GesG).

Während im deutschem Verschmelzungsrecht die Anteilsgewährung als Gegenleistung weiterhin gesetzlicher Regelfall ist[123], ist im japanischen Recht im Zuge der Liberalisierung des Umwandlungsrechts[124] auch die Wahl der Gegenleistungen erweitert worden: Neben der Gewährung von Anteilen oder Mitgliedschaften kann die Gegenleistung nun auch in bar oder in anderen Vermögenswerten erfolgen (Artt. 749 Abs. 1 Nr. 2, 751 Nr. 3 GesG). Bei der Verschmelzung zur Neugründung kann die Gegenleistung nicht nur aus Aktien, sondern auch aus Schuldverschreibungen, Aktienoptionen oder Wandelschuldverschreibungen der neuen Gesellschaft bestehen (Artt. 753 Abs. 1 Nr. 8, Nr. 9, 755 Abs. 1 Nr. 6, 7 GesG).

Als Sonderarten der Verschmelzung existieren die sog. vereinfachte Verschmelzung (*kan'i gappei,* Art. 796 Abs. 2 GesG) und die verkürzte Verschmelzung (*ryakushiki gappei*, Artt. 784 Abs. 1, 796 Abs. 1 iVm 468 Abs. 1 GesG), bei denen jeweils die Zustimmung der Hauptversammlung entbehrlich ist.[125]

b. Die vereinfachte Verschmelzung

Eine vereinfachte Verschmelzung (*kan'i gappei*) ist grundsätzlich bei einer Verschmelzung zur Aufnahme möglich, wenn der Wert der Gegenleistung in Form von Bargeld oder sonstigen Vermögenswerten ein Fünftel des Wertes des bilanziellen Nettovermögens der übernehmenden Gesellschaft nicht übersteigt (Art. 796 Abs. 2 GesG, Art. 196 DVO GesG[126]).[127] Mit anderen Worten ist das

122 Zur Verschmelzung eingehend *Egashira*, Kabushiki kaishahô [Das Recht der Aktiengesellschaft] (2021), S. 881 ff.; *Günal*, Die Verschmelzung im japanischen Gesellschaftsrecht (2014); *Kanda,* Kaisha-hô [Gesellschaftsrecht] (2023), S. 385–408.

123 Mit Ausnahmen in Fällen des § 20 Abs. 1 Nr. 3 S. 1 Hs. 2 UmwG bzw. bei Möglichkeiten einer Abfindungszahlung in den Fällen der §§ 29, 62 Abs. 5 oder 15 Abs. 1 UmwG.

124 *Bälz*, ZJapanR 21(2006), 19 ff.

125 *Egashira*, Kabushiki kaishahô [Das Recht der Aktiengesellschaft] (2021), S. 918 f.

126 *Kaisha-hô shikô kisoku* [Ausführungsverordnung zum Gesellschaftsgesetz], Verordnung 2006/12.

127 *Egashira*, Kabushiki kaishahô [Das Recht der Aktiengesellschaft] (2021), S. 918; *Ueda/Sugewara/Matsushima,* Kaisei kaishahô [Das reformierte Gesellschaftsrecht] (2015), S. 260 f.

bei Aktienausgabe dann der Fall, wenn die Zahl der bei der Verschmelzung neu auszugebenden Aktien weniger als 20 % der bisherigen Aktienanzahl der übernehmenden Gesellschaft beträgt. Der Schwellenwert war im Zuge der Gesellschaftsreform 2005 von ursprünglich 5 % auf 20 % erhöht worden, um den Anwendungsbereich der vereinfachten Verschmelzung auszuweiten und attraktiver zu gestalten. Das vereinfachte Verschmelzungsverfahren soll in den Konstellationen der Verschmelzung einer Gesellschaft auf eine wesentlich größere, übernehmende Gesellschaft möglich sein, da in diesem Falle die Auswirkungen der Verschmelzung auf das operative Geschäft der übernehmenden Gesellschaft eher geringfügig sind.[128] Damit stellt die Verschmelzung ausnahmsweise keine Grundlagenentscheidung dar, sodass keine Notwendigkeit eines qualifizierten Beschlusses durch die Hauptversammlung der übernehmenden Gesellschaft besteht. Aktionäre, die nicht mit der Verschmelzung einverstanden sind, können durch Widerspruch innerhalb von zwei Wochen ab Mitteilung und Bekanntgabe die Einberufung der Hauptversammlung veranlassen; hierfür ist ein Sechstel der Stimmrechte erforderlich, sofern die Satzung kein höheres Quorum bestimmt (Art. 796 Abs. 3 GesG iVm Art. 197 DVO GesG).

c. Die verkürzte Verschmelzung

Die verkürzte Verschmelzung (*ryakushiki gappei*) ist 2006 für konzerninterne Verschmelzungen eingeführt worden. Sie ist in Fällen der Verschmelzung zur Aufnahme anwendbar, wenn eine der beteiligten Gesellschaften mindestens 90 % der Anteile der anderen Gesellschaft hält (Artt. 784 Abs. 1, 796 Abs. 1 GesG).[129] In diesen Fällen ist ein Zustimmungsbeschluss durch die Hauptversammlung der beherrschten Gesellschaft entbehrlich, da aufgrund des hohen Stimmenanteils der herrschenden Gesellschaft als Aktionär der beherrschten Gesellschaft das Ergebnis bereits im Voraus feststeht.[130] Dabei gilt die vereinfachte Verschmelzung, anders als im deutschen Recht des § 62 Abs. 4 UmwG, unabhängig davon, ob die beherrschte Gesellschaft übertragende oder übernehmende Gesellschaft ist (Artt. 784 Abs. 1, 796 Abs. 1 GesG).[131] Eine verkürzte Verschmelzung ist nicht anwendbar, wenn sie dazu führt, dass die Aktionäre die freie Veräußerungsmöglichkeit ihrer Aktien verlieren.[132]

128 *Egashira*, Kabushiki kaishahô [Das Recht der Aktiengesellschaft] (2021), S. 918.
129 *Sakai*, in: Egashira/Nakamura, Kaisha-hô (5) [Gesellschaftsrecht Bd. 5] (2021), S. 645; *Egashira*, Kabushiki kaishahô [Das Recht der Aktiengesellschaft] (2021), S. 919.
130 *Sakai*, in: Egashira/Nakamura, Kaisha-hô (5) [Gesellschaftsrecht Bd. 5] (2021), S. 644.
131 *Sakai*, in: Egashira/Nakamura, Kaisha-hô (5) [Gesellschaftsrecht Bd. 5] (2021), S. 645; *Egashira*, Kabushiki kaishahô [Das Recht der Aktiengesellschaft] (2021), S. 919.
132 *Günal*, Die Verschmelzung im japanischen Gesellschaftsrecht (2014), S. 61.

2. Die Gesellschaftsspaltung

a. Gegenstand der Gesellschaftsspaltung

Das japanische Handelsgesetz sah erst mit Inkrafttreten der Gesetzesänderung zum 1. April 2001 ein einheitliches Regelwerk zur Spaltung von Gesellschaften vor.[133] Das Verfahren zur Spaltung (*kaisha bunkatsu*) ermöglicht Aktiengesellschaften, ihr gesamtes Geschäft oder Teile davon auf eine bereits bestehende oder neu zu gründende Gesellschaft zu übertragen.[134]. Die Spaltung wird im Gesetz als Übertragung aller oder Teile ihrer Rechte und Pflichten eines Geschäfts auf eine andere Gesellschaft definiert (Artt. 2 Nr. 29, 30 GesG). Kennzeichnendes Merkmal der Spaltung ist somit wie auch beim deutschen Spaltungsvorgang die partielle Gesamtrechtsnachfolge.

b. Spaltungsvarianten

Das Gesellschaftsgesetz bietet in den Artt. 757 bis 766 GesG die Varianten der Spaltung zur Aufnahme (*kyûshû bunkatsu*) und der Spaltung zur Neugründung (*shinsetsu bunkatsu*) an, je nachdem ob die übernehmende Gesellschaft bereits besteht oder im Zuge der Spaltung erst gegründet wird.[135] Es folgt mit dieser Aufteilung dem Aufbau der Vorschriften zur Verschmelzung. Eine darüber hinausgehende Differenzierung wie im deutschen Umwandlungsrecht, das in § 123 UmwG die Spaltung in die drei Untervarianten Aufspaltung, Abspaltung sowie Ausgliederung unterteilt[136], erfolgt im japanischen Recht nicht. Es existiert heute einzig eine der Ausgliederung entsprechende Spaltungsform, die sog. *butteki bunkatsu*,[137] sodass die als Gegenwert ausgegebenen Anteile am ausgegliederten Geschäftsteil nicht an die Anteilsinhaber direkt, sondern an die Gesellschaft ausgegebenen werden können. Als Folge entsteht eine vertikale Kon-

133 Änderungsgesetz Gesetz Nr. 90/2000 vom 31. Mai 2000 (*Shôhô-tô no ichibu wo kaisei suru hôritsu* [Gesetz zur Reform eines Teils des Handelsgesetzes]); ausführliche Darstellung zum neuen Spaltungsrecht in *Bälz*, Die Spaltung im japanischen Gesellschaftsrecht (2005); *Hayakawa*, ZJapanR 11 (2001), 37 ff.; *Kanda*, Kaishahô [Gesellschaftsrecht] (2023), S. 408-420.

134 *Kansaku*, in: Morimoto, Kaisha-hô kommentâru (17) [Gesellschaftsrecht Kommentar Band 17] (2010), S. 237.

135 *Egashira*, Kabushiki kaishahô [Das Recht der Aktiengesellschaft] (2021), S. 928.

136 Bei der Aufspaltung wird das gesamte Vermögen eines Rechtsträgers auf zwei oder mehr Rechtsträger aufgeteilt (§ 123 Abs. 1 UmwG); bei der Abspaltung hingegen wird die Gegenleistung für die übernommenen Geschäftsanteile statt an den übertragenden Rechtsträger unmittelbar an dessen Anteilsinhaber ausgegeben (§ 123 Abs. 2); eine Ausgliederung liegt vor, wenn die Ausgabe der Gegenleistung für die übernommenen Geschäftsanteile an den übertragenden Rechtsträger erfolgt (§ 123 Abs. 3 UmwG).

137 *Kansaku*, in: Morimoto, Kaisha-hô kommentâru (17) [Gesellschaftsrecht Kommentar Band 17] (2010), S. 238.

zernstruktur als Ausgangspunkt für konzerninterne Umstrukturierungen oder Veräußerung der Anteile des abgespalteten Gesellschaftsteils.

Bei der Spaltung durch Aufnahme können die Parteien wie bei der Verschmelzung die Gegenleistung frei bestimmen (Artt. 758 Nr. 4, 759 Abs. 8 GesG).[138] Bei der Spaltung zur Neugründung ist die Gegenleistung wie bei der Verschmelzung zur Neugründung auf Aktien, Schuldverschreibungen und Aktienoptionen der neuen Gesellschaft beschränkt (Art. 763 Abs. 1 Nr. 6-9 GesG).

Die Spaltung ist, wie auch die Verschmelzung, als vereinfachte Spaltung (*kan'i bunkatsu*) und als verkürztes Spaltungsverfahren (*ryakushiki bunkatsu*) möglich (Artt. 796 Abs. 2, 784 Abs. 1, 796 Abs. 1 GesG).[139]

3. Aktientausch und Aktienübertragung

Im Zuge der Reformierung des japanischen Antimonopolgesetzes[140] und der darauf basierenden 35. Novelle des japanischen Handelsgesetzes[141] wurden 1999 der Aktientausch (*kabushiki kôkan*) und die Aktienübertragung (*kabushiki iten*) als neue Umwandlungsmaßnahmen eingeführt.[142] Hierdurch wurde die unmittelbare Gründung von Holdinggesellschaften ermöglicht.[143]

a. Der Aktientausch

Der Aktientausch stellt die Übertragung aller Aktien einer Gesellschaft auf eine andere Aktiengesellschaft oder Limited Liability Company dar (Art. 2 Nr. 31 GesG). Die Figur des Aktientausches basiert auf dem US-amerikanischen Vorbild des *share exchange*.[144] Beim Aktientausch können Aktien zwischen zwei oder mehreren bestehenden Gesellschaften mit dem Ziel getauscht werden, dass eine Gesellschaft sämtliche Anteile an der anderen Gesellschaft erwirbt. Dabei werden sämtliche Aktien der – zukünftig hundertprozentigen – Tochtergesell-

138 *Kansaku*, in: Morimoto, Kaisha-hô kommentâru (17) [Gesellschaftsrecht Kommentar Band 17] (2010), S. 243.

139 *Egashira*, Kabushiki kaishahô [Das Recht der Aktiengesellschaft] (2021), S. 959 ff.; *Shibata*, in: Morimoto, Kaisha-hô kommentâru (18) [Gesellschaftsrecht Kommentar Band 18] (2010), S. 228.

140 *Shitteki dokusen no kinshioyobi kôsei torihiki no kakuho ni kansuru hôritsu* [Gesetz betreffend das Verbot von Kartellen und die Sicherung eines lauteren Wettbewerbs], Gesetz Nr. 54/1947.

141 *Shôhô no ichibu wo kaisei suru hôritsu* [Gesetz zur Reform eines Teils des Handelsgesetzes], Gesetz Nr. 125/1999 vom 13.8.1999.

142 Eingehend zu Aktientausch und Aktienübertragung *Eisele*, Holdinggesellschaften in Japan (2004); *Kanda*, Kaisha-hô [Gesellschaftsrecht] (2023), S. 420-427.

143 *Eisele*, ZJapanR 11 (2001), 223 ff.

144 § 11.03 MBCA; *Egashira*, Kabushiki kaishahô [Das Recht der Aktiengesellschaft] (2021), S. 965; *Nakahigashi*, in: Morimoto, Kaisha-hô kommentâru (17) [Gesellschaftsrecht Kommentar Band 17] (2010), S. 408.

schaft in die zukünftige Muttergesellschaft eingebracht. Im Gegenzug dafür erhalten die Anteilsinhaber der Tochtergesellschaft die anlässlich des Aktientausches neu ausgegebenen Anteile der Muttergesellschaft (Artt. 769 Abs. 1, 771 Abs. 1 GesG).[145]

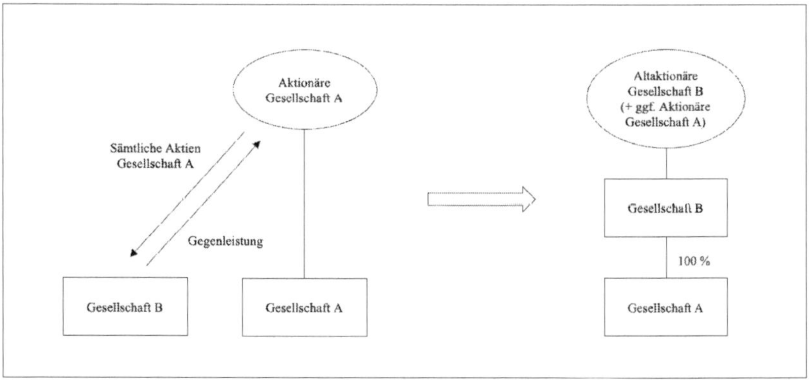

Abbildung 1: Aktientausch

Dieser Vorgang soll insbesondere der verbesserten Restrukturierung dienen, indem die Muttergesellschaft bei einer Mehrheit von zwei Dritteln der Stimmrechte gegen den Widerstand der Minderheitsaktionäre und ohne Einsatz von Barmitteln ihre Beteiligung an der Tochtergesellschaft auf 100 % erhöhen kann.[146]

b. Die Aktienübertragung

Die Aktienübertragung ist die Übertragung aller Aktien einer oder mehrerer Gesellschaften auf eine neu gegründete Aktiengesellschaft als zukünftige Muttergesellschaft (vgl. Art. 2 Nr. 32 GesG). Damit stehen Aktientausch und Aktienübertragung im vergleichbaren Verhältnis wie die Verschmelzung zur Aufnahme gegenüber der Verschmelzung zur Neugründung. Bei der Aktienübertragung werden eine oder mehrere Gesellschaften in der Weise unter dem Dach einer neu zu gründenden Gesellschaft eingegliedert, dass die neue Gesellschaft zum Inhaber sämtlicher Anteile der bestehenden Gesellschaft(en)

145 *Tanaka*, Kaisha-hô [Gesellschaftsrecht] (2021), S. 654 f.; *Nakahigashi*, in: Morimoto, Kaisha-hô kommentâru (17) [Gesellschaftsrecht Kommentar Band 17] (2010), S. 407.

146 *Eisele*, ZJapanR 11 (2001), 223, 228; *Hayakawa*, ZJapanR 9 (2000), 5, 8.

wird.[147] Im Gegenzug für die Übertragung der Anteile auf die neu gegründete Gesellschaft erhalten die Aktionäre die anlässlich der Neugründung neu herausgegebenen Anteile an der neuen (Mutter-)Gesellschaft (Art. 774 Abs. 1, Abs. 2 GesG).

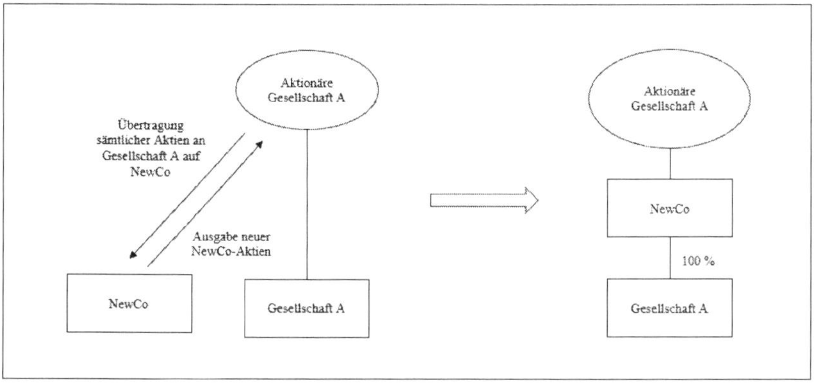

Abbildung 2: Aktienübertragung

Hierin unterscheidet sich auch die Aktienübertragung vom Aktientausch: Während letzterer stets durch die zukünftige Muttergesellschaft initiiert wird, bietet das Verfahren der Aktienübertragung erstmals die Möglichkeit, dass eine bzw. mehrere Gesellschaften eine gemeinsame Muttergesellschaft gründen und sich dieser als Tochtergesellschaft selbst unterordnen.[148]

c. Verfahrenseigenschaften

Ziel des Aktientausches und der Aktienübertragung ist die Bildung von Holdinggesellschaften und Konzernstrukturen mit 100 %-Beteiligungen.[149] Beide Umwandlungsformen sind explizit nur der Aktiengesellschaft vorbehalten und auch als sog. übernehmende Gesellschaft sind nur die Aktiengesellschaft, und beim Aktientausch zusätzlich noch die *Limited Liability Company* vorgesehen.[150]

147 *Tanaka*, Kaisha-hô [Gesellschaftsrecht] (2021), S. 655; *Nakahigashi*, in: Morimoto, Kaisha-hô kommentâru (17) [Gesellschaftsrecht Kommentar Band 17] (2010), S. 431 f.

148 *Egashira*, Kabushiki kaishahô [Das Recht der Aktiengesellschaft] (2021), S. 966; *Eisele*, ZJapanR 11 (2001), 223, 229.

149 *Egashira*, Kabushiki kaishahô [Das Recht der Aktiengesellschaft] (2021), S. 966; *Kanda*, Kaisha-hô [Gesellschaftsrecht] (2023), S. 420.

150 *Egashira*, Kabushiki kaishahô [Das Recht der Aktiengesellschaft] (2021), S. 965.

Da für Anteilstausch bzw. -übertragung keine Barmittel notwendig sind, sind auch konzerninterne Reorganisationsmaßnahmen deutlich erleichtert.[151] Eine weitere Verfahrenserleichterung tritt dadurch ein, dass ein Gläubigerschutzverfahren bei Aktientausch und Aktienübertragung grundsätzlich nicht durchzuführen ist, da sich bei der übertragenden Gesellschaft lediglich die Aktionärsstruktur verändert, jedoch nicht die Haftungsmasse oder die Zahl konkurrierender Gläubiger.[152] Da zum Abschluss des Aktientausch- bzw. des Aktienübertragungsvertrags lediglich eine zwei Drittel-Mehrheit der Hauptversammlung erforderlich ist, werden diese Umwandlungsformen in der Praxis insbesondere zum Ausschluss von Minderheitsaktionären der übertragenden Gesellschaft genutzt.[153] Sowohl der Aktientausch als auch die Aktienübertragung sind wie bereits die vorhergehenden Umwandlungsvarianten auch als vereinfachtes und verkürztes Umwandlungsverfahren möglich (Artt. 796 Abs. 2, 784 Abs. 1, 796 Abs. 1 GesG).

Mit dem Aktientausch ist im deutschen Gesellschaftsrecht die aktienrechtliche Eingliederung durch Mehrheitsbeschluss nach § 320 ff. AktG vergleichbar,[154] auch wenn diese eine 95 %ige Anteilsinhaberschaft der zukünftigen Muttergesellschaft voraussetzt.

4. Die Aktienzuteilung

Der Gesetzgeber beschloss 2019 mit der Einführung der sog. Aktienzuteilung (*kabushiki kôfu*, Artt. 774-2 bis 774-12 GesG) eine weiteres Umwandlungsinstrument, das seit dem 1. Mai 2021 genutzt werden kann.[155] Bei der Aktienzuteilung bietet die übernehmende Gesellschaft ihre eigenen Aktien als Gegenwert an und kann dadurch die Zielgesellschaft zur Tochtergesellschaft machen. Damit gleicht die Aktienzuteilung dem Aktientausch; im Gegensatz zum Aktientausch muss die übernehmende Gesellschaft dabei jedoch nicht 100 % der

151 *Kanda*, Kaisha-hô [Gesellschaftsrecht] (2023), S. 421; *Eisele*, ZJapanR 11 (2001), 223, 228 f.

152 *Kanda*, Kaisha-hô [Gesellschaftsrecht] (2023), S. 421.

153 Die ausscheidenden Minderheitsaktionäre erhalten eine Abfindung in bar oder andere Vermögenswerte (vgl. Artt. 768 Abs. 1 Nr. 2, 770 Abs. 1 Nr. 3 GesG). Bei der Aktienübertragung hingegen muss zumindest ein Teil der Gegenleistung aus Aktien der übernehmenden Gesellschaft bestehen (Art. 773 Abs. 1 Nr. 5 GesG).

154 So auch *Janssen/Kliesow*, ZJapanR 8 (1999), 127, 134.

155 *Nakagawa/Horiki*, Share Delivery – Procedure and Tax Implications, in: TMI Associates – Japan Corporate & Finance Insights May 2021, 27. Mai 2021, S. 1 (abrufbar unter https://www.tmi.gr.jp/uploads/2021/05/26/JapanCorporate_Finance Insights_May2021.pdf); *Tanaka*, in: Itô/Ôsugi/Tanaka/Matsui, Kaisha-hô [Gesellschaftsrecht] (2021), S. 415.

Tochtergesellschaftsanteile übernehmen, sondern lediglich nach Durchführung der Aktienzuteilung die Mehrheit der Stimmrechte innehaben.[156]

Zwar konnte diese Form der Eingliederung bisher auch dadurch erreicht werden, dass Aktionäre der Zielgesellschaft ihre Aktien in die übernehmende Gesellschaft im Wege der Sacheinlage einbringen und im Gegenzug Aktien an der übernehmenden Gesellschaft erhalten.[157] Dies erfordert jedoch eine Prüfung des Sacheinlagewerts gem. Art. 207 GesG und führt bei nicht ordnungsgemäßer Wertfestsetzung zur Haftung der Verwaltungsratsmitglieder (Artt. 212, 213 GesG). Dies fand in der Praxis daher nicht viel Anklang.[158]

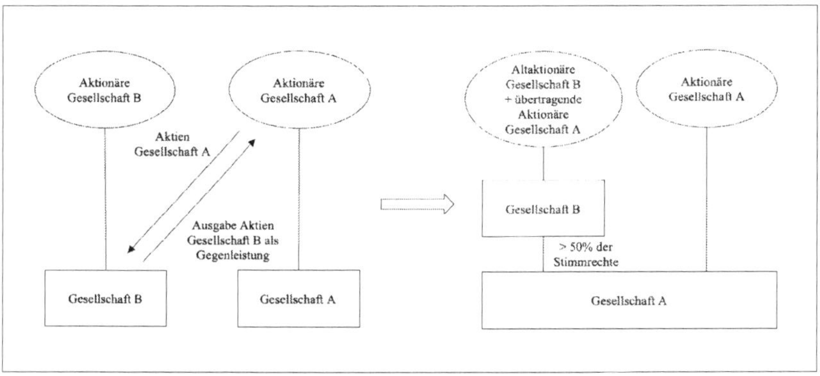

Abbildung 3: Aktienzuteilunng

156 *Nakagawa/Horiki,* Share Delivery – Procedure and Tax Implications, in: TMI Associates – Japan Corporate & Finance Insights May 2021, 27. Mai 2021, S. 1, 2, 4 (abrufbar unter https://www.tmi.gr.jp/uploads/2021/05/26/JapanCorporate_FinanceInsights_May2021.pdf); *Tanaka,* in: Itô/Ôsugi/Tanaka/Matsui, Kaisha-hô [Gesellschaftsrecht] (2021), S. 415; *Kanda*, Kaisha-hô [Gesellschaftsrecht] (2023), S. 427 f.

157 *Tanaka,* in: Itô/Ôsugi/Tanaka/Matsui, Kaisha-hô [Gesellschaftsrecht] (2021), S. 416; *Nakagawa/Horiki,* Share Delivery – Procedure and Tax Implications, in: TMI Associates – Japan Corporate & Finance Insights May 2021, 27. Mai 2021, S. 1, 2 (abrufbar unter https://www.tmi.gr.jp/uploads/2021/05/26/JapanCorporate_FinanceInsights_May2021.pdf).

158 *Tanaka,* in: Itô/Ôsugi/Tanaka/Matsui, Kaisha-hô [Gesellschaftsrecht] (2021), S. 416; *Kanda*, Kaisha-hô [Gesellschaftsrecht] (2023), S. 427 f.; *Nakagawa/Horiki,* Share Delivery – Procedure and Tax Implications, in: TMI Associates – Japan Corporate & Finance Insights May 2021, 27. Mai 2021, S. 1, 2 (abrufbar unter https://www.tmi.gr.jp/uploads/2021/05/26/JapanCorporate_FinanceInsights_May2021.pdf).

Die Aktienzuteilung erfordert einen Aktienzuteilungsplan (Artt. 774-2, 774-3 GesG), der der Zustimmung einer zwei Drittel-Mehrheit der Hauptversammlung der übernehmenden Gesellschaft bedarf.[159] Jedoch kommt die Aktienzuteilung durch die jeweilige Individualvereinbarung zwischen der übernehmenden Gesellschaft und den übertragenden Aktionären zustande; einer gesonderten Vereinbarung zwischen den beiden beteiligten Gesellschaften sowie eines Hauptversammlungsbeschlusses seitens der Gesellschaft, die zur Tochtergesellschaft wird, bedarf es nicht.[160] Ebenso ist kein Gläubigerschutzverfahren erforderlich, sofern nur Aktien der übernehmenden Gesellschaft als Gegenleistung ausgegeben werden oder zusätzliche Barzahlungen oder andere Zuwendungen weniger als 5 % der Gegenleistung betragen.[161]

Da es sich bei der Aktienzuteilung faktisch um ein Übernahmeangebot in Form eines Tauschangebots handelt, finden bei börsennotierten Zielgesellschaften die Regeln zur öffentlichen Übernahme gemäß Finanzprodukte- und Börsengesetz (*kinyû shôhin torihiki-hô*[162]) Anwendung.[163] So kann die übernehmende Gesellschaft beispielsweise bei börsennotierten Zielgesellschaften im Gegenzug zu nicht börsennotierten Zielgesellschaften die Aktionäre, von denen sie die Aktien übernehmen möchte, nicht frei auswählen.[164]

159 *Kanda*, Kaisha-hô [Gesellschaftsrecht] (2023), S. 428; *Nakagawa/Horiki,* Share Delivery – Procedure and Tax Implications, in: TMI Associates – Japan Corporate & Finance Insights May 2021, 27. Mai 2021, S. 1, 4 (abrufbar unter https://www.tmi.gr.jp/uploads/2021/05/26/JapanCorporate_FinanceInsights_May2021.pdf).

160 *Egashira*, Kabushiki kaishahô [Das Recht der Aktiengesellschaft] (2021), S. 993; *Nakagawa/Horiki,* Share Delivery – Procedure and Tax Implications, in: TMI Associates – Japan Corporate & Finance Insights May 2021, 27. Mai 2021, S. 1, 8 (abrufbar unter https://www.tmi.gr.jp/uploads/2021/05/26/JapanCorporate_FinanceInsights_May2021.pdf).

161 *Nakagawa/Horiki,* Share Delivery – Procedure and Tax Implications, in: TMI Associates – Japan Corporate & Finance Insights May 2021, 27. Mai 2021, S. 1, 6 (abrufbar unter https://www.tmi.gr.jp/uploads/2021/05/26/JapanCorporate_FinanceInsights_May2021.pdf); vgl. *Egashira*, Kabushiki kaishahô [Das Recht der Aktiengesellschaft] (2021), S. 1002.

162 Gesetz Nr. 25/1948, aktuelle Version Gesetz Nr. 28/2019.

163 *Nakagawa/Horiki,* Share Delivery – Procedure and Tax Implications, in: TMI Associates – Japan Corporate & Finance Insights May 2021, 27. Mai 2021, S. 1, 5 (abrufbar unter https://www.tmi.gr.jp/uploads/2021/05/26/JapanCorporate_FinanceInsights_May2021.pdf); *Egashira*, Kabushiki kaishahô [Das Recht der Aktiengesellschaft] (2021), S. 992.

164 *Nakagawa/Horiki,* Share Delivery – Procedure and Tax Implications, in: TMI Associates – Japan Corporate & Finance Insights May 2021, 27. Mai 2021, S. 1, 5 (abrufbar unter https://www.tmi.gr.jp/uploads/2021/05/26/JapanCorporate_FinanceInsights_May2021.pdf).

Die Normierung der Aktienzuteilung soll nun – gemeinsam mit einer neuen Steuerbegünstigung[165] – eine einfachere Handhabe ermöglichen[166], steht aber auch in der Kritik, ohne Berücksichtigung der Minderheitsaktionärs- und Gläubigerschutzrechte gezielt den in der Praxis nicht oft genutzten Aktientausch zu erleichtern.[167]

5. Der Formwechsel

Der Formwechsel ist vom Anwendungsbereich der neuen präventiven Unterlassungsklage ausgenommen. Er wird daher in dieser Arbeit nicht weiter berücksichtigt und nur zur Vollständigkeit der Darstellung japanischer Umwandlungsvarianten hier überblicksartig aufgeführt.

Die Vorschriften des Gesellschaftsgesetzes zum Formwechsel (*soshiki henkô*, Artt. 743 bis 747 GesG) ermöglichen nur den Formwechsel von einer Aktiengesellschaft in eine Anteilsgesellschaft und umgekehrt, jedoch nicht einen Formwechsel zwischen den einzelnen Formen der Anteilsgellschaften (Art. 2 Nr. 26 GesG).[168] Die *gôdo kaisha* wird dabei als personengesellschaftliche Anteilsgesellschaft angesehen, sodass ein Formwechsel stets zwingend einen Wechsel in oder von einer *kabushiki kaisha* umfasst. Angesichts der Tatsache, dass die ganz überwiegende Mehrheit der japanischen Handelsgesellschaften als *kabushiki kaisha* inkorporiert sind und die *gôdo kaisha* in der Praxis wenig Anklang gefunden hat[169], ist die praktische Relevanz eines Formwechsels gering.

Erschwerend kommt hinzu, dass der Zustimmungsbeschluss der Anteilsinhaberversammlung zum Formwechsel bei allen Gesellschaften einstimmig ergehen muss (Artt. 776 Abs. 1, 781 Abs. 1 GesG). Im deutschen Recht ist ein einstimmiger Beschluss nur bei damit einhergehender Änderung der persönlichen Haftung der Anteilsinhaber erforderlich; in den verbliebenen Fällen des Wechsels einer beschränkten Haftung auf eine andere Form der beschränkten Haftung hingegen reichen in der Regel 75 %ige Mehrheitsbeschlüsse aus.[170] Durchzuführen ist jedoch auch hier ein Gläubigerschutzverfahren (Artt. 779, 781 Abs. 2 GesG). Aufgrund des Einstimmigkeitserfordernisses und der einzigen Umwandlungsmöglichkeit von oder in eine *kabushiki kaisha* ist die praktische Relevanz des Formwechsels in der japanischen Rechtspraxis – wie bereits erwähnt – als gering einzuschätzen.

165 *Nakagawa/Horiki,* Share Delivery – Procedure and Tax Implications, in: TMI Associates – Japan Corporate & Finance Insights May 2021, 27. Mai 2021, S. 1, 3 (abrufbar unter https://www.tmi.gr.jp/uploads/2021/05/26/JapanCorporate_FinanceInsights_May2021.pdf); *Egashira*, Kabushiki kaishahô [Das Recht der Aktiengesellschaft] (2021), S. 991.

166 *Tanaka,* in: Itô/Ôsugi/Tanaka/Matsui, Kaisha-hô [Gesellschaftsrecht] (2021), S. 416.

167 *Nemoto*, Meiji Law Journal 28 (2021), 13, 25 ff.

168 *Kanda*, Kaisha-hô [Gesellschaftsrecht] (2023), S. 375.

169 Siehe oben Erster Teil – D.I.1.

170 Vgl. zur Übersicht die Tabelle bei *Bärwaldt,* in: Semler/Stengel/Leonard, UmwG (2021), § 193 Rn. 11.

E. Auszugleichende Interessen

Aufgrund ihrer wirtschaftlichen und rechtspolitischen Dimension sind bei der Regelung umwandlungsrechtlicher Vorschriften stets eine Vielzahl an verschiedenen und sich gegenüberstehenden Interessen zu berücksichtigen. Zunächst verfolgt der Gesetzgeber selbst mit Errichtung und Feinjustierung eines nationalen Umwandlungsrechts wirtschaftlich und politisch motivierte Ziele (I.). Im Rahmen eines Umwandlungsvorgangs sind zudem die folgenden Gruppen zu bilden, deren Interessen und Schutzbedürftigkeit aufgrund ihrer unmittelbaren Betroffenheit zu beleuchten sind: der Mehrheitsgesellschafter als Anteilsinhaber (II.), die Minderheitsgesellschafter als Anteilsinhaber (III.), sowie die Gläubiger (einschließlich der Arbeitnehmer) (IV.). Dabei sollen die Interessen der Gläubiger nur überblicksartig dargestellt werden, da die Schutzinstrumentarien für die Anteilsinhaber den Schwerpunkt dieser Arbeit darstellen.

I. Gesetzgeberische Regelungsziele

Umwandlungsvorgänge dienen stets dem Ziel, gesellschaftsrechtliche Strukturveränderungen zu erleichtern[171], indem die Anforderungen und die Komplexität des jeweiligen Verfahrens vereinfacht, einhergehend damit die Verfahrenskosten gesenkt und die Verfahrensdauer beschleunigt wird. Prämisse ist bei jeder Umwandlungsmaßnahme stets ein Verfahren, das zügig, schlank und wenig fehleranfällig ist; insbesondere sind hierfür das Risiko von Widerstand durch zustimmungsberechtige Aktionäre sowie das mit erheblichen Kosten und Unsicherheiten verbundene Risiko einer Rückabwicklung der Umwandlung aufgrund von Verfahrensfehlern möglichst einzudämmen. Die gesetzgeberischen Bemühungen und Ziele hinsichtlich des Umwandlungsrechts bezwecken dabei stets die Verbesserung der Standortbedingungen für die eigene Wirtschaft, um die Attraktivität des heimischen Standorts auch im immer weiterwachsenden globalen Standortwettbewerb zu behaupten. Auch im Falle des japanischen Gesetzgebers standen diese Erwägungen nach Jahren der wirtschaftlichen Stagnation bei den vergangenen Gesetzesreformen im Vordergrund.[172]

Die Umwandlungsmaßnahmen ziehen dabei regelmäßig erhebliche Konsequenzen für alle beteiligten Interessengruppen nach sich. Die Regelungen des Umwandlungsrechts sind daher auch stets unter Berücksichtigung der einzelnen Interessen und Rechte der Beteiligten und Betroffenen zu optimieren. Ziel der umwandlungsrechtlichen Vorschriften muss daher sein, die beteiligten Gruppen

171 Vgl. *Stengel*, in: Semler/Stengel/Leonard, UmwG (2021), Einl. A Rn. 4-5; *Dauner-Lieb*, in: Kölner Komm. UmwG (2009), Einl. A Rn. 11.

172 Vgl. ausführlicher dazu *Günal*, Die Verschmelzung im japanischen Gesellschaftsrecht (2014), S. 32; *Witty*, ZJapanR 23 (2007), 185 ff.

mit hinreichendem Rechtsschutz auszustatten und die entgegenstehenden Interessen in Einklang zu bringen.

II. Mehrheitsgesellschafter

Auch wenn der Mehrheitsgesellschafter als bestimmende und lenkende Kraft in der Hauptversammlung keine besonders schutzwürdige Stellung einnimmt, ist bei Betrachtung der Schutzinstrumentarien stets zu beachten, dass die Position des Mehrheitsgesellschafters nicht zum Schutze der anderen Gruppen in unzumutbarem Maße beschränkt wird. Dem Mehrheitsgesellschafter muss es aufgrund seiner Anteilsinhaberstellung möglich sein, seine Interessen in einem bestimmten Umfang durchzusetzen und zu wahren, damit die Stellung als Mehrheitsgesellschafter für Investoren auch weiterhin attraktiv bleibt. Dabei decken sich die Interessen des Mehrheitsgesellschafters zum Teil mit den oben erwähnten Regelungszielen des Gesetzgebers. Der Mehrheitsgesellschafter ist folglich vor allem an einem zügigen, schlanken, wenig fehleranfälligen und wenig angreifbaren Umwandlungsverfahren interessiert; gleichzeitig kommt ihm auch ein kostengünstiges Verfahren zugute. Interesse hat der Mehrheitsgesellschafter auch an einem möglichst geringen Zustimmungserfordernis sowie Ausnahmen vom Zustimmungserfordernis. Ist ein Zustimmungsbeschluss der Hauptversammlung nicht erforderlich, kann das Verfahren zügiger und günstiger durchgeführt werden und es besteht gegebenenfalls auch ein geringeres prozessuales Risiko. Ein besonderer Schwerpunkt des Mehrheitsgesellschafterinteresses liegt bei Umwandlungsvorgängen allerdings auf der Beschränkung bis hin zum vollständigen Ausschluss von Rechtsschutzinstrumenten der Minderheitsgesellschafter oder Gläubiger, die mit einer bereits geringen Beteiligung einen bereits beschlossenen Umwandlungsvorgang durch ein gerichtliches Verfahren verzögern oder gar unterbinden können. Jegliche Art der Verzögerung kann sich in einem laufenden Umwandlungsverfahren als äußerst kostspielig und folglich ausschlaggebend für das Gelingen oder Misslingen der Umwandlung zeigen. Gefährlich sind dabei insbesondere Rechtsschutzinstrumente, die ohne Beschränkung der Antrags- oder Klagebefugnis eine sofortige Wirkung entfalten.

III. Minderheitsgesellschafter

Für Minderheitsgesellschafter führen Umwandlungsmaßnahmen regelmäßig zu tiefgreifenden Eingriffen in ihre Mitgliedschaftsrechte und bringen insbesondere große vermögensrelevante Veränderung und Risiken mit sich. So kann eine Verschmelzung die Geltendmachung bestimmter Quorum-bedingter Minderheitsrechte entziehen und sie gegen ihren Willen zu Anteilsinhabern einer neuen Gesellschaft machen. Entscheidend ist dabei, dass die Minderheitsgesellschafter eine Umwandlung, auch wenn sie typischerweise eine qualifizierende Mehrheit erfordert, in der Regel nicht verhindern können.

Die Auswirkungen auf die Minderheitsgesellschafter unterscheiden sich dabei je nach Inhaberschaft an der übertragenden oder an der übernehmenden Gesellschaft. Bei der übertragenden Gesellschaft handelt es sich um die ihre Vermögenswerte auf eine andere Gesellschaft übertragende, und in diesem Zuge entweder mit den nicht übertragenen Vermögenswerten fortbestehende oder dabei erlöschende Gesellschaft; die übernehmende Gesellschaft hingegen ist die die Vermögenswerte empfangende Gesellschaft, die entweder bereits zuvor bestanden oder zu diesem Zweck neu gegründet wird. Dabei ist zu beachten, dass bei Umwandlungsmaßnahmen, die eine Neugründung einer Gesellschaft im Rahmen einer Umwandlung betreffen, ausschließlich übertragende Gesellschafter vorhanden sind.

1. Minderheitsgesellschafter der übertragenden Gesellschaft

Ein besonders hohes Risiko eines schwerwiegenden Eingriffs in die Mitgliedschaftsrechte kann bei Umwandlungsvorgängen für die Anteilsinhaber der übertragenden Gesellschaft bestehen.[173] In diesem Fall werden regelmäßig Anteile gegen Anteile an der übernehmenden Gesellschaft getauscht, sodass die Aktionäre ihre Anteile an der übertragenden Gesellschaft verlieren. Zwar ist gesetzlich vorgeschrieben, dass der Anteilsinhaber der übertragenden Gesellschaft grundsätzlich durch die Gewährung neuer Anteile am übernehmenden Rechtsträger in entsprechendem Umfang kompensiert werden muss (sog. Grundsatz der Mitgliedschaftsperpetuierung[174]); dies kann aus zahlreichen Gründen jedoch nicht im Interesse des Minderheitsgesellschafters liegen. Dieser dürfte oftmals bereits kein Interesse daran haben, Anteile an einer anderen Gesellschaft zu halten. Bei einer Verschmelzung oder einem Aktientausch beispielsweise muss er sich künftig zwischen einer Mehrzahl von Anteilsinhabern behaupten oder muss auf ein neues, ihm unbekanntes Management vertrauen.

Im Mittelpunkt steht zudem stets das Problem des angemessenen Umtauschverhältnisses.[175] Kommt es zu einer Unterbewertung des Anteilwerts des übertragenden Rechtsträgers, erhalten die übertragenden Aktionäre keine angemessene Gegenleistung und erleiden dadurch einen Vermögensschaden sowie eine

173 *Sagasser/Luke*, in: Sagasser/Bula/Brünger, Umwandlungen (2017), § 3 Rn. 8.

174 *Simon*, in: Kölner Komm. UmwG (2009), § 2 Rn. 78 ff.; so auch *Böttcher*, in: NK UmwG (2019), Einl. Rn. 11; *Stengel*, in: Semler/Stengel/Leonard, UmwG (2021), § 2 Rn. 40 ff. Im deutschen Recht ist dieser Grundsatz dabei strenger als im japanischen Umwandlungsrecht, da grundsätzlich keine andere Art der Gegenleistung gewährt werden darf und beispielsweise eine Barabfindung nur in Ausnahmefällen zulässig ist.

175 *Bula/Thes*, in: Sagasser/Bula/Brünger, Umwandlungen (2017), § 9 Rn. 252; *Tanaka,* Kaisha-hô [Gesellschaftsrecht] (2021), S. 664, 671.

Verwässerung ihrer Mitgliedschaftsrechte.[176] Sind nicht hinreichende effektive Schutzmechanismen zur angemessenen Bewertung der zu übertragenden Anteile vorhanden, wird der Mehrheitsgesellschafter dazu geneigt sein, wertvolle Unternehmensteile ohne angemessene Gegenleistung auf eine Gesellschaft zu übertragen, an der er in höherem Maße beteiligt ist als an der übertragenden Gesellschaft.[177] Zwar können die Minderheitsgesellschafter in bestimmten Fällen von der Möglichkeit des Ausscheidens aus der Gesellschaft gegen Barabfindung Gebrauch machen, jedoch ist auch hier die angemessene Bewertung entscheidend.[178]

Die Verschiebung der Vermögensmasse von der Mutter- auf die Tochtergesellschaft im Wege der Ausgliederung nach deutschem Recht oder dem Aktientausch sowie -übertragung nach japanischem Recht kann den Interessen der Minderheitsgesellschafter zudem insofern widerstreben, als dass diesen dadurch die Einwirkungsmöglichkeit auf grundlegende unternehmerische Entscheidungen des ausgegliederten Unternehmensteils genommen wird.[179] Über wichtige unternehmerische Entscheidungen der nunmehr Tochtergesellschaft entscheiden dann nicht mehr die Aktionäre im Rahmen ihrer Hauptversammlungsbefugnis, sondern das Leitungsorgan der Muttergesellschaft selbst.

2. Minderheitsgesellschafter der übernehmenden Gesellschaft

Für den Minderheitsgesellschafter einer übernehmenden Gesellschaft verändert sich die Anteilsinhaberschaft der Aktionäre der aufnehmenden Gesellschaft grundsätzlich nicht. Die Minderheitsgesellschafter der übernehmenden Gesellschaft sind dennoch durch den Umwandlungsvorgang in ihren Mitgliedschaftsrechten betroffen. Wird das übertragene Vermögen der übertragenden Gesellschaft überbewertet, droht den Aktionären der übernehmenden Gesellschaft die Verwässerung ihrer eigenen Anteile.[180] Sie haben daher ein eigenes Interesse daran, dass das Umtauschverhältnis ordnungsgemäß ermittelt wird. Hinzukommt, dass die Aufnahme von übertragenem Gesellschaftsvermögen gegen Ausgabe neuer Anteile an der eigenen Gesellschaft eine Kapitalerhöhung mit sich bringt, die wiederum die Beteiligung des Einzelnen unter relevante Schwellenwerte sinken lassen und damit zum Verlust von bestimmten aktienrechtlichen Minderheitsrechten führen kann.[181]

176 *Kanda*, Kaisha-hô [Gesellschaftsrecht] (2023), S. 390.
177 Vgl. *Lieder*, in: Lutter, UmwG (2024), § 123 Rn. 38.
178 *Tanaka,* Kaisha-hô [Gesellschaftsrecht] (2021), S. 644; *Bula/Thes*, in: Sagasser/Bula/Brünger, Umwandlungen (2017), § 9 Rn. 252 ff.
179 *Raiser/Veil*, Recht der Kapitalgesellschaften (2015), § 46 Rn. 37.
180 *Kogge*, in: Münchener Hdb. d. GesR, Bd. 8 (2018), § 13 Rn. 313; *Böttcher,* in: NK UmwG (2019), Einl. Rn. 11; *Heidinger*, in: Henssler/Strohn, UmwG (2021), § 13 Rn. 28.
181 *Heidinger*, in: Henssler/Strohn, UmwG (2021), § 13 Rn. 28; *Drygala*, in: Lutter, UmwG (2024), § 13 Rn. 55.

IV. Gläubiger

Umwandlungsmaßnahmen können sich zudem tiefgreifend auf die Gläubigerrechte auswirken. Gläubiger umfassen dabei auch die Arbeitnehmer der beteiligten Gesellschaften. Die Gläubigerinteressen werden neben Offenlegungspflichten[182], Sicherheitsleistung[183] sowie gegebenenfalls Klagerechten[184] dadurch gewahrt, dass bei einer Umwandlung stets eine Form der Gesamtrechtsnachfolge eintritt und damit die übernehmende oder neue Gesellschaft für alle Verbindlichkeiten der übertragenden Gesellschaft haftet. Zum Schutz der Arbeitnehmer besteht zudem ein eigenes Regime, bestehend aus frühzeitigen Offenlegungs- und Informationspflichten, auf die hier im Einzelnen nicht weiter einzugehen ist. Die Gesamtrechtsnachfolge führt gleichzeitig aber auch dazu, dass den Gläubigern im Gegensatz zur Einzelrechtsübertragung kein Zustimmungsvorbehalt zusteht. Sie sehen sich nach einer Umwandlung gegebenenfalls einem Schuldner gegenüber, den sie sich nicht ausgesucht haben.[185]

1. Gläubiger der übertragenden Gesellschaft

Bei einer Verschmelzung gehen alle Aktiva und Passiva auf die aufnehmende oder neu gegründete Gesellschaft über. Die den Gläubigern zur Verfügung stehende Haftungsmasse ändert sich zunächst dadurch nicht; je nach tatsächlicher Fallkonstellation kann aber auch eine Verschmelzung Risiken für die Gläubiger mit sich bringen. Verschmilzt ein solventer Rechtsträger beispielsweise auf einen insolventen Rechtsträger, müssen sich die Gläubiger der solventen Gesellschaft die Aktiva und die bisherige Haftungsmasse künftig mit einer größeren Anzahl von Gläubigern teilen.[186]

Bei der Spaltung ist die potenzielle Beeinträchtigung der Interessen noch offensichtlicher, denn durch eine Übertragung eines Betriebsteils droht stets eine Verringerung der Haftungsmasse. Aufgrund des Grundsatzes der Spaltungsfreiheit[187] können Gesellschaften Verbindlichkeiten und haftendes Vermögen

182 Im deutschen Recht allgemeine Bekanntmachung nach § 19 UmwG; im japanischen Recht Gläubigerschutzverfahren gem. Artt. 789, 799, 810 GesG.

183 Im deutschen Recht nach §§ 22, 125 S. 1 UmwG; im japanischen Recht nach Artt. 789 Abs. 5, 799 Abs. 5, 810 Abs. 5 GesG.

184 Art. 828 Abs. 1 Nr. 7-12, Abs. 2 Nr. 7-13 GesG.

185 Siehe auch *Sagasser/Luke*, in: Sagasser/Bula/Brünger, Umwandlungen (2017), § 3 Rn. 32; *Grunewald*, in: Lutter, UmwG (2024), § 22 Rn. 1; *Simon*, in: Kölner Komm. UmwG (2009), § 22 Rn. 1.

186 Vgl. *Grunewald*, in: Lutter, UmwG (2024), § 22 Rn. 2; vgl. auch *Simon*, in: Kölner Komm. UmwG (2009), § 22 Rn. 1.

187 *Seulen*, in: Semler/Stengel/Leonard, UmwG (2021), § 133 Rn. 1; *Ganske*, Umwandlungsrecht (1995), S. 155.

weitgehend trennen oder zumindest der verbleibenden Gesellschaft und dem abgespaltenen Teil disproportional zuteilen, soweit dies die Grenzen des Rechtsmissbrauchs nicht überschreitet[188]; im japanischen Spaltungsrecht hingegen sind sogar sog. missbräuchliche Spaltungsvorgänge in gewissen Maßen zulässig, bei welcher Vermögensgegenstände einer überschuldeten Gesellschaft abgespalten wurden, um diese dem Zugriff der Gläubiger zu entziehen.[189] Auch wenn bei der Ausgliederung die Gesellschaft als Gegenwert für das übertragene Vermögen Anteile an der neuen bzw. übernehmenden Gesellschaft erhält, kann in diesem Falle eine mögliche Unterbewertung des übertragenen Vermögens und eine unangemessene Gegenleistung zu einer geringeren Haftungsmasse für die Gläubiger der übertragenden Gesellschaft führen.[190] Weiter kann auch die organisatorische Trennung oder Änderung der bisher betriebenen unternehmerischen Tätigkeiten mittels einer Spaltung ein Risiko für die Gläubiger mit sich bringen, wenn diese anstelle eines im Markt etablierten und diversifizierten Unternehmens nun ein zwar gewinnträchtiges, aber auf eine spezifische oder riskante Geschäftssparte fokussiertes Unternehmen als Schuldner haben.[191]

2. Gläubiger der übernehmenden Gesellschaft

Für die Gläubiger der übernehmenden Gesellschaft wechselt bei einer Verschmelzung oder Spaltung zur Aufnahme der bisherige Schuldner nicht; sie müssen gegebenenfalls aber mit neuen Gläubigern um die bisherige Haftungsmasse konkurrieren, insbesondere dann, wenn die im Wege der Gesamtrechtsnachfolge übergegangenen Passiva die übertragenen Aktiva übersteigen.[192] Selbst wenn in der Regel Vermögen mit einem positiven Nettobetrag übertragen wird, kann sich eine Verschmelzung oder Spaltung negativ auf die Eigenkapitalquote oder andere relevante Relationen auswirken.[193] Denn der übernehmende Rechtsträger haftet im Falle einer Verschmelzung oder Spaltung zur Aufnahme mehrerer Gesellschaften für sämtliche übertragenden Gesellschaften.[194] In Extremfällen kann nach einer Verschmelzung von einem insolventen Rechtsträger auf einen solventen auch eine Unterbilanz des übernehmenden Rechts-

188 *Seulen*, in: Semler/Stengel/Leonard, UmwG (2021), § 133 Rn. 1; *Schwab*, in: Lutter, UmwG (2024), § 133 Rn. 12.
189 *Tanaka*, Kaisha-hô [Gesellschaftsrecht] (2021), S. 658.
190 *Tanaka*, Kaisha-hô [Gesellschaftsrecht] (2021), S. 658.
191 *Tanaka*, Kaisha-hô [Gesellschaftsrecht] (2021), S. 685.
192 Vgl. zur Verschmelzung *Grunewald*, in: Lutter, UmwG (2024), § 22 Rn. 14; *Tanaka*, Kaisha-hô [Gesellschaftsrecht] (2021), S. 657; zur Spaltung *Schwab*, in: Lutter, UmwG (2024), § 133 Rn. 140.
193 *Seulen*, in: Semler/Stengel/Leonard, UmwG (2021), § 133 Rn. 117.
194 Vgl. zur Verschmelzung *Grunewald*, in: Lutter, UmwG (2024), § 22 Rn. 2; zur Spaltung *Seulen*, in: Semler/Stengel/Leonard, UmwG (2021), § 133 Rn. 117.

trägers eintreten.[195] Diese Gefahr kann durch Abfindungszahlungen nach § 29 UmwG oder nachträgliche Barzuzahlungen nach Spruchgesetz verstärkt werden.

F. Zusammenfassung

Ein Blick auf das gesetzliche Regelungskonzept des deutschen und japanischen Umwandlungsrechts sowie das Verständnis beider Rechtsordnungen von der Umwandlung als eigenständig normiertem Teil des Gesellschaftsrechts zeigt, dass hier eine gemeinsame Grundlage für den Ansatz einer rechtsvergleichenden Analyse besteht. Hinsichtlich der Frage, welche Interessen im Rahmen einer Umwandlungsmaßnahme betroffen sind, und eines Ausgleichs bedürfen, folgen das deutsche und das japanische Umwandlungsrecht derselben Prämisse. Im Gegensatz zu anderen Jurisdiktionen, bei denen der maßgebende Interessenkonflikt zwischen der Geschäftsführungs-Ebene und den Aktionären stattfindet, findet dieser sowohl in Deutschland als auch in Japan regelmäßig zwischen Mehrheits- und Minderheitsaktionären statt.

Vereinfachend kommt hinzu, dass die Umwandlungsvarianten in Teilen übereinstimmen, auch wenn Aktientausch und -übertragung sowie die Aktienzuteilung eine gesonderte Stellung einnehmen. Ebenfalls in der folgenden Prüfung zu berücksichtigen sind die maßgeblichen Unterschiede zwischen den Gesellschaftsformen, da die *kabushiki kaisha* eine weit extensivere Plattform bietet als die deutsche Aktiengesellschaft.

Unter Berücksichtigung dieser hier ausgearbeiteten Divergenzen bietet sich eine vergleichende Analyse des Rechtsschutzregimes des deutschen und japanischen Umwandlungsrechts insbesondere zum heutigen Zeitpunkt an. Denn mit Einführung des Umwandlungsgesetzes 1995 und Inkrafttreten des Gesellschaftsgesetzes 2006 besteht eine regulierungstechnisch einheitliche Vergleichsgrundlage, die nun über 15 Jahre dem Praxistest ausgesetzt war. Da anhand der Reform 2014 erstmalige Nachbesserungen gerade in Bereichen des präventiven Rechtsschutzes bei japanischen Umwandlungsmaßnahmen vorgenommen wurden, bietet dies Anlass für eine umfassende Analyse des umwandlungsrechtlichen präventiven Rechtsschutzes beider Jurisdiktionen sowie im Vergleich zueinander. Aus Sicht des deutschen Rechts besteht dieser Anlass insbesondere auch deshalb, weil der präventive Rechtschutzmechanismus im deutschen Umwandlungsrecht ohne besondere Beachtung im öffentlichen Diskurs an einem Scheideweg steht zwischen der Weiterverfolgung des deutschen freigaberechtlichen Sonderwegs und einer Neuordnung des Gesamtkonzepts.

195 *Seulen*, in: Semler/Stengel/Leonard, UmwG (2021), § 22 Rn. 21; *Grunewald*, in: Lutter, UmwG (2024), § 22 Rn. 12.

Zweiter Teil Rechtsschutzmechanismen bei Umwandlungsmaßnahmen im deutschen Recht

Das Konstrukt des Rechtsschutzes im deutschen Umwandlungsrecht birgt – entweder unmittelbar im Umwandlungsgesetz selbst oder unter Anwendung allgemeiner aktienrechtlicher Vorschriften – eine Vielzahl an Schutzmechanismen zur Wahrung der Aktionärsrechte und Aktionärsinteressen. Diese umwandlungsrechtlich relevanten Schutzmechanismen sind eng miteinander verwoben und greifen ineinander. Dem Ganzen liegt ein Balanceakt zwischen Minderheitsaktionärsinteressen und dem Interesse der Gesellschaft, ihrer Verwaltung respektive des Mehrheitsaktionärs an einem zügigen und reibungslosen Umwandlungsablauf zugrunde.

Das System aus Aktionärs- und Minderheitsaktionärsrechten unterteilt sich dabei in gerichtlich geltend zu machende Schutzinstrumente in Form von Klage- und Antragsrechten sowie materiell-rechtliche Schutz-, Informations- und Offenlegungsrechte aus Aktien- und Umwandlungsrecht, die im Vorfeld einer gerichtlichen Rechtsdurchsetzung bereits ihre Schutzwirkung zugunsten der Minderheitsaktionäre entfalten. Diese außergerichtlichen Schutzmechanismen sind wichtiger Bestandteil des umwandlungsrechtlichen Rechtsschutzes für Aktionäre, auf dem die Klagerechte aufbauen.

Der präventive Rechtsschutz kann deshalb nur unter Einbeziehung und Berücksichtigung des Umfangs und der Effektivität sämtlicher Schutzinstrumentarien und -mechanismen angemessen untersucht und einer Bewertung unterzogen werden. Nur anhand der Gesamtbetrachtung des Aktionärsschutzes können spezifische Schutzlücken im präventiven Rechtsschutz aufgedeckt und kann der konkrete Bedarf an Gesetzesänderungen und Reformen ermittelt werden.[196]

Im Folgenden sollen daher zunächst die außergerichtlichen Schutzmechanismen der Anteilsinhaber (A.) sowie die nachträglichen Rechtsschutzinstrumente (B.) überblicksartig dargestellt und erläutert werden, bevor anschließend eine ausführliche Untersuchung der präventiven Rechtsschutzinstrumente (C.) erfolgt. Die hier gewonnenen Erkenntnisse sollen als Grundlage für eine vergleichende Darstellung mit dem präventiven Rechtsschutz im japanischen Umwandlungsrecht dienen. Der Begriff des Rechtsschutzes bezieht sich dabei ausschließlich auf den gerichtlichen Rechtsschutz, auch wenn zum umfassenden Verständnis die außergerichtlichen Schutzmechanismen mitberücksichtigt werden.

196 Vgl. *Kanda*, in: Gordon/Ringe, The Oxford Handbook of Corporate Law and Governance (2018), 721, 724 f.

A. Außergerichtliche Schutzmechanismen der Anteilsinhaber

Bei den außergerichtlichen Schutzmechanismen handelt es sich im Gegensatz zum gerichtlichen Rechtsschutz um materiell-rechtliche Rechte der Aktionäre und Pflichten der Gesellschaftsorgane, die den Aktionären bestimmte Rechte zugestehen und gleichzeitig eine notwendige Klagewegbeschreitung erleichtern.

I. Zustimmungserfordernis der Aktionäre

Den Aktionären als Hauptversammlung steht in deren Stellung als Gesellschaftsorgan formal die grundlegende Entscheidungskompetenz bei Umwandlungsmaßnahmen zu. Diesem Prinzip wird durch die grundsätzlich zwingend erforderliche Beschlussfassung mit der qualifizierten Mehrheit von 75 % des bei Beschlussfassung vertretenen Grundkapitals für den Hauptversammlungsbeschluss als Zustimmung zur Umwandlung Rechnung getragen.[197] Hinzu kommen weitere Zustimmungserfordernisse von bestimmten Aktionärsgruppen, deren Rechte durch die Umwandlungsmaßnahme betroffen sind.[198] In diesem Zustimmungserfordernis der Hauptversammlung liegt das Fundament des Aktionärsrechtsschutzes. Der darüberhinausgehende Rechtsschutz der Aktionäre äußert sich in einer Vielzahl von weiteren Schutzmechanismen.

II. Offenlegungs- und Informationspflichten

Zum umwandlungsrechtlichen Rechtsschutz gehören auch die gesetzlich zwingenden Maßnahmen im Vorfeld des Umwandlungsbeschlusses, welche die Wahrnehmung und Durchsetzung der Aktionärsrechte erst gewähren können. Dazu gehören die angemessene Offenlegung und Informationsverteilung sowie die Transparenz des Umwandlungsvorgangs, um dem Anteilsinhaber sowohl eine objektive Entscheidungsfindung im Vorfeld des Zustimmungsbeschlusses als auch hinreichende Informationsgrundlage für die Entscheidung über eine klageweise Geltendmachung von Rechtsverletzungen zu ermöglichen. Demnach

197 § 13 Abs. 1, § 65 Abs. 1 S. 1 UmwG (bei Verschmelzung zur Neugründung iVm § 73 UmwG; bei Spaltung iVm § 125 S. 1 UmwG). Die qualifizierte Mehrheit stellt eine zwingende Untergrenze dar. Eine Ausnahme besteht nach § 62 Abs. 1 UmwG bei einer Konzernverschmelzung auf eine AG, wenn die übernehmende AG mindestens 90 % der Anteile am Stamm- oder Grundkapitals der übertragenden Kapitalgesellschaft besitzt (sog. *up-stream merger*). Für die GmbH gilt ebenfalls ein drei Viertel-Mehrheitserfordernis: §§ 50 Abs. 1, 59 Abs. 1 UmwG (bei Spaltung iVm § 125 S. 1 UmwG).

198 Siehe ausführlicher *Raiser/Veil*, Recht der Kapitalgesellschaften (2015), § 46 Rn. 49 ff.

sind Offenlegungs- und Informationspflichten als bedeutender Bestandteil im Gesamtkonstrukt des Rechtsschutzes bei Umwandlungsmaßnahmen zu berücksichtigen. Bieten diese nicht bereits ein hinreichendes Maß an Schutz zugunsten der Anteilsinhaber, sind präventive oder nachträgliche Klagemöglichkeiten weitgreifender zu gestalten.

Das deutsche Umwandlungsrecht sieht im Zusammenspiel mit aktienrechtlichen Vorschriften eine Vielzahl von Informationsrechten und -ansprüchen der Aktionäre im Vorfeld des Zustimmungsbeschlusses vor, so beispielsweise die Bereitstellung ausführlicher schriftlicher Berichte nach §§ 8, 127 UmwG[199] sowie dessen Bekanntmachung im Handelsregister nach § 61 S. 1 bzw. § 61 iVm § 73 UmwG.[200] Zudem müssen die jeweiligen Umwandlungsverträge bzw. -pläne, sofern vorhanden, einen gesetzlichen Mindestinhalt aufweisen.[201] Der Vertrag bzw. sein Entwurf ist den Anteilsinhabern vorab zu übersenden oder in den Geschäftsräumen des jeweiligen Rechtsträgers auszulegen und diese Auslegung bekannt zu machen.[202] Die Ladungsfrist von 30 Tagen vor dem Tag der über den Umwandlungsbeschluss beschließenden Hauptversammlung (§ 123 Abs. 1 AktG) sichert den Aktionären dabei eine frühzeitige Informationsoffenlegung.[203]

Eine nachträgliche Offenlegungspflicht besteht im deutschen Aktien- und Umwandlungsrecht nicht. Allerdings ist gemäß § 130 AktG die öffentlich beglaubigte Niederschrift samt ihren Anlagen unverzüglich nach der Hauptversammlung beim Handelsregister einzureichen und dort jederzeit einsehbar. Zusätzlich können die Aktionäre bei Informationsbedarf stets von ihrem allgemeinen Auskunftsrecht nach § 131 AktG Gebrauch machen.[204]

III. Umwandlungsbericht und Prüfungsbericht

Neben den oben genannten Offenlegungs- und Informationspflichten ist in der Regel ein Umwandlungsbericht[205] zu erstellen sowie die Umwandlungsprüfung

199 Bei Verschmelzung zur Neugründung § 8 iVm 36 UmwG; bei Spaltung zur Neugründung § 127 iVm § 135 UmwG.

200 Vgl. *Raiser/Veil*, Recht der Kapitalgesellschaften (2015), § 46 Rn. 38 ff. Bei der GmbH sind Auskunfts- und Einsichtsrechte nach § 49 Abs. 2, Abs. 3 bzw. § 49 iVm § 73 UmwG festgesetzt.

201 § 5 Abs. 1, § 126 Abs. 1 UmwG.

202 §§ 47, 47 iVm 56 UmwG (GmbH) und §§ 63, 63 iVm 73 UmwG (AG), bei Spaltung iVm § 125 S. 1 UmwG.

203 Die gesetzliche Mindestfrist für die Einberufung der Gesellschafterversammlung einer GmbH beträgt hingegen eine Woche, § 51 Abs. 1 GmbHG.

204 Bei der GmbH gelten §§ 51a, b GmbHG.

205 Verschmelzungsbericht (§ 8, §§ 8 iVm 36 UmwG,) Spaltungsbericht (§ 127, §§ 127 iVm 135 UmwG).

durchzuführen[206]. Hierfür ist ebenfalls ein gesetzlicher Mindestinhalt vorgeschrieben.[207] Unter anderem muss das vorgesehene Umtauschverhältnis der Anteile und ein eventuelles Abfindungsangebot sowohl rechtlich als auch wirtschaftlich erläutert werden. Teilweise sind auch die drei letzten Bilanzen der beteiligten Rechtsträger auszulegen (§ 63 Abs. 1 Nr. 2, §§ 63 Abs. 1 Nr. 2 iVm 73 UmwG).[208] Der Bericht dient im Wesentlichen dazu, alle Anteilsinhaber über die Hintergründe und Folgen der Umwandlungsmaßnahme zu informieren; die Umwandlungsprüfung soll anschließend die Objektivität der Angaben mit Hinblick auf Angemessenheit des Umtauschverhältnisses und gegebenenfalls der Barabfindung durch einen unabhängigen Sachverständigen gewähren.[209] Die Unabhängigkeit des Sachverständigen wird gemäß § 10 Abs. 1 UmwG dadurch gewahrt, dass die Auswahl und Bestellung des Umwandlungsprüfers durch das Gericht erfolgt.

Mit § 313 UmwG ist zudem durch die Strafandrohung mit Freiheitsstrafe von bis zu 3 Jahren für Vertretungsorgane eine strafrechtliche Sanktionierungsmöglichkeit gegeben, wenn diese in Umwandlungsberichten oder sonst im Rahmen der Umwandlung unrichtige Angaben gemacht haben.

IV. Registerrechtliche Prüfung

Der umwandlungsrechtliche Rechtsschutz der Aktionäre ist ferner in eine zwingende Prüfung der formellen und materiellen Voraussetzungen der Eintragung durch das jeweils zuständige Registergericht bei Anmeldung der Umwandlungsmaßnahme eingebettet.[210]

Innerhalb der materiell-rechtlichen Prüfung umfasst der Prüfungsumfang des Registergerichts auch die Rechtmäßigkeit des Umwandlungsbeschlusses.[211] Der Prüfungsumfang ergibt sich dabei aus § 398 FamFG; das Registergericht muss prüfen, ob der Umwandlungsbeschluss durch seinen Inhalt zwingende gesetzliche Vorschriften verletzt, wie beispielsweise die Wirksamkeit des Umwandlungsvertrags sowie des Zustimmungsbeschlusses, und seine Beseitigung im

206 §§ 9-12 UmwG, §§ 9-12 iVm 36 UmwG (Verschmelzung), §§ 9-12 iVm § 125 S. 1 UmwG (Spaltung, mit Ausnahme bei Ausgliederung, vgl. § 125 S. 2 UmwG).

207 Vgl. § 8 sowie §§ 8 iVm 127 UmwG.

208 Bei der GmbH § 49 Abs. 2, §§ 49 Abs. 2 iVm 56 UmwG.

209 Vgl. *Sagasser/Luke*, in: Sagasser/Bula/Brünger, Umwandlungen (2017), § 3 Rn. 15 f.

210 *Schwanna*, in: Semler/Stengel/Leonard, UmwG (2021), § 19 Rn. 3; *Heidinger*, in: Henssler/Strohn, UmwG (2021), § 19 Rn. 11; *Schulte*, in: NK UmwG (2019), § 19 Rn. 14; *Fronhöfer*, in: Widmann/Mayer, UmwR (2023), § 19 Rn. 12 ff.; *Zimmermann*, in: Kallmeyer, UmwG (2020), § 19 Rn. 2 ff.

211 *Schwanna*, in: Semler/Stengel/Leonard, UmwG (2021), § 19 Rn. 5; *Zimmermann*, in: Kallmeyer, UmwG (2020), § 19 Rn. 5; *Simon*, in: Kölner Komm. UmwG (2009), § 19 Rn. 8, 13; *Heidinger*, in: Henssler/Strohn, UmwG (2021), § 19 Rn. 13 ff.

öffentlichen Interesse erforderlich erscheint.[212] Im Rahmen der registerrechtlichen Prüfung folgt auch die für das deutsche Umwandlungsrecht so systemprägende Unbedenklichkeitsprüfung. Das verantwortliche Gesellschaftsorgan muss bei Antrag auf Eintragung mitteilen, dass eine Klage gegen den zu prüfenden Umwandlungsbeschluss nicht anhängig oder bereits rechtskräftig abgewiesen wurde; liegt diese Negativerklärung nicht vor, greift mithin die Registersperre gem. § 16 Abs. 2 S. 2 UmwG.

Erhöhter Rechtsschutz wird im Registerverfahren durch den nach § 26 FamFG geltenden Amtsermittlungsgrundsatz gewährt. Nach überwiegender Auffassung hat das Gericht allerdings im Rahmen von § 26 FamFG nur dann selbst Nachprüfungen anzustellen, wenn formelle Voraussetzungen nicht erfüllt sind oder begründete Zweifel an den vorgebrachten Tatsachen bestehen.[213] Eine derartige Beschränkung des gesetzlich festgelegten Amtsermittlungsgrundsatzes wird insbesondere angesichts der mit konstitutiver Eintragung verbundenen umfangreichen Rechtsfolgen teilweise abgelehnt.[214] Allerdings kann bei drohender Rechtsverletzung jederzeit mittels Erhebung einer Beschlussanfechtungsklage ohne weitere Umstände die Registersperre ausgelöst werden. Aufgrund dessen, dass sich der Aktionär selbst behelfen kann, ist ein erweiterter Schutz anhand einer ausführlichen Registerprüfung nicht erforderlich, zumal eine solche aus Praktikabilitätsgründen aufgrund des erheblichen Mehraufwands pro Eintragungsvorgang ohnehin nicht vorzugswürdig erscheint.[215] Nicht von der Prüfungskompetenz des Registergerichts umfasst ist daher die Wahrung der Individualinteressen der Anteilsinhaber. Gemeint sind damit insbesondere die Angemessenheit des Umtauschverhältnisses, die wirtschaftliche Zweckmäßigkeit der Umwandlungsmaßnahme sowie sonstige Gesetzesverstöße, die nur die Anfechtbarkeit des Verschmelzungs- bzw. Spaltungsvertrags oder der zustimmenden Umwandlungsbeschlüsse bewirken.[216] Das Registerverfahren soll nicht als allumfassender, automatisch durchgeführter Schutz der Anteilsinhaber dienen und ein gerichtliches Verfahren ersetzen. Dem Anteilsinhaber bleibt dabei bei einem Individualanliegen der Rechtsschutz auf dem Klageweg, dessen Verfahrensanhängigkeit das Registergericht bei seiner Prüfung in Form einer Freigabeerklärungsprüfung berücksichtigen muss.

212 *Zimmermann*, in: Kallmeyer, UmwG (2020), § 19 Rn. 5; *Simon*, in: Kölner Komm. UmwG (2009), § 19 Rn. 13 ff.; *Heidinger*, in: Henssler/Strohn, UmwG (2021), § 19 Rn. 13 ff.; zur ausführlichen Auflistung der Prüfungspunkte siehe *Schwanna*, in: Semler/Stengel/Leonard, UmwG (2021), § 19 Rn. 3–5.

213 *Zimmermann*, in: Kallmeyer, UmwG (2020), § 19 Rn. 3; *Krafka*, Registerrecht (2024), Rn. 151a, 159.

214 So *Schulte*, in: NK UmwG (2019), § 19 Rn. 14.

215 IE zustimmend BGH, Beschl. v. 21.6.2011 – II ZB 15/10, NJW 2011, 907; *Krafka*, Registerrecht (2024), Rn. 159.

216 *Simon*, in: Kölner Komm. UmwG (2009), § 19 Rn. 10; *Heidinger*, in: Henssler/Strohn, UmwG (2021), § 19 Rn. 15; *Zimmermann*, in: Kallmeyer, UmwG (2020), § 19 Rn. 5.

V. Haftung der Organe

Für den Fall, dass die Aktionäre aufgrund der Umwandlung einen Schaden erleiden, sind zusätzlich in § 25 UmwG (iVm § 36 UmwG bei Verschmelzung zur Neugründung, iVm § 125 S. 1 UmwG bei Spaltung) unmittelbare Schadensersatzansprüche der Anteilsinhaber gegen die Verwaltungsträger des übertragenden Rechtsträgers vorgesehen, sofern diese ihre Pflicht zur Prüfung der Vermögenslage der beteiligten Rechtsträger und zur Beachtung der erforderlichen Sorgfalt bei Abschluss des Verschmelzungs- oder Spaltungsvertrags verletzen.[217] Ein Haftungsausschluss aufgrund einer Beschlussfassung durch die Hauptversammlung, wie beispielsweise gemäß § 93 Abs. 4 S. 1 AktG, ist nicht statthaft, da ansonsten der Zweck des § 25 UmwG unterlaufen werden würde.[218] Auf Seiten des übernehmenden Rechtsträgers stehen Ansprüche gegen die eigenen Verwaltungsträger nur dem Rechtsträger nach allgemeinen Vorschriften zu, § 27 bzw. iVm § 125 S. 1 UmwG, nicht auch den Aktionären.[219]

VI. Zwischenergebnis

Die außergerichtlichen Schutzmechanismen der Aktionäre bei Umwandlungsmaßnahmen bestehen zunächst aus der Kombination des Beschlusserfordernisses durch die Hauptversammlung, das aufgrund der notwendigen qualifizierten Mehrheit einen erhöhten Schutz bietet, und zahlreichen Offenlegungs- und Informationsrechten. Letztere greifen in der Regel vor Beschlussfassung und umfassen auch die Erstellung und Einsicht in einen Umwandlungsbericht sowie die Bestellung eines gerichtlich bestimmten Umwandlungsprüfers. Schließlich gewährleistet die Registerprüfung ein Minimum an Sicherheit dahingehend, dass zumindest nicht gegen die Mindestanforderungen verstoßen wird. Das Rechtsschutzniveau wird zusätzlich verstärkt durch die zwingend vorgeschriebenen Prüfungsschritte durch unabhängige Parteien, wie dem Umwandlungsprüfer und dem Registergericht.

B. Nachträglicher gerichtlicher Rechtsschutz im deutschen Umwandlungsrecht

Erst anhand der Betrachtung der nachträglichen gerichtlichen Rechtsschutzinstrumente kann ein Verständnis dafür geschaffen werden, in welchem Umfang

217 Vgl. *Sagasser/Luke*, in: Sagasser/Bula/Brünger, Umwandlungen (2017), § 3 Rn. 30; *Müller*, in: Henssler/Strohn, UmwG (2021), § 25 Rn. 9 ff.

218 Vgl. *Sagasser/Luke*, in: Sagasser/Bula/Brünger, Umwandlungen (2017), § 3 Rn. 30.

219 *Sagasser/Luke*, in: Sagasser/Bula/Brünger, Umwandlungen (2017), § 3 Rn. 30.

und Ausmaß der präventive gerichtliche Rechtsschutz erforderlich ist und die Frage beantwortet werden, ob das deutsche Umwandlungsrecht im präventiven Rechtsschutz Schutzlücken aufweist, die eine Ausbesserung oder gar Implementierung weiterer präventiven Schutzinstrumentarien erforderlich machen. Dabei muss zunächst definiert werden, nach welchen Kriterien die gerichtlichen Schutzinstrumente dem nachträglichen respektive präventiven Rechtsschutz zugeordnet werden (I.). Anschließend werden die umwandlungsrechtliche Unwirksamkeitsklage (II.1.) und das Spruchverfahren (II.2.) dargestellt und die jeweiligen Rechtsschutzlücken im nachträglichen gerichtlichen Rechtsschutz erläutert.

Dem deutschen Leser werden die weitergehenden Aspekte zum nachträglichen gerichtlichen Rechtsschutz bei Umwandlungsmaßnahmen weitgehend bekannt und weiterführende Literatur ohne Probleme zugänglich sein, sodass im folgenden Abschnitt auf tiefergehende Ausführungen verzichtet wird. Eine detailreiche Darstellung würde den Rahmen dieser Arbeit sprengen und der gewählten Schwerpunktsetzung entgegenstehen.

I. Abgrenzung der nachträglichen und präventiven Rechtsschutzinstrumente

Als nachträglicher Rechtsschutz gelten in der Regel Rechtsschutzinstrumente, die grundsätzlich erst nach Eintritt des Ereignisses, folglich nach Eintragung der Umwandlungsmaßnahme ins Handelsregister, ihren Rechtsschutz entfalten. Davon ist unproblematisch das Spruchverfahren nach § 15 UmwG[220] erfasst.

Eine Sonderstellung nimmt hierbei die Unwirksamkeitsklage nach § 14 UmwG ein, die im Falle von Aktiengesellschaften die Anfechtungs- und Nichtigkeitsklage nach §§ 241 ff. AktG umfasst. Auf der Grundlage der aktienrechtlichen Vorschriften sind die Anfechtungs- und Nichtigkeitsklagen nach Beschlussfassung durch die Hauptversammlung zu erheben und werden deshalb häufig auch erst nach Vollzug der beschlossenen Maßnahme geltend gemacht. Der Vollzug der Maßnahme steht einem gerichtlichen Verfahren mittels Anfechtungs- oder Nichtigkeitsklage in der Regel auch nicht entgegen. Charakteristisch sind diese Klageverfahren daher dem nachträglichen Rechtsschutz zuzuordnen. Bei der umwandlungsrechtlichen Unwirksamkeitsklage ergibt sich allerdings die Besonderheit der Eintragungssperre des § 16 Abs. 2 UmwG[221]

220 § 15 UmwG gilt sowohl für die Verschmelzung zur Aufnahme als auch die Verschmelzung zur Neugründung (§ 15 iVm § 36 UmwG) und die Spaltung (§ 15 iVm § 125 S. 1 UmwG), mit Ausnahme des § 15 UmwG in Fällen der Ausgliederung, vgl. § 125 S. 1 UmwG.

221 § 16 UmwG gilt sowohl für die Verschmelzung zur Aufnahme als auch die Verschmelzung zur Neugründung (§ 16 iVm § 36 UmwG) und die Spaltung (§ 16 iVm § 125 S. 1 UmwG), mit Ausnahme des § 16 Abs. 1 UmwG in Fällen der Neugründung, vgl. §§ 36, 135 UmwG.

sowie der Sperrwirkung der Eintragung gemäß § 20 Abs. 2 UmwG[222]. Demnach entfaltet die reine Klageerhebung gegen den Umwandlungsbeschluss automatisch eine Registersperre; eine gerichtliche Entscheidung nach Eintragung entfaltet hingegen keine Rückwirkung. Das führt dazu, dass die umwandlungsrechtliche Anfechtungs- sowie Nichtigkeitsklage als präventiver Rechtsschutz einzuordnen wären.[223] Allerdings besteht aufgrund des Freigabeverfahrens nach § 16 Abs. 3 UmwG die rechtliche Möglichkeit, die Eintragung trotz Klageerhebung vorzunehmen; die erhobene Unwirksamkeitsklage kann bzw. muss dann mit auf Feststellung gerichtetem Klagebegehren nach Vollzug der Umwandlungsmaßnahme weiterverfolgt werden. Richtigerweise nimmt die Unwirksamkeitsklage daher im umwandlungsrechtlichen Rechtsschutzkonzept eine Zwitterstellung zwischen präventivem und nachträglichem Rechtsschutz ein. Zur besseren Übersicht und Vergleichbarkeit mit dem japanischen Recht wird sic hier beim nachträglichen Rechtsschutz behandelt.

II. Die nachträglichen gerichtlichen Schutzinstrumente im Fokus

Der Rechtsschutz der Anteilsinhaber im deutschen Umwandlungsrecht hat zugunsten eines effizienten Umwandlungsverfahrens mit der registerrechtlichen Sperrwirkung der Eintragung nach § 20 Abs. 2 UmwG und der besonderen Bedeutung des Bestandschutzes seinen Schwerpunkt auf nachträglichen Schutzinstrumenten.

1. Die umwandlungsrechtliche Unwirksamkeitsklage

a. Anwendungsbereich der Unwirksamkeitsklage

Primärer Rechtsschutz bei allen Umwandlungsformen ist die umwandlungsrechtliche Unwirksamkeitsklage (§ 14 Abs. 1 UmwG[224]). Hauptzweck der Unwirksamkeitsklage als umwandlungsrechtliche Sonderregelung der aktienrechtlichen Anfechtungs- und Nichtigkeitsklage[225] ist die Bündelung der Rechtsbehelfe und die dadurch gewonnene Rechtssicherheit durch Rechts-

222 § 20 UmwG gilt sowohl für die Verschmelzung zur Aufnahme als auch die Verschmelzung zur Neugründung (§ 20 iVm § 36 UmwG) und die Spaltung (§ 20 iVm § 125 S. 1 UmwG).

223 So auch *Adolff*, ZHR 169 (2005), 310, 322.

224 § 14 UmwG gilt sowohl für die Verschmelzung zur Aufnahme als auch die Verschmelzung zur Neugründung (§ 14 iVm § 36 UmwG) und die Spaltung (§ 14 iVm § 125 S. 1 UmwG), mit Ausnahme des § 14 Abs. 2 UmwG in Fällen der Ausgliederung, vgl. § 125 S. 1 UmwG.

225 Die Klagen finden entsprechende Anwendung auf Fälle der GmbH, vgl. statt aller *Junker*, in: Henssler/Strohn, UmwG (2021), § 14 Rn. 8.

klarheit.[226] Sie erfasst sämtliche Klagen, die auf Anfechtung oder Nichtigkeit des Umwandlungsbeschlusses der Hauptversammlung gerichtet sind. Die Anfechtung eines Umwandlungsbeschlusses ist immer dann begründet, wenn der Beschluss inhaltlich oder aufgrund von Verfahrensmängeln gegen Gesetz oder Satzung verstößt. Das beinhaltet unter anderem die nicht ordnungsgemäße oder rechtzeitige Bekanntmachung des Verschmelzungsvertrags (§§ 61, 62 Abs. 3 UmwG) oder auch Verletzung aktienrechtlicher Grundsätze wie die Verletzung des Gleichbehandlungsgrundsatzes oder – in Ausnahmefällen – der Treuepflicht.[227] Anfechtbar ist der Umwandlungsbeschluss auch bei Stimmrechtsausübung eines Aktionärs zum Sondervorteil für sich oder einen Dritten zum Schaden der Gesellschaft oder bei unrichtiger, unvollständiger oder verweigerter Mitteilung wesentlicher Informationen. Die Nichtigkeitsklage gegen den Umwandlungsbeschluss richtet sich gegen schwerwiegende Verstöße bei der Beschlussfassung der Hauptversammlung.

Vom Anwendungsbereich der Unwirksamkeitsklage ausgenommen sind Klagen, die nur inhaltlich im Zusammenhang mit der Umwandlungsmaßnahme stehen[228], sowie Klagen, die sich gegen die Angemessenheit des Umtauschverhältnisses der Anteile (vgl. § 14 Abs. 2 UmwG, sog. Bewertungsrüge) oder gegen die Angemessenheit des Barabfindungsgebots (vgl. § 32 UmwG) richten. Damit stellt die Unwirksamkeitsklage zumindest in der Theorie den zentralen umwandlungsrechtlichen Rechtsbehelf für die Aktionäre dar und erfüllt gleichzeitig den verfassungsrechtlich vorgeschriebenen Aspekt der Rechtsschutzmöglichkeit für Aktionäre.

b. Verweis der Bewertungsrügen

Vom umfassenden Anwendungsbereich der umwandlungsrechtlichen Unwirksamkeitsklage ausgeschlossen ist die Rüge wegen eines zu niedrigen Umtauschverhältnisses oder unzureichenden Gegenwerts. § 14 Abs. 2 UmwG verweist die Aktionäre in diesem Fall auf das Spruchverfahren. Damit soll der Vollzug der Umwandlung einem geringeren Klagerisiko unterliegen und die bewertungsrelevanten Themen in einem gesonderten Verfahren gebündelt werden.[229]

226 Vgl. RegrBegr. BT-Drs. 12/6699, S. 87; Vgl. *Böttcher*, in: NK UmwG (2019), § 14 Rn. 2; vgl. auch *Gehling,* in: Semler/Stengel/Leonard, UmwG (2021), § 14 Rn. 1 f.

227 Ausführlich mit weiteren Beispielen *Gehling*, in: Semler/Stengel/Leonard, UmwG (2021), § 14 Rn. 7 ff.

228 Beispielsweise der flankierende Satzungsänderungs- und/oder Kapitalerhöhungsbeschluss beim übernehmenden Rechtsträger, um neue Anteile für die Anteilsinhaber des übertragenden Rechtsträgers zu schaffen, *Junker*, in: Henssler/Strohn, UmwG (2021), § 14 Rn. 8; *Decher*, in: Lutter, UmwG (2024), § 14 Rn. 8, 19; vgl. auch *Simon,* in: Kölner Komm. UmwG (2009), § 14 Rn. 18.

229 *Rieckers/Cloppenburg*, in: beck-online Großkommentar UmwG (2024), § 14 Rn. 22.

Die viele Jahre kritisierte[230] Differenzierung zwischen den Bewertungsrügen der Aktionäre des übertragenden und derjenigen des übernehmenden Rechtsträgers wurde mit Inkrafttreten des UmRUG zum 1. März 2023 endlich behoben.[231] Zuvor galt, dass nur Bewertungsrügen der Aktionäre übertragender Rechtsträger auf das Spruchverfahren verwiesen wurden. Bewertungsrügen von Aktionären übernehmender Rechtsträger hingegen waren im Wege der Unwirksamkeitsklage zu erheben und führten somit zu anderen Rechtsfolgen, insbesondere hinsichtlich der Registersperre, der *inter omnes* Wirkung des Anspruchs auf Nachteilsausgleichs.[232]

c. Klagefrist und verfahrensrechtliche Aspekte

Für alle Varianten der Unwirksamkeitsklage setzt § 14 Abs. 1 UmwG eine einheitliche, nicht dispositive Klagefrist von einem Monat ab Tag der Beschlussfassung fest.[233] Die Monatsfrist schafft Rechtssicherheit durch Rechtsklarheit; ist innerhalb eines Monats keine Klage gegen die Wirksamkeit des Umwandlungsbeschlusses erhoben worden, kann die beschlossene Umwandlungsmaßnahme ungehindert in das Handelsregister eingetragen werden und wird dadurch rechts- und bestandskräftig.[234] Die größte Auswirkung hat die Monatsfrist dabei auf die Nichtigkeitsgründe des § 241 Nr. 1, Nr. 3 und Nr. 4 AktG, die bei einer Umwandlung nicht mehr bis zu drei Jahren nach Eintragung (§ 242 Abs. 2 AktG),

230 Zur alten Rechtslage: *Junker*, in: Henssler/Strohn, UmwG (2021), § 14 Rn. 3; *Gehling*, in: Semler/Stengel/Leonard, UmwG (2021), § 14 Rn. 35; *Winter*, in: Schmitt/Hörtnagl, UmwG (2020), § 14 Rn. 31 ff.; *DAV Handelsrechtsausschuss*, NZG 2007, 497, 498; *ders*. bereits in NZG 2000, 802, 803; ausführlich hierzu *Hüffer*, ZHR 172 (2008), 8, 11 ff.; *Baums,* Gutachten F für den 63. DJT (2000), S. 120 ff.; siehe auch Beschlüsse der Abteilung Wirtschaftsrecht, in: Verhandlungen des 63. DJT, Bd. II/1 (2000), O 76, I.12.a; *Martens*, AG 2000, 301, 308 (mit konkretem Reformvorschlag). Kritisierend auch BGH, Urt. v. 18.12.2000 - II ZR 1/99, NJW 2001, 1425 ff.; BGH, Urt. v. 29.01.2001 – II ZR 368/98, NJW 2001, 1428 ff.

231 Zur neuen Rechtslage *Decher* in: Lutter, UmwG (2024), § 14 Rn. 17; *Rieckers/Cloppenburg*, in: beck-online Großkommentar UmwG (2024), § 14 Rn. 22.

232 Zur neuen Rechtslage *Decher* in: Lutter, UmwG (2024), § 14 Rn. 17; vgl. zur alten Rechtslage *Baums,* Gutachten F für den 63. DJT (2000), S. 120, 121.

233 Für weitere Ausführungen, insbesondere zum Verhältnis zu Fristen nach §§ 241 ff. AktG, siehe *Winter*, in: Schmitt/Hörtnagl, UmwG (2020), § 14 Rn. 11. Die Klage muss jedoch nur innerhalb der Frist anhängig werden, solange die Zustellung demnächst erfolgt, § 167 ZPO, *Junker*, in: Henssler/Strohn, UmwG (2021), § 14 Rn. 5; *Gehling*, in: Semler/Stengel/Leonard, UmwG (2021), § 14 Rn. 25; *Simon,* in: Kölner Komm. UmwG (2009), § 14 Rn. 28; vgl. näher dazu OLG Hamburg, Urt. v. 16.4.2004 - 11 U 11/03, NZG 2004, 729, 730 f.

234 *Junker*, in: Henssler/Strohn, UmwG (2021), § 14 Rn. 1; *Decher*, in: Lutter, UmwG (2024), § 14 Rn. 2.

sondern ebenfalls innerhalb der Monatsfrist geltend zu machen sind.[235] Damit ist der Umwandlungsvorgang auch nicht von der missbräuchlichen Verschleppungstaktik der sog. nachgeschobenen Nichtigkeitsklage betroffen.[236]

Die Klagefrist entfaltet als materiell-rechtliche Ausschlussfrist gleichzeitig prozessual Konzentrationswirkung. Innerhalb der Monatsfrist ist nicht nur die Unwirksamkeitsklage zu erheben, sondern sind die Klagegründe in ihrem wesentlichen Kern vorzutragen; später hinzugefügte Gründe gelten als präkludiert.[237] Auch ist als materiell-rechtliche Ausschlussfrist eine Wiedereinsetzung nach §§ 233 ff. ZPO oder eine Hemmung der Verjährung nach §§ 203 ff. BGB nicht möglich.[238] Ebenso können im Rahmen des Registerverfahrens keine Einwendungen mehr geltend gemacht werden.

2. Spruchverfahren und Abfindungsrechte

a. Anwendungsbereich

Der Schwerpunkt des Rechtsschutzes in der umwandlungsrechtlichen Praxis liegt neben der Unwirksamkeitsklage nach § 14 UmwG im Spruchverfahren, welches die gerichtliche Überprüfung des Umtauschverhältnisses und des Abfindungsangebots in einem separaten Verfahren ermöglicht, ohne dass dessen Geltendmachung den Umwandlungsvorgang behindern würde. Bei Strukturmaßnahmen mit außenstehenden bzw. Minderheitsaktionären werden Spruchverfahren inzwischen nahezu ausnahmslos eingeleitet.[239]

Die Regelung des § 15 UmwG komplettiert dabei den § 14 Abs. 2 UmwG. Anteilsinhaber, deren Bewertungsrügen nach § 14 Abs. 2 UmwG ausgeschlos-

235 *Decher*, in: Lutter, UmwG (2024), § 14 Rn. 6; *Simon,* in: Kölner Komm. UmwG (2009), § 14 Rn. 12. Die Einbeziehung der Nichtigkeitsklage in die kurze Klagefrist des § 14 Abs. 1 UmwG war im Gesetzgebungsverfahren kritisiert worden, *Bork*, ZGR 1993, 343, 355; *Arbeitskreis Umwandlungsrecht*, ZGR 1993, 321, 323 f.; *Schöne*, DB 1995, 1317, 1319 f.; dafür jedoch *K.Schmidt*, DB 1995, 1849 ff.

236 Zur Problematik der nachgeschobenen Nichtigkeitsklage siehe auch *Schockenhoff*, ZIP 2008, 1945 ff.

237 *Junker*, in: Henssler/Strohn, UmwG (2021), § 14 Rn. 6; *Gehling*, in: Semler/Stengel/Leonard, UmwG (2021), § 14 Rn. 29; *Decher*, in: Lutter, UmwG (2024), § 14 Rn. 13; *Marsch-Barner/Oppenhoff*, in: Kallmeyer, UmwG (2020), § 14 Rn. 5; *Simon,* in: Kölner Komm. UmwG (2009), § 14 Rn. 23; LG München I, Urt. v. 29.3.2007, 5HK O 11176/06, AG 2008, 830, 832; OLG Stuttgart, Beschl. v. 13.3.2002, 20 W 32/01, AG 2003, 456, 458; OLG Düsseldorf, Beschl. v. 15.3.1999 – 17 W 18/99, NZG 1999, 565, 566; ebenso zu § 246 AktG BGH, Urt. v. 24.4.2006 – II ZR 30/05, NZG 2006, 505, 507.

238 *Junker*, in: Henssler/Strohn, UmwG (2021), § 14 Rn. 9; *Gehling*, in: Semler/Stengel/Leonard, UmwG (2021), § 14 Rn. 26; *Decher*, in: Lutter, UmwG (2024), § 14 Rn. 14.

239 *Decher*, AG 2023, 106.

sen sind, können bei zu niedrigem oder unangemessenem Umtauschverhältnis bzw. unzureichender Gegenleistung für ihre Anteile Ausgleich durch bare Zuzahlung verlangen.[240] Seit Inkrafttreten gilt § 15 UmwG sowohl für Anteilsinhaber übernehmender als auch übertragender Rechtsträger.[241]

In der Regel werden sich die streitigen Rechtsverhältnisse bei Umwandlungsvorgängen im Rahmen der Umtauschverhältnis- oder der Barausgleichshöhe abspielen. Entsprechend der umwandlungsrechtlichen Systematik, dass Bewertungsrügen Anteilsinhabern nicht zu einer Blockadeposition gegen die Umwandlungsmaßnahme verhelfen sollen, eine gerichtliche Überprüfung aber zum Schutz der Interessen der Anteilsinhaber notwendig ist, kann das Spruchverfahren erst nach Eintragung der Umwandlungsmaßnahme durchgeführt werden, § 4 Abs. 1 Nr. 4 SpruchG.

Auf eine weiterführende Erläuterung sowie zu Fragen zur Bewertung[242] wird hier aufgrund der Komplexität des Spruchverfahrens und der daraus zwingend folgenden, weitreichenden Darstellung verzichtet und im Folgenden nur auf ausgewählte Aspekte eingegangen.

b. Die bare Zuzahlung als gesetzlicher Ausgleich im Spruchverfahren

§ 15 UmwG lässt für das Spruchverfahren grundsätzlich nur eine Festsetzung der baren Zuzahlung zu. Im Rahmen des Spruchverfahrens ist mithin grundsätzlich keine nachträgliche Korrektur des Umtauschverhältnisses und auch keine Änderung oder Anpassung der Anteilsanzahl zulässig.[243]

Diese Einschränkung des nachträglichen Ausgleichs wurde durch das UmRUG zumindest für die Aktiengesellschaft behoben und eine Wahlmöglichkeit zwischen barer Zuzahlung oder Ausgleich durch Aktien eingeführt.[244]

Der Aktionär, der wegen eines zu niedrigen Umtauschverhältnisses – zu Recht! – die gerichtliche Überprüfung beantragt, war bisher auch bei erfolgreichem Spruchverfahren in seinen Rechten eingeschränkt, da ihm auch bei erfolgreichem Antrag nur die bare Zuzahlung, aber nicht die vollständige Restitution in Form des tatsächlich angemessenen Umtauschverhältnisses zugesprochen werden konnte. Infolgedessen entging ihm regelmäßig auch das Mehr an Divi-

240 *Schwanna*, in: Semler/Stengel/Leonard, UmwG (2021), § 125 Rn. 9; *Decher*, in: Lutter, UmwG (2024), § 15 Rn. 1.

241 *Decher*, in: Lutter, UmwG (2024), § 15 Rn. 10; *Rieckers/Cloppenburg*, in: beck-online Großkommentar UmwG (2024), § 15 Rn. 2.

242 Zur aktuellen Entwicklung hierzu *Decher*, AG 2023, 106 ff.

243 *Gehling*, in: Semler/Stengel/Leonard, UmwG (2021), § 15 Rn. 25; *Marsch-Barner/Oppenhoff*, in: Kallmeyer, UmwG (2020), § 15 Rn. 6; *Winter*, in: Schmitt/Hörtnagl, UmwG (2020), § 15 Rn. 22.

244 §§ 72a, 72b UmwG, zur neuen Rechtslage: *Decher*, in: Lutter, UmwG (2024), § 15 Rn. 1; *Rieckers/Cloppenburg*, in: beck-online Großkommentar UmwG (2024), § 15 Rn. 13.

dendenauszahlung über die Folgejahre. Problematisch ist die reine bare Zuzahlung außerdem dann, wenn wegen eines zu niedrigen Umtauschverhältnisses Quoren für bestimmte Minderheitsaktionärsrechte nicht mehr erreicht werden.[245]

Eine weitere Gefahr für den angemessenen Aktionärsschutz bei der baren Zuzahlungsmöglichkeit befindet sich zudem in der Problematik, ob der zugesprochene Anspruch auf bare Zuzahlung nach § 15 UmwG im Falle eines Widerspruchs mit einschlägigen Kapitalschutzvorschriften, bei der Aktiengesellschaft namentlich § 57 AktG, diesen gegenüber Vorrang genießt.[246]

Aufgrund der *inter omnes* Wirkung des Spruchverfahrens wird der Anspruch auf bare Zuzahlung für alle Zuzahlungsberechtigten festgesetzt (§ 13 S. 2 SpruchG); gleichzeitig sieht § 15 UmwG ausdrücklich keine Höchstgrenze für die Zuzahlungen vor.[247] Dadurch besteht für die betroffenen Gesellschaften jedoch die Gefahr, dass die Barauszahlungspflicht mit den Kapitalerhaltungsvorschriften des betroffenen Rechtsträgers in Konflikt geraten. Ebenso ist denkbar, dass das Gericht Jahre nach der Umwandlung im Spruchverfahren eine bare Zuzahlung festsetzt, der übernehmende Rechtsträger sich aber zu diesem Zeitpunkt in der Krise befindet und insolvenzrechtliche Vorschriften einer Zuzahlungsleistung entgegenstehen.[248]

Wie dieser Konflikt zwischen Anspruch auf bare Zuzahlung und Kapitalschutzvorschriften zu lösen ist, ist nach wie vor umstritten. Teilweise wird die Ansicht vertreten, dass dem Recht auf bare Zuzahlung Vorrang gegenüber den Kapitalschutzvorschriften eingeräumt werden müsse.[249] Dagegen wendet sich die inzwischen herrschende Meinung im Schrifttum, die aus Gründen des Gläubigerschutzes die Kapitalschutzvorschriften trotz Anspruch auf bare Zuzahlung als wirksam erachtet.[250] Nach dieser Ansicht ist der Anspruch auf bare Zuzah-

245 *Heidinger*, in: Henssler/Strohn, UmwG (2021), § 13 Rn. 28; *Drygala*, in: Lutter, UmwG (2024), § 13 Rn. 55.

246 Stallt aller *Decher,* in: Lutter, UmwG (2024), § 15 Rn. 8.

247 *Gehling,* in Semler/Stengel/Leonard, UmwG (2021), § 15 Rn. 21; *Decher,* in: Lutter, UmwG (2024), § 15 Rn. 8.

248 *Gehling,* in Semler/Stengel/Leonard, UmwG (2021), § 15 Rn. 23a; *Vetter*, ZHR 168 (2004), 8, 19.

249 *Winter*, in Schmitt/Hörtnagl, UmwG (2020), § 15 Rn. 29; *Simon*, in: Kölner Komm. UmwG (2009), § 15 Rn. 13 ff., 17; *Böttcher*, in: NK UmwG (2019), § 15 Rn. 8, der bereits einen Verstoß gegen Kapitalerhaltungsgrundsätze insgesamt verneint; die Barauszahlung beruhe in ihrer »Kompensationsfunktion« auf dem, dem übernehmenden Rechtsträger zugeflossenen Vermögen, und unterscheide sich daher von einem Abfluss von Eigenkapital oder einer verbotenen Einlagenrückgewähr.

250 *Gehling*, in: Semler/Stengel/Leonard, UmwG (2021), § 15 Rn. 23a; *Decher*, in: Lutter, UmwG (2024), § 15 Rn. 9; *Marsch-Barner/Oppenhoff*, in: Kallmeyer, UmwG (2020), § 15 Rn. 2; *Heckschen,* in: Widmann/Mayer, UmwR (2023), § 15 Rn. 107; *Vetter*, ZHR 168 (2004), 8, 19; *Bayer*, ZHR 172 (2008), 24, 32 f.; *Hoger*, AG 2008, 149, 158 f.; so zu §§ 207-212 UmwG ausdrücklich auch die RegBegr., in *Ganske*, Umwandlungsrecht (1995), S. 232.

lung auf die Höhe des freien Vermögens beschränkt. Der Gläubigerschutz habe Priorität gegenüber dem internen Ausgleich zwischen Anteilsinhabern und der Gesellschaft. Dieser Auffassung erscheint vorzugswürdig:

Ein Vorrang der Auszahlungspflicht der baren Zuzahlung gegenüber den gläubigerschützenden Kapitalschutzvorschriften widerspricht bereits dem gesellschaftsrechtlichen Grundprinzip, dass der Gläubigerschutz den internen Ausgleichsansprüchen und Forderungen der Anteilsinhaber gegenüber der Gesellschaft vorgeht. Bedeutendste Normen zur Verkörperung dieser Wertung sind unter anderem § 39 Abs. 1 Nr. 5 InsO, der die Rückzahlung bestimmter Gesellschafterdarlehen als nachrangige Forderungen nennt, sowie §§ 57, 62 AktG, §§ 30, 31 GmbHG als strenge Vorschriften zur Kapitalerhaltung. Im Rahmen dieser Auffassung ist allerdings davon auszugehen, dass der Anspruch auf bare Zuzahlung mit Rechtskraft der Entscheidung im Spruchverfahren dennoch in voller Höhe entstanden ist. Aufgrund der verfassungsrechtlichen Dimension des § 15 UmwG ist die Wirkung entgegenstehender Kapitalschutzvorschriften lediglich als vorübergehende Durchsetzungssperre des Auszahlungsanspruchs anzusehen.[251] Der Anspruch auf bare Zuzahlung ist demnach nicht auf die im Zeitpunkt der letzten mündlichen Verhandlung des Spruchverfahrens vorhandenen freien Gesellschaftsmittel beschränkt, sondern in der diese übersteigenden Höhe anteilig gehemmt, bis der Gesellschaft wieder freie Mittel zur Verfügung stehen.[252]

Folglich unterliegen Aktionäre diesem Liquiditätsrisiko, welches auf unbegrenzte Zeit andauern kann. Diese Problematik wurde durch das UmRUG und die Möglichkeit der Gewährung von Aktien entschärft.[253] Es ist jedoch zu erwarten, dass die praktischen Auswirkungen nur gering sein werden, da die Wahl zwischen der Aktiengewährung und der baren Zuzahlung bereits bei Abschluss des Umwandlungsvertrags getroffen werden muss (§ 72a Abs. 1 UmwG); eine Mischform ist mit Ausnahme der Fälle in § 72a Abs. 3 UmwG nicht zulässig.[254]

251 So auch *Hoger*, AG 2008, 149, 158 f.; *Decher*, in: Lutter, UmwG (2024), § 15 Rn. 9; *Marsch-Barner/Oppenhoff*, in: Kallmeyer, UmwG (2020), § 15 Rn. 2; *Gehling*, in: Semler/Stengel/Leonard, UmwG (2021), § 15 Rn. 23b; *Heckschen*, in: Widmann/Mayer, UmwR (2023), § 15 Rn. 107; *Vetter*, ZHR 168 (2004), 8, 19 f., siehe auch 41 ff.; *Bayer*, ZHR 172 (2008), 24, 33; vgl. auch *Junker*, in: Henssler/Strohn, UmwG (2021), § 15 Rn. 7.

252 *Gehling*, in: Semler/Stengel/Leonard, UmwG (2021), § 15 Rn. 23b; *Decher*, in: Lutter, UmwG (2024), § 15 Rn. 9; *Marsch-Barner/Oppenhoff*, in: Kallmeyer, UmwG (2020), § 15 Rn. 2; *Vetter*, ZHR 168 (2004), 8, 42; *Bayer*, ZHR 172 (2008), 24, 33.

253 *Decher*, in: Lutter, UmwG (2024), § 15 Rn. 10; *Grunewald* in: Lutter, UmwG (2024), § 72a Rn. 1.

254 *Habersack*, in: beck-online Großkommentar UmwG (2024), § 72a Rn. 14, 31; vgl. *Grunewald* in: Lutter, UmwG (2024), § 72a Rn. 4.

III. Zwischenergebnis

Durch die Kombination der Registersperre und dem Schwerpunkt des deutschen Umwandlungsrechts auf dem nachträglichen Rechtsschutz wird erhöhte Transaktionssicherheit gewährleistet.[255] Dabei erfüllen die nachträglich wirkenden Rechtsschutzmöglichkeiten grundsätzlich das verfassungsrechtlich vorgegebene Mindestmaß der gerichtlichen Überprüfungsmöglichkeit sowie des wirtschaftlichen Ausgleichs für die Mitgliedschaft.[256] Es finden sich dennoch Unstimmigkeiten im nachträglichen Rechtsschutz, die *de lege ferenda* auszugleichen wären. Erfreulich ist, dass der Gesetzgeber die Problematik im Rahmen der Bewertungsrüge aufgegriffen hat und nunmehr ein Gleichlauf zwischen dem Rechtsschutz von Aktionären übernehmender und übertragender Rechtsträger besteht. Jedoch ist der verfassungsrechtlich gebotene Grundsatz des wirtschaftlichen Wertausgleichs nicht vollumfänglich gewährt: Bei einem Ausgleich durch bare Zuzahlung unterliegen die betroffenen Aktionäre dennoch weiterhin der Gefahr einer Hemmung des Auszahlungsanspruchs aufgrund entgegenstehender Kapitalschutzvorschriften. Auch mit Blick auf die Komplexität der Ausgabe neuer Aktien nach § 72b UmwG für den Ausgleich ist davon auszugehen, dass weiterhin die bare Zuzahlung als Ausgleich gewählt werden wird.

Bedenklich ist zudem, dass auch Nichtigkeitsklagen der Monatsfrist nach § 14 Abs. 1 UmwG unterliegen. Dies begünstigt zwar die Transaktionssicherheit bei Umwandlungen, spricht im Gegenzug aber Hauptversammlungsbeschlüssen mit teilweise erheblichen Rechtsmängeln Bestandsschutz in einem Umfang zu, der auch zu Missbrauch einlädt. Insbesondere bei einschneidenden Eingriffen in die Rechte der Anteilsinhaber ist daher ein erhöhter Rechtsschutz erforderlich. Dabei ist in bestimmten Fällen eine (präventive) Rechtsschutzmöglichkeit wünschenswert, die tatsächlich direkte Auswirkung auf die Wirksamkeit einer rechtswidrigen Umwandlungsmaßnahme entfalten kann und so sanktionierenden Charakter hat, anstatt nur nachträglich eine Feststellung zu erwirken.

255 Auch wenn über die Unwirksamkeitsklage theoretisch aufgrund der Registersperre vor Eintragung der Umwandlung entschieden werden muss, stellt sie eine nachträgliche Rechtsschutzmaßnahme dar. Das ist insbesondere aus praktischen Gesichtspunkten korrekt, da die Unwirksamkeitsklage aufgrund eines erfolgreichen Freigabeantrags regelmäßig erst nachträglich einer gerichtlichen Überprüfung unterliegt.

256 BVerfG, Beschl. v. 30.5.2007 – 1 BvR 1267, NJW 2007, 629, 630.

C. Präventiver gerichtlicher Rechtsschutz im deutschen Umwandlungsrecht

Als präventive Rechtsschutzmechanismen kommen im deutschen Umwandlungsrecht diverse Instrumentarien in Betracht, deren gemeinsames Merkmal darin liegt, dass sie ausschließlich vor Durchführung der Umwandlungsmaßnahme geltend gemacht werden können und bei erfolgreichem Antrag die betreffende Maßnahme *ex ante* (zumindest temporär) unterbinden können. Die Schwierigkeit der Balancefindung bei der Normierung von Rechtsschutzmaßnahmen, die *ex ante* Wirkung entfalten, beruht dabei auf einem Spannungsverhältnis zwischen effektivem Rechtsschutz einerseits und der Transaktionssicherheit andererseits (I.). Prominentester Bestandteil des präventiven Rechtsschutzes im deutschen Umwandlungsrecht bildet das Freigabeverfahren (II.); dennoch sind neben diesem Spezialverfahren auch weitere präventive, gerichtliche Rechtsschutzmöglichkeiten, wie das einstweilige Verfahren (III.) und die vorbeugende Unterlassungsklage (IV.) zu beleuchten.

I. Das Spannungsverhältnis zwischen effektivem präventivem Rechtsschutz und Eindämmung missbräuchlicher Klagen

1. Problemstellung

Der präventive Rechtsschutz umfasst einen dem Eingriff oder der Maßnahme vorgreifenden Schutz der Rechte. Er ermöglicht die vorzeitige Verhinderung der Durchführung und Realisierung von Maßnahmen und unterbindet damit einhergehend die Realisierung der (mutmaßlichen) Rechte des Anspruchsgegners, den Eintritt von eventuell nachteiligen Rechtsfolgen oder Schaden, bis hin zur Schaffung unumkehrbarer Tatsachen. Gleichzeitig kann er auch zu Behinderung der Rechtsausübung und gravierender Verzögerung der Maßnahme führen. Die Ausgestaltung des präventiven Rechtsschutzes befindet sich demnach stets im Spannungsverhältnis zwischen dem Interesse des Anspruchstellers an einem effektiven präventiven Rechtsschutz zur Unterbindung eines unberechtigten Rechtseingriffs und dem Interesse des Anspruchsgegners, eine unberechtigte Blockademöglichkeit durch opportunistisch agierende Aktionäre zu verhindern.

Dieses Spannungsverhältnis stellt sich ganz besonders bei eintragungspflichtigen Maßnahmen wie den umwandlungsrechtlichen Strukturmaßnahmen als problematisch dar.[257] Für Umwandlungsbeschlüsse, die zu ihrer Wirksamkeit

257 Vgl. auch *Baums/Drinhausen/Keinath*, ZIP 2011, 2329, 2344 (Tab. 16), wonach eine Untersuchung ergeben hat, dass sich 82 % der von den 20 aktivsten Berufsklägern erhobenen Klagen gegen eintragungsbedürftige Beschlüsse wie Squeeze-out, Kapitalmaßnahmen, Umwandlungsmaßnahmen, Unternehmensverträge und Satzungsänderungen richteten.

der konstitutiven Eintragung in das Handelsregister bedürfen, und dafür nach Eintragung Bestandsschutz[258] genießen (vgl. § 20 Abs. 2 UmwG), führt jede fristgerecht erhobene Anfechtungsklage zunächst zur Registersperre (§ 16 Abs. 2 UmwG). Diese unmittelbar greifende Registersperre erscheint auf den ersten Blick angesichts der den Aktionären mit der Umwandlung drohenden, grundlegenden und weitreichenden Änderung ihrer Mitgliedschaftsrechte angemessen. Dadurch können die in der Hauptversammlung bereits beschlossenen Umwandlungsmaßnahmen allerdings über Monate oder gar Jahre aufgehalten werden.[259] Die Gesellschaft ist dann der Gefahr eines hohen Schadens bis hin zur Unmöglichkeit der Umsetzung des Umwandlungsbeschlusses ausgesetzt.[260] Regelmäßig sind bei Umsetzung von Umwandlungsmaßnahmen bereits Folgemaßnahmen geplant, wie beispielsweise ein Squeeze-out der verbleibenden Minderheitsaktionäre, der Verkauf eines abgespaltenen Unternehmensteils oder weitere interne Restrukturierungsmaßnahmen, wie der Zusammenschluss von Unternehmensabteilungen zur Nutzung von Synergieeffekten, womit wiederum die Umwandlungsmaßnahme finanziert wird. Deren Durchführung ist dann gar nicht mehr oder nur unter erheblichen Mehrkosten möglich. Problematisch ist der Schwebezustand zudem für die betroffenen Gesellschaften, da für Umwandlungsmaßnahmen kartellrechtliche oder regulatorische Genehmigungsverfahren durchlaufen werden, die bei andauernden Klageverfahren möglicherweise erneut durchgeführt werden müssen. Hieraus wiederum schöpfen sog. Berufskläger oder räuberische Aktionäre[261] gezielt Profit, indem sie die Anfechtungsklage allein mit der Absicht verfolgen, sich ihr zeitliches Druckmittel von der Gesellschaft abkaufen zu lassen.[262] Umwandlungsvorgänge, die als Gesamtkonstrukt zahlreicher umwandlungs- und aktienrechtlicher Einzelmaßnahmen eine besonders hohe Komplexität, kostenintensive Vorbereitungszeit sowie aufgrund des Maximalalters der Schlussbilanz des übertragenden Rechtsträgers einen zeitlich eng eingegrenzten Spielraum haben, sind dabei besonders anfällig für missbräuchlichen Klagen. Hinzu kommt die durch Klageerhebung und die Registersperre verursachte Lähmung der Handlungsfähigkeit des Unternehmens bis zur

258 Siehe ausführlicher zu der Frage der Reichweite des Bestandsschutzes der Eintragung nach § 20 Abs. 2 UmwG *Grunewald*, in: Lutter, UmwG (2024), § 20 Rn. 78 ff.

259 *Ehrmann*, in: Grigoleit, AktG (2020), § 245 Rn. 26.

260 Vgl. RegE Begr. BT-Drs. 12/6699, 88; *Schockenhoff*, ZIP 2008, 1945.

261 Der Begriff der »räuberischen Aktionäre« geht zurück auf *Lutter*, in: 40 Jahre Der Betrieb, 1988, S. 193, 194 ff. (»*ein Räuber im Gewande des Aktionärs*«).

262 Je nach Art und Zeitpunkt des Vergleichs im Rahmen einer angedrohten oder erhobenen Anfechtungsklage kann es sich um Vergleichssummen mit Beträgen in (mitunter zweistelliger) Millionenhöhe drehen; hinzu kommen Kosterstattungssummen von durchschnittlich nicht wesentlich unter 100.000 Euro; *Assmann*, AG 2008, 208, 210. Ausführlich zu Problematik der räuberischen Aktionäre *Schatz*, Der Missbrauch der Anfechtungsbefugnis durch den Aktionär und die Reform des aktienrechtlichen Beschlussmängelrechts (2012), S. 41 ff. mwN.

Beendigung des Klage- oder Freigabeverfahrens. Diese wiegen besonders schwer, da durch die Verzögerung der Kapitalmaßnahmen die Effizienzwirkungen der geplanten Umwandlungsmaßnahmen, insbesondere bei zeitsensiblen Sanierungsmaßnahmen, verloren gehen.[263]

2. Rechtswirklichkeit des Spannungsverhältnisses

Die Bekämpfung der sog. missbräuchlichen Klagen durch Berufskläger bzw. räuberische Aktionäre hatte der deutsche Gesetzgeber insbesondere im Rahmen der Gesetzesreform im ARUG[264] aufgegriffen.[265]

Zuvor durchgeführte Untersuchungen[266] hatten ergeben, dass die Zahl der Anfechtungsklagen in den Jahren 1980 bis 2006 in Relation zu der ebenfalls verzeichneten Zunahme an Gesellschaften um das Achtfache gestiegen war.[267] Dass hierbei ein Großteil als missbräuchliche Klageerhebungen identifiziert werden können, beruht auf der Tatsache, dass 72 % der untersuchten Klagen von einer bestimmten Gruppe von elf Klägern respektive den von ihnen gehaltenen oder geleiteten Gesellschaften stammen.[268] Die Klagen richteten sich dabei alle gegen eintragungsbedürftige Beschlüsse und endeten stets durch Vergleiche.[269] Interessant ist, dass der durchschnittliche Anteilsbesitz der Kläger dabei bei 0,01 % des Grundkapitals lag.[270] Das Anfechtungsrecht war demnach im Vorfeld der Gesetzesänderungsinitiativen des Gesetzgebers bereits »in erheblichem Umfang und großem Stil kommerzialisiert«[271].

263 So auch *Niemeier*, ZIP 2008, 1148.

264 Gesetz zur Umsetzung der Aktionärsrichtlinie (ARUG) vom 30.7.2009, BGBl. I 2009, S. 2479 ff.

265 Das zuvor 2005 in Kraft getretene UMAG (Gesetz zur Unternehmensintegrität und Modernisierung des Aktienrechts v. 22.09.2005, BGBl. I 2802), welches ebenfalls der Eindämmung missbräuchlicher Anfechtungsklagen durch Berufskläger dienen sollte, hatte keinen Rückgang derartiger Klagen bewirken können.

266 Ausführlich *Baums/Keinath/Gajek*, ZIP 2007, 1629 ff.; für die Daten und Evaluierung der Auswirkungen des ARUG siehe die Studie *Bayer/Hoffmann/Sawada*, ZIP 2012, 897 ff. im Auftrag des Bundesministeriums für Justiz (BMJ), deren endgültige Fassung dem BMJ am 02.12.2011 vorgelegt wurde. Siehe hierzu auch *Bayer/Hoffmann*, ZIP 2013, 1193 ff. sowie kritisch *Baums/Drinhausen/Keinath*, ZIP 2011, 2329 ff.

267 In absoluten Zahlen ist die Anzahl der Beschlussmängelklagen im Zeitraum 1980 bis 2006 sogar um das 60fache gestiegen, *Baums/Keinath/Gajek*, ZIP 2007, 1629, 1634, 1649. Die Untersuchungen erfassen nicht nur umwandlungsrechtliche, sondern auch sämtliche aktienrechtliche Strukturmaßnahmen. Vgl. auch *Ehrmann,* in: Grigoleit, AktG (2020), § 245 Rn. 26.

268 *Baums/Keinath/Gajek*, ZIP 2007, 1629, 1636, 1650.

269 *Baums/Keinath/Gajek*, ZIP 2007, 1629, 1643 f., 1650.

270 *Baums/Keinath/Gajek*, ZIP 2007, 1629, 1634, 1650; *Ehrmann,* in: Grigoleit, AktG (2020), § 245 Rn. 26.

271 *Ehrmann,* in: Grigoleit, AktG (2020), § 245 Rn. 26.

Durch die Einführung der Gesetzesänderung durch das ARUG erfolgte seit dessen Inkrafttreten ein Rückgang der Beschlussmängelklagen gegen Hauptversammlungsbeschlüsse um mehr als 50 %; zeitgleich verringerte sich die Anzahl der aktiven Berufskläger.[272] Diese Entwicklung hält seither weiterhin an.[273] Von dem Rückgang nach Inkrafttreten des ARUG sind insbesondere die Strukturbeschlüsse bei Squeeze-out, Kapital- oder Umwandlungsmaßnahmen betroffen. Die Anzahl der angegriffenen Strukturbeschlüsse war im Zeitraum 2007 bis 2010[274] auf beinahe ein Viertel der Ausgangszahl gesunken.[275]

Als weitere Ursache für den Rückgang missbräuchlicher Klagen ist die Stärkung der betroffenen Gesellschaften durch die Rechtsprechung anzusehen, welche die Klagen von Berufsklägern häufiger als sittenwidrige Schädigung mit Schadensersatzpflichten als Folge bewerten.[276] Der Missbrauchseinwand beruht dabei auf dem Gedanken der aktionärsrechtlichen Treuepflicht.[277] Die Bejahung des Missbrauchseinwand zum Schutz gegen missbräuchliche Anfechtungsklagen bei Strukturmaßnahmen ist aus rechtspolitischer Sicht zu begrüßen. Der Einwand dient jedoch lediglich einer gerechten Waffenverteilung im Rahmen

272 *Bayer/Hoffmann,* AG 2017, R155, R156; *Bayer/Fiebelkorn*, ZIP 2012, 2181, 2183; ausf. *Bayer/Hoffmann/Sawada*, ZIP 2012, 897, 899 ff.; *Casper,* in: beck-online Großkommentar AktG (2023), § 241 Rn. 5; teilw. abweichend *Baums/Drinhausen/Keinath*, ZIP 2011, 2329 ff.

273 *Bayer/Hoffmann*, AG 2017, R 155 ff.; auch *Bayer/Möller*, NZG 2018, 801, 803.

274 Bei den Zahlen für das Jahr 2011 handelt es sich um Prognosewerte, da aufgrund der Fertigstellung der Studie im selben Jahr nur Klageerhebungsmitteilungen bis einschließlich 30.09.2011 berücksichtigt werden konnten; *Bayer/Hoffmann/Sawada*, ZIP 2012, 897, 899.

275 *Bayer/Hoffmann/Sawada*, ZIP 2012, 897, 900 f. Abweichend *Baums/Drinhausen/Keinath*, ZIP 2011, 2329, 2337 f., der bei Umwandlungsmaßnahmen einen Rückgang in relativen Zahlen, aber nicht in absoluten Zahlen sieht.

276 BGH, Urt. v. 22.5.1989 – II ZR 206/88 = NJW 1989, 2689 ff. (»*Kochs-Adler*«), wonach der BGH den Einwand des Rechtsmissbrauchs gegen eine Anfechtungsklage als zulässig erklärt hat, wenn der Anfechtungskläger diese mit dem Ziel erhoben hat, die Gesellschaft in grob eigennütziger Weise zu einer Leistung zu veranlassen, auf die er keinen Anspruch hat und billigerweise auch nicht erheben kann, wobei er sich im allgemeinen von der Vorstellung leiten lassen will, die verklagte Gesellschaft werde die Leistung erbringen, weil sie hoffe, dass der Eintritt anfechtungsbedingter Nachteile und Schäden dadurch vermieden oder zumindest gering gehalten werden könne (Leitsatz 3); BGH, Urt. v. 20.3.1995 – II ZR 205/94 = NJW 1995, 1739 ff. (»*Girmes*«); OLG Düsseldorf, Urt. v. 22.6.2017 – 6 AktG 1/17 = AG 2017, 900 ff.; OLG Hamburg, Urt. v. 4.10.2018 - 413 HKO 22/18; siehe auch *Bayer/Hoffmann/Sawada*, ZIP 2012, 897, 900; vgl. dazu auch *Baums/Keinath/Gajek*, ZIP 2007, 1629, 1642.

277 BGH, Urt. v. 20.3.1995 – II ZR 205/94 = NJW 1995, 1739 ff. (»*Girmes*«); BGH, Urt. v. 1.2.1988 – II ZR 75/87 = NJW 1988, 1579 ff. (»*Linotype*«); OLG Hamburg, Urt. v. 4.10.2018 – 413 HKO 22/18; *Ehrmann,* in: Grigoleit, AktG (2020), § 245 Rn. 30; *Schockenhoff*, ZIP 2008, 1945, 1947.

der Anfechtungsklage[278] sowie einer Abschreckungswirkung gegenüber Berufsklägern, schützt die Gesellschaft jedoch nicht vor dem weiterhin bestehenden zeitlichen Aufschub der konstitutiven Handelsregistereintragung. Letztendlich wird die Gesellschaft regelmäßig die Freigabe beantragen, anstatt das Klageverfahren zur Anfechtungsklage abzuwarten.

3. Zwischenergebnis

Die Komplexität des Spannungsverhältnisses zwischen effektivem Rechtsschutz der Anteilsinhaber und Transaktionssicherheit auf Seiten der Gesellschaft bedarf im Umwandlungsrecht besonderer Beachtung. Vor allem das Zusammenspiel von Registersperre und Bestandsschutz der Eintragung bei eintragungsbedürftigen Strukturmaßnahmen stellt eine Besonderheit im deutschen Rechtssystem dar. Trotz dieser rechtlichen Besonderheiten ist der Rechtsschutz der Anteilsinhaber nicht aus den Augen zu verlieren. Das gilt auch – oder gerade besonders – für die Möglichkeit des präventiven Rechtsschutzes. Sowohl Gesetzgeber als auch Judikative haben in den vergangenen zwei Jahrzehnten dieses Spannungsverhältnis im Lichte der Missbrauchseindämmung betrachtet. Nun war der Handlungsbedarf durch Gesetzgeber und die Gerichte gegen das Aufkeimen und Wuchern der missbräuchlichen und räuberischen Anfechtungsklagen ohne Zweifel akuter Natur gewesen und wird auch in Zukunft fortbestehen. Der Kampf gegen das Berufsklägertum darf indes nicht zu einer Schieflage im Rechtsschutz der Minderheitsaktionäre bei Umwandlungsmaßnahmen führen. Weniger noch darf er in dieser Schieflage verharren. Es bedarf daher gerade zu diesem Zeitpunkt einer nüchternen Untersuchung und Re-Evaluierung des derzeitigen präventiven Rechtsschutzkonstrukts im Umwandlungsrecht.

II. Das umwandlungsrechtliche Freigabeverfahren

Innerhalb des umwandlungsrechtlichen präventiven Rechtsschutzes steht das Verfahren nach § 16 UmwG im Mittelpunkt.[279] Bei der mit dem Umwandlungsgesetz 1995 eingeführte Regelung handelt es sich um das erstmals im deutschen Recht eingeführte Freigabeverfahren.[280]

278 *Ehrmann,* in: Grigoleit, AktG (2020), § 245 Rn. 28.
279 § 16 UmwG gilt iVm § 36 UmwG für die Verschmelzung zur Neugründung und iVm § 125 S. 1 UmwG für die Spaltung mit Ausnahme des § 16 Abs. 1 UmwG in den Fällen der Neugründung, vgl. §§ 36, 135 UmwG.
280 Vgl. *Bayer/Fiebelkorn*, ZIP 2012, 2181, 2182.

1. Rechtsnatur des Freigabeverfahrens

Bei dem umwandlungsrechtlichen Freigabeverfahren handelt es sich um eine Art umgedrehten vorläufigen Rechtsschutz, mit anderen Worten eine Art umgedrehte einstweilige Verfügung.[281] Das Freigabeverfahren kreiert jedoch nicht einen vorläufigen Rechtszustand, sondern birgt bei Stattgabe die weitreichende und endgültige Konsequenz der Eintragung der streitgegenständlichen Strukturmaßnahme, und damit die Schaffung eines unumkehrbaren Rechtszustands. Auch wenn es sich demnach um ein Rechtsschutzinstrument der Gesellschaft handelt, das sich gegen ein vom Aktionär erhobenes Rechtsmittel richtet, ist das Freigabeverfahren als Schwerpunkt des präventiven Rechtsschutzes im Umwandlungsrecht auch im Kontext des Aktionärsrechtsschutzes zu untersuchen.

Die Eigenart des umgedrehten vorläufigen Rechtsschutzes fußt auf dem Erfordernis einer Negativerklärung der Vertretungsorgane bei Anmeldung zur konstitutiv wirkenden Handelsregistereintragung, dass eine Klage gegen den Umwandlungsbeschluss nicht oder nicht fristgemäß erhoben, rechtskräftig abgewiesen oder zurückgenommen worden sei (§ 16 Abs. 2 S. 2 UmwG); ansonsten gilt im Umwandlungsrecht unmittelbar die Registersperre (§§ 16 Abs. 2 UmwG). Eine derartige Blockade durch die Registersperre kann jedoch im Wege des Freigabeverfahrens überwunden werden, damit dieses Instrument zum zeitlichen Aufschub der Eintragung nicht als Blockade- und Druckmittel missbraucht wird. Mit dem Mechanismus des Freigabeverfahrens kann die Gesellschaft folglich in bestimmten Fällen die anhängige Klage im Wege einer Art gerichtlichen Eilverfahrens überwinden und die Eintragung der Umwandlung erreichen (§ 16 Abs. 3 UmwG).

Der Gesetzgeber bezweckte mit der Einführung des Freigabeverfahrens, dem Rechtsträger ein Instrumentarium an die Hand zu geben, anhand dessen dieser trotz des Grundsatzes der Registersperre bei einer Geringfügigkeit der behaupteten Rechtsverletzungen die Umwandlungen im Register eintragen und mithin ohne ruinöse Zeitverzögerung vollziehen kann.[282]

2. Freigabegründe und der Einfluss durch das ARUG

Das umwandlungsrechtliche Freigabeverfahren hat seine heutige gestraffte Gestalt und Effizienz insbesondere den durch das ARUG eingeführten Änderungen zu verdanken. Das ARUG sollte primär dem Zweck dienen, missbräuchlich erhobene Klagen und das Risiko einer Registersperre einzudämmen sowie den Spielraum der Berufskläger weiter einzuschränken[283], nachdem das UMAG kaum Wirkung gezeigt hatte. Gleichzeitig sollte auch das Verfahren an sich

281 So iE auch *Bork*, ZGR 1993, 343, 365.
282 RegE Begr. BT-Drs. 12/6699, 88.
283 RegE Begr. BT-Drs. 16/11642, S. 1; vgl. auch *Sauter*, ZIP 2008, 1706, 1712.

beschleunigt werden, indem es auf eine Instanz am OLG ohne Rechtsmittelinstanz beschränkt wurde (vgl. § 16 Abs. 3 S. 7, S. 9 UmwG).

Das Freigabeverfahren sieht in § 16 Abs. 3 S. 3 UmwG nunmehr drei mögliche Freigabegründe vor: die Unzulässigkeit oder offensichtliche Unbegründetheit der Klage (Nr. 1), der fehlende Nachweis der Mindestbeteiligung von 1000 Euro (Nr. 2) oder das überwiegende Vollzugsinteresse nach Interessenabwägung (Nr. 3).

a. Unzulässigkeit oder offensichtliche Unbegründetheit

Für die Frage der Offensichtlichkeit im Sinne des § 16 Abs. 3 S. 3 Nr. 1 UmwG bestehen keine klaren Voraussetzungen.[284] Fest steht, dass dem ehemals restriktiven Auslegungsverständnis der »offensichtlichen Unbegründetheit« als eine kursorische Prüfung, die angesichts der Evidenz der rechtlichen Situation und des einhelligen Meinungsbildes in der Rechtsprechung keiner weiteren Aufklärungen in der Sache oder rechtlichen Überlegungen bedürfe[285], heute nicht mehr gefolgt wird. Die Rechtsprechung hat sich, nicht zuletzt auch aufgrund der Klarstellung in der Regierungsbegründung zum UMAG[286], von dieser restriktiven Handhabung des Begriffs gelöst.[287] Als genereller Anhaltspunkt für eine Bejahung der Offensichtlichkeit, der sich aus der Rechtsprechung herausgeformt hat, gilt nunmehr eine hohe Sicherheit des dauerhaften Misserfolgs der

284 Ausführlich zu den widerstreitenden Ansätzen siehe *Nietsch*, Freigabeverfahren (2013), S. 49 ff.

285 OLG Karlsruhe, Besch. v. 18.2.1998 – 14 W 4/98 = EWiR 1998, 469; OLG Frankfurt, Beschl. v. 9.6.1997 – 10 W 12/97, ZIP 1997, 1291; LG Hanau, Beschl. v. 5.10.1995 – 5 O 183/95, ZIP 1995, 1820, 1821; so auch *Bork*, in: Lutter, UmwG (1996), § 16 Rn. 19.

286 RegE Begr. BT-Drs. 15/5092, S. 29: »Bei der Auslegung des Kriteriums »offensichtlich unbegründet« kommt es nicht darauf an, welcher Prüfungsaufwand erforderlich ist, um die Unbegründetheit der Anfechtungsklage festzustellen. Maßgeblich ist das Maß an Sicherheit, mit der sich die Unbegründetheit der Anfechtungsklage unter den Bedingungen des Eilverfahrens prognostizieren lässt. Offensichtlich unbegründet ist eine Anfechtungsklage dann, wenn sich mit hoher Sicherheit die Unbegründetheit der Klage vorhersagen lässt, der für diese Prognose erforderliche Prüfungsaufwand des Prozessgerichts ist nicht entscheidend.«

287 Ausgangspunkt war OLG Hamm, Beschl. v. 4.3.1999 – 8 W 11–99, NJW-RR 1999, 973, 974; dem folgend OLG Frankfurt a.M., Beschl. v. 19.6.2009 – 5 W 6/09, NZG 2009, 1183, 1184; OLG Düsseldorf, Beschl. v. 11.8.2006 – I-15 W 110/05, BKR 2006, 499, 500; OLG Köln, Beschl. v. 6.10.2003 – 18 W 35/03, ZIP 2004, 760; OLG Stuttgart, Beschl. v. 22.3.2002 – 20 W 32/01, AG 2003, 456; teilweise folgend OLG München, Beschl. v. 14.11.2012 – 7 AktG 2/12, NZG 2013, 459, 461; so auch *Decher*, in: Lutter, UmwG (2024), § 16 Rn. 50; *Simon*, in: Kölner Komm. UmwG (2009), § 16 Rn. 73. Siehe ferner zur alten Rechtslage schon BGH, Beschl. v. 2.7.1990 - II ZB 1/90, NJW 1990, 2747, 2750 (»Hypothekenbank-Schwestern«).

Klage auch im Hauptsacheverfahren.[288] Diese Auffassung ist überzeugend. Wird die Offensichtlichkeit am Prüfungsaufwand bemessen, erhöht sich das Risiko einer widersprüchlichen Entscheidung zwischen Freigabe- und Hauptsacheverfahren und verkürzt so den Rechtsschutz im Freigabeverfahren. Maßstab für die Unzulässigkeit aufgrund offensichtlicher Unbegründetheit kann daher allein das rechtliche Ergebnis sein, denn nur bei inhaltlich offensichtlich unbegründeten Klagen ist der Aktionär nicht schutzbedürftig.[289] Angesichts der dennoch nur schwer greifbaren Prüfungsmerkmale wird in der richterlichen Praxis jedoch meist auf die Interessenabwägung ausgewichen.[290]

Die Zulässigkeit ist mangels einer gesetzlichen Beschränkung auf die Offensichtlichkeit vom Gericht umfassend und abschließend zu prüfen[291], spielt in der Praxis des Freigabeverfahrens aber (verständlicherweise) nur eine geringe Rolle.[292]

b. Mindestquorum

Mit der Einführung der Bagatell-Quote in § 16 Abs. 3 Nr. 2 UmwG macht der Gesetzgeber zugunsten der Effizienz des Freigabeverfahrens und des Umwandlungsvorgangs die Effektivität des Verfahrens von einer wirtschaftlichen Mindestbeteiligung abhängig.[293]

Das Bagatell-Quorum entzieht jedem Aktionär mit weniger als 1.000 Euro Anteilsinhaberschaft am Grundkapital[294] die Möglichkeit, die Freigabe zu ver-

288 OLG Hamm, Beschl. v. 4.3.1999 - 8 W 11–99, NJW-RR 1999, 973, 974; OLG Frankfurt a.M., Beschl. v. 19.6.2009 – 5 W 6/09, NZG 2009, 1183, 1184; OLG Düsseldorf, Beschl. v. 11.8.2006 – I-15 W 110/05, BKR 2006, 499, 500; OLG Köln, Beschl. v. 6.10.2003 – 18 W 35/03, ZIP 2004, 760; OLG Stuttgart, Beschl. v. 22.3.2002 – 20 W 32/01, AG 2003, 456; OLG Hamburg, Beschl. v. 29.9.2004 – 11 W 78/04, AG 2005, 253 f.; LG Darmstadt, Beschl. v. 29.11.2005 – 12 O 491/05, AG 2006, 127, 128 (Vorinstanz), bestätigt durch OLG Frankfurt, Beschl. v. 8.2.2006 – 12 W 185/05, AG 2006, 249, 250.

289 So bereits auch OLG Frankfurt a.M., Beschl. v. 17.2.1998 – 5 W 32–97, NJW-RR 1999, 334, 335; *Decher*, in: Lutter, UmwG (2024), § 16 Rn. 50.

290 Vgl. *Nietsch*, Freigabeverfahren (2013), S. 56.

291 *Decher*, in: Lutter, UmwG (2024), § 16 Rn. 48.

292 *Decher*, in: Lutter, UmwG (2024), § 16 Rn. 48; *Nietsch*, Freigabeverfahren (2013), S. 56; zu § 246a AktG *Ehrmann,* in: Grigoleit, AktG (2020), § 246a Rn. 5; zur Praxis vgl. *Baums/Drinhausen/Keinath*, ZIP 2011, 2329, 2349 (im Zeitraum vom 1.9.2009 bis 1.7.2011 betraf die Unzulässigkeit einen von 61 Fällen des Freigabeverfahrens).

293 Vgl. RegE Begr. BT-Drs. 16/11642 S. 41 f., 44.

294 Trotz Unklarheiten im Gesetzeswortlaut ist bei der Bezugsgröße des Quorums von dem Anteil am Grundkapital und nicht vom Börsenwert auszugehen, vgl. RegE Begr. BT-Drs. 16/11642 S. 41; Rechtsausschuss zu § 246a AktG, BT-Drs. 16/13098, S. 41; OLG Frankfurt, Beschl. v. 20.3.2012 – 5 AktG 4/11, AG 2012, 414; OLG Hamburg, Beschl. v. 11.12.2009 – 11 AR 2/09, AG 2010, 214; OLG Stuttgart, Beschl. v. 19.10.2010, 20 AR (Freig) 1/09, AG 2010, 89, 90; ebenso

hindern und damit faktisch den gesetzlichen Reflex der Registersperre. Durch diese Begrenzung des Rechtsschutzes im Rahmen des Freigabeverfahrens und damit die Missachtung einer zuvor rechtmäßig erhobenen Anfechtungs- oder Nichtigkeitsklage wird der Kleinaktionär faktisch »durch die Hintertür«[295] seines Beschlussanfechtungsrechts beschnitten.[296] Für die Geltendmachung einer Anfechtungs- oder Nichtigkeitsklage ist zu Recht kein Mindestquorum zu erfüllen; es handelt sich bei dem Recht auf gerichtliche Überprüfung des Hauptversammlungsbeschlusses um ein Individualrecht, welches der Aktionärsstellung immanent und davon untrennbar ist.[297] Das Recht auf Erhebung einer Anfechtungsklage stellt für den einzelnen Aktionär das effektivste Rechtsmittel zur Durchsetzung und Wahrung seiner Interessen gegen rechtswidrige Eingriffe in seine Aktionärsrechte dar.[298] Insbesondere darf eine wirtschaftlich geringerwertige Stellung nicht einen im Vergleich geringeren oder gar keinen Rechtsschutz des Eigentums rechtfertigen.[299] Daran ändert sich auch nichts, wenn man mit der überwiegenden Literatur sowie Rechtsprechung den Kleinaktionär als Investor mit überwiegend finanziellem Interesse wahrnimmt.[300] Auch wenn das reine Investitionsinteresse zu einer Rechtsschutzbegrenzung im Freigabeverfahren berechtigt, ist der vollständige Ausschluss der Klagemöglichkeit nicht gerechtfertigt.

Allerdings handelt es sich bei dem Freigabeverfahren um ein grundsätzlich von der Anfechtungsklage unabhängiges Verfahren. Solange dem einzelnen Aktionär also unabhängig von seiner Beteiligung das Recht auf Anfechtungsklage weiterhin zusteht, ist eine Beschränkung der Rechtsstellung im Rahmen des Freigabeverfahrens verfassungsrechtlich unbedenklich.[301] Wird anhand des

Decher, in: Lutter, UmwG (2024), § 16 Rn. 65; *Bayer,* in: FS Hoffmann-Becking (2013), S. 91, 103; *Koch*, AktG (2023), § 246a Rn. 20a.

295 *Decher*, in: Lutter, UmwG (2024), § 16 Rn. 63; ebenso *ders.,* in: Veil, Unternehmensrecht in der Reformdiskussion, S. 115, 121.

296 *Decher*, in: Lutter, UmwG (2024), § 16 Rn. 63.

297 *Sauter*, ZIP 2008, 1706, 1712.

298 *Sauter*, ZIP 2008, 1706, 1712.

299 Vgl. auch *Niemeier*, ZIP 2008, 1148, 1149.

300 So BVerfG, Beschl. v. 30.5.2007 – 1 BvR 390/04, NJW 2007, 3269, 3270; *Schall/Habbe/Wiegand*, NJW 2010, 1789, 1791; *Bayer/Fiebelkorn*, ZIP 2012, 2181, 2184. Die Ansicht basiert auf der Annahme, dass die ehemals vertretene, sog. Polizeifunktion jedes einzelnen Aktionärs nicht mehr die akkurate Beschreibung des heutigen Aktionärs darstellt, ausführlich hierzu *Mülbert*, Aktiengesellschaft, Unternehmensgruppe und Kapitalmarkt (1996), S. 97 ff., der eine »hybride Aktionärsstellung« befürwortet, S. 154 ff.

301 OLG Bremen, Beschl. v. 16.8.2012 – 2 U 51/12, AG 2013, 643, 644; OLG Frankfurt a.M., Beschl. v. 23.2.2010 – 5 Sch 2/09, AG 2010, 596, 597; OLG Hamburg, Beschl. v. 11.12.2009 – 11 AR 2/09, AG 2010, 214, 215; OLG Köln, Beschl. v. 23.01.2012 – 18 U 323/11, BeckRS 2012, 03266; OLG Nürnberg, Beschl. v. 25.07.2012 – 12 AktG 778/12, AG 2012, 758, 760; OLG Stuttgart, Beschl. v. 19.10.2010, 20 AR (Freig) 1/09, AG 2010, 89, 90; OLG Stuttgart, Beschl. v. 21.12.2012 – 20 AktG 1/12, AG 2013, 604, 606; ebenso etwa *Decher*, in: Veil, Un-

Freigabeverfahrens die mögliche Kassation des Hauptversammlungsbeschlusses genommen, kann die Anfechtungsklage zumindest als Fortsetzungsfeststellungsklage weiterverfolgt und bei Klageerfolg der Schaden in Form von Schadensersatz geltend gemacht werden.[302] Rechtlich hat der Kleinaktionär keinen Anspruch auf einen absoluten Rechtsschutz, sondern lediglich Anspruch darauf, dass seine Kapitalanlage nicht durch Mehrheitsbeschlüsse widerrechtlich geschmälert wird (*»dulde und liquidiere«*).[303] Das *BVerfG* hat dem Gesetzgeber die grundsätzliche Kompetenz eingeräumt, »die Schutzvorkehrungen zugunsten des Minderheitsaktionärs auf die vermögensrechtliche Komponente der Anlage zu konzentrieren«[304].

Auch wenn das Mindestquorum folglich, rein rechtlich betrachtet, unbedenklich ist, ist dennoch anzumerken, dass die Beschneidung der Kleinaktionärsrechte über die Quorumsregelung im Freigabeverfahren keine zu präferierende oder endgültige Lösung ist. Das Schrifttum plädiert teilweise bereits für ein konformes System, welches keine verkomplizierte Wieder-Einschränkung der Klagemöglichkeit beim Freigabeverfahren erfordert, sondern die Registersperre in Bezug auf jegliche eintragungsbedürftige Hauptversammlungsbeschlüsse streicht.[305] Stattdessen soll der Aktionär an der Anfechtungsklage festhalten und im Falle einer erfolgreichen Klagebescheidung nach Eintragung auf die sekundären Abfindungs- und Schadensersatzansprüche verwiesen werden.[306] Für den durch das Bagatell-Quorum ausgeschlossenen Aktionär würde das im Ergebnis dieselbe Rechtsfolge hervorrufen.

Dieser Kritik ist auch deshalb der Rücken zu stärken, weil der im Quorum festgesetzten Höhe in der Anwendungspraxis kaum Bedeutung zukommt. Denn laut Berechnung beträgt der durchschnittliche Anteilsbesitz von Anfechtungsklägern mit nur 0,01 % des Grundkapitals bei DAX Unternehmen bereits 520.000 Euro und liegt damit weit über der Quorumsgrenze von 1.000 Euro.[307]

ternehmensrecht in der Reformdiskussion (2013), S. 115, 121; *Bayer,* in: FS Hoffmann-Becking (2013), S. 91, 104; kritisch dagegen *Baums/Drinhausen*, ZIP 2008, 145, 148 f.; *Nietsch*, Freigabeverfahren (2013), S. 91. Kritisch der Quote allgemein gegenüber *Arbeitskreis Beschlussmängelrecht*, AG 2008, 617, 619; *Habersack/Stilz*, ZGR 2010, 710, 714; *Verse*, NZG 2009, 1127, 1129.

302 Vgl. *Schall/Habbe/Wiegand*, NJW 2010, 1789, 1791.

303 *Bayer/Fiebelkorn*, ZIP 2012, 2181, 2184; *Assmann*, AG 2008, 208, 211. Siehe auch BVerfG, Beschl. v. 30.5.2007 – 1 BvR 390/04, NJW 2007, 3269, 3270; so auch bereits in BVerfG, Beschl. v. 23.8.2000 – 1 BvR 68/95 u. 1 BvR 147/97 = NJW 2001, 279 ff. (*Moto-Meter*).

304 BVerfG, Beschl. v. 30.5.2007 – 1 BvR 390/04, NJW 2007, 3269, 3270.

305 *Assmann*, AG 2008, 208, 211; *Schall/Habbe/Wiegand*, NJW 2010, 1789, 1791; *Arbeitskreis Beschlussmängelrecht*, AG 2008, 617, 619; wohl auch *Habersack/Stilz*, ZGR 2010, 710, 714, die das Freigabeverfahren als *»konzeptionelle Sackgasse«* bezeichnen.

306 So auch *Assmann*, AG 2008, 208, 211.

307 *Schall/Habbe/Wiegand*, NJW 2010, 1789, 1791; so auch *Poelzig*, DStR 2008, 1538, 1540 f.

Ebenso hat die Studie von *Baums, Keinath* und *Gajek* dargelegt, dass die erfassten Berufskläger jeweils Aktien mit einem über dem Bagatell-Quorum liegenden Nennbetrag hielten.[308] Hinzu kommt, dass auch wenn bezüglich der Klägeranteile ein Additionsverbot besteht, die Aktionäre gleichwohl nicht daran gehindert sind, durch dingliche Übertragungsgeschäfte einen Zusammenschluss zu organisieren, etwa mittels Hedge Fonds oder Wertpapieranleihe.[309] Diesen Organisationaufwand werden Berufskläger auch in Zukunft nicht scheuen. Die durch die Hürde des Quorums Ausgeschlossenen sind dagegen die aufrichtigen Kleinaktionäre.[310]

c. Präzisierung des Regel-Ausnahme-Verhältnisses der Interessenabwägung

Bereits vor der Präzisierung der Interessenabwägungsklausel durch das ARUG verkörperte diese den zentralen Stützpfeiler des Freigabeverfahrens.[311] Auch nach respektive aufgrund des ARUG ergehen die Freigabeentscheidungen weiterhin regelmäßig auf Grundlage der Interessenabwägungsklausel nach § 16 Abs. 3 S. 3 Nr. 3 UmwG.[312]

Die Interessenabwägungsklausel erfordert grundsätzlich eine Abwägung zwischen den Interessen des Aktionärs als Kläger und denjenigen der Gesellschaft und der übrigen Aktionäre.[313] Das Prozessgericht prüft dabei in zwei Stufen: Auf der ersten Stufe erfolgt eine rein wirtschaftliche Abwägung der mit dem Umwandlungsvorgang verbundenen Interessen; auf der zweiten Stufe wird eine besondere Schwere des möglichen Rechtsverstoßes der Eintragung berücksichtigt.[314] Diese Aufteilung der Prüfung ist aus verfahrensökonomischer Sicht sinnvoll.[315]

308 *Baums/Keinath/Gajek*, ZIP 2007, 1629, 1634; darauf verweisend *Sauter*, ZIP 2008, 1706, 1712.

309 *Sauter*, ZIP 2008, 1706, 1713; *Niemeier*, ZIP 2008, 1148, 1149; *Nietsch*, Freigabeverfahren (2013), S. 86.

310 Vgl. *Sauter*, ZIP 2008, 1706, 1713; so auch die BRAK, Stellungnahme Nr. 19/2008 S. 3 (abrufbar unter https://www.brak.de/zur-rechtspolitik/stellungnahmen/).

311 Vgl. *Nietsch*, Freigabeverfahren (2013), S. 83.

312 *Decher*, in: Lutter, UmwG (2024), § 16 Rn. 74; *Simon,* in: Kölner Komm. UmwG (2009), § 16 Rn. 82; *Fronhöfer*, in: Widmann/Mayer, UmwR (2023), § 16 Rn. 157.

313 Das ist seit dem ARUG klargestellt: RegE Begr. BT-Drs. 16/11642, S. 41; bestätigend Rechtsausschuss, BT-Drs. 16/13098, S. 42. Nach überwiegender Auffassung ist zudem ausreichend, dass allein dem Mehrheitsaktionär aus der Verzögerung der Eintragung Nachteile entstehen, vgl. für Umwandlung: OLG Düsseldorf, Beschl. v. 27.8.2001 – 6 W 28/01, NZG 2002, 191, 194; für Squeeze-out: *Habersack*, in: Emmerich/Habersack, AktG (2022), § 327e Rn. 7 mwN; für Kapitalmaßnahmen: OLG Düsseldorf, Beschl. v. 15.12.2008 – 6 W 24/08, AG 2009, 538, 539.

314 Rechtsausschuss zu § 246a AktG, BT-Drs. 16/13098, 42; *Decher*, in: Lutter, UmwG (2024), § 16 Rn. 74; *Nietsch*, Freigabeverfahren (2013), S. 59; *Simon*, in: Kölner Komm. UmwG (2009), § 16 Rn. 88.

315 *Nietsch*, Freigabeverfahren (2013), S. 59.

aa. Abzuwägende Interessen

(1) Vollzugsinteresse der Gesellschaft

Im Rahmen der Abwägung wird es für die Gesellschaft in der Regel nicht problematisch sein, das eigene Vollzugsinteresse glaubhaft darzulegen. Schon vor der Reform waren Freigabeanträge nach § 16 Abs. 3 UmwG basierend auf der Interessenabwägung regelmäßig erfolgreich.[316] So macht der Gesetzgeber in den Gesetzesmaterialien zum ARUG deutlich, dass im Rahmen der Interessenabwägung alle nicht ganz unbedeutenden wirtschaftlichen Nachteile der Gesellschaft zu berücksichtigen sind.[317] Die Gesellschaft kann folglich auftretende Verluste einer sofortigen Nutzung von Synergieeffekten der Verschmelzung, die Gefährdung eines geplanten Börsengangs im Anschluss, schlechtere Finanzierungsmöglichkeiten, die unmögliche oder weniger effiziente Nutzung von Verlustvorträgen oder sonstige steuerliche Nachteile sowie die zusätzlichen Kosten einer erneuten Hauptversammlungsdurchführung anführen.[318] Darüber hinaus sind nach überwiegender Ansicht auch nicht quantifizierbare Nachteile im Freigabeverfahren zu berücksichtigen. Das bedeutet, dass die Gesellschaft bei konkreter, substantiierter Darlegung auch etwa die drohende Abwanderung verunsicherten Personals, drohende Zinsbelastungen, möglicher Ansehens- oder Vertrauensverlust am Markt, bei Geschäftspartnern und Kunden oder Verlust von Geschäftschancen geltend machen kann.[319] Insgesamt ist eine substantiierte Darlegung wesentlicher Verzögerungsnachteile bei Verschmelzungen unproblematisch, während sie sich bei drohenden Verzögerungsschäden bei geplanten Spaltungsvorgängen oftmals schwerer gestalten dürfte.[320] Da jedoch zur Glaubhaftmachung auch die eidesstattliche Versicherung des Vorstands gemäß § 16 Abs. 3 S. 6 UmwG, § 294 Abs. 1 ZPO ausreicht, werden die Erfolgsaussichten

316 Vgl. OLG Düsseldorf, Beschl. v. 15.3.1999 - 17 W 18/99, NZG 1999, 565, 568 f.; OLG Düsseldorf, Beschl. v. 27.8.2001 – 6 W 28/01, NZG 2002, 191, 194 f.; OLG Frankfurt a.M., Beschl. v. 10.2.2003 – 5 W 33/02, AG 2003, 573, 575; OLG Stuttgart, Beschl. v. 17.12.1996 – 12 W 44/96, AG 1997, 138, 139.

317 Rechtsausschuss, BT-Drs. 16/13098, S. 42.

318 Rechtsausschuss, BT-Drs. 16/13098, S. 42; *Decher*, in: Lutter, UmwG (2024), § 16 Rn. 79; *Marsch-Barner/Oppenhoff*, in: Kallmeyer, UmwG (2020), § 16 Rn. 45; *Schwanna*, in: Semler/Stengel/Leonard, UmwG (2021), § 16 Rn. 33 mit weiteren Beispielen *Fronhöfer*, in: Widmann/Mayer, UmwR (2023), § 16 Rn. 167. Vgl. auch OLG Frankfurt, Beschl. v. 14.7.2008 - 23 W 14/08, AG 2008, 827, 828.

319 Vgl. *Decher*, in: Lutter, UmwG (2024), § 16 Rn. 80; *Marsch-Barner/Oppenhoff*, in: Kallmeyer, UmwG (2020), § 16 Rn. 45; *Schwanna*, in: Semler/Stengel/Leonard, UmwG (2021), § 16 Rn. 33; *Nietsch*, Freigabeverfahren (2013), S. 60 ff. mwN und Beispielen; *Schall/Habbe/Wiegand*, NJW 2010, 1789, 1790; siehe auch OLG Hamm, Beschl. v. 16.5.2011 - I-8 AktG 1/11, AG 2011, 624, 625; OLG Düsseldorf, Beschl. v. 15.3.1999 – 17 W 18/99, NZG 1999, 565, 569; OLG Frankfurt a.M., Beschl. v. 10.2.2003 – 5 W 33/02, AG 2003, 573, 575.

320 *Noack*, ZHR 164 (2000), 274, 284.

bei der Interessenabwägung in diesem Aspekt in der Praxis kaum Unterschiede aufzeigen.[321]

Geltend machen kann die Gesellschaft dabei nicht nur Nachteile, die durch die verzögerte Eintragung entstehen, sondern nach Ansicht des Gesetzgebers auch solche, die sich bei einem vollständigen Ausbleiben der Umwandlungsmaßnahme bei erfolgreicher Anfechtungsklage ergeben könnten.[322] Letzteres ist nur ein weiteres Beispiel für die deutliche – und sehr wohl auch überzogene sowie dem Rechtsprinzip widersprüchliche – Favorisierung des Vollzugsinteresses gegenüber dem Suspensivinteresse im Rahmen des Freigabeverfahrens.[323] *Schwab* formuliert den so stechenden Widerspruch dieser gesetzgeberischen Intention mit den Grundpfeilern der Rechtsordnung treffend, indem er schreibt, es könne nicht Aufgabe des Freigabeverfahrens sein, die Gesellschaft vor den Kosten der eigenen Gesetzesuntreue zu bewahren.[324] In der Tat widerspricht es jedem gesunden Rechtsverständnis, dass ein rechtswidriges Verhalten zugunsten des Verantwortlichen und zulasten des davon Betroffenen zu werten ist. Den Aktionären obliegt gerade nicht die Pflicht, im Interesse der Gesellschaft selbst rechtswidrige Beschlüsse gegen sich gelten zu lassen.[325] Das gilt entgegen der

321 Vgl. *Noack*, ZHR 164 (2000), 274, 284.

322 Vgl. RegE Begr., BT-Drs. 15/5092, S. 29: »In die Interessenabwägung sind nicht nur Nachteile für die Gesellschaft einzubeziehen, die durch die Verzögerung der Eintragung infolge des Anfechtungsprozesses eintreten, sondern auch die Nachteile, die der Gesellschaft bei einem Erfolg der Anfechtungsklage entstehen.«; so auch erneut beim ARUG Rechtsausschuss, BT-Drs. 16/13098, S. 42; *Decher*, in: Lutter, UmwG (2024), § 16 Rn. 79; *Fronhöfer*, in: Widmann/Mayer, UmwR (2023), § 16 Rn. 164; zu Recht aA: *Zöllner*, in: FS Westermann (2008), S. 1631, 1643; *Bayer*, in: FS Hoffmann-Becking (2013), S. 91, 110 f.; *Schwab*, in: K.Schmidt/Lutter, AktG (2020), § 246a Rn. 30; *Schwanna*, in: Semler/Stengel/Leonard, UmwG (2021), § 16 Rn. 33; *Fiebelkorn*, Die Reform der aktienrechtlichen Beschlussmängelklagen (2013), S. 213 ff.

323 So auch *Zöllner*, in: FS Westermann (2008), S. 1631, 1643, der die gesetzliche Intention, dass die Gesellschaft bei der Interessensabwägung den Schaden ansetzen darf, den sie durch eine berechtigte (!) Beschlussanfechtungsklage erleidet, als ein »*Stück aus dem Tollhaus*«, »*blanke Enttäuschung des Rechtspublikums*« und die Interessenabwägung ohne Erfolgsprognose als »*skandalös*« bezeichnet. Auch *Mülbert*, ZHR 2024, 325, 328 (»*Der grundlegende »Webfehler« des Freigabeverfahrens besteht darin, dass das Prozessgericht – vorbehaltlich schwerer Rechtsverstöße – nach freier Überzeugung auf Freigabe entscheiden kann, wenn die vom Antragsteller dargelegten wesentlichen Nachteile für die Gesellschaft und ihre Aktionäre die Nachteile für den Antragsgegner überwiegen (...).*«); vgl. auch *Koch*, Gutachten F für den 72. DJT (2018), S. 27 ff.

324 *Schwab*, in: K.Schmidt/Lutter, AktG (2020), § 246a Rn. 30.

325 *Schwab*, in: K.Schmidt/Lutter, AktG (2020), § 246a Rn. 30.

Gesetzesbegründung[326] auch dann noch, wenn man den Hauptversammlungsbeschluss als Ausdruck des Willens der Mehrheit der Anteilsinhaber betrachtet. Ansonsten wären die Strukturmaßnahmen faktisch aus dem Anwendungsbereich der Anfechtungs- oder Nichtigkeitsklagen gänzlich ausgenommen, mit Ausnahme der Fallvariante des rechtswidrig fehlenden Hauptversammlungsbeschlusses. Auch wenn man mit dem Prinzip des Freigabeverfahrens eine Inkaufnahme des Bestandsschutzes rechtswidriger Beschlüsse zugunsten höherer Transaktionssicherheit verfolgt, so gilt dennoch gleichzeitig das Rechtsprinzip, dass sich die Gesellschaft für die Rechtswidrigkeit des Beschlusses ungebrochen weiter gegenüber dem klagenden Aktionär im Rahmen der Beschlussmängelklage verantworten muss. Dann kann ihr diese zu verantwortende Rechtsmissachtung nicht im Rahmen der Interessenabwägung plötzlich gutgeschrieben werden. Zudem ist nicht ersichtlich, wieso für die Gesellschaft eine bestimme Ausgangsvariante des Hauptsacheverfahrens im Freigabeverfahren Beachtung finden soll, aber nicht für einzelne Anteilsinhaber.

(2) Suspensivinteresse des Aktionärs

Auf Seiten des klagenden Aktionärs sind für das Suspensivinteresse lediglich die Nachteile zu berücksichtigen, die dem jeweils einzelnen Antragsgegner drohen.[327] Bei der Interessenabwägung wird das Interesse der Gesellschaft gegen das jedes klagenden Aktionärs einzeln abgewogen.[328] Einschlägige Nachteile wären beispielsweise ein Einflussverlust durch Verwässerung der Beteiligung und Herabsinken des Anteils unter eine maßgebliche Schwelle aufgrund der Umwandlung[329], oder ein drohender Ausfall der Dividendenausschüttung als Resultat einer Ausschüttungssperre bei der übernehmenden Gesellschaft.[330]

326 RegE Begr., BT-Drs. 15/5092, S. 29. Die Begründung zum Gesetzesentwurf führt als Rechtfertigung an, »eine Beschränkung der Interessen der Gesellschaft und ihrer übrigen Anteilsinhaber auf den Verzögerungsschaden würde das Interesse der Gesellschaft an der Wirksamkeit des Hauptversammlungsbeschlusses unberücksichtigt lassen.«

327 Vgl. *Decher*, in: Lutter, UmwG (2024), § 16 Rn. 81; vgl. auch RegE Begr. BT-Drs. 16/11642, S. 41; Rechtsausschuss, BT-Drs. 16/13098, S. 42; OLG Hamm, Beschl. v. 16.5.2011 – I-8 AktG 1/11, AG 2011, 624, 626; kritisch *Bayer*, in: FS Hoffmann-Becking (2013), S. 91, 112 f.

328 RegE Begr., BT-Drs. 15/5092, S. 28; aA *Schwab*, in: K.Schmidt/Lutter, AktG (2020), § 246a Rn. 20; *Bayer*, in: in: FS Hoffmann-Becking (2013), S. 91, 112.

329 Wobei ein derartiger Nachteil nur bei einer nicht unwesentlichen Beteiligung Berücksichtigung finden wird, *Decher*, in: Lutter, UmwG (2024), § 16 Rn. 82; vgl. auch *Fronhöfer,* in: Widmann/Mayer, UmwR (2023), § 16 Rn. 169.2.

330 *Decher*, in: Lutter, UmwG (2024), § 16 Rn. 82; OLG Hamm, Beschl. v. 16.5.2011 – I-8 AktG 1/11, AG 2011, 624, 626.

bb. Besondere Schwere

Der Gesetzgeber hat dem Aktionär im Rahmen der Interessenabwägung durch das Kriterium der besonderen Schwere des Nachteils eine letzte Sicherungsstufe für Härtefälle zugestanden, deren Effektivität allerdings als eher gering anzusehen sein wird. Demnach darf das Prozessgericht die Freigabe nicht bewilligen, wenn trotz überwiegenden Interesses der Gesellschaft in dem vom Antragsgegner geltend gemachten Rechtsverstoß eine »besondere Schwere« liegt (§ 16 Abs. 3 S. 3 Nr. 3 UmwG). Darunter versteht der Gesetzgeber eine massive Verletzung elementarer Aktionärsrechte oder die Unerträglichkeit der Bestandskraft des Beschlusses.[331] Dabei ist insbesondere auf die Bedeutung der Norm sowie das Ausmaß der Rechtsverletzung abzustellen.[332] In der Praxis wird dies nur selten vorliegen.[333] Der Gesetzgeber gewährt dem Aktionär dadurch eine letzte Möglichkeit der Absicherung seiner Rechte und ein Mindestmaß an unantastbarem Rechtsschutz; dieser bedarf aber insbesondere eines schwerwiegenden wirtschaftlichen Schadens, der nicht durch Schadensersatz ausgeglichen werden kann.[334] Auch hier hat das ARUG eine Verschärfung der gesetzlichen Lage bewirkt. Die schwere Rechtsverletzung muss nunmehr tatsächlich vorliegen und kann nicht wie bisher behauptet werden; die Darlegungs- und Beweislast trägt der Antragsgegner.[335] Dadurch ist die Hürde für eine erfolgreiche Verhinderung der Freigabe ein weiteres Stück höher gesetzt und der Rechtsschutz der Aktionäre weiter eingeschränkt.

cc. Missachtung der Erfolgsaussichten bei der Freigabe

Im Rahmen der Interessenabwägung manifestiert sich die prozessual eigenständige Art des Freigabeverfahrens gegenüber dem vorläufigen Rechtsschutz gemäß den §§ 916, 935 ff. ZPO.[336] Die Erfolgsaussichten der Klage sind bei der

331 RegE Begr. BT-Drs. 16/11642, S. 41; Rechtsausschuss, BT-Drs. 16/13098, S. 42; RegE Begr., BT-Drs. 15/5092, S. 29; vgl. auch OLG Düsseldorf, Beschl. v. 15.12.2008 – 6 W 24/08, AG 2009, 538, 542; *Decher*, in: Lutter, UmwG (2024), § 16 Rn. 90.

332 RegE Begr. BT-Drs. 16/11642, S. 41; Rechtsausschuss, BT-Drs. 16/13098, S. 42; *Decher*, in: Lutter, UmwG (2024), § 16 Rn. 91; *Fronhöfer*, in: Kölner Komm. UmwG (2009), § 16 Rn. 172.

333 *Nietsch*, NZG 2018, 1334, 1334 f.

334 RegE Begr. BT-Drs. 16/11642, S. 41; *Decher*, in: Lutter, UmwG (2024), § 16 Rn. 92 und *Fronhöfer*, in: Widmann/Mayer, UmwR (2023), § 16 Rn. 172 jeweils mit Beispielen.

335 RegE Begr. BT-Drs. 16/11642, S. 41; Rechtsausschuss, BT-Drs. 16/13098, S. 42; *Bayer*, in: FS Hoffmann-Becking (2013), S. 91, 117; *Schall/Habbe/Wiegand*, NJW 2010, 1789, 1791; *Simon*, in: Kölner Komm. UmwG (2009), § 16 Rn. 92; *Fronhöfer*, in: Widmann/Mayer, UmwR (2023), § 16 Rn. 171.

336 Vgl. *Schall/Habbe/Wiegand*, NJW 2010, 1789, 1790.

Abwägung im Rahmen des Freigabeverfahrens – im Gegensatz zur Schlüssigkeitsprüfung im einstweiligen Rechtsschutz[337] – nicht zu berücksichtigen.[338] Diese findet lediglich im Rahmen der Prüfung zur besonderen Schwere des Nachteils eine Berücksichtigung, allerdings auch hier nicht in Form einer summarischen Prüfung der Erfolgsaussichten der Anfechtungsklage.[339] Das folgt aus der Gesetzesbegründung. Diese stellt klar, dass nicht jeder Fall einer voraussichtlichen – oder zweifelsfreien – Nichtigkeit des Hauptversammlungsbeschlusses eine besondere Schwere des Nachteils begründet.[340]

Die Freigabe, und damit die Eintragung der streitgegenständlichen Umwandlungsmaßnahme, kann folglich auch dann ergehen, wenn die Anfechtungsklage aller Voraussicht nach oder sogar zweifelsohne begründet ist.[341] Unproblematisch ist diese rechtliche Konsequenz sicherlich nicht. Schließlich dient das Freigabeverfahren letztlich dazu, das als zu weitgehend empfundene materielle Recht der Registersperre durch ein zusätzliches prozessuales Konstrukt des

337 *Drescher*, in: MüKo ZPO (2020), § 935 Rn. 12; *Haertlein*, in: Kindl/Meller-Hannich, Zwangsvollstreckung (2021), § 935 ZPO Rn. 36; aus Perspektive des Art. 19 Abs. 4 GG auch *Schmidt-Aßmann*, in: Dürig/Herzog/Scholz, GG, Art. 19 Abs. 4 Rn. 276, der basierend auf dem Art. 19 Abs. 4 GG richtig erkennt: »*wenn es im Prozess insgesamt um die Durchsetzung des materiellen Rechts geht, dann muss auch im vorläufigen Rechtsschutz so weit wie möglich nach den Erfolgsaussichten der Hauptsache und nicht nach unsicheren situativen Kriterien entschieden werden.*«

338 Vgl. *Ganske*, Umwandlungsrecht (1995), S. 69; Rechtsausschuss, BT-Drs. 16/13098, S. 42; ausdrücklich RegE Begr., BT-Drs. 15/5092, S. 29; so auch OLG Hamm, Beschl. v. 22.9.2919 – I-8 AktG 1/10, AG 2011, 136, 138; *Fronhöfer*, in: Widmann/Mayer, UmwR (2023), § 16 Rn. 160; *Decher*, in: Lutter, UmwG (2024), § 16 Rn. 74; *Winter*, in: Schmitt/Hörtnagl, UmwG (2020), § 16 Rn. 78; Verse, NZG 2009, 1127, 1130; *Schall/Habbe/Wiegand*, NJW 2010, 1789, 1790.; *Habersack*, in: Habersack/Emmerich, AktG (2022), § 319 Rn. 37. Kritisch demgegenüber *Schäfer*, in: MüKo AktG, Bd. 4 (2021), § 246a Rn. 29 (darauf verweisend *Grunewald*, in: MüKo AktG, Bd. 5 (2022), § 319 Rn. 43); *Noack*, ZHR 164 (2000), 274, 283; *Heermann*, ZIP 1999, 1861, 1864 f.; *Zöllner*, in: FS Westermann (2008), S. 1631, 1642 ff. Gemäß OLG Düsseldorf, Beschl. v. 15.3.1999 – 17 W 18/99, NZG 1999, 565, sowie OLG Frankfurt a.M., Beschl. v. 10.2.2003 – 5 W 33/02, AG 2003, 573 bleiben zumindest offensichtlich nicht gegebene Rechtsverletzungen im Rahmen der Abwägung unberücksichtigt; vgl. auch OLG Bremen, Beschl. v. 1.12.2008 – 2 W 71/08, AG 2009, 412 zu § 246a AktG; aA *Noack*, ZHR 164 (2000), 283.

339 *Decher*, in: Lutter, UmwG (2024), § 16 Rn. 74; *Heermann*, ZIP 1999, 1861, 1864 f.

340 Rechtsausschuss, BT-Drs. 16/13098, S. 42; vgl. auch RegE Begr., BT-Drs. 16/11642 S. 41.

341 RegE Begr., BT Drs. 15/5092, S. 29; vgl. auch Rechtsausschuss, BT-Drs. 16/13098, S. 42; vgl. auch RegE Begr., BT-Drs. 16/11642 S. 41; *Baums/Drinhausen*, ZIP 2008, 145, 151; *Decher*, in: Lutter, UmwG (2024), § 16 Rn. 74; *Schall/Habbe/Wiegand*, NJW 2010, 1789, 1790; *Koch*, AktG (2023), § 246a Rn. 21; *Vatter*, in: beck-online Großkommentar AktG (2023), § 246a Rn. 35; kritisch *Zöllner*, in: FS Westermann (2008), S. 1631, 1642 ff.

Freigabeverfahrens einzugrenzen.[342] Die rechtliche Konstruktion des Freigabeverfahrens in ihrer derzeitigen Gestalt ist daher auch unter gesamtrechtlicher Betrachtung widersprüchlich; denn normalerweise sollte das prozessuale Recht als Instrument zur Durchsetzung des materiellen Rechts dienen[343], und nicht als Korrektur dessen.

d. Beschleunigung des Verfahrens

Die Änderungen mittels ARUG sahen neben der Beschränkung missbräuchlicher Klagen vor allem auch die Beschleunigung des Freigabeverfahrens vor. Insbesondere wurde die Rechtsmittelinstanz im Freigabeverfahren gestrichen und eine Zuständigkeit des OLG beschlossen. In der Vergangenheit hatten Gesellschaften sich trotz Freigabeverfahren vergleichs- und zahlungswillig gezeigt, und zwar selbst bei aussichtslosen Klagen, da die Verfahrensdauer sowie die Rechtsmittelquote auch bei Freigabeverfahren ungewöhnlich hoch waren.[344] Beide Aspekte wurden durch das ARUG behoben.[345] In der Literatur sprach man damals euphorisch von der Wandlung des Freigabeverfahrens zu einem »echten Eilverfahren«[346].

Allerdings hat die Unanfechtbarkeit des Freigabebeschlusses auf eine Instanz das gesetzliche Gleichgewicht durch die Verkürzung des Instanzenzugs und damit auch der Gesamtdauer des Freigabeverfahrens erheblich zugunsten der Gesellschaft verschoben, da das zeitliche Damoklesschwert der missbräuchlichen Berufskläger maßgeblich abgestumpft wurde. Gleichzeitig wird der Rechtsschutz der klagenden Aktionäre verkürzt, indem ihnen die Rechtsmit-

342 Vgl. auch *Schall/Habbe/Wiegand*, NJW 2010, 1789, 1790, die es zumindest als unbedenklich erachten, Beschlussmängel, die sich nicht zweifelsfrei klären lassen, als gegeben zu unterstellen bzw. Rechtsverletzungen nicht in die Abwägung einzustellen, sofern diese offensichtlich nicht gegeben sind bzw. ihre Geltendmachung verfristet wäre.

343 Siehe auch *Schmidt-Aßmann*, in: Dürig/Herzog/Scholz, GG, Art. 19 Abs. 4 Rn. 276.

344 *Schall/Habbe/Wiegand*, NJW 2010, 1789. So standen vor dem ARUG 78 Freigabeverfahren in der Eingangsinstanz 39 Verfahren, und damit 50 % der Erstinstanzverfahren, in der Beschwerdeinstanz gegenüber, siehe *Bayer/Hoffmann/Sawada*, ZIP 2012, 897, 907 (Tab. 6). Hierbei handelte sich zum großen Anteil allerdings um Freigabeverfahren, die sich auf Kapitalmaßnahmen oder einen Unternehmensvertrag bezogen; umwandlungsbezogene Verfahren traten eher selten auf; es ist zu vermuten, dass letzteres auf einen der Umwandlungsmaßnahme häufig vorausgehenden Squeeze-out und das daraus folgende Nichtvorhandensein von außenstehenden Aktionären zurückzuführen ist, *Bayer/Hoffmann/Sawada*, ZIP 2012, 897, 908.

345 Statt aller *Bayer/Hoffmann/Sawada*, ZIP 2012, 897, 907.

346 *Bayer/Hoffmann/Sawada*, ZIP 2012, 897, 910.

telinstanz genommen wird.[347] Gleiches widerfährt auch der antragstellenden Gesellschaft als ebenfalls Verfahrensbeteiligte. In der Praxis wird jedoch der Aktionär maßgeblicher von dieser Rechtseinschränkung betroffen, da – unter anderem wegen des gesetzlich festgesetzten Regel-Ausnahme-Verhältnisses – der umwandlungsrechtliche Freigabeantrag der Gesellschaft deutlich öfter zugesprochen als abgelehnt wird.[348] Zumindest ist bei einer derartigen Praxis kein erhöhtes Drohpotential aufgrund einer wegen rechtmittelfreier Entscheidung steigenden Bereitschaft zum Durchfechten seitens der Aktionäre zu befürchten.[349]

e. Zwischenergebnis

Das Freigabeverfahren selbst wirft damit bereits in seiner Reichweite im Rahmen des Minderheitsaktionärsschutzes diverse Probleme auf.

Zwar erfüllt das Freigabeverfahren in seiner derzeitigen Form die vom Gesetzgeber, zuletzt in der Reform des ARUG, benannten Zwecke. So verfolgt der Gesetzgeber ausweislich der Gesetzesmaterialien die klare Vorgabe, dass die Freigabe die Regel, und deren Versagung nur eine unter besonderen Umständen gerechtfertigte Ausnahme sein soll.[350] Im Grundsatz sollen Aktionäre mit geringer Beteiligung daran gehindert werden, auf Grund unbedeutender Rechtsverstöße wichtige Strukturmaßnahmen zu behindern.[351] Dies ist grundsätzlich unter Praktikabilitätsaspekten auch zu befürworten. Gleichzeitig weist die Ausgestaltung des Freigabeverfahrens eine unverhältnismäßige Begünstigung der Freigabe auf. Diese Bevorzugung und Stärkung des Vollzugsinteresses der Gesellschaft gegenüber dem Suspensivinteresse des klagenden Aktionärs zeigt sich in der Regelung der Freigabegründe. Das gilt insbesondere für die Festsetzung des Mindestquorums, und ganz besonders in dem Regel-Ausnahme-Verhältnis der

347 Allerdings ist die Aufhebung des Instanzenzugs im Freigabeverfahren verfassungsrechtlich nicht bedenklich, da der Justizgewähranspruch nach Art. 19 IV GG keinen Instanzenzug garantiert. So ausdrücklich schon vor dem ARUG BGH, Beschl. v. 29.5.2006 - II ZB 5/06, NZG 553, 555 f.; zum Freigabeverfahren beim Squeeze-out vor ARUG auch BVerfG, Beschl. v. 30.5.2007 – 1 BvR 390/04, NJW 2007, 3268, 3271 Rn. 32; ferner BVerfG, Beschl. v. 30.4.2003 – 1 PBvU 1/02.

348 *Bayer/Keinath/Gajek*, ZIP 2007, 1629, 1648.

349 Vgl. *Niemeier*, ZIP 2008, 1148, 1149, der davor warnte, dass eine rechtsmittelfreie Entscheidung auch das Prozesskalkül verändere und eine fehlende gerichtliche Kontrollmöglichkeit weniger disziplinierend wirken könne.

350 Vgl. *Decher*, in: Lutter, UmwG (2024), § 16 Rn. 32; vgl. auch RegE Begr., BT-Drs. 16/11642 S. 41.

351 RegE Begr., BT-Drs. 16/11642 S. 42; *Schall/Habbe/Wiegand*, NJW 2010, 1789, 1791; das sei aus rechtsdogmatischer Sicht auch zu begrüßen, *Sauter*, ZIP 2008, 1706, 1712.

Interessenabwägungsklausel in § 16 Abs. 3 S. 3 Nr. 3 UmwG.[352] Die von der Gesellschaft vorgebrachten Nachteile werden in der Abwägung regelmäßig die Nachteile des Aktionärs überwiegen, insbesondere wenn die ökonomischen Aspekte in den Mittelpunkt gerückt und auf Seiten des Aktionärs die Interessen anderer Aktionäre nicht hinzugerechnet werden.[353] Die Beispiele, die der klagende Aktionär in die Waagschale legen kann, sind nur begrenzt und bedürfen besonderer Umstände; auf Seiten der Gesellschaft birgt eine verzögerte Umwandlungsmaßnahme allerdings stets schon ohne weiteres Hinzutun gravierende wirtschaftliche Schäden und Kostensteigerungen. Hinzu kommt, dass durch diese wirtschaftlich überwiegenden Interessen seitens der Gesellschaft mittels Freigabe sogar offensichtlich begründete Anfechtungsklagen überwunden werden können.[354] Letztendlich ist das Freigabeverfahren in seiner derzeitigen Form ein Instrument für die Gesellschaft zur regelmäßigen Überwindung der Registersperre, mit einer Sonderschutzvorrichtung für Aktionäre bei besonders schwerwiegenden Rechtsverletzungen. In der rechtlichen Ausgestaltung des Freigabeverfahrens hat der Gesetzgeber den Rechtsschutz zugunsten der Effizienz und Effektivität eingedämmt und die Effizienz zum Rechtsprinzip erhoben.[355]

3. Rechtsfolge der Freigabeentscheidung und Auswirkungen auf die Hauptsache

a. Rechtsfolge des Freigabebeschlusses

Die unmittelbare Rechtsfolge eines erfolgreichen Freigabeverfahrens besteht zunächst in der Freigabe, folglich in der Entscheidung, dass die erhobene Unwirksamkeitsklage einer Registereintragung nicht entgegensteht. Sie ersetzt damit die Negativerklärung gemäß § 16 Abs. 2 S. 1 UmwG. Die Eintragung selbst muss dennoch vom Registergericht vorgenommen werden und wird nicht vom Prozessgericht verfügt. Das Registergericht prüft eigenständig das Vorliegen aller sonstigen Eintragungsvoraussetzungen; dabei ist es an die Entscheidung im Freigabeverfahren nur insoweit gebunden, als dass dies Gegenstand des Freigabeverfahrens geworden ist.[356]

352 Die Freigabeentscheidung wurde durch das ARUG nochmals zugunsten der Gesellschaft und der Umwandlungsdurchführung verschärft, *Sauter*, ZIP 2008, 1706, 1712.

353 *Sauter*, ZIP 2008, 1706, 1712; *Verse*, NZG 2009, 1127, 1130; *Rubner/Leuering*, NJW-Spezial 2019, 527, 528; aA *Bayer*, in: FS Hoffmann-Becking (2013), S. 91, 117, der behauptet, dass die Rechtsprechung trotz dogmatischer Ungereimtheiten »*nicht über das Ziel hinausschießt*«.

354 Siehe hierzu bereits Erläuterungen unter Zweiter Teil – C.II.2.c.cc.

355 Vgl. *Schall/Habbe/Wiegand*, NJW 2010, 1789, 1790.

356 *Decher*, in: Lutter, UmwG (2024), § 16 Rn. 120; siehe auch *Nietsch*, Freigabeverfahren (2013), S. 94 ff. zur verbleibenden Prüfungskompetenz der Registergerichte.

b. Auswirkungen auf das Hauptsacheverfahren

Wird der Freigabeantrag abgelehnt, hat dies zur Folge, dass die Eintragung des Beschlusses in das Handelsregister aufgrund der fortbestehenden Registersperre unterbleibt.[357] Dann entfalten sich konsequenterweise auch keine Auswirkungen auf das Hauptsacheverfahren; die ursprüngliche Unwirksamkeitsklage kann unverändert weiterverfolgt werden.[358]

Interessanter gestaltet sich die Rechtslage bei Stattgabe des Freigabeantrags. Wird aufgrund erfolgreichen Freigabeverfahrens der Umwandlungsbeschluss eingetragen und erwächst damit in Bestandskraft, kann die ursprüngliche Beschlussanfechtungsklage nicht ohne Weiteres weitergeführt werden, vgl. § 20 Abs. 2 UmwG sowie auch § 16 Abs. 3 S. 10 Hs. 2 UmwG.[359] Nach nunmehr einhelliger Meinung in Rechtsprechung und Schrifttum tritt in diesem Falle keine Erledigung der Unwirksamkeitsklage ein.[360] Denn beim Freigabeverfahren handelt es sich um ein vom Hauptsacheverfahren selbstständiges Verfahren mit unterschiedlichen Streitgegenständen[361], sodass es keine Bindungswirkung für das Hauptsacheverfahren entfaltet.[362] § 28 UmwG sieht ausdrücklich vor, dass »nach Eintragung (...) eine Klage gegen die Wirksamkeit des Verschmelzungsbeschlusses eines übertragenden Rechtsträgers gegen den übernehmenden Rechtsträger zu richten ist« und drückt damit die Fortsetzungsmöglichkeit der

357 *Nietsch*, Freigabeverfahren (2013), S. 100.

358 *Nietsch*, Freigabeverfahren (2013), S. 100.

359 Aus Gründen der Rechtssicherheit sieht die umwandlungsrechtliche Regelung des § 20 Abs. 2 UmwG eine absolute Bestandsfestigkeit der eingetragenen Umwandlungsmaßnahme vor; *Leonard/Simon*, in: Semler/Stengel/Leonard, UmwG (2021), § 20 Rn. 87 f.; *Decher*, in: Lutter, UmwG (2024), § 16 Rn. 122.

360 *Nietsch*, Freigabeverfahren (2013), S. 101; vgl. auch RegE Begr., BT-Drs. 12/6699, S. 90; vgl. auch OLG Stuttgart, Urt. v. 20.3.2004 – 20 U 3/03, AG 2004, 271; *Decher*, in: Lutter, UmwG (2024), § 16 Rn. 122; *Fronhöfer*, in: Widmann/Mayer, UmwR (2023), § 16 Rn. 209; *Marsch-Barner/Oppenhoff*, in: Kallmeyer, UmwG (2020), § 16 Rn. 51.

361 RegE Begr., BT-Drs. 12/6699, S. 90 stellt dies ausdrücklich klar: »*Durch den Beschluss (...) wird das anhängige Klageverfahren nicht berührt, da Streitgegenstand des besonderen Rechtsbehelfs nach Absatz 3 nur das Bestehen oder Nichtbestehen einer registerverfahrensrechtlichen Voraussetzung ist, nämlich die Frage, ob die anhängige Klage der Eintragung entgegensteht; demgegenüber betrifft die anhängige Klage nicht die Eintragungsfähigkeit der Verschmelzung, sondern die Wirksamkeit des Verschmelzungsbeschlusses.*«; siehe auch *Marsch-Barner/Oppenhoff*, in: Kallmeyer, UmwG (2020), § 16 Rn. 47; *Decher*, in: Lutter, UmwG (2024), § 16 Rn. 122; *Fronhöfer*, in: Widmann/Mayer, UmwR (2023), § 16 Rn. 208.

362 Vgl. *Seibert/Schütz*, ZIP 2004, 252, 257; *Decher*, in: Lutter, UmwG (2024), § 16 Rn. 122; *Nietsch*, Freigabeverfahren (2013), S. 102, darauf hinweisend, dass die Eintragung grundsätzlich noch nicht die Heilung des Beschlusses bewirkt, sodass eine Rechtskrafterstreckung nach § 248 AktG und damit eine Kassation des Beschlusses noch möglich wäre.

Unwirksamkeitsklage auch nach Eintragung aus.[363] Ebenso knüpft der Wortlaut in § 16 Abs. 3 S. 10 UmwG den möglichen Schadensersatzanspruch daran an, dass »sich die Klage als begründet« erweist.[364] Die ursprüngliche Unwirksamkeitsklage ist folglich in einer Art Fortsetzungsfeststellungsklage entsprechend § 113 Abs. 1 S. 4 VwGO fortzuführen[365] und dient der Grundlage des Schadensersatzanspruchs nach § 16 Abs. 3 S. 10 Hs. 1 UmwG. Dieser Schadensersatzanspruch begründet auch das Rechtsschutzbedürfnis des klagenden Aktionärs für die Fortsetzungsfeststellungsklage in Form einer Präjudizwirkung trotz Eintragung der Umwandlungsmaßnahme.

Der Verweis des beschlussanfechtenden Aktionärs auf einen reinen Schadensersatzanspruch ist allerdings wegen der unbefriedigend erscheinenden Rechtsschutzbeschränkung umstritten und immer wieder Bestandteil von Reformverlangen des Schrifttums. Ein über die bloßen Gerichtskosten hinausgehender ersatzfähiger Schaden, wie er für eine Präjudizwirkung im Rahmen der Fortsetzungsfeststellungsklage erforderlich ist, könne oft nicht nachgewiesen werden, sodass der Schadensersatzanspruch trotz seines alternativen Rechtsschutzcharakters ins Leere laufe.[366] In der Praxis sind erfolgreiche Schadensersatzanspruchsklagen nach § 16 Abs. 3 S. 10 Hs. 1 UmwG dementsprechend bisher nicht bekannt.[367]

363 *Nietsch*, Freigabeverfahren (2013), S. 102; *Decher*, in: Lutter, UmwG (2024), § 16 Rn. 122.

364 *Nietsch*, Freigabeverfahren (2013), S. 102.

365 Das Begehren ist gerichtet auf eine richterliche Feststellung, dass der angegriffene Umwandlungsbeschluss bis nur Eintragung rechtswidrig und damit nichtig oder für nichtig zu erklären war, *Nietsch*, Freigabeverfahren (2013), S. 108 ff., 112; vgl. auch *DAV Handelsrechtsausschuss*, NZG 2000, 802, 804; *Winter*, in: Schmitt/Hörtnagl, UmwG (2020), § 16 Rn. 92; *Vetter*, in: FS Maier-Reimer (2010), S. 819, 833; *Winter*, in: Liber amicorum Happ (2006), S. 363, 371.

366 Vgl. *Bork*, in: Kölner Umwandlungsrechtstage (1995), S. 261, 272; *Kort*, AG 2010, 230, 235; *Marsch-Barner/Oppenhoff*, in: Kallmeyer, UmwG (2020), § 16 Rn. 53; *Schäfer*, in: Veil, Unternehmensrecht in der Reformdiskussion (2013), S. 97, 100, der die Regelung als »*hochgradig inkonsistent*« bezeichnet, da die Anfechtungsbefugnis als solche unberührt bleibe, die Anfechtungswirkung aber in einer solchen Weise verkürzt werde, dass es einer verdeckten materiellen Beschränkung, wenn nicht gar einem Ausschluss des Anfechtungsrechts gleichkäme; so auch *Verse*, NZG 2009, 1127, 1129; wohl auch *Nietsch*, Freigabeverfahren (2013), S. 111; *Decher*, in: Lutter, UmwG (2024), § 16 Rn. 124, der darauf hinweist, dass diese Kritik an der mangelnden Effektivität des Schadensersatzanspruchs nicht durch die Beseitigung der endgültigen Wirkung der Eintragung (§ 20 Abs. 2 UmwG) zu beheben sei, sondern den Aktionären ein effizienterer Vermögensschutz geboten werden müsse. *Simon*, in: Kölner Komm. UmwG (2009), § 16 Rn. 111 weist darauf hin, dass die geringe Erfolgsquote damit zu begründen sei, dass divergierende Entscheidungen im Freigabe- und im Hauptsacheverfahren selten sind.

367 *Decher*, in: Lutter, UmwG (2024), § 16 Rn. 124 mwN; *Marsch-Barner/Oppenhoff*, in: Kallmeyer, UmwG (2020), § 16 Rn. 53; vgl. LG Darmstadt v. 29.11.2005 - 12 O

4. Zwischenergebnis

Auch wenn das Freigabeverfahren in seiner derzeitigen Ausgestaltung dem gesetzgeberischen Willen entsprechend ein hohes Maß an Effizienz vorweist, blockiert die Klageerhebung gegen einen Umwandlungsbeschluss weiterhin faktisch jede Handelsregistereintragung so lange, bis die Unternehmen die Freigabe gerichtlich durchgesetzt haben.[368] Handelt es sich bei dem nach Soll-Vorschrift (maximal) drei Monate dauernden Freigabeverfahren dabei ohnehin um ein Verfahren, bei dem der antragstellenden Gesellschaft regelmäßig stattgegeben und die Freigabe gewährt wird, wirft das die Frage auf, ob dieser Umweg über das Freigabeverfahren überhaupt noch erforderlich ist oder ob die Ausnahmefälle, bei denen die Schwere der geltend gemachten Rechtsverletzung tatsächlich der Eintragung entgegenstehen, nicht über eine andere rechtliche Konstruktion einen gleichwertigen Rechtsschutz genießen können.

Das wäre auch aus rechtsdogmatischer Sicht zu begrüßen. Denn schließlich führt die derzeitige Ausgestaltung des Freigabeverfahrens in seiner Form als Beschränkung der materiellen Beschlusskontrollrechte – und damit der Einschränkung missbräuchlicher Blockadepositionen – sowie als Stärkung einer effizienten Umwandlungsdurchführung zu einem inkohärenten Verhältnis von materiellem und prozessualem Recht.[369] Das materiell-rechtliche Anfechtungs- bzw. Beschlussmängelrecht und das dazugehörige prozessuale Rechtsschutzverfahren verlaufen nicht parallel[370], sondern greifen als Stellschrauben in einem Regelungswerk ineinander. Anstelle einer Nachjustierung des Beschlussanfechtungsrechts zur Missbrauchsbekämpfung durch ein die Aktionärsschutzrechte stark beschränkendes Verfahren wäre eine Nachjustierung direkt über das materiell-rechtliche Beschlussmängelrecht zu präferieren.[371] Auch wenn die Regelungen zum Freigabeverfahren verfassungsrechtlich unter dem Aspekt des Eigentumsschutzes nach Art. 14 GG rechtlich nicht zu beanstanden sind[372] – indem der Gesetzgeber versucht, mit dem Freigabeverfahren auf prozessualem Wege eine materiell-rechtliche Beschränkung der missbrauchsanfälligen Anfechtungsklage zu implementieren, begibt er sich in die Gefahr, grundlegende Prinzipen des Verhältnisses zwischen materiellem Recht und Prozessrecht zu verletzen.[373] *Schall, Habbe* und *Wiegand* formulieren treffend: »Wo der Gesetzgeber ein subjektives Recht einräumt, muss dieses auch effektiv durchgesetzt

491/05, AG 2006, 127, 132, welches in der Interessenabwägung berücksichtigt, dass Schadensersatzansprüche nach § 16 Abs. 3 S. 10 UmwG nur schwer substantiiert darlegbar und damit relativ wertlos seien.

368 *Niemeier*, ZIP 2008, 1148, 1149.

369 Vgl. *Bayer/Fiebelkorn*, ZIP 2012, 2181, 2183.

370 *Bayer/Fiebelkorn*, ZIP 2012, 2181, 2183.

371 *Schall/Habbe/Wiegand*, NJW 2010, 1789, 1790.

372 Vgl. oben Zweiter Teil – C.II.2.b.

373 *Schall/Habbe/Wiegand*, NJW 2010, 1789, 1792; So auch *Halfmeier*, WM 2006, 1465, 1468.

werden können.«[374] Das ist Aufgabe des Prozessrechts. Das Prozessrecht kann wiederum selbst Rechtseinschränkungen vornehmen; das *Telos* ist allerdings die Wahrung der Funktionsfähigkeit der Gerichte durch Schutz vor Überbelastung. Gewährt das Gesetz diesem subjektivem Recht somit zu umfassende Rechte, besteht die Lösung darin, dieses selbst zu begrenzen, und nicht dessen Durchsetzung partiell zu verhindern.[375] Es ist sich hierbei zu vergegenwärtigen, dass das deutsche Zivil- und Gesellschaftsrecht an keiner anderen Stelle außerhalb des Freigabeverfahrens dem Beklagten eine derart weitlaufende Begünstigung wie im Freigabeverfahren bietet.[376] Zwar ist im Rahmen des einstweiligen Rechtsschutzes sowie im Rahmen der vorläufigen Vollstreckbarkeit die Vorwegnahme des Prozessergebnisses bzw. der Vollstreckung vor Rechtskraft möglich; in keiner dieser Konstellationen wird dadurch aber ein endgültiger und unumkehrbarer Rechtszustand erschaffen, wie das bei der umwandlungsrechtlichen Freigabe der Fall ist.[377]

Nimmt man allerdings eine derartige Rechtsänderung vor, ist unter dem oben angeführten Aspekt der erschwerten Geltendmachung des Schadens für die Aktionäre[378] hier Abhilfe zu schaffen und ein in der Praxis tatsächlich greifender, effizienter Schadensersatzanspruch zu gewährleisten.

III. Einstweiliger Rechtsschutz bei Umwandlungsmaßnahmen

Auch wenn der Fokus des präventiven Rechtsschutzverfahrens im deutschen Umwandlungsrecht stets und ausschließlich auf dem Freigabeverfahren und dessen Ausgestaltungsmöglichkeiten liegt, bedarf es für die umfassende Wertung des präventiven Rechtsschutzes dennoch eines Blickes auf die Möglichkeiten des allgemeinen einstweiligen Rechtsschutzes als präventiver Rechtsschutz bei Umwandlungsmaßnahmen.

1. Denkbare Fallkonstellationen

Bei dem Freigabeverfahren handelt es sich – wie bereits erläutert – um eine Art umgekehrtes einstweiliges Rechtsschutzverfahren. Das muss allerdings nicht zwingend dazu führen, dass ein einstweiliges Verfügungsverfahren keinen Anwendungsbereich haben kann.

374 *Schall/Habbe/Wiegand*, NJW 2010, 1789, 1792.
375 *Schall/Habbe/Wiegand*, NJW 2010, 1789, 1792.
376 *Zöllner*, in: FS Westermann (2008), S. 1631, 1645.
377 So *Zöllner*, in: FS Westermann (2008), S. 1631, 1646, der die Interessenabwägung im Freigabeverfahren daher als »*legislatives Unrecht*« qualifiziert.
378 Siehe oben Zweiter Teil – C.II.3.b.

Eine einstweilige Verfügung gegen die Durchführung eines gefassten Hauptversammlungsbeschlusses ist in der Form einer Regelungsverfügung[379] zunächst nach herrschender Ansicht von Schrifttum und Rechtsprechung zulässig.[380] Daneben kommt eine einstweilige Verfügung gegen die drohende Beschlussfassung im Vorfeld der Hauptversammlung in Betracht, auf die hier nicht weiter eingegangen werden soll. Eine solche wird als grundsätzlich unzulässig erachtet, da eine wesentliche Nachteilszufügung regelmäßig erst mit Umsetzung des Beschlusses droht; in bestimmten, eng begrenzten Ausnahmefällen kann ein vorläufiger Rechtsschutz dennoch geboten und daher anzuerkennen sein.[381]

Im Fall von Umwandlungsbeschlüssen kommen zwei Szenarien einer einstweiligen Verfügung in Betracht. Einerseits ist denkbar, dass sich der Aktionär mit einem Antrag auf einstweilige Verfügung gegen die Ausführung des Umwandlungsbeschlusses wehren will.[382] In einem solchen Fall greift allerdings unumstritten die Besonderheit der umwandlungsrechtlichen Registersperre diesem vor; der Aktionär muss keine weiteren rechtlichen Schutzmaßnahmen außer der Erhebung einer Unwirksamkeitsklage vornehmen, damit die jeweilige Umwandlungsmaßnahme – zunächst – nicht durchgeführt wird.

379 Ob es sich im Konkreten um eine Sicherungsverfügung oder Regelungsverfügung handelt, kann dahinstehen; beide Verfügungsarten sind sich in Tatbestandsmerkmalen und Rechtsfolge gleich, vgl. *Markwardt,* WM 2004, 211; so auch *Schlitt/Seiler*, ZHR 166 (2002), 544, 550.

380 *Englisch*, in: Hölters/Weber, AktG (2022), § 243 Rn. 104; *Kort*, NZG 2007, 169, 170; *Markwardt*, WM 2004, 211, 218; so auch OLG München, Urt. v. 13.9.2006 – 7 U 2912/06, NZG 2007, 152; ebenso BVerfG, Beschl. v. 13.10.2004 – 1 BvR 2303/00, WM 2004, 2354. Das BVerfG stellt in seiner Entscheidung klar, dass die einstweilige Verfügung, mit der die Eintragung des Hauptversammlungsbeschlusses für unzulässig erklärt wird, eine vollstreckbare Entscheidung iSd § 16 Abs. 2 HGB ist; *Paefgen*, ZIP 2004, 145, 148.

381 Die einstweilige Verfügung soll insbesondere dann ausnahmsweise zulässig sein, wenn bei der Beschlussfassung ein Verstoß gegen eine schuldrechtliche Stimmrechtsvereinbarung droht, *Englisch*, in: Hölters/Weber, AktG (2022), § 243 Rn. 105; so auch *v.Gerkan*, ZGR 1985, 167, 179-183; OLG München, Urt. v. 13.9.2006 – 7 U 2912/06, NZG 2007, 152, 153 f., das einen vorläufigen Rechtsschutz gegen die Beschlussfassung im Einzelfall zulässt, wenn die Gefahr besteht, dass ein fehlerhafter Beschluss zu vollendeten Tatsachen führt, die mit einer Anfechtungsklage nicht mehr beseitigt werden kann; OLG Düsseldorf, Urt. v. 18.5.2005 – 15 U 202/04, NZG 2005, 633, 634; so auch *Drescher*, in: Henssler/Strohn, AktG (2021), § 246 Rn. 53; grundsätzlich zustimmend, im Detail aber kritisch *Kort*, NZG 2007, 169, 170; OLG Jena, Urt. v. 4.12.2001 – 8 U 751/01, NZG 2002, 89 f.; als »*nur unter hohen Anforderungen ausnahmsweise zulässig*« zu erachten *Koch,* AktG (2023), § 243 Rn. 67; ebenso *Schäfer*, in: MüKo AktG, Bd. 4 (2021), § 243 Rn. 153.

382 Selbstverständlich ist ein Antrag auf einstweilige Verfügung, gestützt auf die Unrechtmäßigkeit des Umwandlungsbeschlusses wie die korrespondierende Anfechtungsklage, nur in den Grenzen des § 14 UmwG zulässig; vgl. *Schlitt/Seiler*, ZHR 166 (2002), 544, 560.

Hat er die Anfechtungsklage wirksam erhoben, droht die Eintragung der Umwandlung nur, wenn die Gesellschaft – was regemäßig der Fall sein wird – einen Freigabeantrag gestellt hat. Auch dann greift ein einstweiliges Verfügungsverfahren nicht, da das Freigabeverfahren kraft Spezialität Vorrang genießt.[383] Der Aktionär muss seine Rechte dann im Rahmen des Freigabeverfahrens als Antragsgegner vorbringen.[384] Denn auch ein nach Antrag auf Erlass einer einstweiligen Verfügung gestellter Freigabeantrag hat Vorrang gegenüber dem allgemeinen Verfügungsverfahren nach §§ 935 ff. ZPO; der Verfügungsantrag wird dann unzulässig. Dem Freigabeantrag kommt dabei nicht nur zeitlicher, sondern auch sachlicher Vorrang zu. Ein parallel verlaufendes Verfügungsverfahren und Freigabeverfahren würde die Gefahr von unterschiedlichen Rechtsergebnissen hervorrufen. Beide Verfahren schließen sich auch deshalb gegeneinander aus, weil der Streitgegenstand bei beiden die Eintragung der in Frage stehenden Maßnahme ist. In der Praxis wird der Spezialitätsvorrang immer greifen, da die Gesellschaft bei Registersperre stets ein Freigabeverfahren einleiten wird.

Im Zusammenhang mit Umwandlungsbeschlüssen ist theoretisch ein Antrag auf einstweilige Verfügung auch von Seiten der Gesellschaft oder des Mehrheitsaktionärs möglich. Denkbar ist insbesondere ein Antrag der Gesellschaft auf Vornahme der Eintragung einer Umwandlungsmaßnahme, die vom Registergericht nach §§ 21, 381 FamFG ausgesetzt worden oder unterblieben ist; ob eine solche Erzwingung der Eintragung tatsächlich zulässig ist, ist höchstrichterlich noch nicht geklärt und fraglich, wird wohl aber überwiegend verneint.[385]

2. Praktische Anwendung

Eine Eintragung ohne Freigabebeschluss und trotz anhängiger Beschlussmängelklage ist aufgrund der Registersperre und der Prüfung durch das Registergericht in der Praxis äußerst unwahrscheinlich.[386] Der Aktionär wird in der Regel auch keine Kenntnis von dem Umstand haben, dass das Registergericht trotz

383 *Heidinger*, in: Henssler/Strohn, UmwG (2021), § 16 Rn. 24; *Koch*, AktG (2023), § 246a Rn. 27; *Noack/Zetsche,* Kölner Komm. AktG (2017), § 246a Rn. 177 (»*unzulässig*«); *Schäfer*, in: MüKo AktG, Bd. 4 (2021), § 246a Rn. 39, siehe auch § 243 Rn. 156; *Baums*, Gutachten F für den 63. DJT (2000), S. 208; aA *Schwab*, in: K.Schmidt/Lutter, AktG (2020), § 246a Rn. 66, der die Ansicht vertritt, dass einstweiliges Verfügungs- und Freigabeverfahren zu einem gemeinsamen Verfahren zu verbinden und zu einer einheitlichen Entscheidungsform »*zu verschmelzen*« seien.

384 *Schäfer*, in: MüKo AktG, Bd. 4 (2021), § 246a Rn. 39.

385 Vgl. *Winter,* in: Schmitt/Hörtnagl, UmwG (2020), § 16 Rn. 3; befürwortend *Schäfer*, in: MüKo AktG, Bd. 4 (2021), § 246a Rn. 39, § 243 Rn. 156.

386 Grundsätzlich kann gegen eine Eintragungsverfügung des Registergerichts bis zum Eintragungsvollzug eine Beschwerde gem. § 58 FamFG erhoben werden. Allerdings ist die erfasste Gruppe der Beschwerdeberechtigten zweifelhaft, sodass sicherheitshalber auf eine einstweilige Unterlassungsverfügung zurückzugreifen ist, *Busch*, NZG 2006, 81, 83.

erhobener Unwirksamkeitsklage unter Missachtung der Registersperre die Eintragung der Umwandlung widerrechtlich vollziehen wird. Eine rechtzeitige Geltendmachung über den einstweiligen Rechtsschutzweg ist in der Praxis demnach kaum vorstellbar. Erfolgt eine Eintragung dennoch unberechtigterweise, ist die Umwandlung trotzdem wirksam; eine Löschung ist weder klageweise noch von Amts wegen zu erreichen.[387] Die sicherere Variante ist daher ein Antrag auf einstweilige Unterlassungsverfügung mit oder zumindest anstelle einer Unwirksamkeitsklage. Die einstweilige Verfügung, mit der die Eintragung des Hauptversammlungsbeschlusses für unzulässig erklärt wird, ist eine vollstreckbare Entscheidung iSd § 16 Abs. 2 HGB.[388] Sie ist für das Registergericht bindend.[389] Die einstweilige Unterlassungsverfügung vermittelt dem klagenden Aktionär folglich eine vollstreckbare Entscheidung iSd § 16 Abs. 2 HGB. Hierin unterscheidet sich das einstweilige Verfügungsverfahren zur Unwirksamkeitsklage: Letzteres gibt dem Aktionär aufgrund der Registersperrwirkung zwar die (theoretische) Sicherheit vor einer Umwandlungsdurchführung; sie erhält allerdings keinen vollstreckbaren Titel.

Die Darlegung des Verfügungsanspruchs kann sich aufgrund des systematischen Informationsdefizits der Aktionäre als teilweise problematisch herausstellen.[390] Der Verfügungsgrund hingegen liegt bei Umwandlungsmaßnahmen regelmäßig vor; die durch eine Eintragung der Umwandlung geschaffenen Nachteile sind in der Regel bereits wegen § 20 Abs. 2 UmwG nicht nachträglich zu beseitigen.

Gleichzeitig besteht bei einem Antrag auf einstweilige Verfügung ein erhebliches Schadensersatzrisiko gemäß § 945 ZPO. Dabei handelt es sich aufgrund des verschuldensunabhängigen Schadenersatzes sowie angesichts des Gewichts

387 *Heidinger*, in: Henssler/Strohn, UmwG (2021), § 16 Rn. 15; *Grunewald*, in: Lutter, UmwG (2024), § 20 Rn. 80; OLG Hamm, Beschl. v. 27.11.2000, 15 W 347/00, ZIP 2001, 569, 570 f.; eine dagegen eingelegte Verfassungsbeschwerde BVerfG, Beschl. v. 13.10.2004 – 1 BvR 2303/00, WM 2004, 2354 wurde nicht zur Entscheidung angenommen; OLG Frankfurt a.M., Beschl. v. 26.5.2003 – 20 W 61/03, NZG 2003, 790 f.; OLG Hamburg, Beschl. v. 20.8.2003 – 11 W 39/03, NZG 2003, 981 f.; OLG Karlsruhe, Beschl. v. 10.4.2001 – 11 Wx 12/01, NJW-RR 1326 f. (zur vorzeitigen Eintragung eines Eingliederungsbeschlusses). Es kommt allerding eine Staatshaftung wegen Amtspflichtverletzung des Rechtspflegers in Betracht, BGH, Urt. v. 5.10.2006 - III ZR 283/05, NZG 2006, 956, 958 f. (Formwechsel) die Vorinstanz zur Leistungsklage auf Amtslöschung bestätigend, wegen der Schadensberechnung aber aufhebend und zurückweisend; nunmehr OLG Hamm, Urt. v. 25.4.2014 – 11 U 70/04, NZG 2014, 1430 ff.; hierzu kritisch *Büchel*, ZIP 2006, 2289, 2292 f.

388 BVerfG, Beschl. v. 13.10.2004 – 1 BvR 2303/00, WM 2004, 2354.

389 *Englisch*, in: Hölters/Weber, AktG (2022), § 243 Rn. 106; *Busch*, NZG 2006, 81, 83; *Paefgen*, ZIP 2004, 145, 148; *Schlitt/Seiler*, ZHR 166 (2002), 544, 564 mwN.

390 *Rieder/Holzmann*, in: Grigoleit, AktG (2020), § 203 Rn. 34; *Cahn*, ZHR 164 (2000), 113, 118.

der in Rede stehenden Maßnahme um ein zweifelsohne beträchtliches Risiko auf Seiten des Antragstellers.[391] § 945 ZPO sieht bei einer auf Unterlassen gerichteten einstweiligen Verfügung vor, dass der Antragsteller im Falle einer ungerechtfertigten Anordnung für den Schaden haftet, der dem Antragsgegner durch Beschränkung seiner Handlungsfreiheit aufgrund der Unterlassungsverfügung entstanden ist.[392] Der Schadensersatzanspruch erfasst dabei auch denjenigen Schaden, der durch Vornahme von Schadensabwehr- oder Schadensbegrenzungshandlung von der Gesellschaft entstanden ist.[393] Ebenso erfasst sind Gewinnerzielungsmöglichkeiten, die die Gesellschaft aufgrund der Unterlassungsverfügung nicht wahrnehmen konnte.[394]

Zur Bescheidung des Antrags auf einstweilige Verfügung wird es in der umwandlungsrechtlichen Praxis jedoch regelmäßig nicht kommen, da bereits mit Antragstellung die Registersperre und damit in aller Regel das Freigabeverfahren erwirkt wird.

IV. Die vorbeugende Unterlassungsklage

Neben den einstweiligen Rechtsschutzmöglichkeiten ist auch eine Unterlassungsklage im Vorfeld des Vollzugs einer Umwandlungsmaßnahme denkbar. Die im Schrifttum oftmals vernachlässigt behandelte sog. vorbeugende Unterlassungsklage ist insbesondere in der Praxis unabdingbar.

1. Die grundsätzliche Anwendbarkeit der actio negatoria im Gesellschaftsrecht

Auch wenn im speziellen Fall des deutschen Umwandlungsrechts aufgrund der Registersperre grundsätzlich der Klageerhebung einer Unwirksamkeitsklage die vorläufige Unterlassung inhärent ist, so kommt die vorbeugende Unterlassungsklage als Hauptsacheantrag und damit als eine präventive Rechtsschutzklage dennoch in Betracht. Sie bedarf an dieser Stelle somit einer genaueren Betrachtung.

Die vorbeugende Unterlassungsklage ist zunächst nicht spezialgesetzlich normiert, sondern basiert auf einem allgemeinen Grundsatz und den Rechtsprin-

391 *Markwardt*, WM 2004, 211, 218; *Rieder/Holzmann*, in: Grigoleit, AktG (2020), § 203 Rn. 34; *Cahn*, ZHR 164 (2000), 113, 118; vgl. auch *Bayer*, NJW 2000, 2609, 2614.

392 BGH, Urt. v. 19.09.1985 – III ZR 71/83, NJW 1986, 1107, 1108; *Drescher*, in: MüKo ZPO (2020), § 945 Rn. 22.

393 *Drescher*, in: MüKo ZPO (2020), § 945 Rn. 22; siehe auch BGH, Urt. v. 19.09.1985 – III ZR 71/83, NJW 1986, 1107, 1108.

394 *Drescher*, in: MüKo ZPO (2020), § 945 Rn. 22; siehe auch BGH, Urt. v. 19.09.1985 – III ZR 71/83, NJW 1986, 1107, 1108.

zipien der §§ 1004 (analog), 823 ff. BGB.[395] Dabei entspringt der diesem zugrunde liegende Anspruch der Sonderbeziehung zwischen Aktionär und Gesellschaft und dient zur Abwehr von Übergriffen der Verwaltung in den Kompetenzbereich der Hauptversammlung bzw. in die Rechte der Aktionäre.[396] Die Unterlassungsklage ist daher gegen die Gesellschaft zu richten und ist kein Fall der *actio pro socio*.[397] Aufgrund ihrer nicht gesetzlich ausdrücklichen Normierung für gesellschaftsrechtliche Maßnahmen sind die Anwendbarkeit, das Ausmaß und die Reichweite der vorbeugenden Unterlassungsklagen in diesen Fällen jedoch unklar.

Der BGH hat in der *Siemens/Nold*-Entscheidung ausdrücklich darauf hingewiesen, dass »die Pflichtwidrigkeit seines (des Vorstands) Verhaltens zum Gegenstand einer Feststellungsklage oder – soweit möglich – einer Unterlassungsklage, die beide gegen die Gesellschaft zu richten sind, gemacht wird.«[398] Mit dieser Stoßrichtung baute der BGH auf die zuvor ergangene *Holzmüller*-Entscheidung auf, die für den Fall eines schwerwiegenden Eingriffs in Aktionärsrechte den Aktionären einen Rechtsschutz in Form einer auf Unterlassung oder Wiederherstellung gerichteten Aktionärsklage zugesprochen hatte.[399]

Noch in den neunziger Jahren hielt sich teilweise jedoch die Ansicht, dass Unterlassungsansprüche bei rechtswidrigem Verhalten von Gesellschaftsorganen keine Rolle spielten.[400] Auch in der *Siemens/Nold*-Entscheidung hatte sich ein Mitglied des II. Zivilsenats zu dem im Urteil angesprochenen Schutz durch Unterlassungsklage kritisch geäußert.[401] Anfang der 2000er gewann die Anerkennung von Unterlassungsansprüchen gegen rechtswidrige Maßnahmen der Gesellschaftsorgane bei verschiedenen gesellschaftsrechtlichen Maßnahmen

395 Die Anwendbarkeit der §§ 1004, 823 BGB basiert auf dem Grundsatz, dass es sich bei dem Mitgliedschaftsrecht des Aktionärs um ein absolutes Recht handelt, dessen Verletzung durch Schadensersatz- und Unterlassungsansprüche geschützt ist, vgl. *Mimberg*; in: Marsch-Barner/Schäfer, Hdb. Börsennotierte AG (2022), § 41 Rn. 41.12.

396 *Adolff*, ZHR 169 (2005), 310, 316; *Baums*, Gutachten F für den 63. DJT (2000), S. 198.

397 *Adolff*, ZHR 169 (2005), 310, 316; ausführlich auch *Baums*, Gutachten F für den 63. DJT (2000), S. 199 f. Der Gesellschaft steht in einem solchen Fall wiederum ein Anspruch gegen ihre Vorstandsmitglieder auf Beachtung von Gesetz und Satzung zu, welcher von ihrem Aufsichtsrat geltend zu machen ist (vgl. §§ 111, 112 AktG).

398 BGH, Urt. v. 23.6.1997 – II ZR 132/93, NJW 1997, 2815, 2816 (*Siemens/Nold*); siehe auch *Busch*, NZG 2006, 81, 82.

399 BGH, Urt. v. 25.2.1982 – II ZR 174/80, NJW 1982, 1703, 1706 (*Holzmüller*).

400 Grundsätzlich verneinend (mit Ausnahme schwerwiegender Eingriffe) LG Düsseldorf, Beschl. v. 14.12.1999 – 10 O 495/99 Q, AG 2000, 233, 234 (*Mannesmann/Vodafone*); dem folgend LG Memmingen, Urt. v. 11.8.2010 – 2HK O 515/10, Anm. *Lorenz*, GWR 2010, 455; *Krieger*, ZHR 163 (1999), 343, 355; auch noch *Bayer*, NJW 2000, 2609, 2614.

401 *Goette*, in: FS 50 Jahre BGH (2000), S. 123, 138 f., der anstelle eines präventiven Rechtsschutzes auf die reaktive Kontrollmöglichkeit verweist.

sowohl als Hauptsache als auch im einstweiligen Rechtsschutz an Bedeutung: Aktionäre erhoben zunehmend insbesondere einstweilige Unterlassungsverfügungen, aber auch Unterlassungsklagen gegen Maßnahmen wie Ausgliederungen, Beteiligungsverkäufe, Maßnahmen des Vorstands gegen Übernahmeangebote, Börsengänge von Tochterunternehmen und Kapitalerhöhungen aus genehmigten Kapital.[402] Die diesbezüglichen Entscheidungen der Rechtsprechungen haben auch in der Wissenschaft und Rechtspraxis im Rahmen des 63. Deutschen Juristentags 2000 Anklang gefunden[403] und wurden in einer Diskussion um eine allgemeine *actio negatoria* für den Aktionär weitergeführt.[404] Heute gilt die grundsätzliche Zulässigkeit einer vorbeugenden Unterlassungsklage bei gesellschaftsrechtlichen Streitigkeiten zunächst als gesichert[405]; Einzelheiten zum Umfang des negatorischen Primärrechtsschutzes in der Form einer *actio negatoria* bedürfen jedoch weiterhin einer Klärung.

2. Inhaltlicher Umfang der vorbeugenden Unterlassungsklage

Zunächst stellt sich die Frage, in welchem Umfang eine vorbeugende Unterlassungsklage allgemein sowie speziell bei Umwandlungsmaßnahmen denkbar ist, mit anderen Worten, welchen Streitgegenstand eine vorbeugende Unterlassungsklage im gesellschaftsrechtlichen Kontext überhaupt erfassen kann.

a. Die vorbeugende Unterlassungsklage bei Ausgabe neuer Aktien

Rechtliche Anerkennung fand die vorbeugende Unterlassungsklage im Rahmen gesellschaftsrechtlicher Zusammenhänge aufgrund der Entscheidungen *Siemens/ Nold* sowie *Mangusta/Commerzbank* zunächst bei der Ausgabe neuer Aktien

402 *Busch*, NZG 2006, 81, 83; vgl. auch zu Sachverhaltsschilderungen und Fundstellennachweisen bei *Hoffmann-Becking*, ZHR 167 (2003) 357, 358 f.; *Schlitt/Seiler*, ZHR 166 (2002), 544, 547 f.; *Markwardt*, WM 2004, 211 (Fn. 1) mwN.

403 *Baums*, Gutachten F für den 63. DJT (2000), S. 197 ff.; Beschlüsse der Abteilung Wirtschaftsrecht, in: Verhandlungen des 63. DJT, Bd. II/1 (2000), O 78 f., II.; *Krieger*, ZHR 163 (1999), 343, 353 ff; *Lutter*, JZ 2000, 837, 841.

404 *Busch*, NZG 2006, 81, 83; *Paefgen*, ZIP 2004, 145, 148; *Hoffmann-Becking*, ZHR 167 (2003) 357 ff.; *Markwardt*, WM 2004, 211, 212 ff.; *Adolff*, ZHR 169 (2005), 310 ff.

405 Vgl. BGH, Urt. v. 10.10.2005 – II ZR 90/03, NJW 2006, 374 (*Mangusta/ Commerzbank II*); BGH, Urt. v. 10.10.2005 – II ZR 148/03, NZG 2006, 18, 19 ff. (*Mangusta/Commerzbank I*) sowie in der Vorinstanz schon OLG Frankfurt a.M., Urt. v. 01.04.2003 – 5 U 54/01, NZG 2003, 584, 586; BGH, Urt. v. 23.6.1997 – II ZR 132/93, NJW 1997, 2815, 2816 (*Siemens/Nold*); vgl. auch *Markwardt*, WM 2004, 211, 214; *Mimberg*; in: Marsch-Barner/Schäfer, Hdb. Börsennotierte AG (2022), § 41 Rn. 41.13; *Habersack*, DStR 1998, 533, 537.

aus genehmigten Kapital nach § 203 AktG.[406] Mit den bestätigenden Entscheidungen des BGH zur Sache *Mangusta/Commerzbank* ist nunmehr allgemein anerkannt, dass der Aktionär wegen Verletzung von Mitgliedschaftsrechten bzw. Hauptversammlungskompetenzen eine Aktionärsklage gegen die Gesellschaft auf Unterlassung der Durchführung der Aktienausgabe im Rahmen einer Kapitalerhöhung unter Bezugsrechtsausschluss erheben kann. Demnach sei der Unterlassungsanspruch jedenfalls dann zu bejahen, wenn der Vorstand bei der Ausnutzung des genehmigten Kapitals seine durch Gesetz oder Ermächtigungsbeschluss eingeräumten Kompetenzen überschreitet.[407]

Zu berücksichtigen ist hierbei jedoch, dass die *Siemens/Nold-* und *Mangusta/Commerzbank*-Entscheidungen des BGH insofern eine Besonderheit darstellen, als dass sich die Klage gegen die pflichtwidrige Ausnutzung des genehmigten Kapitals durch den Vorstand nach § 203 Abs. 2 AktG richtete. Die genannten Entscheidungen haben die vorbeugende Unterlassungsklage folglich nur dann als einen zulässigen Rechtsschutz anerkannt, wenn mangels Hauptversammlungsbeschluss ein reines Vorstandshandeln vorliegt und eine Beschlussmängelklage damit ohnehin ins Leere laufen würde. Liegt hingegen ein Hauptversammlungsbeschluss vor, greifen die spezielleren Regelungen der §§ 241 ff. AktG.[408]

In den Fällen des Vorstandsbeschlusses kann der Aktionär die Verletzung seiner Rechte allerdings auch im Wege einer einstweiligen Unterlassungsverfügung gemäß §§ 935, 940 ZPO geltend machen.[409] Jedoch kann die vorbeugende Unterlassungsklage nur so lange geltend gemacht werden, wie die Eintragung der Kapitalerhöhung noch nicht in das Handelsregister erfolgt ist.[410]

Eine derartige vorbeugende Unterlassungsverfügung gegen die Ausgabe neuer Aktien aus genehmigtem Kapital ist – so eng der Anwendungsbereich auch

406 BGH, Urt. v. 23.6.1997 – II ZR 132/93, NJW 1997, 2815, 2816 (Siemens/Nold); BGH, Urt. v. 10.10.2005 – II ZR 90/03, NJW 2006, 374 ff. (Mangusta/Commerzbank II); BGH, Urt. v. 10.10.2005 – II ZR 148/03, NZG 2006, 18 ff. (Mangusta/Commerzbank I).

407 BGH, Urt. v. 10.10.2005 – II ZR 90/03, NJW 2006, 374, 375 (Mangusta/Commerzbank II); vgl. *Apfelbacher/Metzner*, in: Hölters/Weber, AktG (2022), § 203 Rn. 60.

408 *Baums*, Gutachten F für den 63. DJT (2000), S. 205; *Rieckers*, in: Münchener Hdb. d. GesR, Bd. 4 (2020), § 18 Rn. 8.

409 Vgl. BGH, Urt. v. 10.10.2005 – II ZR 90/03, NJW 2006, 374 ff. (Mangusta/Commerzbank II); BGH, Urt. v. 10.10.2005 – II ZR 148/03, NZG 2006, 18 ff. (Mangusta/Commerzbank I); *Apfelbacher/Metzner*, in: Hölters/Weber, AktG (2022), § 203 Rn. 61; *Busch*, NZG 2006, 81, 83 f.; *Koch*, AktG (2023), § 203 Rn. 39; *Scholz*, in: Münchener Hdb. d. GesR, Bd. 4 (2020), § 59 Rn. 65.

410 Nach Eintragung kommt nur noch eine Feststellungsklage in Betracht. BGH, Urt. v. 23.6.1997 – II ZR 132/93, NJW 1997, 2815, 2816 (Siemens/Nold); *Apfelbacher/Metzner*, in: Hölters/Weber, AktG (2022), § 203 Rn. 62; *Koch*, AktG (2023), § 203 Rn. 39.

ist – in dem Umwandlungsszenario einer Verschmelzung zur Aufnahme oder der Abspaltung auf Seiten der Aktionäre des übernehmenden Rechtsträgers denkbar. Bei der Verschmelzung zur Aufnahme sowie der Abspaltung werden auf Seiten des übernehmenden Rechtsträgers unter Bezugsrechtsausschluss neue Aktien an die Anteilsinhaber des übertragenden Rechtsträgers ausgegeben; dies kann auch durch Vorstandsbeschluss durch die Nutzung genehmigten Kapitals erfolgen.[411]

Fraglich ist, ob in diesem Falle den betroffenen Aktionären auch eine vorbeugende Unterlassungsklage gegen das Vorstandshandeln zusteht. Laut Stimmen im Schrifttum gilt der Unterlassungsanspruch der Aktionäre nicht nur bei volumenmäßigem oder zeitlichem Überschreiten des genehmigten Kapitals, sondern auch dann, wenn der Vorstand gegen die preislichen Vorgaben der §§ 255 Abs. 2, 186 Abs. 3 S. 4 AktG verstoßen hat.[412] Letzteres wird in der Praxis bei der Verschmelzung zur Aufnahme und der Abspaltung in Form der Bewertungsrüge regelmäßig den Streitgegenstand bilden.[413] Gleichzeitig besteht auch bei der Kapitalerhöhung mittels genehmigten Kapitals im Rahmen der Umwandlung stets die Gefahr eines volumen- oder zeitmäßigen Überschreitens der Ausnutzungsermächtigung durch den Vorstand; dieses Problem wird im Vergleich zur Wertrüge in der Praxis aber geringere Relevanz haben, da der Umwandlung in der Regel ein Zustimmungsbeschluss der Hauptversammlung zugrunde liegen wird.

Diese Bejahung der Zulässigkeit eines Unterlassungsanspruchs bei Ausnutzungsermächtigung des genehmigten Kapitals des Vorstands steht auch nicht im Widerspruch zur Wertung umwandlungsrechtlicher Regelungen. Zunächst wird durch die vorbeugende Unterlassungsklage gegen den Kapitalerhöhungsbeschluss des Vorstands nicht die Regelung des § 14 Abs. 1 UmwG als umwandlungsrechtliche Klageform unterlaufen, da Klagen gegen die Kapitalerhöhung ohnehin nicht vom Anwendungsbereich der Unwirksamkeitsklage erfasst sind.[414] Zugleich sind die Aktionäre des übernehmenden Rechtsträgers bei Verschmelzung zur Aufnahme respektive der Abspaltung bei einer regulären Bewertungsrüge ohnehin nicht auf das Spruchverfahren, sondern auf die Anfechtung des Hauptversammlungsbeschlusses verwiesen, vgl. § 14 Abs. 2 UmwG. Ebenso wird die Wertung, die sich aus der Regelung des umwandlungsrechtlichen Freigabeverfahrens nach § 16 Abs. 3 UmwG ergibt, nicht unterlaufen; denn anders als bei der Durchführung einer auf einem Hauptversammlungsbeschluss basierenden Maßnahme, bei welcher der Verweis des Minderheitsaktionärs auf einen Schadensersatzanspruch unbedenklicher erscheint, handelt

411 Vgl. *Junker*, in: Henssler/Strohn, UmwG (2021), § 66 Rn. 2.

412 *Apfelbacher/Metzner*, in: Hölters/Weber, AktG (2022), § 203 Rn. 60; *Busch*, NZG 2006, 81, 83.

413 So wohl auch *Busch*, NZG 2006, 81, 84.

414 Siehe oben Zweiter Teil – B.II.1.a (Fn. 228).

es sich bei der Nutzung genehmigten Kapitals um keine unmittelbare Willensbildung in der Hauptversammlung.[415]

Verstößt die Höhe des Wertes für die ausgegebenen Aktien gegen die §§ 255 Abs. 2, 186 Abs. 3 S. 4 AktG, dann besteht in den Fällen des genehmigten Kapitals mangels anfechtbarem Kapitalerhöhungsbeschluss der Hauptversammlung die Möglichkeit einer vorbeugenden Unterlassungsverfügung gegen die Eintragung der Kapitalerhöhung.

b. Die vorbeugende Unterlassungsklage bei rechtswidrigem Handeln des Vorstands

aa. Grenzen des Gegenstands der vorbeugenden Unterlassungsklage

Ob sich eine vorbeugende Unterlassungsklage darüber hinaus gegen jegliches rechtswidrige Handeln des Vorstands richten kann, ist umstritten.

Bei den *Mangusta/Commerzbank*-Entscheidungen handelte es sich um eine Ermächtigung des Vorstands zu einem solchen Beschluss nach § 203 Abs. 2 AktG, sodass es sich bei dem Streitgegenstand der vorbeugenden Unterlassungsklage gerade um eine rechtswidrige Ausnutzung der Ausschlusserмächtigung durch den Vorstand und damit um ein rechtswidriges Handeln des Vorstands handelte.[416] Der BGH hat in seinem Urteil bestätigt, dass Organbeschlüsse keiner Überprüfung durch Anfechtungs- oder Nichtigkeitsklagen unterliegen; gerade deswegen sei aber ein Rechtsschutz anderweitig zu gewähren, sei es durch die vorbeugende Unterlassungsklage, die Erhebung einer allgemeinen Feststellungsklage oder der Geltendmachung von Schadensersatzansprüchen.[417]

Unklar ist jedoch, wie weit sich ein solcher Aktionärsrechtsschutz in die grundsätzlich freie Geschäftsführungsbefugnis des Vorstands erstrecken kann.

Die *Knobbe-Keuk*[418] zugeschriebene und von *Paefgen*[419] mit Nachdruck vertretene *Lehre von der Universalkontrolle* bejaht einen weitgehend unbeschränk-

415 Vgl. *Busch*, NZG 2006, 81, 84.

416 Siehe oben Zweiter Teil – C.IV.2.a.

417 BGH, Urt. v. 10.10.2005 – II ZR 90/03, NJW 2006, 374 (Mangusta/Commerzbank II); siehe auch BGH, Urt. v. 23.6.1997 – II ZR 132/93, NJW 1997, 2815, 2816 (*Siemens/Nold*); vgl. auch *Busch*, NZG 2006, 81, 85; *Rieder/Holzmann*, in: Grigoleit, AktG (2020), § 203 Rn. 34.

418 *Knobbe-Keuk*, in: FS Ballerstedt (1975), S. 239, 244 ff. Gemäß *Knobbe-Keuk* sollte das Klagerecht den Aktionären zustehen, wenn der Vorstand gegen aktienrechtliche Vorschriften oder die Satzung verstößt und dadurch sein Handeln nicht mehr als Geschäftsführungsmaßnahme zu werten sei; lediglich hinsichtlich allgemeiner Vorschriften, wie beispielsweise Betrügerei und Verstöße gegen Wirtschaftsstrafrecht, sei ein Klagerecht ausgeschlossen; *Knobbe-Keuk*, in: FS Ballerstedt (1975), S. 239, 252 f.

419 *Paefgen*, Unternehmerische Entscheidungen und Rechtsbindung der Organe der AG (2002), S. 302 ff.

ten Abwehranspruch des Aktionärs gegen rechtswidriges Verhalten des Vorstands; demnach solle ein vorbeugender Unterlassungsanspruch bis hin zum Tagesgeschäft der Gesellschaft reichen.[420] Folgt man hingegen mit der *Lehre der Kompetenzkontrolle* der bislang herrschenden Gegenansicht, ist auf Grundlage der *Holzmüller*-Entscheidung eine *actio negatoria* des Aktionärs nur in Bereichen möglich, die einer Hauptversammlungskompetenz unterliegen.[421] Eine vorbeugende Unterlassungsklage sei demnach nur für den Sonderfall eröffnet, dass der Vorstand die Hauptversammlung rechtswidrig übergeht bzw. in deren Kompetenzbereich eingreift.[422] Ratio dieser Meinung ist, dass der Aktionär entsprechend der gesetzlichen Kompetenzordnung nur sein Recht auf Entscheidungsteilhabe in der Hauptversammlung geltend machen könne.[423]

Die vermittelnde Ansicht sieht neben der Hauptversammlungskompetenz die Möglichkeit auf Unterlassungsanspruch erweitert auf konkrete subjektive Aktionärsrechte, wie beispielsweise dem Bezugsrecht oder dem Recht auf Gleichbehandlung.[424] Dieser ist zuzustimmen. Eine Ausdehnung der vorbeugenden Unterlassungsklage auf sämtliches Handeln des Vorstands würde dessen unternehmerische Ermessensfreiheit und damit den gesetzlichen Regelungszweck in § 76 Abs. 1 iVm § 93 Abs. 1 S. 1, S. 2 AktG unterlaufen. Eine Klagemöglichkeit der Aktionäre hinsichtlich sämtlichen Tagesgeschäfts des Vorstands würde nicht nur Effizienz einbüßen, sondern sowohl das Konzept der Business Judgement Rule als auch die Stellung des Aufsichtsrats als Kontrollorgan missachten.[425] Dass die Geschäftsführungsbefugnis in der Aktiengesellschaft den Anteilsinhabern entzogen ist, fußt auf der bewussten Entscheidung des Gesetzgebers und

420 *Paefgen*, Unternehmerische Entscheidungen und Rechtsbindung der Organe der AG (2002), S. 321; dagegen statt aller *Mimberg*; in: Marsch-Barner/Schäfer, Hdb. Börsennotierte AG (2022), § 41 Rn. 41.12 mwN.

421 BGH, Urt. v. 25.2.1982 – II ZR 174/80, NJW 1982, 1703, 1706 (Holzmüller); dem folgend *Adolff*, ZHR 169 (2005), 310, 318 ff., 328 mwN; *Lutter*, JZ 2000, 837, 841; *Hommelhoff*, Die Konzernleitungspflicht (1982), S. 459 f.; *K.Schmidt*, Gesellschaftsrecht (2002), § 21 V 3, S. 650 ff.; *Rieckers*, in: Münchener Hdb. d. GesR, Bd. 4 (2020), § 18 Rn. 10; *Markwardt*, WM 2004, 211, 213; so auch der Beschluss der Abteilung Wirtschaftsrecht, in: Verhandlungen des 63. DJT, Bd. II/1 (2000), O 79, II.1.b) B.

422 BGH, Urt. v. 25.2.1982 – II ZR 174/80, NJW 1982, 1703 ff. (Holzmüller); *Adolff*, ZHR 169 (2005), 310, 318; *Rieckers*, in: Münchener Hdb. d. GesR, Bd. 4 (2020), § 18 Rn. 10.

423 *Adolff*, ZHR 169 (2005), 310, 318.

424 *Hoffmann-Becking*, ZHR 167 (2003) 357, 360; *Krieger*, ZHR 163 (1999), 343, 357; auch noch *Bayer*, NJW 2000, 2609, 2611; *Habersack*, DStR 1998, 533, 537; *Busch*, NZG 2006, 81, 84; wohl auch *Tretter*, in: Schüppen/Schaub, MAH Aktienrecht (2018), § 41 Rn. 10. Die Differenzen zwischen der engen und der vermittelnden Ansicht sind allerdings nicht immer eindeutig und eine Zuordnung kann in vielen Fällen schwer sein; vgl. *Adolff*, ZHR 169 (2005), 310, 324; *Busch*, NZG 2006, 81, 83.

425 Vgl. *Baums*, Gutachten F für den 63. DJT (2000), S. 200.

bildet das Fundament des aktienrechtlichen Governance-Konzepts.[426] Auch ist bereits aufgrund der Inhomogenität der Aktionäre und ihrer zufälligen Zusammensetzung eine umfassende Mitwirkungs- oder Einwirkungsbefugnis auf Geschäftsführungsmaßnahmen nicht zu gewähren.[427] Auf der anderen Seite schließt die Regelung der Business Judgement Rule und das Prinzip der Leitungsmacht des Vorstands nicht die rechtliche Überprüfbarkeit durch die Aktionäre aus; allein die Zweckmäßigkeit ist einer Prüfung entzogen, jedoch nicht die Rechtmäßigkeit.[428] Dann kann aber ebenso nicht die gerichtliche Überprüfung der Rechtmäßigkeit von Vorstandshandlungen, die gesetzlich eindeutig und ohne Ermessensspielraum geregelt sind, dem davon in seinen eigenen Rechten betroffenen Aktionär vorenthalten und dieser ausschließlich auf einen eventuellen Schadensersatzanspruch verwiesen werden. Es wird im Einzelfall zu prüfen sein, ob ein Eingriff in die Aktionärsrechte derart vorliegt, dass die Bagatellgrenze überschritten und dem Anteilsinhaber ein Klagerecht zuzusprechen ist. Eine Begrenzung des aktionärsrechtlichen Rechtsschutzes allein auf die gesellschaftsinterne Kompetenzzuordnung kann hingegen nicht möglich sein – ansonsten wäre der Minderheitsaktionär mit weniger als 10 % des Anteilsbesitzes bei rechtswidriger Handhabung seines Bezugsrechts oder des Gleichbehandlungsgrundsatzes – folglich bei ihn direkt betreffenden Maßnahmen, die keines Hauptversammlungsbeschlusses bedürfen – stets auf den vom Mehrheitsaktionär bestimmten Aufsichtsrat angewiesen.

Den Aktionären ist folglich in begrenztem Umfang ein Rechtsschutz mittels vorbeugender Unterlassungsklage gegen bestimmtes, in ihre individuellen Aktionärsrechte mit eingreifendes Verwaltungshandeln zu gewähren.

bb. Die vorbeugende Unterlassungsklage bei Umwandlungsmaßnahmen

Damit stellt sich die Frage, ob eine vorbeugende Unterlassungsklage ebenso gegen die Durchführung einer Umwandlungsmaßnahme anwendbar ist. Eine solche würde sich der Sache nach gegen die Eintragung der Umwandlung in das Handelsregister richten.

Die *Mangusta/Commerzbank*-Entscheidungen basierten in ihrer Ausgangssituation auf einem deutlich begrenzten negatorischen Primärrechtsschutz des Minderheitsaktionärs gegen die Ermächtigungsausnutzung bei Kapitalerhöhungen aus genehmigtem Kapital[429], verbunden mit der Unumkehrbarkeit der Maß-

426 *Adolff*, ZHR 169 (2005), 310, 319.
427 BGH, Urt. v. 26.4.2004 – II ZR 155/02, NJW 2004, 1860, 1864 (Gelatine).
428 Vgl. *Becker*, Verwaltungskontrolle durch Gesellschafterrechte (1997), S. 617; vgl. auch *Paefgen*, Unternehmerische Entscheidungen und Rechtsbindung der Organe der AG (2002), S. 319.
429 *Nietsch*, Freigabeverfahren (2013), S. 109; BGH, Urt. v. 10.10.2005 – II ZR 90/03, NJW 2006, 374 ff. (Mangusta/Commerzbank II); BGH, Urt. v. 10.10.2005 – II ZR 148/03, NZG 2006, 18 ff. (Mangusta/Commerzbank I).

nahme nach Eintragung.[430] Es besteht mithin eine Parallele zu der Situation des präventiven Rechtsschutzes im Vorfeld einer Umwandlungsmaßnahme.

Allerdings basieren – wie oben bereits erwähnt – alle Entscheidungen des BGH auf der Prämisse, dass eine Beschlussmängelklage in den zur Entscheidung stehenden Fällen nicht in Betracht kam, weil der Vorstand die Hauptversammlung entweder unberechtigterweise ihrer Beschlusskompetenz beraubt[431] oder deren rechtmäßigen Ermächtigungsbeschluss in rechtswidriger Weise ausgenutzt hatte[432] und somit nur das Vorstandshandeln angreifbar war. Dem ist zuzustimmen. Eine vorbeugende Unterlassungsklage ist unzweifelhaft in Fällen der Missachtung der Beschlusskompetenz der Hauptversammlung oder bei sonstigem Rechtsverstoß im Falle eines ausnahmsweise entbehrlichen Umwandlungsbeschlusses zulässig. Liegt ein Beschluss der Hauptversammlung vor, sind hingegen aufgrund der Spezialität die im Umwandlungs- und Anfechtungsrecht vorgesehenen Klagewege, insbesondere die Unwirksamkeitsklage sowie das Spruch- und das Freigabeverfahren, gegenüber den Leistungs-, Feststellungs- und Gestaltungsklagen des Zivilprozessrechts vorrangig und abschließend.[433] Ansonsten bestünde die Gefahr der Unterwanderung umwandlungs- und aktienrechtlich spezifisch geregelter Klagebedingungen. So ist beispielsweise eine allgemeine Unterlassungsklage nach den Rechtsgrundsätzen der §§ 1004, 823, 824 BGB gegen einen bevorstehenden rechtswidrigen Hauptversammlungsbeschluss unzulässig, da andernfalls die Voraussetzungen nach § 245 Nr. 1, Nr. 2 AktG unberücksichtigt blieben.[434] Allerdings kommen Unterlassungs- und Feststellungsklagen in der Form einer Ergänzung zu den umwandlungs- und aktienrechtlichen Beschlussmängelklagen in Betracht.[435] Demnach ist beispielsweise eine vorbeugende Unterlassungsklage bei Umwandlungsmaßnahmen dann zulässig, wenn sich diese gegen den Vollzug eines mit einer Beschlussmängelklage angegriffenen Beschlusses richtet.[436] Der Anspruch des Aktionärs auf Unterbindung der Ausführung eines rechtswidrigen Umwandlungsbeschlusses entsteht richtigerweise nicht erst mit Rechtskraft des Anfechtungsurteils, sondern bereits

430 Vgl. *Apfelbacher/Metzner*, in: Hölters/Weber, AktG (2022), § 203 Rn. 61.

431 BGH, Urt. v. 25.2.1982 – II ZR 174/80, NJW 1982, 1703 ff. (Holzmüller).

432 BGH, Urt. v. 10.10.2005 – II ZR 90/03, NJW 2006, 374 ff. (Mangusta/Commerzbank II); BGH, Urt. v. 10.10.2005 – II ZR 148/03, NZG 2006, 18 ff. (Mangusta/Commerzbank I); BGH, Urt. v. 23.6.1997 – II ZR 132/93, NJW 1997, 2815 ff. (Siemens/Nold).

433 *Tretter*, in: Schüppen/Schaub, MAH Aktienrecht (2018), § 41 Rn. 5; siehe auch BGH, Urt. v. 25.2.1982 – II ZR 174/80, NJW 1982, 1703, 1706 (Holzmüller).

434 *Tretter*, in: Schüppen/Schaub, MAH Aktienrecht (2018), § 41 Rn. 6; LG Berlin, Urt. v. 26.5.1994 – 104 O 19/94, WM 1994, 1246, 1249. Da die Beschlussmängelklage zur Verfügung steht, fehlt es für eine allgemeine Aktionärsklage am Rechtsschutzbedürfnis, so zu Recht auch *Zöllner*, ZGR 1988, 392, 401.

435 Vgl. auch *Baums*, Gutachten F für den 63. DJT (2000), S. 205.

436 *Tretter*, in: Schüppen/Schaub, MAH Aktienrecht (2018), § 41 Rn. 6; *Baums*, Gutachten F für den 63. DJT (2000), S. 205.

mit Beschlussfassung selbst.[437] Zulässig ist daher auch eine Feststellungsklage, die auf die Feststellung der Rechtswidrigkeit eines bereits eingetragenen Beschlusses gerichtet ist und als Präjudiz für nachfolgende Schadensersatzansprüche dienen soll. Der Klageantrag auf Unterlassen kann im Falle der Erhebung mit der Unwirksamkeitsklage verbunden werden. Im Rahmen des Umwandlungsrechts besteht allerdings die Besonderheit der Registersperre, sodass es in der praktischen Anwendung bei Umwandlungsmaßnahmen keinen Bedarf für die Ergänzung der Unwirksamkeitsklage durch eine vorbeugende Unterlassungsklage gibt.

3. Zwischenergebnis

Eine vorbeugende Unterlassungsklage im Umwandlungsrecht ist folglich im eng begrenzten Rahmen zulässig und wird sich in der Regel gegen die Ausgabe neuer Aktien beim übernehmenden Rechtsträger oder die Eintragungshandlung des Vorstands bei Umwandlungsvorhaben richten. In der Praxis wird die vorbeugende Unterlassungsklage bei Umwandlungsmaßnahmen jedoch kaum Auswirkungen zeigen, da sie in der Regel mit einer Beschlussmängelklage einhergeht.[438] Bereits die Erhebung der Beschlussmängelklage löst im Umwandlungsrecht die Unterbindung der Ausführung in Form der Registersperre aus. Wird daraufhin ein Freigabeverfahren bemüht, wird die vorbeugende Unterlassungsklage auch auf dessen Ausgang keine Auswirkungen haben können.

Die Fallkonstellation, in der die vorbeugende Unterlassungsklage im Umwandlungsrecht tatsächlich mit praktischem Gewicht zum Tragen kommen kann, ist diejenige, bei welcher der Vorstand die Beschlussfassungskompetenz der Hauptversammlung im Vorfeld der Umwandlung rechtmäßig übergangen hat und damit kein anfechtbarer Hauptversammlungsbeschluss vorliegt, das Umwandlungsvorhaben jedoch gegen gesetzliche oder satzungsmäßige Vorgaben verstößt. Gleiches gilt für eine rechtswidrige Missachtung der Beschlussfassungskompetenz der Hauptversammlung; in diesen Fällen wird allerdings regelmäßig das Registergericht bei Registerprüfung eine Eintragung aufgrund der fehlenden Anlagen bei Anmeldung nach §§ 17, 125 S. 1 UmwG untersagen.

In diesen Fällen wird der Aktionär sein Begehren auf Unterlassen wegen des kurzen Zeitfensters von einem Monat bis zur Eintragung regelmäßig in Gestalt eines einstweiligen Verfügungsantrags auf Unterlassen der Eintragung erheben. Ist die Umwandlungsmaßnahme zwischenzeitlich eingetragen worden, scheidet die vorbeugende Unterlassungsklage abermals aus.

437 *Baums*, Gutachten F für den 63. DJT (2000), S. 205.
438 Vgl. *Baums*, Gutachten F für den 63. DJT (2000), S. 205.

V. Zusammenfassung

Die Besonderheit des präventiven Rechtsschutzes im deutschen Umwandlungsrecht liegt in dem Zusammenspiel von Registersperre bei Klageerhebung einerseits und Bestandsschutz der Eintragung andererseits. Registersperre und Bestandsschutz bilden das Fundament, auf dem das Freigabeverfahren fußt. Bei diesem Verfahren handelt es sich um eine Art umgekehrten einstweiligen Rechtsschutz. Allerdings weist die gesetzliche Ausgestaltung des Freigabeverfahrens, insbesondere nach den Änderungen durch das ARUG, eine deutliche Begünstigung der Freigabebewilligung auf. Der Gesellschaft sind vor allem im Rahmen der Interessenabwägung nach § 16 Abs. 3 S. 3 Nr. 3 UmwG zahlreiche Erleichterungen gegeben, um eine Freigabe für die Anmeldung der Umwandlung zur Handelsregistereintragung zu erreichen. Der Aktionär kann dabei in der Regel allein bei Vorliegen eines besonders schweren Rechtsverstoßes die Interessenabwägung zu seinen Gunsten ausfallen lassen.

Dabei hat das Freigabeverfahren vor allem eine Funktion: die Gewährung einer hohen Transaktionssicherheit. Das mag bei komplexen Umwandlungsvorgängen, ganz besonders bei Verschmelzungen mehrerer Parteien, sicherlich ein richtiger Impuls sein. Der Rechtsschutz des Aktionärs ist dagegen jedoch weit zurückgefallen. Der Bestandsschutz in § 20 Abs. 2, § 131 Abs. 2, 202 Abs. 3, 16 Abs. 3 S. 6 UmwG führt zu einer nicht gegebenen Korrekturmöglichkeit von eingetragenen rechtswidrigen Beschlüssen, unabhängig von dem Ausmaß der Rechtswidrigkeit. Dem Aktionär bleibt nur die rechtzeitige Klage innerhalb eines Monats mit der Hoffnung, dass der Verstoß eine ausreichende Schwere aufweist, um die Freigabe zu unterbinden. Ansonsten ist der Aktionär stets auf eine Weiterverfolgung seiner ursprünglichen Klage in Form einer Art Fortsetzungsfeststellungsklage und auf einen Schadensersatz nach § 16 Abs. 3 S. 10 UmwG verwiesen. Die ohnehin schon geringe Wirksamkeit des Rechtsschutzes der Aktionäre im Vorfeld einer Umwandlungsdurchführung entgleitet in diesem letzten Schritt endgültig, da eine Geltendmachung eines dem Aktionär entstandenen Schadens in der Praxis oft nur schwerlich durchzusetzen ist.

Der präventive Rechtsschutz wird dabei durch die Möglichkeit einer vorbeugenden Unterlassungsklage und deren Geltendmachung im einstweiligen Rechtsschutzverfahren flankiert. Auch wenn die praktische Bedeutung und Wahrnehmung der vorbeugenden Unterlassungsklage im Schrifttum sowie in der Praxis eher gering ist, ist deren rechtliche Existenz nicht zu missachten. Dabei ist zu unterscheiden zwischen der Funktion der vorbeugenden Unterlassungsklage als Ergänzung zur Beschlussmängelklage oder als Abwehrklage bei Verstößen des Vorstands.

D. Rechtspolitische Bewertung des Freigabeverfahrens und Reformansätze

I. Gerechter Interessenausgleich im umwandlungsrechtlichen Rechtsschutz

Das Erfordernis der Negativerklärung verfolgt das Ziel, dass vor einer gerichtlichen Entscheidung über eine rechtshängige Streitigkeit keine irreversiblen und gar rechtswidrigen Tatsachen geschaffen werden, indem die Gesellschaft die Eintragung trotz erhobener Beschlussmängelklage vornimmt.[439] Angesichts seines historischen Ursprungs sollte das Freigabeverfahren einst den Weg für die betroffene Gesellschaft eröffnen, bei rechtsmissbräuchlich erhobener Beschlussmängelklage die dadurch behinderte Eintragung dennoch verfolgen zu können. Das Freigabeverfahren galt aufgrund dessen als prozessualer Königsweg im dauerhaften Kräfteziehen zwischen dem Aktionärsschutz durch effektive Rechtsmittel und erhöhter Transaktionssicherheit. Die Gesetzesänderungen in den vergangenen Jahren mögen bei wesentlichen Strukturmaßnahmen wie Umwandlungsvorgängen die Transaktionssicherheit durch den wirtschaftlich klar determinierten Abwägungsvorgang im Rahmen des Freigabeverfahrens deutlich gestärkt haben[440]; sie haben aber gleichzeitig das Individualanfechtungsrecht der Aktionäre erheblich beschränkt.[441] Damit ist das *Telos* der Registersperre, welche den Anfechtenden gerade vor der tiefgreifenden Beschränkung seiner Rechte durch den unumkehrbaren Bestandsschutz der Eintragung einer Umwandlung schützen soll, zu weiten Teilen wieder unterlaufen. Das Freigabeverfahren ist im vergangenen Jahrzehnt somit zu Recht vermehrt in die Kritik geraten.[442] Der umwandlungsrechtliche präventive Rechtsschutz ist nicht allein auf die Problematik der Berufsklägeraktivitäten zu beschränken.[443] Die Bekämpfung missbräuchlicher Verhaltensweisen darf nicht in unberechtigtem Ausmaß den effektiven Rechtsschutz des allgemeinen Aktionärs eindämmen.

Gleichzeitig führt das Modell aus Beschlussmängelklagen in der Hauptsache und dem parallel verlaufenden Freigabeverfahren als eine Art umgekehrtes einstweiliges Rechtsschutzverfahren aufgrund ihrer zwei gegensätzlichen Zielrichtungen zu inneren Widersprüchen.

So eröffnet das Freigabeverfahren der Gesellschaft eine beschleunigte Eintragung des Umwandlungsbeschlusses und stattet in diesem Zuge die Durchfüh-

439 RegE Begr., BT-Drs. 12/6699, S. 88; siehe auch *Baums*, Gutachten F für den 63. DJT (2000), S. 177.

440 Vgl. *Decher*, in: Lutter, UmwG (2024), § 16 Rn. 33.

441 Vgl. *Koch,* Gutachten F für den 72. DJT (2018), S. 27 ff.

442 So *Bayer/Fiebelkorn*, ZIP 2012, 2181, 2184; siehe auch *Zöllner*, in: FS Westermann (2008), S. 1631, 1646; *Vetter*, AG 2008, 177, 179.; *Koch,* Gutachten F für den 72. DJT (2018), S. 27 ff.; *Mülbert*, ZHR 2024, 325, 328.

443 So auch *Bayer/Fiebelkorn*, ZIP 2012, 2181, 2183.

rung der Umwandlung mit Bestandsschutz aus – gerade eine derart weitreichende Rechtsfolge sollte vermuten lassen, dass das Freigabeverfahren im Einklang mit dem Hauptsacheverfahren verläuft.[444] Stattdessen verliert der Gesichtspunkt der Erfolgsaussichten in der Hauptsache angesichts einer wirtschaftspolitisch determinierten Interessengewichtung beinahe vollständig an Bedeutung. Damit wird das dem Eilverfahrensrecht der ZPO zugrundeliegende Rechtsprinzip missachtet. Hinzu kommt die prozessrechtliche Hürde für einen rechtzeitigen präventiven Rechtsschutz durch die Anforderung eines Mindestquorums, welches im materiell-rechtlich festgesetzten Individualanfechtungsrecht in dieser Form nicht vorgesehen ist. Die Eingrenzung der Beschlussprüfung erfolgt in der Hauptsache gemäß den §§ 241 ff. AktG gerade nicht anhand einer Mindestbeteiligung, sondern durch die zeitliche Begrenzung der Monatsfrist.

Das Freigabeverfahren entfernt sich folglich in seiner Form der Entscheidungsfindung weit von den Rechtsschutzmodellen der Beschlussmängelklage, der Registersperre und des einstweiligen Rechtsschutzes.[445]

II. Nachjustierung des status quo oder grundlegender Systemwechsel?

In Wissenschaft und Praxis stehen sich bei der Frage des richtigen Reformansatzes zur weiteren Optimierung des Freigabeverfahrens zwei Lager gegenüber, die sich auch auf das umwandlungsrechtliche Freigabeverfahren übertragen lassen. Innerhalb dieser zwei Strömungen sammelt sich eine Vielzahl von Reformvorschlägen, die sich teilweise nur in wenigen Details unterscheiden[446]; eine jeweilige klare Zuordnung ist in vielen Fällen nur schwer möglich. Vielen Ansätzen ist dabei gemein, dass sie es als notwendig erachten, eine Registersperre bei eintragungsbedürftigen, strukturverändernden Beschlüssen von einer erfolgreichen einstweiligen Verfügung des Prozessgerichts abhängig zu machen.[447]

444 *Nietsch*, Freigabeverfahren (2013), Vorwort.

445 Vgl. *Nietsch*, Freigabeverfahren (2013), Vorwort; diesem zustimmend, dass das Freigabeverfahren in seiner derzeitigen Form nicht systemkonform ist *Sauter*, ZIP 2008, 1706, 1714.

446 *Arbeitskreis Beschlussmängelrecht*, AG 2008, 617 ff.; *Helm/Manthey*, NZG 2010, 415 ff.; *K. Schmidt*, AG 2009, 248 ff.; *Mayrhofer/Sidbu*, in: FS Spiegelberger (2009), S. 845 ff.; ausführlich auch *Schatz*, Der Missbrauch der Anfechtungsbefugnis durch den Aktionär und die Reform des aktienrechtlichen Beschlussmängelrechts (2012); siehe auch *Decher*, in: Lutter, UmwG (2024), § 16 Rn. 35; *ders.*, in: Veil, Unternehmensrecht in der Diskussion, 115, 134; *Schall/Habbe/Wiegand*, NJW 2010, 1789, 1792; *Niemeier*, ZIP 2008, 1148, 1151; siehe auch Ausführungen der Mitglieder des Arbeitskreises *Habersack/Stilz*, ZGR 2010, 710, 723 ff. Umfassende Darstellung auch bei *Fiebelkorn*, Die Reform der aktienrechtlichen Beschlussmängelklagen (2013), S. 271 ff.

447 *Niemeier*, ZIP 2008, 1148, 1151; *Decher*, in: Lutter, UmwG (2024), § 16 Rn. 35; *K.Schmidt*, AG 2009, 248, 256.

Dabei befürworten manche Stimmen eine vorbehaltslose Aufgabe der gesellschaftsrechtlichen Registersperre bei Eintragung von Hauptversammlungsbeschlüssen, und damit konsequenterweise auch die Aufgabe des Freigabeverfahrens.[448]

1. Nachjustierung innerhalb des Freigabesystems

a. Grundlegender Ansatz

Die eine Seite plädiert für eine Nachjustierung des mit dem UMAG und dem ARUG verfolgten Regelungsansatzes und somit für eine grundsätzlich unbeschränkte Zulässigkeit der Beschlussmängelklage und eine separate, selbstständige Entscheidung über eine von dieser ausgehenden Registersperre nach materiellen und prozessualen Kriterien.[449] Es handelt sich somit um einen eher vorsichtigen Reformansatz, der weiterhin die Zweistufigkeit des Rechtsschutzverfahrens beizubehalten beabsichtigt, indem zunächst jedem einzelnen Aktionär eine mit der Registersperre verbundene Kontrolle des Umwandlungsbeschlusses zugestanden wird, und in einem zweiten Schritt anhand des Freigabeverfahrens eine Selektion zwischen einer die Registersperre aufrecht erhaltenden und nicht aufrecht erhaltenden Klage erfolgt. Die Bandbreite der Reformansätze innerhalb dieser Strömung reicht dabei von der Erhöhung des Mindestquorums bis hin zum umgekehrten Freigabeverfahren mittels Antragspflicht der Gesellschaft für das Freigabeverfahren. Der Fokus dieser Ansichten beruht dabei weiterhin auf der Eindämmung missbräuchlicher Klagen und berücksichtigt in seiner Abwägung zunehmend auch wirtschaftliche Kriterien.[450]

b. Die Umkehrung des Freigabeverfahrens als konkreter Vorstoß

Hervorzuheben ist dabei der Vorschlag der Umkehrung des Freigabeverfahrens. Dieser Ansatz sieht vor, künftig eine Registersperre nur noch auf Antrag und nach erfolgreicher einstweiliger Entscheidung des Prozessgerichts eintreten zu lassen.[451]

448 *Assmann*, AG 2008, 208, 212; so auch *Niemeier*, ZIP 2008, 1148, 1151; *Decher*, in: Veil, Unternehmensrecht in der Diskussion (2013), 115, 134.

449 So *Baums/Drinhausen*, ZIP 2008, 145 ff.; *Vetter*, AG 2008, 177 ff.; *Poelzig/Meixner*, AG 2008, 196 ff.; vgl. auch Gesetzesantrag BR, BR-Drs. 901/071; wohl auch *Sauter*, ZIP 2008, 1706 ff; *Seibt*, NZG 2007, 841, 845 f.; *Noack*, ZHR 164 (2000), 274, 293 (die Regelungen des UmwG würden »in insgesamt gelungener Weise die vielfältigen Interessen der Beteiligten eines Umwandlungsvorgangs« berücksichtigen).

450 Darstellend *Assmann*, AG 2008, 208, 210.

451 *Niemeier*, ZIP 2008, 1148, 1150 f.; *K.Schmidt*, AG 2009, 248, 256; *Helm/Manthey*, NZG 2010, 415, 417.

Zwar ist der inhaltliche Kern des Freigabeverfahrens, die Abwägung der Parteiinteressen, grundsätzlich auch im einstweiligen Rechtsschutzverfahren umfasst[452]; durch die Umkehrung des Freigabeverfahrens wäre die rechtliche Unstimmigkeit des Freigabeverfahrens aber nicht nur aufgrund der nunmehr erforderlichen summarischen Prüfung der Erfolgsaussichten im Hauptsacheverfahren behoben, sondern auch im Hinblick auf die Initiativlast und das Haftungsrisiko.[453]

Ähnlich gestaltet sich in der Sache der Vorschlag des *Arbeitskreises Beschlussmängelrecht*, der unter Beibehaltung der Registersperre eine sog. »Zwischenentscheidung« vom Prozessgericht erfordert. Zwar soll entsprechend dem Vorschlag des Arbeitskreises auch weiterhin eine Registersperre nach § 16 Abs. 2 UmwG bestehen; der maßgebliche Unterschied zum bisherigen Freigabeverfahren besteht allerdings darin, dass die sog. Zwischenentscheidung auf demselben Streitgegenstand wie die Beschlussmängelklage basiert und nicht mehr unabhängig vom Hauptsacheverfahren ist.[454]

c. Nichtigkeitsfolge bei besonders schwerwiegenden Fällen

Nach einem weiteren Vorschlag des *Arbeitskreises für Beschlussmängel* ist die Anfechtbarkeit von aktienrechtlichen Hauptversammlungsbeschlüssen bei Strukturmaßnahmen auf Fälle besonders schwerer Rechtsverstöße zu beschränken und die Nichtigkeitsfolge bei gravierenden Fällen beizubehalten.[455] Dies deckt sich mit der Konzeption des ARUG insoweit, als auch die Interessenabwägung im Rahmen des Freigabeverfahrens eine Eintragung bei besonders schweren Rechtsverstößen versagt. Dieser Vorschlag bietet eine Lösungsmöglichkeit der Spannungen, die sich aus der alternativlosen Rechtsfolge des Bestandsschutzes der Eintragung der Umwandlung nach § 20 Abs. 2 UmwG ergeben.

Nach der Vorstellung des *Arbeitskreises* soll eine Kassation des Beschlusses dann beispielsweise bei falscher Auswertung des Beschlussergebnisses oder bei Mitzählung vom Stimmrecht ausgeschlossener oder treuwidrig abgegebener Stimmen oder bei inhaltlich schwerwiegenden Mängeln[456] zulässig sein.[457] Wie oben bereits erwähnt, soll für die Fälle rechtswidriger Beschlussfassung, die dennoch nicht zu einer Kassation des Beschlusses führen, dem Aktionär ein Schadensersatzanspruch zustehen.[458]

452 *Niemeier*, ZIP 2008, 1148, 1151; vgl. auch *Schlitt/Seiler*, ZHR 166 (2002), 544, 569 ff.; *Habersack/Stilz*, ZGR 2010, 710, 724.
453 Vgl. auch *Habersack/Stilz*, ZGR 2010, 710, 724.
454 Arbeitskreis Beschlussmängelrecht, AG 2008, 617, 624 f.
455 Arbeitskreis Beschlussmängelrecht, AG 2008, 617 ff.
456 Beispielsweise die Verletzung von Treuepflicht oder dem Gleichbehandlungsgrundsatz, der allein zwar keine Kassation rechtfertigt, aber je nach Umstand einen so gewichtigen Rechtsverstoß darstellen kann, dass die Nichtigkeitsfolge geboten erscheint.
457 Arbeitskreis Beschlussmängelrecht, AG 2008, 617, 621 f.
458 Arbeitskreis Beschlussmängelrecht, AG 2008, 617, 622 f.

2. Grundlegender Systemwechsel durch Aufhebung der Registersperre

a. Die Ratio eines Systemwechsels

Das entgegengesetzte Lager hält daher einen grundlegenden Systemwechsel für geboten.[459] Es beruft sich auf die Prinzipienkonformität innerhalb des allgemeinen Rechtsschutzes und beruht vor allem auf der Loslösung von der Registersperre als Blockademittel und dem damit einhergehenden Freigabeverfahren. Denn sowohl außerhalb des Gesellschaftsrechts sowie auch teils innerhalb des gesellschaftsrechtlichen Regelungskonstrukts löst eine Klageerhebung keine Handlungsblockade beim Klagegegner aus. Stattdessen sind die gewöhnlichen Folgen einer Klageerhebung beschränkt auf Inverzugsetzung, Verlagerung der Gefahrentragung und Zinszahlungen.[460] Der Kläger muss zunächst das Gericht von der behaupteten Rechtsverletzung überzeugen oder zumindest eine Sicherheitsleistung erbringen, bevor er die Handlungsfreiheit des Beklagten einschränken kann.[461] Der funktionale Kern dieses Rechtsprinzips ist, dass nur Gerichte eine Rechtsposition endgültig oder einstweilig blockieren können. Die auch nur vorläufige gerichtliche Entscheidung gibt dem Antragsteller gegebenenfalls zwar die Handlungsprärogative; im Gegenzug muss er aber im Falle einer späteren gegenteiligen Entscheidung bei endgültigem Unterliegen in der Hauptsache für den durch Vollzug der einstweiligen Verfügung entstandenen Schaden verschuldensunabhängig haften. Der Antragsgegner wird somit bei einer vorläufigen Entscheidung durch die Sicherheitsleistung geschützt. Diese doppelte Sicherung des Beklagten bzw. Antragsgegners im einstweiligen Rechtsschutz durch eine gerichtliche Vorprüfung und die Vollzugshaftung dient bewusst dem Rechtsschutz des Beklagten vor Missbrauch, ohne signifikante Einbußen für den Kläger.[462]

Dieses Rechtsprinzip wird im Gesellschaftsrecht, allen voran im Freigabeverfahren, allerdings gekonnt ignoriert, indem beide Sicherungsflanken durchbrochen werden. Zum einen wird anhand der Registersperre, die sich als automatischer Reflex auf eine Beschlussmängelklage errichtet, die summarische Prüfung durch ein Gericht als Voraussetzung für jegliche Handlungsprärogative umgangen. Der Kläger kann damit allein durch die Klageeinreichung eine Vollzugssperre auf Seiten des Beklagten auslösen. Gleichzeitig droht dem Kläger für den Fall eines endgültigen Unterliegens in der Beschlussmängelklage keine Haftung.

459 *Decher*, in: Lutter, UmwG (2024), § 16 Rn. 35; *ders.*, in: Veil, Unternehmensrecht in der Diskussion, 115, 134; *Schall/Habbe/Wiegand*, NJW 2010, 1789, 1792; *Niemeier*, ZIP 2008, 1148, 1151; siehe auch Ausführungen der Mitglieder des Arbeitskreises *Habersack/Stilz*, ZGR 2010, 710, 723 ff.; vgl. auch Beschlüsse der Abteilung Wirtschaftsrecht, in: Verhandlungen des 67. DJT, Bd. II/1 (2008), N 105, II D. 16. a) –d).

460 *Niemeier*, ZIP 2008, 1148, 1150.

461 *Niemeier*, ZIP 2008, 1148, 1150.

462 *Niemeier*, ZIP 2008, 1148, 1150; vgl. auch *K.Schmidt*, AG 2009, 248, 256.

Es fehlt an einer § 945 ZPO vergleichbaren Regelung.[463] *Niemeier* spricht gar von »unübersehbare(n) Kennzeichen eines hypotrophen Rechtsschutzes«[464]. Ausgerechnet die derartige Begünstigung der Klägerposition begünstigt den Missbrauch. Das ist auch nicht verwunderlich, angesichts der Rechtslage, aufgrund welcher nicht einmal eventualvorsätzlich falsch vorgetragene Tatsachenbehauptungen gegebenenfalls Grundlage einer Haftung sind.[465]

b. Die vollständige Aufhebung der Registersperre

Der Vorschlag von *Assmann*[466], dem sich weitere Stimmen in der Wissenschaft angeschlossen haben[467], geht dabei einen Schritt weiter und stößt die gänzliche Aufgabe der Registersperre und somit auch des Freigabeverfahrens an. Mit Aufgabe der Registersperre und Freigabe seien die Aktionäre wie auch bei anderen Fällen des Gesellschaftsrechts allgemein auf die Anfechtungsklage, sowie eine korrespondierende einstweilige Verfügung zu verweisen. Im Falle einer erfolgreichen Anfechtungsklage, deren Entscheidung erst nach Eintragung ergeht, seien dann sekundäre Ansprüche wie Abfindungs- oder Schadensersatzanspruch zu gewähren.[468] Da das BVerfG bereits befunden hat, dass einer Reduktion der Interessen von Splitter- und Minderheitsaktionären vor allem »auf die vermögensrechtliche Komponente der Anlage«[469] nicht verfassungsrechtlich bedenklich ist, steht der Aufhebung der Registersperre und einem Schutz dieser Interessen allein durch Sekundäransprüche auch kein Einwand eines minder effektiven Rechtsschutzes entgegen.[470]

Wie zuvor erwähnt, sind bei diesem Ansatz allerdings zwei maßgebliche Aspekte zu beachten. Das Haftungsrisiko des Aktionärs aus § 945 ZPO muss auf

463 *K. Schmidt*, AG 2009, 248, 256.

464 *Niemeier*, ZIP 2008, 1148, 1150.

465 *Niemeier*, ZIP 2008, 1148, 1151. Diese rechtliche Problematik ist auch nicht deshalb zu missachten, weil die Begünstigung der Freigabe in der Interessenabwägung des Freigabeverfahrens diese Vorteilsstellung des Anfechtungsklägers wieder zum Nullum macht und damit ein auf beiden Seiten gegen Rechtsprinzipien verstoßendes System darstellt.

466 *Assmann*, AG 2008, 208, 212.

467 *Decher*, in: Veil, Unternehmensrecht in der Diskussion (2013), 115, 134; *Schall/Habbe/Wiegand*, NJW 2010, 1789, 1792; demgegenüber kritisch *Habersack/Stilz*, ZGR 2010, 710, 726.

468 *Assmann*, AG 2008, 208, 212; *Decher*, in: Veil, Unternehmensrecht in der Diskussion (2013), 115, 134, der eine Kassation ausnahmsweise bei schwerwiegenden Fehlern zulassen will.

469 BVerfG, Beschl. v. 30.5.2007 – 1 BvR 390/04, NJW 2007, 3268, 3270.

470 So auch *Schall/Habbe/Wiegand*, NJW 2010, 1789, 1792; auch *Assmann*, AG 2008, 208, 212, der allerdings auch die Variante in Betracht zieht, bei einer Anfechtungsklage eines unternehmerisch beteiligten Aktionärs (beispielsweise ab einem Anteil von 10–20 % des Nennkapitals) eine Registersperre ausnahmsweise zuzulassen.

ein vernünftiges Maß beschränkt werden bzw. kann sich nicht allein nach dem Maßstab des Interesses der Gesellschaft richten. Hierbei ist zu beachten, dass ein angemessenes Mittelmaß zu finden ist, welches den rechtmäßig klagenden Aktionär nicht unzumutbar belastet, gleichzeitig aber noch hoch genug ist, um für eine Abschreckungswirkung gegen willkürliche Anträge zu sorgen.[471] Des Weiteren muss ein nach § 16 Abs. 3 S. 10 UmwG in der Praxis tatsächlich durchsetzbarer Schadensersatzanspruch gewährleistet werden.

Jedoch hat der Vorschlag von *Assmann* beispielsweise gegenüber einer weiteren Anhebung des Mindestquorums den entscheidenden Vorteil, dass er das Anfechtungsrecht der Aktionäre nicht berührt. Gleichzeitig gewährt er durch den Schadensersatzanspruch den vom *BVerfG* geforderten Ausgleich für einen effektiven Rechtsschutz der betroffenen Minderheitsaktionäre.

Durch die Aufhebung der Registersperre und die Umkehrung des Freigabeverfahrens wird das in der Konstruktion der Registersperre und des Freigabeverfahrens liegende Erpressungspotential gemieden, da den Berufsklägern ihre einzige Waffe, die Registersperre, genommen wird. Die Notwendigkeit des Rechtsschutzes insbesondere der Aktiengesellschaften vor derartigen Klagen ist durch die vergangenen Reformen und die Rechtsprechung noch nicht vollständig behoben[472] und bedarf auch weiterhin der Beachtung. Folglich gewährt dieser Ansatz eine höhere Rechtssicherheit für beide Seiten.[473]

III. Zwischenergebnis

Die Kritik an dem derzeitigen System der Registersperre und Freigabe wurde bereits bei der letzten wesentlichen Reform, dem ARUG, laut. Damals versuchten die kritischen Stimmen vergeblich eine weitere Verschärfung der Freigabeaspekte zu verhindern, allen voran auch die Einführung des Mindestquorums, und stattdessen das Konstrukt der Freigabe überhaupt in Frage zu stellen. Allerdings hatte sich das Lager der Beschlussmängel- und Freigabereform durchgesetzt. Auch hat die 19. Legislaturperiode nicht wie angekündigt[474] eine Änderung im

471 Ebenfalls kritisch *Fiebelkorn*, Die Reform der aktienrechtlichen Beschlussmängelklagen (2013), S. 282.

472 *Decher*, in: Lutter, UmwG (2024), § 16 Rn. 33; vgl. auch *Baums/Drinhausen/Keinath*, ZIP 2011, 2329, 2341; *Bayer/Fiebelkorn*, ZIP 2012, 2181, 2183 f.; *Hess/Leser*, in: FS Uwe H. Schneider (2011), S. 519, 525 ff.; *Schäfer*, in: Veil, Unternehmensrecht in der Reformdiskussion (2013), S. 97, 101.

473 *Assmann*, AG 2008, 208, 212.

474 Koalitionsvertrag zwischen CDU, CSU und SPD, 19. Legislaturperiode, Zeile 6167 f., abrufbar unter: https://www.bundesregierung.de/breg-de/themen/koalitions vertrag-zwischen-cdu-csu-und-spd-195906.

aktienrechtlichen Beschlussmängelrecht bewirkt.[475] Ebenso wurden im Rahmen der Umsetzung der Umwandlungsrichtlinie das Freigabeverfahren und der präventive Rechtsschutz nicht thematisiert.[476] Letztendlich wird man sich aber zunehmend fragen müssen, ob – und wie lange – das System der Beschlussmängelklage, die Registersperre, und damit auch das Freigabeverfahren, international noch werden mithalten können.[477] Insbesondere die erheblichen Vollzugs- und Verzögerungsrisiken im deutschen Recht verringern die Attraktivität deutscher Unternehmen für Investoren, aber auch als Investoren für ausländische Unternehmen.[478] Deutschland als Wirtschaftsstandort gerät damit auf dem internationalen Parkett zunehmend unter Druck. Auf alle Fälle sollte der deutsche Gesetzgeber eine mögliche Aufgabe des bisherigen gesellschaftsrechtlichen Systems weiterhin als eine valide Option ernst nehmen und diesem bei seinen weiteren Entwürfen die angemessene Aufmerksamkeit widmen.

E. Zusammenfassung

Während der Fokus im nachträglichen gerichtlichen Rechtsschutz auf der Unwirksamkeitsklage und dem Spruchverfahren liegt, kommt als präventiver gerichtlicher Rechtsschutz im deutschen Umwandlungsrecht ausschließlich das Freigabeverfahren zur Anwendung. Anderweitige präventive Rechtsschutzmaßnahmen wie die vorbeugende Unterlassungsklage oder ein Antrag auf einstweilige Verfügung sind zwar rechtlich zulässig, haben aber in der Praxis aufgrund der Registersperre und des Freigabesystems einen nur vernachlässigbaren Anwendungsbereich. Das Freigabeverfahren als alleiniger präventiver Rechtsschutz sorgt jedoch aufgrund der gesetzlich eindeutigen Bevorzugung der Transaktionssicherheit zugunsten der Gesellschaft für keinen ausgeglichenen

475 Wissenschaftliche Vereinigung für Unternehmens- und Gesellschaftsrecht, Reform der Hauptversammlung börsennotierter Gesellschaften – Vorschläge der Gesellschaftsrechtlichen Vereinigung – Wissenschaftliche Vereinigung für Unternehmens- und Gesellschaftsrecht (VGR) e.V., 26. April 2021, S. 27, abrufbar unter: https://www.gesellschaftsrechtlichevereinigung.de/fileadmin/pdf/VGR_Reform_der_Hauptversammlung.pdf.

476 BMJV, Aktuelles Gesetzgebungsverfahren, 6. Juli 2022 (abrufbar unter https://www.bmj.de/SharedDocs/Gesetzgebungsverfahren/DE/Umsetzung_Umwandlungsrichtlinie.html).

477 *Vetter*, Gesellschaftsrechtliches Beschlussmängelrecht. In Europa schwer integrierbar, LTO vom 25.09.2018 abrufbar unter https://www.lto.de/recht/hintergruende/h/djt-leipzig-gesellschaftsrecht-beschlussmaengel-reformen-aktienrecht/; allgemein verneinend *Decher*, in: Lutter, UmwG (2024), § 16 Rn. 34.

478 *Vetter*, Gesellschaftsrechtliches Beschlussmängelrecht. In Europa schwer integrierbar, LTO vom 25.09.2018 abrufbar unter https://www.lto.de/recht/hintergruende/h/djt-leipzig-gesellschaftsrecht-beschlussmaengel-reformen-aktienrecht.

Rechtsschutz im Rahmen von Umwandlungsmaßnahmen bei den betroffenen Minderheitsaktionären.

Letztendlich stellt sich bei der Kritik am Freigabeverfahren und der Problematik des Beschlussmängelrechts folgende Frage: Bezweckt der Gesetzgeber durch die umwandlungsrechtlichen Regelungen, den Minderheitsaktionär vor dem Eintritt unumkehrbarer Gegebenheiten zu schützen und nimmt dafür gezwungenermaßen die Gefahr missbräuchlicher Klageaktivitäten in Kauf? Oder soll zum Schutz der Transaktionssicherheit und Standortattraktivität die Verschiebung des Individualanfechtungsrechts hin zu einem Schadensersatzanspruchsverfahren in Kauf genommen werden? Betrachtet man die vorstehende Untersuchung, so zeichnet sich ab, dass das Freigabeverfahren in seiner heutigen Form das umwandlungsrechtliche Beschlussmängelrecht faktisch bereits überwiegend in einen Schadensersatzanspruch für Aktionäre umgewandelt hat.[479] Ist das praktische Ergebnis ohnehin bereits an dem Punkt angelangt, an dem der Rechtsschutz überwiegend durch Schadensersatz gewährt wird, stellt sich die Frage, ob der Umweg über das Freigabeverfahren überhaupt noch erforderlich ist. Eine Entschlackung des Hin und Her des umwandlungsrechtlichen Verfahrens durch Rückkehr zur ursprünglichen Verfahrensvariante der einstweiligen Verfügung wäre nicht nur zeiteffizienter und eleganter, sondern würde auch zu mehr Transparenz für die Aktionäre führen.

479 Siehe oben Zweiter Teil – C.II.4.

Dritter Teil Rechtsschutzmechanismen bei Umwandlungsmaßnahmen im japanischen Recht

Das Rechtsschutzsystem für die Aktionäre im japanischen Umwandlungsrecht setzt sich aus präventiv und nachträglich wirkenden gerichtlichen Schutzmechanismen zusammen, die gemeinsam mit den außergerichtlichen Schutzmechanismen das Gesamtschutzsystem für Aktionäre bilden. Letztere gewähren neben den präventiv und nachträglich wirkenden Klagerechtsschutzmöglichkeiten insbesondere Teilhabe- und Informationsrechte und dienen einer möglichen späteren klageweisen Rechtsdurchsetzung. Auch die Betrachtung des präventiven Rechtsschutzes im japanischen Umwandlungsrecht kann hier nur im Lichte der Gesamtbetrachtung der außergerichtlichen Schutzvorschriften sowie der nachträglichen gerichtlichen Schutzinstrumente erfolgen.

A. Außergerichtliche Schutzmechanismen der Anteilsinhaber

I. Zustimmungserfordernis und Beschlussmehrheiten

Auch in Japan bedarf die Umwandlung grundsätzlich der Zustimmung durch Beschluss der jeweiligen Hauptversammlung aller beteiligten Gesellschaften (*kabunushi sôkai ketsugi*).[480] Da es sich bei einem Umwandlungsvorhaben um eine tiefgreifende Änderung der Gesellschaft handelt, bedarf es nach japanischem Gesellschaftsgesetz eines Grundlagenbeschlusses, für den eine satzungsändernde Mehrheit von zwei Dritteln aller bei der Hauptversammlung anwesenden Stimmen erforderlich ist (sog. qualifizierter Beschluss, *tokubestu ketsugi*). Zusätzlich fordert das Gesellschaftsgesetz, dass mindestens die Hälfte aller ausgegebenen Aktien auf der betroffenen Hauptversammlung vertreten sein muss (Art. 309 Abs. 2 iVm Art. 309 Abs. 2 Nr. 12 GesG). Bei der Verschmelzung zur Aufnahme und der Verschmelzung zur Neugründung sowie beim Aktientausch oder der Aktienübertragung, bei der die Aktionäre einer zuvor offenen Aktiengesellschaft nunmehr vinkulierte Aktien (*jôto seigen kabushiki*) erhalten, bedarf es bei den übertragenden Gesellschaften eines Sonderbeschlusses (Art. 309 Abs. 3 Nr. 2 und Nr. 3 GesG) mit einer erforderlichen Anwesenheit von 50 % der stimmberechtigten Aktionäre; die Anwesenheit von 50 % der Stimmrechte

480 Ausnahmen vom Zustimmungserfordernis bestehen bei verkürzter bzw. vereinfachter Umwandlungsmaßnahme sowie bei der Aktienzuteilung auf Seiten der Zielgesellschaft, siehe oben Erster Teil – D.II.

ist dann nicht mehr ausreichend. Die notwendige zwei Drittel-Mehrheit bezieht sich in diesem Fall nicht auf die Zahl der vertretenen Stimmen, sondern auf die Gesamtzahl vorhandener Stimmrechte.[481]

Bestehen bei einer Aktiengesellschaft verschiedene Aktiengattungen, ist stets ein Beschluss der jeweiligen Aktiengattung (Art. 322 Abs. 1 Nr. 7 GesG) erforderlich, wenn die Gefahr eines Schadens für die Aktionäre aufgrund des Umwandlungsvorhabens besteht.[482]

II. Offenlegungs- und Informationsrechte

Kernpunkt der Aktionärsrechte bilden neben dem Zustimmungserfordernis durch die Hauptversammlung die Informationsrechte und Publizitätspflichten vor und nach der Hauptversammlung. Im japanischen Recht spielen die Vorabpublizität und die Bereitstellung von Information auch deshalb eine gewichtige Rolle für die Aktionäre, weil diejenigen, die mit dem Umwandlungsvertrag nicht einverstanden sind, als sog. *hantai kabunushi* (widersprechender Aktionär) bis einschließlich dem Tag der Hauptversammlung ihren Widerspruch der Gesellschaft gegenüber schriftlich erklären müssen.[483] Wird der Widerspruch nicht form- und fristgemäß angezeigt, verliert der betroffene Aktionär sein Recht, Abfindungsansprüche geltend zu machen.

1. Einberufung der Hauptversammlung

Im Rahmen der Einberufung der Hauptversammlung ist vorgesehen, dass die Ladung für die beschlussfassende Hauptversammlung spätestens zwei Wochen vor dem Tag der Hauptversammlung versandt werden muss (Art. 299 GesG).[484] Diese muss schriftlich oder auf elektronischem Wege erfolgen (Art. 299 Abs. 2, 3 GesG). Seit 2002 ist es zudem möglich, die schriftliche oder elektronische Stimmabgabe mittels Verwaltungsratsbeschluss zuzulassen (Art. 298 Abs. 1

481 *Matsuo,* in: Iwahara, Kaisha-hô kommentâru (7) [Gesellschaftsrecht Kommentar Band 7] (2013), S. 163; *Matsui,* in: Itô/Ôsugi/Tanaka/Matsui, Kaisha-hô [Gesellschaftsrecht] (2021), S. 165; *Günal*, Die Verschmelzung im japanischen Gesellschaftsrecht (2014), S. 59.

482 Diese Vorschrift gilt für alle Umwandlungsarten im japanischen Gesellschaftsgesetz, ausgenommen den Formwechsel.

483 *Morimoto*, in: Morimoto, Kaisha-hô kommentâru (17) [Gesellschaftsrecht Kommentar Band 17] (2010), S. 19.

484 In bestimmten Ausnahmefällen kann die Ladungsfrist sogar bis auf eine Woche vor Hauptversammlung verkürzt werden, beispielsweise wenn die Gesellschaft keinen Verwaltungsrat hat, oder es sich um eine GmbH-ähnliche, geschlossene, nicht börsennotierte Aktiengesellschaft handelt. Bei einer deutschen GmbH ist die Ladungsfrist bereits auf mindestens eine Woche vor Gesellschafterversammlung verkürzt (§ 51 Abs. 1 S. 2 GmbHG).

Nr. 3, Nr. 4, Abs. 2 GesG).[485] Zeitgleich mit der Ladung muss die Gesellschaft die Aktionäre über die geplante Umwandlungsmaßnahme informieren. In den Beurteilungsunterlagen sind folglich der Grund für die geplante Umwandlungsmaßnahme anzugeben sowie eine Zusammenfassung des Umwandlungsvertrags und der Unterlagen, die im Rahmen der Vorabpublizität erstellt werden, beizufügen (Artt. 86 ff. DVO GesG).

2. Offenlegungspflichten

Der Verwaltungsrat ist dazu verpflichtet, ab zwei Wochen[486] vor der über die Umwandlung beschließenden Hauptversammlung bis zum Ablauf von sechs Monaten nach dem Wirksamkeitstag der Umwandlung die dafür relevanten und erforderlichen Unterlagen am Sitz der Gesellschaft aufzubewahren und zur Einsicht für die Aktionäre (sowie der Gläubiger) auszulegen (Art. 782 Abs. 1, 3, Art. 794 Abs. 1, 3, Art. 803 GesG). Aktionären ist die Abschrift der Unterlagen zudem gegen Entrichtung einer Gebühr auf Verlangen zuzusenden (Art. 782 Abs. 3, Art. 794 Abs. 3 GesG).

Zur Verfügung zu stellende Unterlagen im Rahmen der Vorabpublizität sind zunächst der Umwandlungsvertrag oder -plan, über den in der Hauptversammlung abzustimmen ist. Darüber hinaus sind eine Erläuterung des Umtauschverhältnisses sowie eine Stellungnahme zur Angemessenheit der Gegenleistung – bzw. wo keine Gegenleistung erbracht wird, zur angemessenen Erfüllung bestimmter Vorgaben – und alle sonstigen relevanten Informationen zur Gegenleistung hinzuzufügen, sofern nicht alle Aktionäre darauf verzichten.[487] Der genaue Inhalt richtet sich dabei jeweils nach Umwandlungsform und Art der Gegenleistung: im Falle von Aktien müssen neben der Satzung der übernehmenden Gesellschaft, dem letzten Jahresabschluss und den Bilanzen der letzten fünf Jahre auch Angaben zu einer etwaigen Börsennotierung und zu Verfü-

485 Aktiengesellschaften mit mehr als 1000 Aktionären können diese auch ohne einen derartigen Verwaltungsratsbeschluss jederzeit ihr Stimmrecht schriftlich mittels eines übersandten Stimmzettels oder elektronisch abgeben (Art. 298 Abs. 2 GesG).

486 Der genaue Stichtag zur Offenlegung der Umwandlungsunterlagen bestimmt sich nach dem frühesten der folgenden Zeitpunkte (Art. 782 Abs. 1, Abs. 2, Art. 794 Abs. 1, Abs. 2, Art. 803 Abs. 1, Abs. 2 GesG): (1) Zwei Wochen vor dem Tag der Hauptversammlung; (2) zwei Wochen vor dem Antrag auf Durchführung einer schriftlichen Abstimmung nach Art. 319 GesG; (3) der Tag der Mitteilung oder Bekanntmachung im Abfindungsverfahren für Aktien und Aktienoptionen, (4) am Tag der Bekanntmachung oder Aufforderung im Rahmen des Gläubigerschutzverfahrens oder (5) zwei Wochen nach Abschluss des Spaltungsplans oder Abschluss des Vertrags über den Aktientausch.

487 Artt. 782 Abs. 1, 794 Abs. 1 GesG iVm Artt. 182 Abs. 1 Nr. 1, Abs. 3, 183 Nr. 1, 184 Abs. 1 Nr. 1, Abs. 3, 191 Nr. 1, 192 Nr. 1, 193 Nr. 1, 213-2 DVO GesG sowie Art. 803 Abs. 1 GesG iVm Artt. 204 Nr. 1, 205 Nr. 1, 206 Nr. 1 DVO GesG.

gungsbeschränkungen der Aktien gemacht werden.[488] Weitere notwendige Angaben sind unter anderem Angaben zur Angemessenheit des Umgangs mit Aktienoptionen sowie Rechnungsunterlagen der beteiligten Gesellschaften des vorangegangenen Geschäftsjahres nebst etwaiger Zwischenbilanzen und Informationen über zwischenzeitlich getätigte Geschäfte mit erheblichen Auswirkungen auf die Finanzlage der beteiligten Gesellschaften.[489] Die Rechnungsunterlagen umfassen die Bilanz, die Gewinn- und Verlustrechnung, einen Bericht über die Veränderungen der Bilanzwerte sowie Erläuterungen hierzu. Die Bilanz darf zum Zeitpunkt der beschließenden Hauptversammlung höchstens sechs Monate alt sein. Schließlich ist eine Stellungnahme zur voraussichtlichen Erfüllbarkeit bestehender Verbindlichkeiten durch die jeweils betroffene Gesellschaft hinzuzufügen (*rikô no mikomi wo shô suru shomen*).[490] Die Publizitätspflichten bei übernehmender und übertagender Gesellschaft unterscheiden sich dabei kaum. Nachträglich aufgetretene Änderungen der genannten Informationen sind zu ergänzen.[491]

Zusätzlich zu den Unterlagen der Vorabpublizität, die auch nach dem Wirksamkeitstag aufzubewahren sind, sind Informationen über den Ablauf und den Vollzug der Umwandlungsmaßnahme aufzubewahren und offenzulegen.[492] Die offenzulegenden Unterlagen haben zudem Angaben zu übernommenen Rechten und Pflichten, dem endgültigen Wirksamkeitstag der Umwandlung, Tag der Handelsregistereintragung sowie Verlauf der Abfindung- und Gläubigerschutzverfahren zu enthalten. Die Unterlagen sind auszulegen und auf Anforderung den Aktionären, Gläubigern und Optionsinhabern, zukommen zu lassen

488 Der Fall einer Gegenleistung in Form von bereits auf dem Markt gehandelten Aktien kommt nur bei Verschmelzung zur Aufnahme, Aktientausch sowie Aktienzuteilung vor, sodass nur für diese Fälle die Angaben vorgeschrieben sind, Artt. 182 Abs. 1 Nr. 2 iVm Abs. 4 Nr. 1, Art. 184 Abs. 1 Nr. 2 iVm Abs. 4, 213-3 DVO GesG.

489 Art. 182 Abs. 1 Nr. 4 iVm Abs. 6, Art. 183 Nr. 4, Art. 184 Abs. 1 Nr. 4 iVm Abs. 6, Art. 191 Nr. 3, Art. 192 Nr. 4, Art. 193 Nr. 3, Art. 204 Nr. 3, Art. 205 Nr. 4, Art. 206 Nr. 3, 213-2 Nr. 4 DVO GesG.

490 Art. 182 Abs. 1 Nr. 5, Art. 183 Nr. 6, Art. 184 Abs. 1 Nr. 5, Art. 191 Nr. 6, Art. 192 Nr. 7, Art. 193 Nr. 5, Art. 204 Nr. 6, Art. 205 Nr. 7, Art. 206 Nr. 5, 213-2 Nr. 5 DVO GesG. Für die Erfüllbarkeitsprognose reicht meist eine Gegenüberstellung der Aktiva und Passiva jeder beteiligten Gesellschaft vor und nach der Umwandlung, um nachzuweisen, dass die Gesellschaft über ausreichend Eigenkapital verfügt, *Tanaka*, Kaisha-hô [Gesellschaftsrecht] (2021), S. 666, 668.

491 Artt. 182 Abs. 1 Nr. 6, 183 Nr. 6, Art. 184 Abs. 1 Nr. 6, Art. 191 Nr. 7, Art. 192 Nr. 8, Art. 193 Nr. 6, Art. 204 Nr. 7, Art. 205 Nr. 8, Art. 205 Nr. 6, 213-2 Nr. 7 DVO GesG.

492 Artt. 782, 791 GesG iVm Artt. 189, 190 DVO GesG, Art. 801 GesG iVm Artt. 200, 201, 202, 213-9 DVO GesG für Verschmelzung zur Aufnahme, Spaltung zur Aufnahme, Aktientausch, Aktienzuteilung sowie Artt. 803, 811 GesG iVm Artt. 209, 210 DVO GesG bzw. Art. 815 GesG iVm Artt. 211, 212 DVO GesG für Verschmelzung zur Neugründung, Spaltung zur Neugründung, Aktienübertragung.

(Artt. 782 Abs. 3, 791 Abs. 3, Abs. 4, Art. 801 Abs. 4, Abs. 5, Abs. 6, Artt. 803 Abs. 3 und 815 Abs. 4, Abs. 5, Abs. 6 GesG).[493]

Die Nachpublizität (*jigo kaiji*) dient folglich der Dokumentation des Vollzugs der Umwandlung und ermöglicht damit eine effektivere Kontrolle des Verwaltungsrats sowie die Geltendmachung eines nachträglichen Rechtsschutzinstruments.[494] Für die Aktionäre ergeben sich Gründe für eine Klageerhebung oft erst nach Durchführung des Umwandlungsverfahrens, weil bei Durchführung der Umwandlungsmaßnahme Verfahrensfehler auftreten oder maßgebliche Aktionärsrechte nicht beachtet werden. Um nachträglich noch Nichtigkeitsgründe geltend machen zu können, sind für die Aktionäre daher die Einsicht in die Unterlagen auch nach Hauptversammlung von entscheidender Bedeutung für die Abwägung der Erfolgsaussichten einer Klage und der Prozessrisiken.[495] Die Aufbewahrungsfrist von sechs Monaten ist somit im Gleichlauf mit der Klagefrist für die Nichtigkeitsklage nach Art. 828 Abs. 1 Nr. 7–12 GesG, als einziger Rechtsschutz, der nach Umwandlungsvollzug durchsetzbar ist.[496]

3. Erklärungspflichten des Verwaltungsrats

Neben der in der Ladung enthaltenen bzw. am Hauptsitz der Gesellschaft ausgelegten Unterlagen dient auch die Hauptversammlung selbst als Informationsbeschaffungsmöglichkeit für die Aktionäre, insbesondere hinsichtlich weiterer Einzelheiten der Maßnahme sowie zur Erläuterung der Angaben in den Unterlagen. Hierbei steht den Aktionären zunächst das allgemeine Fragerecht zu. Dazu korrespondierend besteht eine Erläuterungspflicht des Verwaltungsrats (Art. 314 GesG).

Darüber hinaus ergeben sich aus der umwandlungsrechtlichen Sondersituation unabhängig von der Nutzung des Fragerechts bei Sonderkonstellationen weitergehende Erläuterungspflichten. Im Rahmen einer Verschmelzung oder Spaltung zur Aufnahme sowie bei einem Aktientausch besteht für den Verwaltungsrat der übernehmenden Gesellschaft die Erklärungspflicht, wenn die übernommenen Verbindlichkeiten höher sind als das übernommene Vermögen bzw. die Gegenleistung höher ist als das übernommene Vermögen abzüglich der Verbindlichkeiten (Art. 795 Abs. 2 Nr. 1, Nr. 2, Nr. 3 GesG). In diesem Fall entsteht der übernehmenden Gesellschaft ein Verlust.[497] Bei beiden Varianten ist der gezahlte Preis für die übernommenen Vermögenswerte höher als deren

493 Vgl. auch *Tanaka,* in: Itô/Ôsugi/Tanaka/Matsui, Kaisha-hô [Gesellschaftsrecht] (2021), S. 450; *Hayakawa*, in: ZJapanR 11 (2001), 37, 52.

494 *Egashira,* Kabushiki kaishahô [Das Recht der Aktiengesellschaft] (2021), S. 904; *Tanaka,* in: Itô/Ôsugi/Tanaka/Matsui, Kaisha-hô [Gesellschaftsrecht] (2021), S. 450; *Hayakawa*, in: ZJapanR 11 (2001), 37, 52.

495 *Kanda*, Kaisha-hô [Gesellschaftsrecht] (2023), S. 393.

496 Siehe ausführlicher unten Dritter Teil – B.III.

497 *Egashira,* Kabushiki kaishahô [Das Recht der Aktiengesellschaft] (2021), S. 908, 947, 978.

Buchwert in der Bilanz der übertragenden Gesellschaft. Damit besteht die Gefahr, dass die Gegenleistung zu hoch ist und die Aktionäre der übernehmenden Gesellschaft einen Schaden erleiden, indem sich beispielsweise der ausschüttungsfähige Betrag verringert.[498] Ein Zustimmungsbeschluss der Hauptversammlung kann erst nach Erläuterung der Ursache für die Entstehung des Verschmelzungs- bzw. Spaltungsverlustes sowie der geplanten Handhabe dieses Verlustpostens ergehen.[499] Eine Erklärungspflicht besteht auch bei Verschmelzung oder Spaltung zur Aufnahme, wenn Aktien der übernehmenden Gesellschaft Bestandteil des Gesellschaftsvermögens der übertagenden Gesellschaft sind (Art. 795 Abs. 3 GesG). Auch hier besteht die erhöhte Gefahr einer unangemessenen Bewertung und folglich unangemessener Umwandlungsbedingungen.

III. Keine obligatorische Umwandlungsprüfung

Eine obligatorische Prüfung des Umwandlungsvorhabens durch einen unabhängigen Dritten ist im japanischen Gesellschaftsgesetz nicht vorgesehen. Im Rahmen der Offenlegung von erforderlichen Unterlagen zur Vorbereitung auf die Hauptversammlung hat der Verwaltungsrat Angaben zur Angemessenheit des Gegenwerts (*taika no sôtôsei*) zu machen. Die diesen Angaben zugrunde liegende Prüfung der Angemessenheit des Gegenwerts kann dabei durch das Management der Gesellschaft erfolgen; Angaben zu einem Prüfungsbericht durch einen Sachverständigen oder dergleichen sind gesetzlich nicht erforderlich. Der Inhalt und Umfang der nach den gesetzlichen Vorschriften erforderlichen Angaben zur Angemessenheit des Gegenwerts ist dem Ermessen der einzelnen Verwaltungsorgane überlassen.[500] In zahlreichen Fällen börsennotierter Gesellschaften werden die Höhe der Gegenleistung oder weitere Bedingungen der Umwandlung auf der Grundlage einer Begutachtung durch einen unabhängigen Dritten festgelegt.[501] Die Tokyo Wertpapierbörse schreibt eine Begutachtung durch einen unabhängigen Dritten für börsennotierte Gesellschaften sogar vor.[502] Dabei werden meist Wirtschaftsprüfungsgesellschaften, Investmentbanken, Be-

498 *Egashira*, Kabushiki kaishahô [Das Recht der Aktiengesellschaft] (2021), S. 909; *Günal*, Die Verschmelzung im japanischen Gesellschaftsrecht (2014), S. 85.

499 *Egashira*, Kabushiki kaishahô [Das Recht der Aktiengesellschaft] (2021), S. 909.

500 Artt. 782 Abs. 1, 794 Abs. 1 GesG iVm Artt. 182 Abs. 1 Nr. 1, Abs. 3, 183 Nr. 1, 184 Abs. 1 Nr. 1, Abs. 3, 191 Nr. 1, 192 Nr. 1, 193 Nr. 1 DVO GesG sowie Art. 803 Abs. 1 GesG iVm Artt. 204 Nr. 1, 205 Nr. 1, 206 Nr. 1 DVO GesG.

501 *Tanaka*, in: Itô/Ôsugi/Tanaka/Matsui, Kaisha-hô [Gesellschaftsrecht] (2021), S. 423; so zur Spaltung auch schon *Bälz*, Die Spaltung im japanischen Gesellschaftsrecht (2005), S. 98.

502 Art. 417 Abs. 6 lit. d), Abs. 7 lit. d), Abs. 7-2 lit. c), Abs. 8 lit. d), abs. 9 lit. d). Tokyo Stock Exchange Enforcement Rules for Securities Listing Regulations, Stand 4.4.2022 (abrufbar unter https://www.jpx.co.jp/english/rules-participants/rules/regulations/tvdivq0000001vyt-att/listing_regs_ER_1-833_20220404.pdf.

ratungsfirmen oder Kanzleien als sog. Financial Advisor bestellt.[503] Die Auswahl und Bestellung erfolgt jedoch durch das den Financial Advisor beauftragende Management selbst; Vorgaben beinhaltet das Gesetz nicht. Dadurch, dass das Gutachten des designierten Financial Advisors allein durch das Management beauftragt wird, besteht auch keine Pflicht zur Veröffentlichung des Gutachtens. Die Aktionäre erhalten in der Praxis meist nur eine Zusammenfassung des Gutachtens mit zwei bis drei Seiten Umfang, aber keine Einsicht in das gesamte Dokument. Problematisch ist in der Praxis auch, dass die Gesellschaften sich oftmals auf »*opinion shopping*« begeben, indem sie bewusst derjenigen Wirtschaftsprüfungsgesellschaft oder Kanzlei den Auftrag zur Begutachtung erteilen, welche ihnen das gewünschte Ergebnis verspricht.[504] Der Unabhängigkeitsgrad und die Zuverlässigkeit des Gutachtens werden in der Praxis häufig anhand der Reputation der beauftragen Wirtschaftsprüfungsgesellschaft oder Kanzlei bestimmt.

IV. Lediglich formelle Prüfung des Registerbeamten

Die Prüfung des Registerbeamten im Vorfeld der Eintragung ist weitestgehend auf eine formelle Kontrolle der Eintragungsvoraussetzungen beschränkt.[505] Geprüft wird dabei insbesondere das Vorliegen der einzureichenden Unterlagen.[506] Behauptet die Gesellschaft bei Anmeldung beispielsweise, dass zum Schutze eines bestimmten Gläubigers trotz eines Einspruchs keine Maßnahmen zur Sicherung des Anspruchs erforderlich seien, so prüft der Registerbeamte nicht, ob der Gläubiger tatsächlich ausreichend gesichert ist. Der betroffene Gläubiger ist dann auf die Nichtigkeitsklage angewiesen.[507]

V. Haftung der Organe

Die Verwaltungsratsmitglieder haften bei Pflichtenverstößen nach der allgemeinen Vorschrift des Art. 423 Abs. 1 GesG im Innenverhältnis gegenüber der Gesellschaft.[508] Die Innenhaftung der Verwaltungsratsmitglieder hat seit der Einführung der Aktionärsklage (Art. 847 GesG) an disziplinierender Wirkung gewonnen.[509]

503 *Tanaka,* in: Itô/Ôsugi/Tanaka/Matsui, Kaisha-hô [Gesellschaftsrecht] (2021), S. 423.
504 Dieses Phänomen tritt insbesondere bei nicht börsennotierten Gesellschaften auf, deren Marktwert nicht zu sehr von der Reputation abhängig ist.
505 Siehe die abschließend aufgezählten Gründe einer Eintragungsverweigerung in Art. 24 Handelsregistergesetz (*shôgyô tôki-hô*, Gesetz Nr. 125/1963, letzte Änderung durch Gesetz Nr. 87/2005).
506 Artt. 80, 81, 85, 86, 89, 90 Handelsregistergesetz.
507 Vgl. *Tanaka*, Kaisha-hô [Gesellschaftsrecht] (2021), S. 687.
508 *Kanda*, Kaisha-hô [Gesellschaftsrecht] (2023), S. 287.
509 *Ôsugi,* in: Itô/Ôsugi/Tanaka/Matsui, Kaisha-hô [Gesellschaftsrecht] (2021), S. 251; vgl. auch *Spiegel*, Independent Directors in Japan (2017), S. 165.

Der Verwaltungsrat haftet zudem gegenüber jedem Dritten, dem durch eine Handlung eines Organmitglieds ein Schaden entstanden ist, Art. 429 GesG.[510] Art. 429 Abs. 2 GesG setzt dabei eine ausdrückliche Außenhaftung der Verwaltungsratsmitglieder für unrichtige Angaben fest. Diese umfasst insbesondere unrichtige Angaben bei der Ausgabe von Aktien oder im Zusammenhang mit Unterlagen, die bei Angelegenheiten der Gesellschaft im Geschäftsverkehr gemacht werden.[511] Die Haftung besteht nicht, wenn der Verwaltungsrat oder das betreffende Mitglied bei der Entscheidung den pflichtgemäßen Sorgfaltsmaßstab angewendet hat. Diese Außenhaftung wird vor allem Kontrollwirkung gegenüber dem Verwaltungsrat dadurch entfalten, dass insbesondere Gläubiger der Gesellschaft davon Gebrauch machen werden.[512]

VI. Zwischenergebnis

Der außergerichtliche Rechtsschutz im Rahmen von Umwandlungsmaßnahmen besteht im japanischen Gesellschaftsgesetz aus dem Zustimmungserfordernis der Hauptversammlung sowie ausgiebigen Offenlegungs- und Informationspflichten. Das Mehrheitserfordernis für die Durchführung einer Umwandlungsmaßnahme stellt mit zwei Dritteln der anwesenden Stimmrechte keinen besonders hohen Schutz der Minderheitsaktionäre dar. Auch mangels gesetzlich vorgeschriebener Prüfung des Vorhabens durch einen unabhängigen Umwandlungsprüfer liegt der Schwerpunkt des außergerichtlichen Rechtsschutzes auf den Offenlegungs- und Informationspflichten. Berücksichtigt man, dass im japanischen Umwandlungsrecht Abfindungsrechte eine erheblich größere Rolle einnehmen[513] und nicht wie im deutschen Recht auf konkrete Konstellationen beschränkt sind, ist für die Aktionäre insbesondere die Vorabpublizität von erheblicher Relevanz. Auf der Grundlage dieser Informationen müssen die Aktionäre ihre Entscheidung treffen, ob sie von ihren Abfindungsrechten Gebrauch machen wollen, da sie ihr Abfindungsrecht auf der über die Umwandlung beschließenden Hauptversammlung auszuüben haben. Im Nachgang der Hauptversammlung sind die Unterlagen zudem eine wichtige Prüfungsgrundlage für die Aktionäre, um Rechtsverstöße und Erfolgsaussichten möglicher Anfechtungs-, Nichtigkeits- oder Schadensersatzklagen abzuwägen, die teilweise auch nach Eintragung und Durchführung der Umwandlung noch Anwendung finden.

510 *Spiegel*, Independent Directors in Japan (2017), S. 163.

511 *Egashira*, in: Egashira/Nakamura, Kaisha-hô (3) [Gesellschaftsrecht Bd. 3] (2021), S. 597; *Meckel*, Corporate Governance im neuen japanischen Gesellschaftsrecht (2010), S. 64.

512 *Ôsugi*, in: Itô/Ôsugi/Tanaka/Matsui, Kaisha-hô [Gesellschaftsrecht] (2021), S. 259 f.

513 Siehe ausführlicher unten Dritter Teil – B.IV.

B. Nachträglicher gerichtlicher Rechtsschutz im japanischen Umwandlungsrecht

Um den Umfang des präventiven gerichtlichen Rechtsschutzes im japanischen Umwandlungsrecht einer Wertung unterziehen zu können, ist zunächst ein Überblick über den nachträglichen Rechtsschutz sowie dessen Wirkung auf die jeweils betroffene Umwandlungsmaßnahme darzustellen.

Auch im Rahmen der Untersuchung der gerichtlichen Rechtsschutzmaßnahmen im japanischen Umwandlungsrecht ist die Abgrenzung zwischen präventivem und nachträglichem gerichtlichem Rechtsschutz anhand der Wirkung vor oder nach Vollzug der Umwandlungsmaßnahme vorzunehmen. Auch hier ist die Zuordnung der Anfechtungsklage wiederum fraglich, ist sie doch nach Vollzug der Umwandlung nicht mehr anwendbar und wandelt sich allenfalls in eine Umwandlungsnichtigkeitsklage um. Angesichts der Tatsache, dass die Anfechtungsklage keine vollzugssperrende Wirkung entfaltet und dass aufgrund der regelmäßig nicht rechtzeitig ergehenden Entscheidung in der Hauptsache der praktische Anwendungsschwerpunkt sich – wenn auch in Form einer gegebenenfalls umgewandelten Nichtigkeitsklage – deshalb in den Zeitraum nach Vollzug verlagert, ist die Anfechtungsklage hier dem nachträglichen gerichtlichen Rechtsschutz zuzuordnen. Diese Zuordnung dient zugleich auch dem Gleichlauf mit dem Zweiten Teil dieser Arbeit zum deutschen Recht und damit einer übersichtlicheren Darstellung. Der einstweilige Rechtsschutz, der sich auf Anfechtungsgründe stützt, wird hingegen im präventiven gerichtlichen Rechtsschutz thematisiert.

Im Folgenden ist zunächst die Wirkung nachträglicher Klagen gegen den Umwandlungsbeschluss im japanischen Recht zu thematisieren (I.), bevor im Anschluss die jeweiligen Klagemöglichkeiten der Anfechtungsklage (II.), der Umwandlungsnichtigkeitsklage (III.), der Aktionärsklage (IV.) sowie der gerichtlichen Geltendmachung der Abfindungsrechte (V.) dargestellt werden.

I. Wirkung nachträglicher Klagen gegen den Umwandlungsbeschluss

Bei Klagen, die sich nachträglich gegen Hauptversammlungsbeschlüsse richten, stellt sich zunächst die Frage, wie sich eine erfolgreiche Klage nachträglich auf das Abstimmungsergebnis sowie den Vollzug der Maßnahme auswirkt. Aufgrund der langen Dauer der Gerichtsverfahren sind Beschlüsse in der Regel bereits vollzogen und die Maßnahmen wirksam geworden. Hinzu kommt seit der Reform 2005, dass die Gesellschaft den sog. Wirksamkeitstag (*kôryoku hasseibi*) und folglich den Vollzugstag der Umwandlung nunmehr frei bestimmen darf und keiner gesetzlich vorgeschriebenen Mindestwartezeit mehr unterliegt. Der rechtsschutzsuchende Aktionär soll dabei jedoch nicht vor vollendete Tatsachen gestellt werden. Eine pauschale Aufschiebung zeitsensibler Beschlüsse wie zur

Umwandlung ist grundsätzlich problematisch. Eine spätere Rückabwicklung hingegen ist bei derartigen komplexen Maßnahmen mit Veränderungswirkungen von elementarer Natur mit Blick auf die vielzähligen und grundlegenden Gesellschaftsstrukturveränderungen kostspielig und praktisch fast kaum umsetzbar.

1. Zeitpunkt der Eintragung und Wirksamkeitsentfaltung der Umwandlung

a. Wirksamkeitsentfaltung im Innenverhältnis

Umwandlungsmaßnahmen zur Aufnahme erlangen in der Regel die Wirksamkeit im Innenverhältnis an dem Tag, der im Umwandlungsvertrag oder -plan festgelegt ist; das betrifft folglich die Verschmelzung zur Aufnahme, die Spaltung zur Aufnahme sowie den Aktientausch (Artt. 750 Abs. 1, 759 Abs. 1, 769 Abs. 1, 774-11 Abs. 1 GesG).[514] Gemäß den Vorschriften des Gesellschaftsgesetzes müssen die Parteien nicht mehr wie vor der Reform 2005 bei jeder Umwandlungsmaßnahme zwingend den Abschluss des einmonatigen Gläubigerschutzverfahrens abwarten, sondern können nunmehr selbst den Wirksamkeitstag, und damit den Tag, an dem die Rechte und Pflichten übergehen sollen, frei bestimmen (Artt. 750, 759, 769, 774-11 GesG).[515] Das beschlossene Datum ist zwingend im Umwandlungsvertrag oder -plan anzugeben (Artt. 749 Abs. 1 Nr. 6, 758 Abs. 7, 768 Abs. 1 Nr. 6, 774-11 Abs. 1 Nr. 11 GesG).[516] Die Umwandlungsmaßnahmen, welche eine Neugründung beinhalten, entfalten ihre Wirksamkeit dagegen an dem Tag der Errichtung der neuen Gesellschaft (Artt. 754 Abs. 1, 764 Abs. 1, 774 Abs. 1 GesG).[517]

514 Unter dem Handelsgesetz vor der Reform 2005 wurden die Verschmelzung und die Spaltung noch mit Eintragung in das Register wirksam; bei der Verschmelzung oder Spaltung zur Aufnahme war die Eintragung in das Register der übernehmenden Gesellschaft entscheidend (Artt. 102, 416 Abs. 1, 374-25 HG a.F.), *Hômusho minji kyoku sanjikan-shitsu* [Büro des Regierungsrats der Abteilung für Zivilsachen des Justizministeriums], Shôji Hômu 1678 (2003), 36, 133. Grund für die Änderung war, dass der Zeitpunkt der Wirksamkeit erst durch Eintragung mit der Fluktuation des Aktienhandels bei börsennotierten Gesellschaften nicht im Einklang war, *Kanda*, Kaisha-hô [Gesellschaftsrecht] (2023), S. 406.

515 *Egashira*, Kabushiki kaishahô [Das Recht der Aktiengesellschaft] (2021), S. 385; *Ôta/Yô,* Shôji Hômu 1988 (2013), 15, 16 (Fn. 4); *Uchioka*, in: Egashira/Nakamura, Kaisha-hô (5) [Gesellschaftsrecht Bd. 5] (2021), S. 324; *Kansaku/Bälz*, in: Baum/Bälz, Hdb. Japanisches Handels- und Wirtschaftsrecht (2011), S. 132.

516 *Uchioka*, in: Egashira/Nakamura, Kaisha-hô (5) [Gesellschaftsrecht Bd. 5] (2021), S. 324.

517 *Uchioka*, in: Egashira/Nakamura, Kaisha-hô (5) [Gesellschaftsrecht Bd. 5] (2021), S. 340. Die neue Gesellschaft gilt an dem Tag als wirksam errichtet, an dem sie in das Handelsregister eingetragen wird, Art. 49 GesG; *Kanda*, Kaisha-hô [Gesellschaftsrecht] (2023), S. 59; *Tanaka,* in: Itô/Ôsugi/Tanaka/Matsui, Kaisha-hô [Gesellschaftsrecht] (2021), S. 448.

Am Wirksamkeitstag gehen die zu übertragenden Rechte und Pflichten der übertragenden Gesellschaften auf die aufnehmende bzw. neue Gesellschaft über. Ab diesem Datum ist die übernehmende bzw. neu errichtete Gesellschaft zudem verpflichtet, die gesetzlich vorgeschriebenen Unterlagen im Rahmen der Nachpublizität für sechs Monate aufzubewahren und Aktionären und Gläubigern auf Verlangen Einsicht zu gewähren.[518] Am Wirksamkeitstag beginnt ebenfalls die sechsmonatige Klagefrist für Aktionäre und Gläubiger.[519]

b. Wirksamkeitsentfaltung im Außenverhältnis

Die Umwandlungsmaßnahme ist innerhalb einer Frist von zwei Wochen ab dem Wirksamkeitstag zur Eintragung im Handelsregister anzumelden.[520] Mit Eintragung entfaltet die Umwandlungsmaßnahme Wirksamkeit auch gegenüber Dritten[521] und mündet in der Übertragung des Vermögens der übertragenden auf die übernehmende Gesellschaft im Wege der Gesamtrechtsnachfolge; die Eintragung hat folglich auch im japanischen Recht gegenüber Dritten konstitutive Wirkung (*sôsetsuteki tôki*)[522]; sie ist allerdings keine Vollzugsbedingung der Umwandlung.[523] Die Frage der Eintragung ist demnach nur in dem Zweiwochen-Zeitraum von Bedeutung, wenn der Verwaltungsrat der übertragenden Gesellschaft zwischen Wirksamkeitstag und Registereintragung ein Rechtsgeschäft tätigt. Dann gilt das Geschäft gegenüber dem gutgläubigen Vertragspartner für und gegen die alte Gesellschaft.[524]

2. Kein gesetzlicher Bestandschutz der Eintragung

Da das japanische Recht keine Variante der Registersperre kennt, kann die Eintragung ungeachtet etwaiger anhängiger Klagen erfolgen.[525] Eine fehlerhafte Umwandlung kann folglich zunächst wirksam werden. Gleichzeitig erfolgt mit Eintragung keine Heilung von Mängeln der Umwandlung.[526] Sämtliche dem Anwendungsbereich des Art. 831 GesG unterfallenden Verfahrensmängel und

518 Siehe oben Dritter Teil – A.II.2.
519 Art. 828 Abs. 1 Nr. 7-13 GesG.
520 Artt. 921 und 923 GesG; *Egashira*, Kabushiki kaishahô [Das Recht der Aktiengesellschaft] (2021), S. 981.
521 Art. 908 Abs. 1 GesG.
522 *Egashira*, Kabushiki kaishahô [Das Recht der Aktiengesellschaft] (2021), S. 915; vgl. *Tanaka*, Kaisha-hô [Gesellschaftsrecht] (2021), S. 695.
523 *Tanaka*, in: Itô/Ôsugi/Tanaka/Matsui, Kaisha-hô [Gesellschaftsrecht] (2021), S. 448.
524 Art. 908 Abs. 1 S. 1 GesG; vgl. *Kanda*, Kaisha-hô [Gesellschaftsrecht] (2023), S. 24.
525 *Günal*, Die Verschmelzung im japanischen Gesellschaftsrecht (2014), S. 70; *Bälz*, Die Spaltung im japanischen Gesellschaftsrecht (2005), S. 126; vgl. auch *Egashira*, Kabushiki kaishahô [Das Recht der Aktiengesellschaft] (2021), S. 916; *Tanaka*, Kaisha-hô [Gesellschaftsrecht] (2021), S. 698.
526 Vgl. *Kanda*, Kaisha-hô [Gesellschaftsrecht] (2023), S. 224 f.

materiellen Verstöße bleiben mit der Umwandlungsnichtigkeitsklage nachträglich überprüfbar.[527] Das japanische Umwandlungsrecht lässt dabei die Rückabwicklung auch nach Eintragung der Maßnahme zu.[528] Das beinhaltet die Rückabwicklung aller, im Vertrauen auf eine wirksame Umwandlung getätigten Rechtsgeschäfte bis hin zur Änderung der Gesellschafts- und Aktionärsstruktur.

Durch diese Regelung wird einerseits zwar das Blockaderisiko einer missbräuchlichen Klageerhebung durch räuberische Aktionäre verringert; gleichzeitig setzt sich die Gesellschaft aber der Gefahr aus, dass die wirksam gewordene Umwandlung, die sich im Laufe eines Gerichtsverfahrens als fehlerhaft erweist, rückabzuwickeln ist. Eine nach Vollzug erforderliche Rückabwicklung der Umwandlung wirft dabei in der Praxis aufgrund der zahlreichen und komplexen, miteinander verwobenen Rechtsvorgänge der Umwandlung unzählige Probleme auf. Praktische Schwierigkeiten erstrecken sich dabei von der Wiedererrichtung der aufgelösten Gesellschaft, inklusive aller damit einhergehenden steuerrechtlichen, gewerberechtlichen, regulatorischen und sonstigen erforderlichen Erlaubnissen, und Rückübertragung der Anteile daran an die vorherigen Gesellschafter bis hin zur Rückübertragung aller Vermögenswerte. Bis zur Urteilsverkündung werden in der Regel Aktionäre ihre Anteile und die neue Gesellschaft die Vermögenswerte an Dritte weiterveräußert haben. Durch die zur Ausgabe neuer Anteile an der aufnehmenden Gesellschaft durchgeführte Kapitalerhöhung wird die betroffene Gesellschaft vor geschaffene Tatsachen gestellt. Zudem sind auch alle beteiligten Parteien bis Vollzug der gesamten Rückabwicklungsmaßnahmen in dem Schwebezustand nur begrenzt handlungsfähig. Die Rückabwicklung einer bereits vollzogenen Umwandlung kann aufgrund der damit verbundenen erheblichen Kosten und Dauer zur erheblichen finanziellen Bedrohung für die beteiligten Gesellschaften werden. Gesetzgeber und Rechtsprechung versuchen folglich, die Fälle einer möglichen Rückabwicklung im Rahmen des nachträglichen Rechtsschutzes eng einzugrenzen. Bezeichnenderweise sind bisher nur in Sonderfällen Urteile ergangen, die zur Rückabwicklung einer Umwandlungsmaßnahme geführt haben.[529]

II. Die Beschlussanfechtungsklage

Relevantester nachträglicher Rechtsschutz ist die allgemeine Klageschutzmöglichkeit der Beschlussanfechtungsklage (*kabunushi sôkai ketsugi torikeshi no uttae*, Art. 831 Abs. 1 GesG), der sich gegen die Wirksamkeit des Hauptversammlungsbeschlusses richtet.

527 *Tanaka*, Kaisha-hô [Gesellschaftsrecht] (2021), S. 698 f.; *Baum/Takahashi*, ZJapanR 32 (2011), 153 ff.; *Günal*, Die Verschmelzung im japanischen Gesellschaftsrecht (2014), S. 70 f.

528 *Egashira*, Kabushiki kaishahô [Das Recht der Aktiengesellschaft] (2021), S. 922; *Tanaka*, Kaisha-hô [Gesellschaftsrecht] (2021), S. 698.

529 Vgl. unten Zweiter Teil – B.III.5.

1. Anfechtungsgründe

Die Anfechtungsgründe für eine Beschlussanfechtungsklage sind abschließend in Art. 831 Abs. 1 GesG aufgeführt. Möglich ist demnach eine Anfechtung des Beschlusses, wenn die Einberufung der Hauptversammlung oder die Art der Beschlussfassung in besonderem Ausmaß gegen Satzung oder Rechtsvorschriften verstößt oder in anderer Weise besonders unangemessen ist (Art. 831 Abs. 1 Nr. 1 GesG)[530], der Inhalt des Beschlusses satzungswidrig ist (Art. 831 Abs. 1 Nr. 2 GesG) oder ein besonders unangemessener Beschluss dadurch zustande kommt, dass eine Person in einem besonderen Interessenverhältnis (*tokubetsu rigai kankei*) ihr Stimmrecht ausgeübt hat (Art. 831 Abs. 1 Nr. 3 GesG). Der Begriff der Person in einem Sonderinteressenverhältnis ist weit auszulegen[531] und kann beispielsweise Anwendung finden, wenn bei einer Konzernverschmelzung (Verschmelzung von Mutter- und Tochtergesellschaft) die Muttergesellschaft als Großaktionär ihre Stimmrechte dafür einsetzt, ein für sich vorteilhaftes Umtauschverhältnis zu erlangen, oder ein ehemaliges Organmitglied, welches selbst Aktien hält, seine Stimmrechte dafür nutzt, eine großzügige Abfindungszahlung zu erlangen.[532] Damit hat der Anfechtungsgrund des Art. 831 Abs. 1 Nr. 3 GesG eine Sonderstellung, da er den Rechtsschutz auf das unverhältnismäßige Umtauschverhältnis ausweitet, welches im japanischen Gesellschaftsrecht grundsätzlich durch keine gesonderte Vorschrift eines besonderen Rechtsschutzes genießt.

Jedoch unterliegt die Anfechtungsklage einer zusätzlichen Hürde der besonderen Relevanz: Das Gericht kann nach Art. 831 Abs. 2 GesG trotz Bestehen eines Anfechtungsgrundes die Klage abweisen, wenn der Anfechtungsgrund nicht schwer wiegt und der Ausgang des Aktionärsbeschlusses sich dadurch

530 Darunter fallen neben Einberufungsfehlern beispielsweise auch Verstöße des Verwaltungs- oder Prüferrats gegen deren Erläuterungspflicht auf der Hauptversammlung, die Teilhabe von Nichtaktionären bei Beschlussfassung oder wenn das Verfahren besonders unangemessen war. Zahlreiche Beispiele bei *Shinatani*, in: Egashira/Nakamura, Kaisha-hô (6) [Gesellschaftsrecht Bd. 6] (2021), S. 218 ff.; *Kanda*, Kaisha-hô [Gesellschaftsrecht] (2023), S. 221 und *Egashira*, Kabushiki kaishahô [Das Recht der Aktiengesellschaft] (2021), S. 379 f.; *Matsui,* in: Itô/Ôsugi/Tanaka/Matsui, Kaisha-hô [Gesellschaftsrecht] (2021), S. 167.

531 DG Urawa, Urt. v. 18.8.2000, Hanrei Jihô 1735 (2001), 133; DG Tokyo, Urt. v. 17.6.1997, Shiryôhan Shôji Hômu 161 (1997) S. 186. Das DG Tokyo definiert das besondere Interessenverhältnis dabei allgemein als »ein, separat von einer etwaigen Aktionärsstellung, in dessen privaten Angelegenheiten betreffendes Sonderverhältnis im Rahmen von Gesellschaftsangelegenheiten (in Form eines Vor- bzw. Nachteils)«; *Kanda*, Kaisha-hô [Gesellschaftsrecht] (2023), S. 220.

532 DG Urawa, Urt. v. 18.8.2000, Hanrei Jihô 1735 (2001), 133; *Matsui,* in: Itô/Ôsugi/Tanaka/Matsui, Kaisha-hô [Gesellschaftsrecht] (2021), S. 168.

nicht ändern würde.[533] Das gilt neben Mängeln bei der Einberufung auch für Fälle, bei denen der Vorgang bei Beschlussfassung gegen Gesetz oder Satzung verstößt.[534] Damit beschränkt der Gesetzgeber bereits im Rahmen der Anfechtungsklage das Risiko, dass eine beschlossene Umwandlung vor Vollzug noch kurzfristig gestoppt wird.

2. Wirkung des Anfechtungsurteils

Ein fehlerhafter Umwandlungsbeschluss ist zunächst aus Rechtsschutzgründen wirksam, um Rechtsunsicherheiten zwischen den betroffenen Parteien zu vermeiden.[535] Der angefochtene Beschluss verliert erst mit Rechtskraft des Anfechtungsurteils seine Wirksamkeit.[536] Das rechtskräftige Anfechtungsurteil entfaltet *inter omnes* Wirkung, Art. 838 GesG.[537] Mit Rechtskraftentfaltung des Anfechtungsurteils entfällt die Wirksamkeit des Beschlusses in der Regel *ex tunc* (*sokyûkôu*), sofern keine Interessen gutgläubiger Dritter betroffen sind.[538] Da es sich bei den Umwandlungsmaßnahmen um eine Sondersituation handelt, wirkt die Anfechtungsklage in diesen Fällen allerdings ausnahmsweise *ex nunc,* vgl. Art. 839 iVm Art. 834 Nr. 7-12 GesG.[539]

3. Gerichtliche Geltendmachung

Klageberechtigt sind alle Aktionäre, die zum Zeitpunkt der Hauptversammlung Aktien gehalten haben oder danach Aktien an der Gesellschaft erworben haben. Außerdem sind auch Verwaltungsratsmitglieder, und, falls vorhanden, gesell-

533 *Shinatani*, in: Egashira/Nakamura, Kaisha-hô (6) [Gesellschaftsrecht Bd. 6] (2021), S. 226.
534 *Shinatani*, in: Egashira/Nakamura, Kaisha-hô (6) [Gesellschaftsrecht Bd. 6] (2021), S. 226; *Kanda*, Kaisha-hô [Gesellschaftsrecht] (2023), S. 221.
535 *Kanda*, Kaisha-hô [Gesellschaftsrecht] (2023), S. 219; *Matsui,* in: Itô/Ôsugi/Tanaka/Matsui, Kaisha-hô [Gesellschaftsrecht] (2021), S. 168.
536 *Matsui,* in: Itô/Ôsugi/Tanaka/Matsui, Kaisha-hô [Gesellschaftsrecht] (2021), S. 168.
537 *Kanda*, Kaisha-hô [Gesellschaftsrecht] (2023), S. 218; *Egashira*, Kabushiki kaisha-hô [Das Recht der Aktiengesellschaft] (2021), S. 382.
538 *Egashira*, Kabushiki kaishahô [Das Recht der Aktiengesellschaft] (2021), S. 382; *Tanaka*, Kaisha-hô [Gesellschaftsrecht] (2021), S. 698.
539 *Tanaka*, Kaisha-hô [Gesellschaftsrecht] (2021), S. 702; *Tokutsu*, in: Egashira/Nakamura, Kaisha-hô (6) [Gesellschaftsrecht Bd. 6] (2021), S. 263. Damit wird dem Umstand Rechnung getragen, dass die *ex tunc* Wirkung in der Regel gutgläubigen Dritten erst nach Eintragung der gerichtlichen Entscheidung ins Handelsregister entgegengehalten werden kann (Art. 937 Abs. 1 Nr. 1 (ト) GesG, vgl. auch Art. 908 Abs. 2 GesG), dieser Umstand bei umwandlungsrechtlichen Maßnahmen wegen der Unzulässigkeit der Anfechtungsklage nach Eintragung jedoch nicht greift.

schaftsinterne Prüfer, Geschäftsführer, Liquidatoren und Insolvenzverwalter klageberechtigt.[540] Ferner ist seit der Reform 2014 nun auch ausdrücklich im Gesetzeswortlaut aufgenommen, dass Aktionäre, die ihre Rechtsstellung als Aktionär durch den betreffenden Aktionärsbeschluss verloren haben, ebenfalls klageberechtigt sind.[541]

Die Klagefrist beträgt drei Monate ab dem Tag der Beschlussfassung (Art. 831 Abs. 1 S. 1 GesG). Wird der Umwandlungsbeschluss nicht innerhalb der Anfechtungsfrist angefochten, können Beschlussmängel nicht mehr auf der Grundlage der Anfechtungsklage geltend gemacht werden. Diese zeitliche Beschränkung ist bei der Anfechtungsklage damit zu begründen, dass es sich um keine derart schwerwiegenden Mängel wie bei der Nichtigkeitsklage handelt.[542]

Allerdings ist die Dauer der Anfechtungsfrist im Falle von Umwandlungen kaum relevant, da nach Vollzug der Umwandlung keine Anfechtungsklage mehr erhoben werden kann.[543] Dies ist erst recht der Fall, seit die Gesellschaft den Wirksamkeitstag selbst frei bestimmen kann und auch den Abschluss des einmonatigen Gläubigerschutzverfahrens nicht mehr abwarten muss.[544] Seither werden die Wirksamkeitstage häufig auf einen Tag innerhalb weniger Wochen oder gar innerhalb weniger Tage nach Zustimmung durch die Hauptversammlung festgesetzt. Damit kann auch das Klagerisiko zumindest hinsichtlich der Anfechtungsklage eingedämmt werden.

4. Zeitliche Abgrenzung zur Nichtigkeitsklage

Vor Eintragung, mithin vor der Wirksamkeitsentfaltung der Umwandlung, kann der Umwandlungsbeschluss mittels Anfechtungsklage angegriffen werden, bei bestimmten schwerwiegenden Verstößen auch mittels Nichtigkeitsklage. Ist die Umwandlung hingegen vollzogen, steht den Anfechtungsberechtigten nur noch die Nichtigkeitsklage offen.[545] Das Distriktgericht Tokyo hat hierzu entschieden, dass nach Vollzug der Umwandlung dem Anfechtungskläger das Rechtsschutzbedürfnis fehle.[546] Um zu verhindern, dass dem Aktionär der Rechtsschutz gegen einen fehlerhaften Umwandlungsbeschluss nicht aus zeitlichen Gründen gänzlich verwehrt bleibt, kann der Kläger nach Eintragung der Um-

540 *Kanda*, Kaisha-hô [Gesellschaftsrecht] (2023), S. 219; *Matsui,* in: Itô/Ôsugi/Tanaka/Matsui, Kaisha-hô [Gesellschaftsrecht] (2021), S. 169; *Shinatani*, in: Egashira/Nakamura, Kaisha-hô (6) [Gesellschaftsrecht Bd. 6] (2021), S. 216.

541 Damit wurde die Entscheidung des OG Tokyo (OG Tokyo, Urt. v. 07.07.2010, Hanrei Jihô 2095 (2011) 198) ins Gesetz aufgenommen; *Kanda*, Kaisha-hô [Gesellschaftsrecht] (2023), S. 219.

542 *Kanda*, Kaisha-hô [Gesellschaftsrecht] (2023), S. 218.

543 Siehe unten unter Dritter Teil – B.II.4.

544 Siehe oben Dritter Teil – B.I.

545 *Tanaka,* in: Itô/Ôsugi/Tanaka/Matsui, Kaisha-hô [Gesellschaftsrecht] (2021), S. 453.

546 DG Tokyo, Urt. v. 28.2.1955, Hanrei Times 46 (1955) 67, 72.

wandlung gemäß Art. 143 ZPG[547] seine rechtshängige Anfechtungsklage auf eine Nichtigkeitsklage umstellen. Etwaige Beschlussmängel werden dann als Nichtigkeitsgründe geltend gemacht.[548] Die Anfechtungsklage geht somit in der Nichtigkeitsklage auf.[549]

Die Anfechtungsklage greift folglich bei weniger schwerwiegenden Mängeln in dem Zeitraum zwischen Zustimmung der Hauptversammlung zur Umwandlung durch Beschluss und Wirksamkeitstag der Umwandlung.

Nach der Ansicht von *Egashira* handelt es sich bei dem Verhältnis von Anfechtungs- und Nichtigkeitsklage und den dazu von der herrschenden Meinung im Schrifttum vertretenen Ansichten um Relikte der früheren Rechtslage, als aufgrund des Gläubigerschutz- und Aktienausgabeverfahrens stets ein Zeitraum von einem Monat zwischen Hauptversammlungsbeschluss und Vollzug der Umwandlung bestand, in dem die Anfechtungsklage im Rahmen des Antrags auf einstweilige Verfügung erhoben werden konnte. Nach derzeitiger Rechtslage, in der der obligatorische Ablauf von einem Monat nicht mehr existiert, sei dadurch kein ausreichender Rechtsschutz mehr gewährt. Die Rechtslage habe sich nun vor allem durch die Einführung der zuvor nicht bekannten Spaltung, des Aktientausches und der Aktienübertragung geändert. Insbesondere bei den Umwandlungsmaßnahmen der Spaltung, des Aktientausches und der Aktienübertragung, bei denen sich die Gesellschaft durch den Vollzug vervielfältigen kann, sei der Verweis nur auf Rechtsschutzmaßnahmen ohne Rückwirkung bedenklich; denn in diesen Fällen hätten die klagenden Aktionäre in dem Zeitraum zwischen Rechtshängigkeit der Klage und Rechtskraft des Urteils in der einen Gesellschaft keine Einwirkungsmöglichkeiten auf die Aktivitäten der anderen

547 *Minji soshô hô* (Zivilprozessgesetz, im Folgenden ZPG), Gesetz Nr. 109/1966.

548 *Tanaka,* in: Itô/Ôsugi/Tanaka/Matsui, Kaisha-hô [Gesellschaftsrecht] (2021), S. 453; *Nakamura*, Kaisha soshô handobukku [Handbuch zu gesellschaftsrechtlichen Klagen] (2017), S. 197. Umstritten ist im Schrifttum allerdings, ob – wie von der herrschenden Ansicht vertreten – eine in die Nichtigkeitsklage übergangene Anfechtungsklage weiterhin gemäß Art. 831 Abs. 1 GesG einer dreimonatigen Klagefrist unterliegt (so hM *Kanda*, Kaisha-hô [Gesellschaftsrecht] (2023), S. 407 f.; *Yanaga*, Kaisha-hô Legal Mind [Gesellschaftsrecht Lega Mind] (2021), S. 406 Fn. 35) oder dann die sechsmonatige Klagefrist der gewöhnlichen Nichtigkeitsklage (Art. 828 Abs. 1 Nr. 7-12 GesG) anzuwenden sei (*Sasaki*, in: Egashira/Monguchi, Kaisha-hô taikei (4) [Überblick Gesellschaftsrecht Bd. 4] (2008), S. 393.

549 *Tanaka,* in: Itô/Ôsugi/Tanaka/Matsui, Kaisha-hô [Gesellschaftsrecht] (2021), S. 453 f.; *Yanaga*, Kaisha-hô Legal Mind [Gesellschaftsrecht Lega Mind] (2021), S. 406 Fn. 35; *Nakamura*, Kaisha soshô handobukku [Handbuch zu gesellschaftsrechtlichen Klagen] (2017), S. 197; so auch DG Osaka, Urt. v. 29.6.2012, Kinyû Shôji Hanrei 1399 (2012) 52, welches betont, dass jedoch eine Klageänderung durch den Kläger erfolgen muss; aA *Egashira*, Kabushiki kaishahô [Das Recht der Aktiengesellschaft] (2021), S. 385, der stattdessen die Möglichkeit der Weiterverfolgung der Anfechtungsklage auch nach Umwandlungsvollzug befürwortet.

Gesellschaft, die die Umwandlungsmaßnahme initiiert hat.[550] Die Bedenken *Egashiras* sind ein Grund mehr für die Ausweitung des effektiven präventiven Rechtsschutzes.

5. Praktische Relevanz der Anfechtungsklage

Auch wenn es sich bei der Anfechtungsklage um die Rechtsschutzmöglichkeit handelt, die über den breitesten Anwendungsbereich verfügt, ist insbesondere bei Umwandlungsmaßnahmen aufgrund der zeitlichen Komponente der Anwendungsbereich in der Praxis eher gering. Wird nach Erhebung einer Anfechtungsklage gegen einen dem Umwandlungsvorhaben zustimmenden Beschluss der Hauptversammlung die Umwandlung, die auf diesem Beschluss beruht, dennoch durchgeführt und eingetragen, erledigt sich die Anfechtungsklage, wenn bis dahin kein Anfechtungsurteil ergangen ist.[551] Der Vorteil der Anfechtungsklage besteht folglich nur so lange, bis die auf dem angefochtenen Beschluss beruhende Maßnahme durchgeführt wird. Wie oben bereits erwähnt, kann die Anfechtungsklage dann in eine Nichtigkeitsklage geändert und der Anfechtungsgrund damit weiterverfolgt werden.

III. Umwandlungsnichtigkeitsklage

1. Abgrenzung zur allgemeinen Beschlussnichtigkeitsklage

Neben der Anfechtungsklage sieht das Gesellschaftsgesetz folglich die Nichtigkeitsklage gegen mangelhafte Hauptversammlungsbeschlüsse vor. Dabei ist zwischen der allgemeinen Beschlussnichtigkeitsklage gemäß Art. 830 GesG und der spezifischen Nichtigkeitsklage, die sich gegen bestimmte Mängel hinsichtlich der Organisation der Gesellschaft richtet (*kaisha no soshiki ni kansuru kôi no mukô no uttae*, Art. 828 Abs. 1 GesG), zu differenzieren. Bei beiden Klagevarianten handelt es sich dabei um eine negative Feststellungsklage. Erstere richtet sich allgemein gegen rechtswidrige Hauptversammlungsbeschlüsse; aufgrund der mit den Nichtigkeitsgründen verbundenen besonderen Schwere der Verstöße kann die allgemeine Nichtigkeitsklage nach Art. 830 GesG von jedermann erhoben werden, solange ein Klageinteresse besteht (*uttae no rieki*). Eine Klagefrist besteht ebenfalls nicht.[552] Da es sich bei Umwandlungsmaßnahmen jedoch um Rechtsgeschäfte mit besonderem Ausmaß und Umfang

550 *Egashira*, Kabushiki kaishahô [Das Recht der Aktiengesellschaft] (2021), S. 385.
551 *Kanda*, Kaisha-hô [Gesellschaftsrecht] (2023), S. 222.
552 Eine etwaige Missbrauchsgefahr wird durch die Rechtsfigur des Missbrauchs des Klagerechts (*teiso-ken no ran'yô*) eingeschränkt, vgl. *Shintani*, Kaisha-hô soshô – karishobun no riron to jitsumu [Theorie und Praxis gesellschaftsrechtlicher Klagen und vorläufigen Rechtsschutzes] (2011), S. 10, 14.

handelt, die als Grundlage für die Wirksamkeit zahlreicher einzelner Rechtsgeschäfte dienen, und eine Nichtigkeit des Umwandlungsbeschlusses mit erheblichen praktischen Schwierigkeiten und finanziellen Zusatzkosten verbunden sein kann, sieht das japanische Gesellschaftsgesetz in Art. 828 GesG für bestimmte Reorganisationsmaßnahmen eine gesonderte Nichtigkeitsklage mit enger gefassten Voraussetzungen bezüglich des Kreises der Klageberechtigten sowie der Klagefrist vor.[553] Die Sonderform der Nichtigkeitsklage bei Umwandlungsmaßnahmen berücksichtigt die besonders problematische Unsicherheit der Rechtsbeziehungen bei Nichtigkeit einer bereits vollzogenen Umwandlungsmaßnahme.[554] Diese sog. Umwandlungsnichtigkeitsklage (*soshiki saihen no mukô no uttae*) findet folglich bei allen Umwandlungsmaßnahmen als *lex specialis* zur allgemeinen Beschlussnichtigkeitsklage Anwendung.

2. Nichtigkeitsgründe

Art. 828 GesG nennt im Gegensatz zur allgemeinen Beschlussnichtigkeitsklage (Art. 830 GesG) keine Nichtigkeitsgründe.[555] Eine gefestigte Aufzählung oder Systematisierung der Nichtigkeitsgründe in Fallkategorien ist auch aufgrund der Seltenheit der Klage in der Praxis nicht vorhanden.[556] Einigkeit besteht insoweit, dass auch die Umwandlungsnichtigkeitsklage nur Mängel erfasst, die nicht nur geringfügigen Ausmaßes sind.[557] In der Literatur werden verschiedene formelle und materielle Verstöße als mögliche Nichtigkeitsgründe diskutiert; die relevanten Gründe werden im Folgenden zur Übersicht kurz dargestellt.

a. Mängel am Umwandlungsvertrag oder -plan

Die Nichtigkeit kann zunächst durch Mängel des Umwandlungsvertrags bzw. -plans begründet sein.[558] Diese sind formbedürftig, sodass fehlende Pflichtangaben zu einer Nichtigkeit der Umwandlungsmaßnahme führen können, und zwar

553 *Tokutsu*, in: Egashira/Nakamura, Kaisha-hô (6) [Gesellschaftsrecht Bd. 6] (2021), S. 145.
554 Vgl. *Tanaka*, in: Itô/Ôsugi/Tanaka/Matsui, Kaisha-hô [Gesellschaftsrecht] (2021), S. 452.
555 *Nakamura*, Kaisha soshô handobukku [Handbuch zu gesellschaftsrechtlichen Klagen] (2017), S. 201.
556 So *Günal*, Die Verschmelzung im japanischen Gesellschaftsrecht (2014), S. 78.
557 *Tanaka*, in: Itô/Ôsugi/Tanaka/Matsui, Kaisha-hô [Gesellschaftsrecht] (2021), S. 453 mit Beispielen; *Nakamura*, Kaisha soshô handobukku [Handbuch zu gesellschaftsrechtlichen Klagen] (2017), S. 201.
558 *Tokutsu*, in: Egashira/Nakamura, Kaisha-hô (6) [Gesellschaftsrecht Bd. 6] (2021), S. 162.

selbst dann, wenn die Hauptversammlung dem Vertrag später zustimmt.[559] Entsprechendes gilt bei Falschangaben und Fehlern bei der Berechnung der Gegenleistung, des zu erhöhenden Kapitals, und der Rücklagen. Darüber hinaus ist ein Umwandlungsvertrag nichtig, wenn er aus anderen, gewichtigen Gründen gegen gesetzliche Vorschriften verstößt.[560]

b. Verfahrensmängel

Neben materiell-rechtlichen Mängeln nennt die Literatur als konkrete Verfahrensmängel, die einen Nichtigkeitsgrund darstellen, die fehlerhafte Ladung zur Hauptversammlung, einen Beschlussmangel[561], einen Verstoß gegen die Kompetenzverteilung, die Verletzung von Offenlegungspflichten und die nicht ordnungsgemäße Durchführung des Abfindungsverfahrens sowie des Gläubigerschutzverfahrens.[562]

c. Rechtsmissbräuchliche Umwandlungsziele

Umwandlungen, die einem rechtsmissbräuchlichen Ziel dienen oder rechtsmissbräuchliche Umstände aufweisen, können nichtig sein. Darunter fallen beispielsweise Umwandlungen unter Beteiligung einer Briefkastengesellschaft oder eine Umwandlung, die allein dem Ziel dient, Vorzugsaktien abzuschaffen oder Aktionäre aus der Gesellschaft zu drängen.[563] Problematisch wird es in Fällen rechtsmissbräuchlicher Umwandlungsziele in der Praxis allerdings sein, den Missbrauch nachzuweisen.

Zudem ist auch die Abgrenzung zwischen die Nichtigkeit bewirkendem und nicht bewirkendem rechtsmissbräuchlichem Verhalten fraglich.[564] So ist die Nichtigkeitsfolge einer Verschmelzung bzw. Spaltung zur Aufnahme mit einer

559 Reichsgerichtshof, Urt. v. 25.8.1944, Minshû Bd. 23, S. 524 (LEX Database Nr. 27500023); *Günal*, Die Verschmelzung im japanischen Gesellschaftsrecht (2014), S.78; *Tanaka*, in: Itô/Ôsugi/Tanaka/Matsui, Kaisha-hô [Gesellschaftsrecht] (2021), S. 453; vgl. auch *Nakamura*, Kaisha soshô handobukku [Handbuch zu gesellschaftsrechtlichen Klagen] (2017), S. 202.

560 So beispielsweise DG Nagoya, Urt. v. 21.11.2007, Kinyû Shôji Hanrei 1249 (2007) 60.

561 Das Distriktgericht Tokyo hat in einem Fall eine Verschmelzung für nichtig erklärt, bei der die Verschmelzung vollkommen ohne Beschluss der Hauptversammlung durchgeführt wurde, DG Tokyo, Urteil v. 22.4.1965, Hanrei Times 175 (1965) 178.

562 *Nakamura*, Kaisha soshô handobukku [Handbuch zu gesellschaftsrechtlichen Klagen] (2017), S. 202; *Tanaka*, in: Itô/Ôsugi/Tanaka/Matsui, Kaisha-hô [Gesellschaftsrecht] (2021), S. 453.

563 *Egashira*, Kabushiki kaishahô [Das Recht der Aktiengesellschaft] (2021), S. 925; *Tanaka*, in: Itô/Ôsugi/Tanaka/Matsui, Kaisha-hô [Gesellschaftsrecht] (2021), S. 454.

564 Vgl. oben Erster Teil – B.II. 4.a.

überschuldeten Gesellschaft sowie der Aktientausch mit einer überschuldeten zukünftigen Muttergesellschaft zu verneinen, da das Gesellschaftsgesetz derartige Vorgänge zulässt, allerdings in diesen Fällen eine besondere Erklärungspflicht seitens des Verwaltungsrats fordert (Art. 795 Abs. 2 GesG).[565] Die wohl herrschende Meinung im Schrifttum erachtet diese Umwandlungsvorgänge insbesondere zur Rettung von Tochtergesellschaften als zulässig, allerdings unter der Voraussetzung, dass keine Gegenleistung gewährt wird.[566] Die Minderheitsaktionäre seien in diesen Fällen hinreichend durch die Abfindungsrechte geschützt.

d. Unangemessenheit des Gegenwerts

Der umstrittenste Nichtigkeitsgrund ist die Unangemessenheit des Umtauschverhältnisses.[567] Der Oberste Gerichtshof hat diese Frage jedoch zumindest für die Verschmelzung in seiner Entscheidung zur Gewährleistung der Transaktionssicherheit ausdrücklich verneint, mit dem Argument, dass die Aktionäre hinreichend durch ihr Abfindungsrecht geschützt seien.[568] Für die übrigen Um-

565 Vgl. *Tanaka,* in: Itô/Ôsugi/Tanaka/Matsui, Kaisha-hô [Gesellschaftsrecht] (2021), S. 425. Seit der Reform 2014/2015 ist der Gläubigerschutz bei missbräuchlichen Spaltungen verstärkt worden, bei denen zur Schädigung der Gläubiger weitreichendes Gesellschaftsvermögen mittels Spaltung auf eine andere respektive neue Gesellschaft übertragen wird. Den verbleibenden Gläubigern steht nunmehr gegenüber der übertragenen Gesellschaft ein Anspruch auf Erfüllung ihrer Verbindlichkeiten zu, begrenzt auf die übertragenen Vermögenswerte, wenn die Spaltung in dem Wissen durchgeführt wurde, dass sie für die verbleibenden Gläubiger schädigend sein wird (Artt. 759 Abs. 4, 764 Abs. 4). *Tanaka*, in: Itô/Ôsugi/Tanaka/Matsui, Kaisha-hô [Gesellschaftsrecht] (2021), S. 443; *Iwahara*, Shôji Hômu 1979 (2012), 4, 9.

566 *Tokutsu*, in: Egashira/Nakamura, Kaisha-hô (6) [Gesellschaftsrecht Bd. 6] (2021), S. 162; *Tanaka*, in: Itô/Ôsugi/Tanaka/Matsui, Kaisha-hô [Gesellschaftsrecht] (2021), S. 425; so auch *Egashira,* Kabushiki kaishahô [Das Recht der Aktiengesellschaft] (2021), S. 909; *Kanda*, Kaisha-hô [Gesellschaftsrecht] (2023), S. 407; vgl. zum Meinungsstreit *Günal*, Die Verschmelzung im japanischen Gesellschaftsrecht (2014), S. 81.

567 *Tanaka,* in: Itô/Ôsugi/Tanaka/Matsui, Kaisha-hô [Gesellschaftsrecht] (2021), S. 454.

568 OG Tokyo, Urt. v. 31.1.1990, Shiryôban Shôji Hômu 77 (1990) 193; OGH, Urt. v. 5.10.1993, Shiryôban Shôji Hômu 116 (1993) 196 (abgewiesene Revision); vgl. *Egashira,* Kabushiki kaishahô [Das Recht der Aktiengesellschaft] (2021), S. 910 f.; *Tanaka*, in: Itô/Ôsugi/Tanaka/Matsui, Kaisha-hô [Gesellschaftsrecht] (2021), S. 454, 455 mit dem Argument, dass sich in besonders gravierenden Verstößen immer noch eine Rechtsschutzmöglichkeit biete, weil die Anfechtungsklage nach Art. 831 Abs. 1 Nr. 1 GesG sich nach Vollzug der Umwandlung ohnehin in eine Nichtigkeitsklage umwandle, der allerdings auch auf die Ausnahme bei Einflussnahme durch einen Aktionär mit Sonderinteresse hinweist.

wandlungsmaßnahmen wird darauf basierend dasselbe vertreten.[569] Zusätzlich wird darauf verwiesen, dass ein unangemessener Gegenwert in den meisten Fällen durch die Stimmrechtsausübung eines Aktionärs mit Sonderinteressen zustande kommt und die Aktionäre folglich hinreichenden Schutz durch die Beschlussmängelklage gemäß Art. 831 Abs. 1 Nr. 3 GesG erhalten; kommt ein unangemessener Gegenwert ohne das Zutun eines Aktionärs mit Sonderinteresse zustande, dann sei der einzelne Aktionär nicht schutzbedürftig und habe sich der Mehrheitsentscheidung zu fügen oder von seinem Abfindungsrecht Gebrauch zu machen.[570]

Teile der Literatur sehen diese Rechtsprechung allerdings kritisch.[571] Der Aktionär sei dadurch der Gefahr ausgesetzt, dass der Mehrheitsgesellschafter mittels eines besonders unangemessenen Umtauschverhältnisses seine eigenen Gesellschaftsanteile erhöhen und die Minderheitsaktionäre zur Aufgabe ihrer Anteile bewegen könnte.[572] Hinzu komme, dass Kleinaktionäre, die zwar grundsätzlich mit der Abfindung einverstanden sind, aber nicht mit der Höhe, häufig den Aufwand und das finanzielle Risiko einer Klage scheuen.[573] Im Endeffekt stelle ein nicht gerichtlich klärbares unangemessenes Umtauschverhältnis den Minderheitsaktionär stets vor die Wahl, sich entweder mit dem Umtauschverhältnis zufrieden zu geben oder aus der Gesellschaft gegen eine Barabfindung auszuscheiden.[574] Ferner stimmt die jetzige Rechtslage bedenklich aufgrund der vielzähligen Defizite im Abfindungsverfahren[575] und der nicht gesetzlich vorgeschriebenen Prüfung der Umwandlung durch einen Sachverständigen. Den Aktionären ist daher nach vorzugswürdiger Ansicht mittels Nichtigkeitsklage ein erweiterter Rechtsschutz zu bieten.

569 *Nakamura*, Kaisha soshô handobukku [Handbuch zu gesellschaftsrechtlichen Klagen] (2017), S. 203; vgl. auch DG Tokyo, Urt. v. 11.12.2007, Hanrei Jihô 2011 (2008) 145, das eine Klage auf allgemeinen Schadensersatzanspruch nach Art. 709 ZG der Minderheitsaktionäre aufgrund eines unverhältnismäßig niedrigen Umtauschverhältnisses im Rahmen eines Aktientausches abgewiesen hat. Ebenso zum Schadensersatzanspruch gemäß Artt. 429, 773 ZG aufgrund niedrigen Umtauschverhältnisses gegen die Verwaltungsratsmitglieder bei Aktienübertragung DG Tokyo, Urt. v. 29.9.2011, Hanrei Times 1375 (2012) 188.

570 *Tanaka*, in: Kansaku u.a., Kaisha saiban ni kakaru riron no tôtatsuten [Das dogmatische Ziel der gesellschaftsrechtlichen Gerichtsverfahren] (2014), S. 2, 19 Fn. 34.

571 Vgl. *Kanda*, Kaisha-hô [Gesellschaftsrecht] (2023), S. 407; ebenfalls kritisch zur Gesetzeslage vgl. Anm. zum DG Tokyo, Urt. v. 29.9.2011, Hanrei Times 1375 (2012) 187; so auch schon *Egashira*, Ketsugô kigyôhô no rippô to kaishaku [Gesetzgebung und Verständnis des Rechts der verbundenen Unternehmen] (1995), S. 288.

572 *Egashira*, Ketsugô kigyôhô no rippô to kaishaku [Gesetzgebung und Verständnis des Rechts der verbundenen Unternehmen] (1995), S. 288; *Günal*, Die Verschmelzung im japanischen Gesellschaftsrecht (2014), S. 80.

573 *Günal*, Die Verschmelzung im japanischen Gesellschaftsrecht (2014), S. 81.

574 *Bälz*, Die Spaltung im japanischen Gesellschaftsrecht (2005), S. 191; vgl. auch *Hayakawa*, Dôshisha Hôgaku 294 (2003), 611, 631 (Dieser befürwortet auch ein dem deutschen Spruchverfahren vergleichbares Verfahren *de lege ferenda* für Japan.).

575 Siehe unten unter Dritter Teil – B.IV.

3. Keine Rückwirkung des Nichtigkeitsurteils

Bei der Umwandlungsnichtigkeitsklage handelt es sich um die einzige Rechtsschutzmöglichkeit, mittels welcher eine vollzogene Umwandlungsmaßnahme gestoppt bzw. rückgängig gemacht werden kann.[576] Zur Gewährleistung von Rechtssicherheit entfaltet sie ebenfalls Wirkung gegenüber jedermann (Art. 838 GesG).

Die Umwandlungsnichtigkeitsklage ist im Gegensatz zur Beschlussnichtigkeitsklage eine Gestaltungsklage. Mit Rechtskraft des Nichtigkeitsurteils wird die streitgegenständliche Umwandlungsmaßnahme *ex nunc* für nichtig erklärt (Artt. 839 iVm 834 Nr. 7–13 GesG).[577] Die Umwandlungsmaßnahme ist dann rückabzuwickeln. Das gilt für alle Umwandlungsmaßnahmen des Gesellschaftsgesetzes gleichermaßen.[578] Bei einer Umwandlungsmaßnahme zur Neugründung wird die neu gegründete Gesellschaft aufgelöst und abgewickelt; die aufgelösten Gesellschaften bestehen wieder.[579] Das bedeutet, dass alle im Rahmen der Umwandlung neu ausgegebenen Anteile der übernehmenden Gesellschaft mit Rechtskraft des Urteils unwirksam werden.[580] Die Aktionäre und Gläubiger werden wieder Aktionäre und Gläubiger der Gesellschaft, zu der sie vor der Umwandlung in Rechtsbeziehungen standen.[581] Beim Aktientausch und bei der Aktienübertragung hat die Muttergesellschaft mit Rechtskraftwirkung des Nichtig-

576 *Kanda*, Kaisha-hô [Gesellschaftsrecht] (2023), S. 407, 419, 426, 431; *Tanaka,* in: Itô/Ôsugi/Tanaka/Matsui, Kaisha-hô [Gesellschaftsrecht] (2021), S. 452.

577 *Tokutsu*, in: Egashira/Nakamura, Kaisha-hô (6) [Gesellschaftsrecht Bd. 6] (2021), S. 264.

578 *Tanaka,* in: Itô/Ôsugi/Tanaka/Matsui, Kaisha-hô [Gesellschaftsrecht] (2021), S. 456.

579 *Kanda*, Kaisha-hô [Gesellschaftsrecht] (2023), S. 408; *Tanaka,* in: Itô/Ôsugi/Tanaka/Matsui, Kaisha-hô [Gesellschaftsrecht] (2021), S. 456. Für Forderungen, die nach Vollzug der Umwandlung entstanden sind, haften bei der Verschmelzung und der Spaltung die wieder zu errichtenden ursprünglichen Gesellschaften gemeinsam mit den nach Umwandlungsvollzug bestehenden oder neu entstandenen Gesellschaften als Gesamtschuldner (Art. 843 Abs. 1 GesG). Sie werden zudem Bruchteilseigentümer an später erworbenen Vermögensgegenständen (Art. 843 Abs. 2 GesG). Die Parteien haben sich über die genauen Eigentumsanteile selbst zu einigen. Kann keine Einigung erzielt werden, können sie einen Antrag bei Gericht stellen, welches dann die Anteile unter Berücksichtigung der Werte der Vermögensgegenstände und sonstiger Faktoren bestimmt (Art. 843 Abs. 3, Abs. 4); *Tanaka,* in: Itô/Ôsugi/Tanaka/Matsui, Kaisha-hô [Gesellschaftsrecht] (2021), S. 456.

580 *Tanaka,* in: Itô/Ôsugi/Tanaka/Matsui, Kaisha-hô [Gesellschaftsrecht] (2021), S. 456.

581 Das Nichtigkeitsurteil bewirkt jedoch keine automatische Wiedereinsetzung der ehemaligen Gesellschaftsorgane. Stattdessen findet Art. 346 GesG entsprechende Anwendung. Das hat zur Folge, dass bis zur Neuwahl der Gesellschaftsorgane der Verwaltungs- und Prüferrat der übernehmenden Gesellschaft die Geschäfte für alle ursprünglichen Gesellschaften übernimmt. *Egashira,* Kabushiki kaishahô [Das Recht der Aktiengesellschaft] (2021), S. 927; *Günal*, Die Verschmelzung im japanischen Gesellschaftsrecht (2014), S. 77.

keitsurteils ihren Aktionären, die ehemals Aktionäre der Tochtergesellschaft waren, die ehemaligen Aktien der Tochtergesellschaft zurück zu übertragen bzw. gegen die Aktien der Muttergesellschaft zu tauschen (Art. 844 Abs. 1 GesG).[582]

Die fehlende Rückwirkung des Nichtigkeitsurteils bedeutet allerdings, dass alle Handlungen, die zwischen Wirksamkeitstag der Umwandlungsmaßnahme und Rechtskraft des Urteils vorgenommen wurden, beispielsweise Gewinnausschüttungen, Aktienübertragungen, Verträge mit Dritten, in ihrer Wirksamkeit nicht berührt werden.[583] Das führt zu der ungeklärten Frage, wie sich die Rückabwicklung auf die Aktionärsstellung auswirken soll, wenn die Aktien zwischenzeitlich an Dritte übertragen worden sind. Das kann insbesondere bei Aktien börsennotierter Gesellschaften auftreten. Konsequenterweise würden der betroffenen Gesellschaft dann zusätzliche, neue Aktionäre aufgezwungen werden.[584] Eine Rückabwicklung einer bereits vollzogenen Umwandlung führt folglich nicht zum vorherigen Status quo, sondern zu völlig neuen Umständen, die in dieser Form von keiner der beteiligten Parteien beabsichtigt war. Bezeichnenderweise ist keine Gerichtsentscheidung bekannt, welche die Umwandlung einer börsennotierten Gesellschaft für unwirksam erklärt hat.[585]

4. Gerichtliche Geltendmachung

a. Klagebefugnis

Klagebefugt sind bei der Umwandlungsnichtigkeitsklage alle diejenigen, die am Tag der Wirksamkeitsentfaltung der jeweiligen Umwandlungsmaßnahme noch Aktionär, Verwaltungsratsmitglied, Mitglied des Prüferrats, Geschäftsführer oder Liquidator waren[586] sowie alle diejenigen, die nach Umwandlungsvollzug

582 *Tanaka,* in: Itô/Ôsugi/Tanaka/Matsui, Kaisha-hô [Gesellschaftsrecht] (2021), S. 456.

583 *Egashira,* Kabushiki kaishahô [Das Recht der Aktiengesellschaft] (2021), S. 927; *Günal*, Die Verschmelzung im japanischen Gesellschaftsrecht (2014), S. 78.

584 *Egashira* vertritt daher die Ansicht, dass in dem Falle einer Weiterveräußerung der Anteile an Dritte nur ein Barausgleich verbleibt. Erwogen wird im Schrifttum auch, *de lege ferenda* die neuen ausgegebenen Aktien als *ex nunc* nichtig anzusehen und den zwischenzeitlichen Erwerbern der Aktien einen Schadensersatzanspruch gegen den Veräußerer respektive den Verwaltungsrat zuzusprechen, *Egashira,* Kabushiki kaishahô [Das Recht der Aktiengesellschaft] (2021), S. 988.

585 Vgl. auch *Nakamura,* Kaisha soshô handobukku [Handbuch zu gesellschaftsrechtlichen Klagen] (2017), S. 197 (Fn. 178); *Günal*, Die Verschmelzung im japanischen Gesellschaftsrecht (2014), S. 77.

586 Folglich können Aktionäre, die gegen ihren Willen im Rahmen einer Verschmelzung zur Aufnahme oder bei Aktientausch aus der Gesellschaft gedrängt wurden (*shimedashi*) und als Gegenwert für ihre Anteile Barmittel erhalten haben, die Umwandlungsmaßnahme mittels Verschmelzungs- bzw. Aktientauschnichtigkeitsklage angreifen; *Tanaka*, in: Itô/Ôsugi/Tanaka/Matsui, Kaisha-hô [Gesellschaftsrecht] (2021), S. 452. Zu *shimedashi* ausführlicher *Tanaka*, in: Itô/Ôsugi/Tanaka/Matsui, Kaisha-hô [Gesellschaftsrecht] (2021), S. 408.

einer der genannten Gruppen in Bezug auf die weiterhin bestehende oder neu gegründete Gesellschaft angehören (Art. 828 Abs. 2 Nr. 7–13 GesG). Die in der Norm beschriebene Gesellschaftszugehörigkeit ist einleuchtend, da die Umwandlungsnichtigkeitsklage nach Vollzug der Umwandlung erhoben werden kann. Zusätzlich klageberechtigt sind zudem die Gläubiger, die nicht ihre Zustimmung zu der Umwandlung erteilt haben.[587] Mit dieser Begrenzung des Kreises der Klageberechtigten bietet die Umwandlungsnichtigkeitsklage im Vergleich zur allgemeinen Nichtigkeitsklage eine beschränkte Rechtsschutzmöglichkeit, um die Bestandskraft der Umwandlung zu stärken.

b. Klagefrist

Dasselbe gilt für die Festsetzung der Klagefrist bei der Umwandlungsnichtigkeitsklage: Im Gegensatz zur allgemeinen Nichtigkeitsklage sieht die Umwandlungsnichtigkeitsklage aus Gründen der Transaktionssicherheit für alle Fälle der Umwandlung eine Klagefrist von sechs Monaten ab Wirksamkeitstag vor (Art. 828 Abs. 1 Nr. 7 bis 13 GesG). Damit ist nach Ablauf der Sechs-Monats-Frist gewährleistet, dass die Umwandlungsmaßnahme dauerhaft Bestandskraft entfaltet und nicht zu einem späteren Zeitraum eine, dann aufgrund der vermehrten Rechtsgeschäfte erheblich kompliziertere, Rückabwicklung erforderlich wird. Die Klagefrist befindet sich im Gleichlauf mit dem Zeitraum der Nachpublizität.[588]

c. Erbringung einer Sicherheitsleistung

Die beklagte Gesellschaft kann vor Gericht beantragen, dass der Kläger einer Umwandlungsnichtigkeitsklage Sicherheitsleistung erbringen muss, wenn die Gesellschaft glaubhaft machen kann, dass die Klageerhebung in böswilliger Absicht erhoben wurde (Art. 836 Abs. 1, 3 GesG). Ausgenommen davon sind Kläger, die als Verwaltungsratsmitglied, Mitglied des Prüferrats, Geschäftsführer, Liquidator oder bei Gründung einer neuen Gesellschaft Verwaltungsratsmitglied oder Gründungsprüfer Aufgaben für die Gesellschaft wahrnehmen. Die Regelung des Art. 836 GesG soll missbräuchliche Klagen unterbinden.[589] Die Einführung der Sicherheitsleitungen bei Verdacht auf eine missbräuchliche Klage hat ihren Ursprung in den Erfahrungen der japanischen Gesellschaften

587 Art. 828 Abs. 2 Nr. 7–13 GesG. Mit »nicht der Umwandlung zugestimmte« Gläubiger im Sinne der Vorschrift sind diejenigen Gläubiger erfasst, denen gegenüber der Umwandlungsmaßnahme ein Widerspruchsrecht zusteht, vgl. OG Tokyo, Urt. v. 26.1.2011, Kinyû Shôji Hanrei 1363 (2011) S. 30; *Tanaka*, in: Itô/Ôsugi/Tanaka/Matsui, Kaisha-hô [Gesellschaftsrecht] (2021), S. 452.

588 Siehe oben Dritter Teil – A.II.2.

589 *Nakamura*, Kaisha soshô handobukku [Handbuch zu gesellschaftsrechtlichen Klagen] (2017), S. 198 f.

mit sog. *sôkai-ya*.[590] Mangels bei Klageerhebung unmittelbar greifender Registersperre ist das Missbrauchsrisiko hierbei nicht unverhältnismäßig hoch und der Antrag auf Sicherheitsleistung in den außer Verhältnis stehenden Missbrauchsfällen zu begrüßen.

5. Praktische Relevanz der Nichtigkeitsklage

In der Praxis treten Nichtigkeitsklagen jedoch nur in äußerst seltenen Einzelfällen auf.[591] Grund dafür ist, dass die Gerichte einer Umwandlungsnichtigkeitsklage aufgrund der praktisch nur schwer umsetzbaren Rückabwicklung der Umwandlungsmaßnahme nur in ganz besonders schwerwiegenden Fällen stattgeben werden. Den Gerichten ist durch das Gesetz sowie mangels gefestigter Rechtsprechung ausreichend Spielraum für die Berücksichtigung der Praktikabilität der Rückabwicklung vor dem Hintergrund der Schwere des Nichtigkeitsgrundes eingeräumt. Klagende Aktionäre werden daher auch die Erhebung der Umwandlungsnichtigkeitsklage aufgrund der hohen finanziellen Risiken und der geringen Erfolgsaussichten scheuen.

Rechtspolitisch betrachtet ist die in der Praxis mit geringen Erfolgsaussichten besetzte Umwandlungsnichtigkeitsklage äußerst bedenklich. Denn sind die Erfolgsaussichten allgemein so gering, dass das Rechtsschutzmittel kaum genutzt wird, dann bewirkt auch die alleinige Existenz dieser Klagemöglichkeit keine Disziplinierung der Gesellschaftsorgane.

IV. Abfindungsrechte

Findet innerhalb der Gesellschaft eine grundlegende Strukturveränderung statt, bietet das Gesellschaftsgesetz den Minderheitsaktionären in bestimmten Fällen die Wahl, sich dieser Strukturveränderung zu fügen oder ihre Aktionärseigenschaft an der Gesellschaft aufzugeben, indem sie von der Gesellschaft den Rückkauf ihrer Aktien zu einem angemessenen Preis verlangen können (sog.

590 Siehe oben Erster Teil – D.I.4.a.

591 Für nichtig erklärt wurde in jüngerer Zeit eine Verschmelzung, gegen die der Verwaltungsrat selbst die Nichtigkeitsklage erhoben hatte, nachdem die Verschmelzung von sog. *Pachinko*-Gesellschaften eine Beantragung einer neuen Lizenz erforderlich gemacht hatte und erhebliche Kosten damit verbunden waren, DG Nagoya, Urt. v. 21.11.2007, Kinyû Shôji Hanrei 1294 (2008) 60, wobei allerdings fraglich ist, ob diese Nichtigkeitsklage nicht missbräuchlich war. Ebenfalls erfolgreich erging in jüngerer Zeit ein Urteil über eine Nichtigkeitsklage bei der Gesellschaftsspaltung, die trotz fehlender, gesetzlich erforderlicher Zustimmung des Verkehrsministeriums durchgeführt und eingetragen wurde, DG Tokyo, Urt. v. 17.12.2021, sowie einer Nichtigkeitsklage beim Aktientausch aufgrund mangelhafter Offenlegung von Dokumenten im Vorfeld des Zustimmungsbeschlusses, DG Kobe, Urt. v. 6.2.2015, Kinyû Shôji Hanrei 1468 (2015), 58.

Abfindungsrecht, *kabushiki kaitori seikyû-ken*). Im Gesellschaftsgesetz sind Abfindungsrechte daher, neben den Abfindungsrechten bei Umwandlungsmaßnahmen (Artt. 785, 797, 806, 816-6 GesG), in den meisten Fällen gesellschaftsrechtlicher Strukturveränderungen wiederzufinden.[592]

Auch wenn Abfindungsrechte nicht primär dem gerichtlichen Rechtsschutz zuzuordnen sind, ist die Uneinigkeit über die Höhe der Abfindung Gegenstand eines gerichtlichen Verfahrens. Aufgrund der zentralen Bedeutung des Abfindungsrechts im japanischen Gesellschafts- und Umwandlungsrecht bedarf es daher einer überblicksartigen Darstellung des Abfindungsrechts; eine ausführliche Darstellung muss zugunsten des in dieser Arbeit gewählten thematischen Schwerpunkts jedoch unterbleiben.[593]

1. Antragsberechtigte

Das Recht auf Abfindung steht grundsätzlich allen Aktionären zu, die an einer der Umwandlungsvarianten beteiligt sind (Artt. 785, 797, 806, 816-6 GesG).[594] Zur Geltendmachung des Abfindungsrechts sind jedoch nur diejenigen Aktionäre berechtigt, die der Umwandlungsmaßnahme rechtzeitig widersprochen haben. Um von seinem Abfindungsrecht Gebrauch machen zu können, muss der Aktionär in dem Zeitraum zwischen 20 Tagen und dem Tag vor Beschlussfassung der Gesellschaft schriftlich von seiner Absicht mitteilen, von seinem Abfindungsrecht Gebrauch zu machen und anschließend in der Hauptversammlung gegen den Umwandlungsbeschluss stimmen.[595] Die vorzeitige Mitteilung ermöglicht der Gesellschaft abzusehen, in welchem Umfang sie Barmittel zur

592 So kann ein Abfindungsrecht bei allen Satzungsänderungen, die die Übertragbarkeit von Aktien einschränken (Art. 116 Abs. 1 Nr. 1, 2 GesG) sowie bei denen für die Inhaber einer bestimmten Aktiengattung die Gefahr besteht, einen Schaden zu erleiden (Art. 116 Abs. 1 Nr. 3 GesG), geltend gemacht werden. Außerdem auch bei der Geschäftsübertragung (Art. 469 GesG).

593 Ausführlich hierzu: *Koh*, American Journal of Comparative Law, 62 (2014), 417 ff.; *Iida/Sekiguchi*, Enterprise Law US and Japan (2014), S. 222 ff.; *Bälz*, ZJapanR 13 (2002), S. 152 ff.; *Saitô*, in FS Hopt (2010), S. 3305 ff.; *Kanda*, Kaisha-hô [Gesellschaftsrecht] (2023), S. 400 ff.

594 Ausgenommen der qualifizierte Mehrheitsaktionär in Fällen der vereinfachten und der verkürzten Umwandlung, *Kanda*, Kaisha-hô [Gesellschaftsrecht] (2023), S. 400 sowie den Aktionären der Zielgesellschaft bei Aktienzuteilung, Art. 816-6 Abs. 2 GesG.

595 Art. 785 Abs. 2 Nr. 1a, Abs. 5, Art. 797 Abs. 2 Nr. 1a, Abs. 5, Art. 806 Abs. 2 Nr. 1, Abs. 5, Art. 816-6 Abs. 3 GesG. Ein Abfindungsrecht steht zudem auch allen Aktionären zu, die bei der Hauptversammlung ihr Stimmrecht nicht ausüben konnten (Art. 785 Abs. 2 Nr. 1b, Art. 797 Abs. 2 Nr. 1b, Art. 806 Abs. 2 Nr. 2, 816-6 Abs. 2 Nr. 1b GesG) oder wenn kein Umwandlungsbeschluss stattgefunden hat (Art. 785 Abs. 2 Nr. 2, Art. 797 Abs. 2 Nr. 2 GesG).

Verfügung stellen muss[596]; sie schränkt gleichzeitig aber das Rechtsschutzniveau des Abfindungsrechts für die Minderheitsaktionäre ein.

2. Festsetzung der Abfindungshöhe

a. Einvernehmliche Einigung der Parteien

Nach ordnungsgemäßer Mitteilung und Stimmabgabe gegen den Beschluss haben die widersprechenden Aktionäre ein Recht darauf, dass die Gesellschaft ihnen die Aktien zu einem angemessenen Preis (*kôsei na kakaku*) abkauft. Das Gesellschaftsgesetz sieht als Grundsatz die einvernehmliche Einigung der Parteien über den Kaufpreis vor.[597] Wird eine Einigung über die Abfindungshöhe erzielt, zahlt die Gesellschaft innerhalb von 60 Tagen nach erzielter Einigung den Kaufpreis an den Aktionär aus (Artt. 786 Abs. 1, 798 Abs. 1, 807 Abs. 1, 816-7 Abs. 1 GesG). Wird innerhalb von 30 Tagen keine Einigung über den Kaufpreis der Aktien gefunden, kann jede der Parteien bei Gericht einen Antrag auf gerichtliche Festsetzung des angemessenen Kaufpreises verlangen (Artt. 786 Abs. 2, 798 Abs. 2, 807 Abs. 2, 816-7 Abs. 2 GesG). Alternativ können die Aktionäre nach Ablauf der 60-Tage-Frist ihr Begehren auf Abfindung zurücknehmen (Artt. 786 Abs. 3, 798 Abs. 3, 807 Abs. 3, 816-7 Abs. 3 GesG).[598]

b. Gerichtliche Festsetzung des angemessenen Preises

Stellt einer der Parteien den Antrag auf gerichtliche Festsetzung der Abfindungshöhe, ist das Gericht bei seiner Ermittlung der angemessenen Abfindungshöhe nicht an den Parteienvortrag gebunden und ermittelt von Amts wegen unter Berücksichtigung aller Umstände des Einzelfalls.[599] Seit 2013 kann das Gericht nach eigenem Ermessen einen Sachverständigen hinzuziehen (Art. 33 des Gesetzes über das Verfahren der Angelegenheiten der freiwilligen

596 *Shinohara*, in: Egashira/Nakamura, Kaisha-hô (5) [Gesellschaftsrecht Bd. 5] (2021), S. 572; vgl. *Egashira*, Kabushiki kaishahô [Das Recht der Aktiengesellschaft] (2021), S. 912.

597 *Koh*, American Journal of Comparative Law, 62 (2014), 417, 426.

598 Vor Ablauf der 60-Tage-Frist kann der Aktionär sein Abfindungsbegehren nur mit Zustimmung der Gesellschaft zurücknehmen (Artt. 785 Abs. 7, 797 Abs. 7, 806 Abs. 7, 816-6 Abs. 7 GesG). Durch die Verbindlichkeit des Abfindungsantrags soll verhindert werden, dass der Aktionär simultan zum Preisfindungsverfahren seine Ertragschancen auf dem freien Markt auslotet und folglich das Abfindungsrecht als Sicherheitsnetz gegen das allgemeine Marktpreisrisiko missbraucht, *Yanagi*, in: Morimoto, Kaisha-hô kommentâru (18) [Gesellschaftsrecht Kommentar Band 18] (2010), S. 111; *Koh*, American Journal of Comparative Law, 62 (2014), 417, 426.

599 OGH, Beschl. v. 1.3.1973, Hanrei Times 292 (1973) 250.

Gerichtsbarkeit, im Folgenden GFG[600]).[601] Der Wortlaut des neuen Gesellschaftsgesetzes erlaubt es dabei nun, neben dem reinen Wert der Anteile auch antizipierbare Synergieeffekte in die Berechnung der Abfindung miteinzubeziehen.[602] Damit sollen Minderheitsaktionäre, wie im Übernahmerecht auch, am wirtschaftlichen Nutzen einer Verschmelzung beteiligt werden. Die gerichtliche Überprüfung erfüllt somit zunehmend die Aufgabe der Neuverhandlung der Umwandlungsbedingungen unter Berücksichtigung subjektiver Gewinnprognosen des Erwerbers.[603]

Für die gerichtliche Festsetzung des angemessenen Abfindungspreises ist allerdings zwischen börsennotierten und nicht börsennotierten Aktiengesellschaften zu unterscheiden. Bei Aktien, die an der Börse gehandelt werden, dient als Ausgangswert grundsätzlich der Marktwert der Aktie am Tag des Antrags auf Abfindung, sofern keine Synergiewerte zu berücksichtigen sind.[604] Da der Markt aber regelmäßig zum Zeitpunkt der gerichtlichen Entscheidung bereits auf die bevorstehende Umwandlungsmaßnahme reagiert hat und dadurch der Marktwert verzerrt wird, steht es im Ermessen des Gerichts, auf den durchschnittlichen Marktpreis in den Monaten vor Beschlussfassung oder wahlweise

600 *Hishô jiken tetsuzuki-hô*, Gesetz Nr. 14/1898.

601 *Takahashi/Fleischer/Baum*, ZJapanR 36 (2013), 1, 45.

602 DG Osaka, Beschl. v. 27.4.2012, Hanrei Times 1384 (2013) 256; OGH, Beschl. v. 29.2.2012, Hanrei Times 1370 (2012), 108 (*Tecmo*); *Iida/Sekiguchi*, Enterprise Law US and Japan (2014), S. 222, 224; vgl. *Aizawa*, Ichimon ittô. Shin kaisha-hô [Eine Frage eine Antwort. Das neue Gesellschaftsrecht] (2005), S. 221; *Takahashi/Fleischer/Baum*, ZJapanR 36 (2013), 1, 17, 26.

603 So hat das OG Tokyo beispielsweise in der Entscheidung *Rex Holdings* (MBO unter Verwendung von Aktien mit Rückkaufklauseln) erstmals Interessenskonflikte zwischen dem Verwaltungsrat und den Aktionären in seine Berechnung miteinfließen lassen und stellte fest, dass der Verwaltungsrat im Vorfeld des MBO durch Maßnahmen bewusst negativ auf den Aktienkurs Einfluss geübt hatte. Die Abfindung wurde daraufhin von 200.000 auf 336.996 Yen pro Aktie angehoben, OG Tokyo, Beschl. v. 12.9.2008, in Shôji Hômu 1844 (2008), 51. Im Rahmen eines Dreiecks-Aktientausches zwischen der Citigroup und Nikko konnten Aktionäre eine Erhöhung des Abfindungspreises von 1.650 auf 1.700 Yen erreichen. Da dieser Preis dem Preis des vorausgegangenen öffentlichen Übernahmeangebots entsprach, bestätigte das DG Tokyo damit ausdrücklich, dass zum Wirksamkeitstag zu erwartende Synergien in die Berechnung miteinfließen, DG Tokyo, Beschl. v. 31.3.2009, Hanrei Times 1296 (2009) 128. *Ôta*, Shôji Hômu 1869 (2009), 4 ff.; *Günal*, Die Verschmelzung im japanischen Gesellschaftsrecht (2014), S. 65 ff.

604 Vgl. OGH, Beschl. v. 19.4.2011, Minshû Bd. 65 Nr. 3 S. 1311 (= Hanrei Times 1352 (2011) 140) (*Rakuten v. TBS*); bestätigend OGH, Beschl. v. 26.4.2011, Hanrei Times 1352 (2011) 135; so auch OGH, Beschl. v. 29.2.2012, Hanrei Times 1370 (2012), 108 (*Tecmo*); *Koh*, American Journal of Comparative Law, 62 (2014), 417, 436 f.

– je nach Umständen des Einzelfalls – auf die Zeit vor Bekanntgabe des Umwandlungsvorhabens abzustellen.[605]

Eine klare Linie bei Festsetzung des Abfindungspreises bei Aktien nicht börsennotierter Gesellschaften ist indessen schwerer festzustellen. Auch hierbei gilt seit der Reform 2005 die Feststellung des »fairen Preises«, sodass auch hier Synergieeffekte mitberücksichtigt werden können.[606] Als Referenzwerte können zudem die Börsenpreise vergleichbarer, börsennotierter Gesellschaften herangezogen werden. Die neuere Rechtsprechung stützt sich inzwischen bei der Bewertung nicht börsennotierter Gesellschaften auf das *Discounted-Cash-Flow-Verfahren* als eine Art Ertragswertverfahren.[607]

c. Kostenregelung

Nicht unberücksichtigt zu lassen ist, dass auch der Antrag auf Feststellung des angemessenen Preises meist mit einem erheblichen Kostenrisiko verbunden ist.[608] Gem. Art. 26 GFG sind die Verfahrenskosten grundsätzlich vom Antragsteller zu tragen.[609] Das ist besonders für die Aktionäre problematisch, da die gerichtliche Entscheidung über den angemessenen Preis lediglich Wirkung *inter partes* entfaltet, sodass jeder rechtsschutzsuchende Aktionär eigenständig Klage erheben und den Prozess durchlaufen muss.[610] Erschwerend kommt hinzu, dass die Kosten für Sachverständigengutachten in komplexeren Fällen schnell mehrere zehn Millionen Yen betragen können.[611] Zwar können die Kosten häufig

605 *Iida/Sekiguchi*, Enterprise Law US and Japan (2014), S. 222, 226 f. Allerdings wird es als missbräuchlich empfunden, wenn Aktionäre die Aktien nach Bekanntgabe der Verschmelzung erwerben, um mit gerichtlicher Hilfe einen höheren Verkaufspreis zu erzielen. Das DG Tokyo hat in einem solchen Fall entschieden, dass der Abfindungspreis nicht den Kaufpreis übersteigen dürfe, selbst wenn die Aktien vor Bekanntgabe einen höheren Preis hatten, DG Tokyo, Beschl. v. 11.10.1983, Hanrei Times 1515 (1984) 159, bestätigend OG Tokyo, Beschl. v. 14.12.1983, Hanrei Times 525 (1984) 285.

606 *Shinohara*, in: Egashira/Nakamura, Kaisha-hô (5) [Gesellschaftsrecht Bd. 5] (2021), S. 591; *Takahashi/Fleischer/Baum*, ZJapanR 36 (2013), 1, 32.

607 Ausführlich zu den Bewertungsmethoden bei geschlossenen Aktiengesellschaften in Japan *Takahashi/Fleischer/Baum*, ZJapanR 36 (2013), 1, 32-35; vgl. auch DG Osaka, Urt. v. 25.1.2013, Hanrei Jihô 2186 (2013) 93.

608 *Nakahigashi*, Kinyû Shôji Hanrei 1290 (2008) 22, 30; *Takahashi/Fleischer/Baum*, ZJapanR 36 (2013), 1, 46; *Günal*, Die Verschmelzung im japanischen Gesellschaftsrecht (2014), S. 67 f.

609 Dabei handelt es sich um die Gerichtskosten; die Kosten für die Rechtsberatung und die Bestellung eines Gutachters zahlt jede Partei selbst, *Koh*, American Journal of Comparative Law, 62 (2014), 417, 430; *Takahashi/Fleischer/Baum*, ZJapanR 36 (2013), 1, 46.

610 *Saitô*, in: FS Hopt (2010), S. 3305, 3316.

611 Im Fall Kanebô betrugen die Kosten über 54 Mio. Yen.

je nach Verlustanteilen der Parteien auch auf die Gesellschaft[612] oder zwischen den Antragstellern aufgeteilt werden; stellen jedoch nicht genügend Aktionäre den Antrag auf Feststellung des angemessenen Abfindungspreises, stehen die Gutachterkosten außer Verhältnis zur möglichen Verbesserung des Abfindungspreises. Den Aktionären bleibt dann keine andere Wahl, als das Abfindungsangebot der Gesellschaft anzunehmen[613], wodurch wiederum die disziplinierende Wirkung der Abfindungsrechte eingedämmt und die Rechtsschutzwirkung beschränkt wird.

3. Bedeutung des Abfindungsrechts in der Praxis

Das Abfindungsrecht spielt im japanischen Gesellschaftsrecht, insbesondere bei Umwandlungsmaßnahmen, eine zentrale Rolle beim Schutz der Minderheitsaktionäre.[614] Ein Klageverfahren zur gerichtlichen Geltendmachung von Fehlern im Umwandlungsbeschluss ist mit erheblichem Zeit- und Kostenaufwand verbunden und auch wegen der kurzen Fristen bis zur Wirksamkeit der Umwandlungsmaßnahme erschwert.[615] Die gerichtliche Überprüfung der Abfindungshöhe hingegen – auch wenn sie strikte verfahrensrechtliche Schritte voraussetzend – folgt einem klar begrenzten Zeitplan und sichert dem antragstellenden Aktionär zumindest eine Abfindung als Ergebnis zu. In der Theorie bietet das Abfindungsrecht dem einzelnen Aktionär eine unkomplizierte Möglichkeit aus der Gesellschaft auszuscheiden, wenn die Gesellschaft grundlegende Veränderungen vornimmt, mit denen der Aktionär nicht einverstanden ist. Dies ist für die Minderheitsaktionäre insoweit hilfreich, dass sie die Umwandlungsmaßnahme nicht verhindern können und zusätzlich die isolierte Überprüfungsmöglichkeit eines unangemessenen Umtauschverhältnisses beschränkt ist.[616] Dabei spielt das Abfindungsrecht insbesondere bei nicht börsennotierten Gesellschaften aufgrund der mangelnden Fungibilität der Anteile eine bedeutende Rolle. Gleichzeitig kann sich das Abfindungsrecht auch disziplinierend auf den Verwaltungsrat und den Mehrheitsaktionär bei deren Umwandlungsvorhaben auswirken.[617]

612 DG Tokyo, Beschl. v. 14.3.2008, Kin'yû Shôji Hanrei 1289 (2008) 8 (*Kanebô*); dazu auch *Nakahigashi*, Kinyû Shôji Hanrei 1290 (2008) 22 ff.

613 *Nakahigashi*, Kinyû Shôji Hanrei 1290 (2008) 22, 30; *Günal*, Die Verschmelzung im japanischen Gesellschaftsrecht (2014), S. 67 f.

614 *Koh*, American Journal of Comparative Law, 62 (2014), 417; *Iida/Sekiguchi*, Enterprise Law US and Japan (2014), S. 222, 230; *Chikasawa/Kutami*, The Mergers and Acquisition Litigation Review: Japan, 2.12.2021 (abrufbar unter https://thelawreviews.co.uk/title/the-mergers-and-acquisitions-litigation-review/japan).

615 *Iida/Sekiguchi*, Enterprise Law US and Japan (2014), S. 222, 227 f.; *Chagall*, in: Japan im internationalen Kontext Bd. I (2007), S. 279, 293.

616 *Kanda*, Shôji Hômu 1879 (2009), 4.

617 *Fujita*, in: FS Egashira (2007), S. 261, 276; *Nakahigashi*, Nagoya Daigaku Hôsei Ronshû 223 (2008), 233, 242; *Koh*, American Journal of Comparative Law, 62 (2014), 417, 441 f.; *Iida/Sekiguchi*, Enterprise Law US and Japan (2014), S. 222, 235.

Üben aufgrund unangemessener Umwandlungsbedingungen für die Aktionäre eine Vielzahl von Aktionären ihr Abfindungsrecht aus, bedeutet dies auch stets einen Abfluss massiver Barmittel und damit einhergehend einen Liquiditätsverlust für die Gesellschaft. Das Schutzniveau durch das Abfindungsrecht ist in der Praxis aber tatsächlich in weiten Teilen begrenzt. Die Minderheitsaktionäre sind insbesondere aufgrund des erheblichen finanziellen Risikos durch die Kostentragungsregelung von einer gerichtlichen Überprüfung der Abfindungshöhe oft in der gerichtlichen Geltendmachung ihrer Rechte eingeschränkt.[618]

V. Aktionärsklage

Bei der Aktionärsklage (*kabunushi daihyô soshô*, Art. 847, Art. 423 Abs. 1 GesG) handelt es sich um eine Art Schadensersatzklage in Prozessstandschaft und damit eigentlich nicht um ein eigenständiges Rechtsschutzmittel, sondern ein Vehikel hierzu. Demnach kann ein Aktionär, der seine Anteile an der Gesellschaft seit einem ununterbrochenen Zeitraum von mindestens sechs Monaten hält, den Schadensersatzanspruch der Gesellschaft gegen Verwaltungsrat, Prüferrat, Geschäftsführer oder Rechnungsprüfer aufgrund einer Verletzung ihrer Organpflichten aus Art. 423 Abs. 1 GesG selbst für und im Namen der Gesellschaft geltend machen.[619] Verliert der Aktionär im Wege der Umwandlung seine Aktionärsstellung, kam ihm nach bisherigem Recht auch seine Berechtigung zur Erhebung der Aktionärsklage abhanden. Seit der Reform 2014 bestehen begrenzte Ausnahmen für den Fall des Aktientausches, der Aktienübertragung sowie den Fall der Verschmelzung zur Aufnahme gemäß Art. 847-2 Abs. 1 GesG: Hat der seiner Aktionärsstellung verlustig gewordene Aktionär vor Wirksamkeitsentfaltung der Umwandlung die Aktionärsklage erhoben, kann er diese weiterverfolgen, wenn er im Falle des Aktientausches bzw. der Aktienübertragung Aktien an der neuen 100 %igen Aktiengesellschaft, oder im Falle der Verschmelzung zur Aufnahme Aktien an der 100 %igen Muttergesellschaft der aufnehmenden Gesellschaft hält.[620]

Im Zusammenhang mit Umwandlungsmaßnahmen können Aktionärsklagen gegen Verwaltungsratsmitglieder erhoben werden, beispielsweise wegen bewusster Falschangaben in den Umwandungsunterlagen, fehlerhafter Durchführung

618 Vgl. *Iida*, Business Hômu 12 (2012), 77 ff.

619 *Ôsugi,* in: Itô/Ôsugi/Tanaka/Matsui, Kaisha-hô [Gesellschaftsrecht] (2021), S. 251. Die Gesellschaftsorgane haben zudem auch Dritten den Schaden zu ersetzen, den sie diesen vorsätzlich oder grob fahrlässig zufügen (Art. 429 Abs. 1 GesG). Ausführlich zur Aktionärsklage *Kliesow*, Aktionärsklage und Aktionärsrechte in Japan (2001); *Puchniak/Nakahigashi* in: Puchniak/Baum/Ewing-Chow, The Derivative Action in Asia (2012), S. 128 ff.; *Puchniak/Nakahigashi*, Vanderbilt Journal of Transnational Law 45 (2012) 1 ff.

620 *Ôsugi,* in: Itô/Ôsugi/Tanaka/Matsui, Kaisha-hô [Gesellschaftsrecht] (2021), S. 256 f.

des Abfindungs- und Gläubigerschutzverfahrens sowie allgemeiner Pflichtverletzungen im Rahmen der Sorgfalts- und Treuepflichten, die sich aus dem Auftragsverhältnis mit der Gesellschaft ergeben.[621] Hinsichtlich der Unangemessenheit der Umtauschverhältnisse bei einer Verschmelzung, bei der der Gegenwert in Form von Aktien erfolgt, hat das DG Osaka eine Aktionärsklage der Aktionäre der aufnehmenden Gesellschaft mit der Begründung abgewiesen, dass der Gesellschaft selbst durch die Ausgabe von neuen Aktien kein Vermögensabfluss und damit kein Schaden entstehe.[622] Wird anstelle von Aktien eine Barabfindung angeboten, kann es hingegen durchaus zum Mittelabfluss bei der Gesellschaft kommen, sodass eine Aktionärsklage zulässig sein kann.[623] Im umwandlungsrechtlichen Rechtsschutz spielt die Aktionärsklage folglich eine eher untergeordnete Rolle.

VI. Zwischenergebnis

Die nachträglichen Rechtsschutzmöglichkeiten, die das Gesellschaftsgesetz den Minderheitsaktionären nach Vollzug eines Umwandlungsvorhabens bietet, zeigen in der Gesamtbetrachtung erhebliche Rechtsschutzlücken auf. Auf den ersten Blick erscheint dem nicht so; die Umwandlungsmaßnahme unterliegt auch nach Vollzug und Eintragung zumindest für weitere sechs Monate noch der rechtlichen Kontrolle durch die Gerichte. Allerdings gilt dies bereits nicht für die Anfechtungsklage, die den größten Anwendungsbereich umfasst. Die Weiterverfolgung des Anfechtungsbegehrens trotz Eintragung in Form einer umgewandelten Nichtigkeitsklage ist ebenso wie die Umwandlungsnichtigkeitsklage selbst ein reiner Papiertiger; weder sind die rechtlichen Voraussetzungen für eine erfolgreiche Umwandlungsnichtigkeitsklage eindeutig geklärt, noch sind im nennenswerten Maße Fälle bekannt, bei denen die Nichtigkeitsklage im Falle einer Umwandlung erfolgreich gewesen ist.

Die mangelnde Ausgestaltung der Aktionärsklagerechte wird des Weiteren mit Verweis auf das Abfindungsrecht gerechtfertigt. Dabei weist dieses selbst zahlreiche Hürden für den rechtsschutzsuchenden Aktionär auf, da dieser nicht nur bereits bis zum Tag der Beschlussfassung der Gesellschaft seine Entscheidung mitgeteilt haben, sondern auch im Falle einer zu niedrigen Abfindungszahlung ein kostspieliges gerichtliches Verfahren durchlaufen muss. Ganz besonders kritikwürdig ist hierbei die fehlende Wirkung dieser Gerichtsentscheidung für alle übrigen, ausscheidenden Aktionäre.

621 *Tanaka*, in: Itô/Ôsugi/Tanaka/Matsui, Kaisha-hô [Gesellschaftsrecht] (2021), S. 455; vgl. auch *Egashira,* Kabushiki kaishahô [Das Recht der Aktiengesellschaft] (2021), S. 518; *Kliesow*, Aktionärsklage und Aktionärsrechte in Japan (2001), S. 114.

622 DG Osaka, Urt. v. 31.5.2000, Hanrei Times 1061 (2001) 246. Ähnlich auch schon OG Tokyo, Urt. v. 14.6.1995, in: Shiryôban Shôji Hômu 143 (1996), 161.

623 Hierzu sind derzeit noch keine gerichtlichen Entscheidungen ergangen, *Tanaka*, in: Itô/Ôsugi/Tanaka/Matsui, Kaisha-hô [Gesellschaftsrecht] (2021), S. 455.

C. Präventiver gerichtlicher Rechtsschutz im japanischen Umwandlungsrecht

Im Vergleich zu den nachträglich wirkenden gerichtlichen Rechtsschutzmöglichkeiten des japanischen Umwandlungsrechts ist der präventive Rechtsschutz im wissenschaftlichen Diskurs wenig präsent. Dem liegt zum einen die fehlende Rechtsfolge einer Registersperre zugrunde, wodurch der präventive Rechtsschutz zumindest in der Theorie weniger effektiv erscheint. Dies wurde auch aufgrund des Fokus auf der Nutzung der Abfindungsrechte als Allheilmittel im japanischen Gesellschaftsrecht lange Zeit nicht als problematisch erachtet. Zum anderen waren die präventiven Rechtsschutzmöglichkeiten sowohl in ihrer Anzahl als auch hinsichtlich ihres Anwendungsbereichs beschränkt. Dem sollte die Reform 2014 abhelfen. Im Folgenden sollen zunächst die bisherigen, vor der Reform 2014 bestehenden präventiven Rechtsschutzmöglichkeiten dargestellt werden (I.), bevor im Anschluss die im Jahre 2014 neu eingeführte präventive Unterlassungsklage einer ausführlichen Betrachtung und Analyse unterzogen wird (II.).[624]

I. Präventiver Rechtsschutz im japanischen Umwandlungsrecht vor der Reform 2014

Der präventive Rechtsschutz bei Umwandlungsvorgängen im japanischen Gesellschaftsrecht besteht vor allem in Form von präventiv wirkenden Unterlassungsklagen. Eine Übersicht der präventiven Unterlassungsklagen ist in Abbildung 4 dargestellt. Der Fokus des japanischen Gesellschaftsrechts auf vorbeugende Unterlassungsklagen als präventiver Rechtsschutz basiert auf dem US-amerikanischen Vorbild der *preemptive injunction*[625] und resultiert aus der Tatsache, dass eine anhängige Beschlussanfechtungs- oder Nichtigkeitsklage im japanischen Recht – dem US-amerikanischen Ansatz folgend – keine Registersperre oder sonstige automatische Unterbindung des Umwandlungsvollzugs bewirkt.

Vor der Reform 2014 enthielt das Gesellschaftsgesetz als umwandlungsspezifischen, präventiven Rechtsschutz die präventive Unterlassungsklage nur bei verkürzten Umwandlungsmaßnahmen (1.). Je nach Fallkonstellation bestand daneben bereits die Möglichkeit, präventiven Rechtsschutz bei Umwandlungsmaßnahmen anhand der präventiven Unterlassungsklage bei Ausgabe von neuen Aktien (2.) sowie die allgemeine präventive Unterlassungsklage bei rechtswid-

624 Siehe auch Abbildung 4 – Übersicht präventiver Unterlassungsklagen im japanischen Recht.

625 Vgl. *Shintani*, Kaisha-hô soshô – karishobun no riron to jitsumu [Theorie und Praxis gesellschaftsrechtlicher Klagen und vorläufigen Rechtsschutzes] (2011), S. 525.

rigen Handlungen des Verwaltungsrats (3.) zu erlangen. Diesen drei präventiven Unterlassungsklagen ist gemein, dass der materiell-rechtliche Unterlassungsanspruch sowohl im Hauptsacheverfahren als auch im einstweiligen Rechtsschutz geltend gemacht werden kann (*kari shobun no meirei*, Art. 23 Gesetz über die zivile Sicherung (ZSG)[626]).[627]

Die folgende Darstellung der bisherigen präventiven Rechtsschutzmechanismen dient als Anhaltspunkt für die darauffolgende Auslegung der neuen präventiven Unterlassungsklage.

626 *Minji hozen hô*, Gesetz Nr. 91/1988.

627 *Suzaki*, in: Kanda, Kaisha-hô kommentâru [Kommentar zum Gesellschaftsrecht] (2013), § 210 S. 131; *Mori*, in: *Handelsrechtliche Forschungsgruppe des Distriktgerichts Tokyo*, Ruikei betsu kaisha soshô II [Gesellschaftsrechtliche Klagen nach Typus unterteilt II] (2011), S. 568; *Kanda*, Kaisha-hô [Gesellschaftsrecht] (2023), S. 164; *Shintani*, Kaisha-hô soshô – karishobun no riron to jitsumu [Theorie und Praxis gesellschaftsrechtlicher Klagen und vorläufigen Rechtsschutzes](2011), S. 525, 528.

Nr.	Präventive Unterlassungsklage	Norm	Kläger/ Beklagter	Unterlassungsgrund	Weitere Voraussetzungen	Nicht erfasst	Rechtsfolge	Gerichtliche Geltendmachung
1	Präventive Unterlassungsklage bei verkürzter Umwandlung	Artt. 784-2 Nr. 1, Nr. 2, 796-2 Nr. 1, Nr. 2 GesG	Aktionär/ Gesellschaft	(i) Verstoß gegen Gesetz, Verordnung oder Satzung (inkl. unangemessenes Umtauschverhältnis), <u>oder</u> (ii) verkürzte Umwandlung besonderem Maß unangemessen	Gefahr eines Nachteils für Aktionär	Verstoß des Verwaltungsrats gegen Sorgfalts- und Treuepflichten	Pflicht zur Unterlassung der Durchführung der verkürzten Umwandlungsmaßnahme	Hauptsacheverfahren oder einstweiliger Rechtsschutz (Art. 23 ZSG)
2	Präventive Unterlassungsklage bei Ausgabe neuer Aktien	Art. 210 GesG	Aktionär/ Gesellschaft	(i) Verstoß gegen Gesetz, Verordnung oder Satzung (inkl. unangemessenes Umtauschverhältnis), <u>oder</u> (ii) Aktienausgabe in besonderem Maß unangemessen	Gefahr eines Nachteils für Aktionär	Verstoß des Verwaltungsrats gegen Sorgfalts- und Treuepflichten	Pflicht zur Unterlassung der Aktienausgabe	Hauptsacheverfahren oder einstweiliger Rechtsschutz (Art. 23 ZSG)

Nr.	Präventive Unterlassungsklage	Norm	Kläger/ Beklagter	Unterlassungsgrund	Weitere Voraussetzungen	Nicht erfasst	Rechtsfolge	Gerichtliche Geltendmachung
3	Präventive Unterlassungsklage bei rechtswidrigem Verwaltungshandeln	Art. 360 GesG	Aktionär (bei öffentlichen Gesellschaften: mit Aktienbesitz seit mind. 6 Monaten vor Klageerhebung)/ Verwaltungsrat	Verwaltungshandeln verstößt gegen Gesetz, Verordnung oder Satzung (insbesondere Sorgfalts- und Treuepflichtverstöße) (oder droht zu verstoßen)	Besonderer Schaden oder die Gefahr eines solchen für die Gesellschaft bzw. Wiederholungsgefahr		Pflicht zur Unterlassung des Verwaltungshandelns	Hauptsacheverfahren oder einstweiliger Rechtsschutz (Art. 23 ZSG)
4	Präventive Unterlassungsklage bei Umwandlungsmaßnahmen	Artt. 784-2 Nr. 1, 796-2 Nr. 1, 805-2, 816-5 GesG	Aktionär/ Gesellschaft	Verstoß gegen Gesetz, Verordnung oder Satzung	Gefahr eines Nachteils für Aktionär	(i) Verstoß des Verwaltungsrats gegen Sorgfalts- und Treuepflichten (ii) Unangemessenes Umtauschverhältnis	Pflicht zur Unterlassung der Durchführung der Umwandlungsmaßnahme	Hauptsacheverfahren oder einstweiliger Rechtsschutz (Art. 23 ZSG)

Abbildung 4 – Übersicht präventiver Unterlassungsklagen im japanischen Recht (nach 1. Mai 2015)

1. Die präventive Unterlassungsklage bei verkürzter Umwandlung

a. Anwendungsbereich und Hintergrund

In Fällen der verkürzten Umwandlung, mithin Umwandlungsvorgängen zwischen Gesellschaften, innerhalb eines qualifizierten Beherrschungsverhältnisses[628], konnten Minderheitsaktionäre bereits vor der Reform 2014 unter bestimmten Voraussetzungen die Unterlassung der verkürzten Umwandlungsmaßnahme beantragen, wenn diese Umwandlungsmaßnahme für sie die Gefahr eines Nachteils beinhaltete (sog. *ryakushiki soshiki saihen no sashitome seikyûken*, Artt. 784 Abs. 2 Nr. 1, Nr. 2, 796 Abs. 2 Nr. 1, Nr. 2 GesG a.F., seit der Reform 2014 normiert in Artt. 784-2 Nr. 1, Nr. 2, 796-2 Nr. 1, Nr. 2 GesG – vgl. Abbildung 4 Ziffer 1).

Grund für diese gesetzgeberische Entscheidung war, dass bei der verkürzten Umwandlung ein Zustimmungsbeschluss der Hauptversammlung entbehrlich ist.[629] Fehlt der Hauptversammlungsbeschluss, dann kann mangels Beschlusses keine Beschlussanfechtungsklage geltend gemacht werden, die sich gegen die Wirksamkeit eines Beschlusses zu richten hat.[630] Damit fehlt den Minderheitsaktionären bei einem verkürzten Umwandlungsverfahren nicht nur das klageweise durchsetzbare Rechtsmittel, sondern auch der von dem Zustimmungserfordernis und den damit einhergehenden Informations- und Offenlegungspflichten im Vorfeld und im Rahmen der Hauptversammlung ausgehende Rechtsschutz. Ihnen kommt folglich der gesamte Schutz ihrer Rechte abhanden, da sie mangels Zustimmungsbeschluss und folglich mangels Hauptversammlung weder die Möglichkeit haben, Erläuterungen zur geplanten Umwandlung zu erfragen noch ihre eigene Meinung dazu zu äußern. Die präventive Unterlassungsklage für verkürzte Umwandlungen wurde somit im Zuge der vorherigen gesellschaftsrechtlichen Reform normiert, um diese Rechtsschutzlücke im verkürzten Umwandlungsverfahren zu schließen und den Minderheitsaktionären, die ihr Stimmrecht hinsichtlich der geplanten Umwandlungsmaßnahme nicht ausüben können, zumindest eine Rechtsschutzmöglichkeit auf dem Klageweg zu geben.[631]

628 Siehe oben Erster Teil – D.II.1.c.

629 Siehe oben Erster Teil – D.II.1.c. Bei dem vereinfachten Umwandlungsverfahren ist die präventive Unterlassungsklage jedoch nicht anwendbar, Artt. 784-2 S. 2 iVm 784 Abs. 2, Artt. 796-2 S. 2 iVm 796 Abs. 2.

630 *Tanaka*, Kaisha-hô [Geselschaftsgesetz] (2021), S. 681. *Kanda*, Kaisha-hô [Gesellschaftsrecht] (2023), S. 398.

631 *Ôta/Yasui*, Shôji Hômu 1988 (2013), 15; *Aizawa/Hosokawa*, Bessatsu Shôji Hômu 295 (2006) 180, 199.

b. Voraussetzungen der präventiven Unterlassungsklage bei verkürzter Umwandlung

Die Geltendmachung des Unterlassungsanspruchs bei verkürzten Umwandlungen umfasst seit der Kodifizierung 2006 zwei Varianten: Der Minderheitsaktionär kann einen Antrag auf Unterlassung stellen, wenn die Umwandlung die Gefahr eines Nachteils für den Aktionär birgt und (i) die Umwandlungsmaßnahme gegen Gesetz, Verordnung oder die Satzung verstößt, oder (ii) die Umwandlungsbedingungen in Anbetracht der Vermögenslage der Gesellschaft und sonstiger Faktoren in besonderem Maße unangemessen sind.

Nach herrschender Meinung im Schrifttum umfasst das Tatbestandsmerkmal des Verstoßes gegen Gesetz jedoch nicht den Verstoß des Verwaltungsrats gegen Sorgfaltspflichten oder Treuepflichten.[632] Dieses Verständnis ist zwar nicht zwingend; angesichts der Tatsache, dass die präventive Unterlassungsklage bei verkürzten Umwandlungsverfahren auch in Fällen von besonders unangemessenen Umwandlungsbedingungen geltend gemacht werden kann, ist jedoch für die Geltendmachung von Verwaltungsratsverstößen ohnehin kein besonders Bedürfnis gegeben.[633]

Im Gegensatz zur Beschlussanfechtungsklage ist zudem kein Unterlassungsgrund erfüllt, wenn die Umwandlung aufgrund einer Stimmrechtsausübung einer Person, die in einer Sonderbeziehung mit der Gesellschaft steht, unangemessene Bedingungen beinhaltet. Der Aktionär ist in diesem Fall auf sein Abfindungsrecht verwiesen. Dem ist zuzustimmen, denn die Durchsetzung von Partikularinteressen durch den Mehrheitsaktionär mit entsprechend hoher Anteilsinhaberschaft und mithin besonderem Interessensverhältnis zur Gesellschaft ist genau der Sonderfall der verkürzten Umwandlung.[634] Ferner schützen die Sondernormen Artt. 784-2 Nr. 2, 796-2 Nr. 2 GesG im Rahmen des verkürzten Umwandlungsverfahrens besonders unangemessene Fälle der Umwandlungsbedingungen. Nach allgemeiner Auffassung ist hierbei auch die Geltendmachung des unangemessenen Gegenwerts erfasst,[635] sodass kein Weniger an präventivem Rechtsschutz für die Minderheitsaktionäre besteht.

632 Darauf verweisend auch *Regierungsratsreferat der Abteilung für Zivilsachen des japanischen Justizministeriums*, in: Shôji Hômu 1952 (2011), 19, 55; so auch *Tanaka*, in: Kansaku u.a., Kaisha saiban ni kakaru riron no tôtatsuten [Das dogmatische Ziel der gesellschaftsrechtlichen Gerichtsverfahren] (2014), S. 2, 18; *Tanaka,* Kaisha-hô [Geselschaftsgesetz] (2021), S. 681.

633 *Tanaka*, in: Kansaku u.a., Kaisha saiban ni kakaru riron no tôtatsuten [Das dogmatische Ziel der gesellschaftsrechtlichen Gerichtsverfahren] (2014), S. 2, 18; *Iwahara*, Shôji Hômu Nr. 1979 (2012), 4, 9.

634 Vgl. *Günal*, Die Verschmelzung im japanischen Gesellschaftsrecht (2014), S. 73; *Egashira*, Kabushiki kaishahô [Das Recht der Aktiengesellschaft] (2021), S. 924.

635 *Tanaka*, in: Kansaku u.a., Kaisha saiban ni kakaru riron no tôtatsuten [Das dogmatische Ziel der gesellschaftsrechtlichen Gerichtsverfahren] (2014), S. 2, 18 f.; *Tanaka*, in: Itô/Ôsugi/Tanaka/Matsui, Kaisha-hô [Gesellschaftsrecht] (2021), S. 436.

2. Die präventive Unterlassungsklage bei Ausgabe neuer Aktien

a. Anwendungsbereich und Hintergrund

Neben der speziell umwandlungsrechtlichen Unterlassungsklage bei verkürzten Umwandlungen kennt das allgemeine Gesellschaftsrecht die präventive Unterlassungsklage der Aktionäre gegen die Ausgabe neuer Aktien, Art. 210 GesG (*shinkabu hakkô sashitome seikyû-ken* – vgl. Abbildung 4 Ziffer 2).

Auch wenn Art. 210 GesG keinen Unterlassungsantrag speziell zum Schutz vor Umwandlungsmaßnahmen normiert, ist die Anwendung der präventiven Unterlassungsklage bei Ausgabe neuer Aktien in speziellen Fällen der Umwandlung denkbar und kann somit als zusätzliche präventive Rechtsschutzmöglichkeit dienen. Weil die Umwandlungsfälle der Verschmelzung zur Aufnahme, Spaltung zur Aufnahme sowie des Aktientausches die Ausgabe neuer Aktien einer bereits bestehenden Gesellschaft voraussetzen, kann die präventive Unterlassungsklage nach Art. 210 GesG in diesen Fällen für die Aktionäre der aufnehmenden Gesellschaft bzw. der übernehmenden, zukünftigen Muttergesellschaft, ein Rechtsschutzmittel zur Verhinderung der Ausgabe neuer Anteile im Rahmen der Umwandlung darstellen.[636] Sie ist hier folglich zu berücksichtigen.

Die präventive Unterlassungsklage nach Art. 210 GesG bildet gleichzeitig die Musternorm für die umwandlungsrechtlichen präventiven Unterlassungsklagen, namentlich die präventive Unterlassungsklage bei verkürzten Umwandlungsverfahren und somit auch die neue präventive Unterlassungsklage bei allgemeinen Umwandlungsmaßnahmen. Sie ist daher auch unter diesem Aspekt einer näheren Betrachtung zu unterziehen.

Der Grund für den Schutz von Aktionären bei der Ausgabe neuer Aktien durch eine präventive Unterlassungsklage liegt darin, dass bei einer offenen Aktiengesellschaft der Verwaltungsrat im japanischen Aktiengesellschaftsrecht ohne die Zustimmung der Hauptversammlung und ohne allgemeines Bezugsrecht der Aktionäre neue Aktien an Dritte ausgeben kann (Art. 201 Abs. 1 iVm Art. 199 Abs. 2 GesG). Seit 2014 besteht eine Sonderregelung, wenn sich aufgrund einer solchen Ausgabe in einer offenen Gesellschaft (*kôkai kaisha*) der Mehrheitsaktionär ändert. In diesem Fall können Aktionäre mit mindestens 10 % der Stimmrechte[637] innerhalb von zwei Wochen nach Mitteilung oder Bekanntgabe Widerspruch gegen die Wahl des Übernehmers der auszugebenden Aktien gegenüber der Gesellschaft äußern, sofern die Ausgabe neuer Aktien nicht aufgrund finanzieller Notlage der Gesellschaft für deren Überleben notwendig ist (Art. 206-2 Abs. 4 GesG a.E.). Die Gesellschaft muss dann innerhalb von zwei Wochen einen Zustimmungsbeschluss der Hauptversammlung hin-

636 *Suzaki*, in: Kanda, Kaisha-hô kommentâru [Kommentar zum Gesellschaftsrecht] (2013), § 210 S. 105.

637 In der Satzung kann eine geringere Stimmrechtsschwelle bestimmt werden.

sichtlich der Ausgabe der Aktien erlangen (Art. 206-2 Abs. 4 GesG).[638] Damit werden Forderungen der Wissenschaft und Lehre umgesetzt. Diese hatten zunehmend darauf hingewiesen, dass die Ausgabe der betreffenden Aktien, die einen Wechsel des Mehrheitsaktionärs nach sich zieht, eine mit der Verschmelzung zu vergleichende Umwandlung der Gesellschaft darstelle, und mithin nicht der Entscheidung des Verwaltungsrats zu überlassen sei. Dieses Widerspruchsrecht sichert die Aktionäre in begrenztem Maße vor Verwässerung ihrer Anteile.

b. Voraussetzungen der präventiven Unterlassungsklage bei Ausgabe neuer Aktien

Die präventive Unterlassungsklage gegen die Ausgabe neuer Aktien normiert in Art. 210 GesG zwei Tatbestandsvarianten. Demnach kann ein Aktionär Antrag auf Unterlassung der Aktienausgabe erheben, wenn dem Aktionär daraus ein Nachteil zu entstehen droht und die Aktienausgabe entweder gegen gesetzliche Vorschriften, Verordnungsvorschriften oder Satzung verstößt (Art. 210 Nr. 1 GesG) oder die Art und Weise der Aktienausgabe besonders (*ichijirushiku*) unangemessen ist (Art. 210 Nr. 2 GesG).

aa. Verstoß gegen Gesetz, Verordnung oder Satzung

Das Tatbestandsmerkmal des Verstoßes gegen gesetzliche Vorschriften bezieht sich dabei auf den Verstoß gegen konkrete gesetzliche Normen im Zusammenhang mit der Aktienausgabe, wie beispielsweise das Nichtbeachten des gesetzlichen Verfahrens oder fehlender vorheriger Offenlegung sowie Verstöße gegen das Verfahren gemäß Art. 206-2 Abs. 4 GesG.[639] Demnach können nach herrschender Meinung Sorgfalts- und Treuepflichtverstöße des Verwaltungsrats im Rahmen der Ausgabe neuer Aktien nicht mit der präventiven Unterlassungsklage aus Art. 210 GesG geltend gemacht werden.[640] Begründet wird diese Auslegung damit, dass sich der präventive Unterlassungsanspruch aus Art. 210 GesG gegen die Gesellschaft als Adressatin richtet, sodass damit kein Verhalten des

638 *Kanda*, Kaisha-hô [Gesellschaftsrecht] (2023), S. 161 f.; *Ueda/Sugewara/Matsushima,* Kaisei kaishahô [Das reformierte Gesellschaftsrecht] (2015), S. 6 Fn. 10.

639 *Suzaki*, in: Kanda, Kaisha-hô kommentâru [Kommentar zum Gesellschaftsrecht] (2013), § 210 S. 107 mit weiteren Beispielen; weitere Beispiele auch bei *Mori,* in: *Handelsrechtliche Forschungsgruppe des Distriktgerichts Tokyo*, Ruikei betsu kaisha soshô II [Gesellschaftsrechtliche Klagen nach Typus unterteilt II] (2011), S. 570 f.

640 *Tanaka*, in: Kansaku u.a., Kaisha saiban ni kakaru riron no tôtatsuten [Das dogmatische Ziel der gesellschaftsrechtlichen Gerichtsverfahren] (2014), S. 2, 15; *Mori,* in: *Handelsrechtliche Forschungsgruppe des Distriktgerichts Tokyo*, Ruikei betsu kaisha soshô II [Gesellschaftsrechtliche Klagen nach Typus unterteilt II] (2011), S. 571; *Suzaki*, in: Kanda, Kaisha-hô kommentâru [Kommentar zum Gesellschaftsrecht] (2013), § 210 S. 108.

Verwaltungsrats angegriffen werden könne[641]; dafür sehe das Gesellschaftsgesetz in Art. 360 GesG eine eigenständige präventive Unterlassungsklage vor, die sich gegen den Verwaltungsrat bzw. dessen einzelne Mitglieder als Anspruchsgegner richtet. Zwingend ist dieses Verständnis nicht. Bedenkt man, dass die Gesellschaft letztendlich durch ihre Verwaltungsratsmitglieder ihre Geschäftsführungstätigkeit und -handlungen ausführt, erscheint eine Unterscheidung nach Adressaten des Unterlassungsanspruchs nicht einleuchtend.[642] Jedoch treten die Sorgfalts- und Treuepflichtverstöße seitens des Verwaltungsrats bei Ausgabe neuer Aktien in der Regel im direkten Zusammenhang mit einer besonderen Unangemessenheit der Aktienausgabe auf, sodass sie mittelbar im Rahmen des Art. 210 Nr. 2 GesG als Unterlassungsgrund geltend gemacht werden können.[643] Hinzu kommt, dass bei einer für den Übernehmer besonders vorteilhaften Zahlungssumme im Rahmen der Aktienausgabe der Verwaltungsrat nicht eigenmächtig die Aktienausgabe beschließen kann, sondern dann auch bei offenen Aktiengesellschaften ein Sonderbeschluss der Hauptversammlung erforderlich ist.[644] Eine unzulässige Beschränkung des Rechtsschutzes liegt folglich nicht vor. Dementsprechend lässt auch das Schrifttum den Streit ruhen.[645]

bb. Besonders unangemessene Art und Weise

Art. 210 Nr. 2 GesG setzt als Schutz vor rechtmissbräuchlichen Fällen keinen Gesetzes- oder Satzungsverstoß voraus; eine besonders unangemessene Vorgehensweise reicht aus. Hauptanwendungsbereich ist die Ausgabe neuer Aktien aus unangemessenen Beweggründen.[646] Erfasst wird beispielsweise eine Aktienausgabe der Anteilsmehrheit durch den Verwaltungsrat an einen Dritten, ob-

641 Vgl. *Tanaka*, in: Kansaku u.a., Kaisha saiban ni kakaru riron no tôtatsuten [Das dogmatische Ziel der gesellschaftsrechtlichen Gerichtsverfahren] (2014), S. 2, 15.

642 Kritisch ebenfalls *Tanaka*, in: Kansaku u.a., Kaisha saiban ni kakaru riron no tôtatsuten [Das dogmatische Ziel der gesellschaftsrechtlichen Gerichtsverfahren] (2014), S. 2, 15; iE auch *Ôta/Yasui*, Shôji Hômu 1988 (2013), 15, 17.

643 *Suzaki*, in: Kanda, Kaisha-hô kommentâru [Kommentar zum Gesellschaftsrecht] (2013), § 210 S. 108; *Tanaka*, in: Kansaku u.a., Kaisha saiban ni kakaru riron no tôtatsuten [Das dogmatische Ziel der gesellschaftsrechtlichen Gerichtsverfahren] (2014), S. 2, 16.

644 Artt. 201, 199 Abs. 3, 309 Abs. 2 Nr. 5 GesG; so auch *Tanaka*, in: Kansaku u.a., Kaisha saiban ni kakaru riron no tôtatsuten [Das dogmatische Ziel der gesellschaftsrechtlichen Gerichtsverfahren] (2014), S. 2, 16.

645 Ausführlichere Argumentation bei *Tanaka*, in: Kansaku u.a., Kaisha saiban ni kakaru riron no tôtatsuten [Das dogmatische Ziel der gesellschaftsrechtlichen Gerichtsverfahren] (2014), S. 2, 16.

646 *Mori*, in: *Handelsrechtliche Forschungsgruppe des Distriktgerichts Tokyo*, Ruikei betsu kaisha soshô II [Gesellschaftsrechtliche Klagen nach Typus unterteilt II] (2011), S. 579 mit weiteren Beispielen.

gleich die Gesellschaft keiner Kapitalbeschaffungsmaßnahme bedarf[647]; gleiches gilt, wenn der Verwaltungsrat für den eigenen Vorteil durch Aktienausgabe die Mehrheitsverhältnisse beeinflusst.[648] Wie oben erwähnt, können im Rahmen von Art. 210 Nr. 2 GesG Verwaltungsratsverstöße gegen Sorgfalts- oder Treuepflichten geltend gemacht werden.[649] Ebenso kann eine Aktienausgabe besonders unangemessen sein, wenn der vom Übernehmer einzuzahlende Betrag so gering ist, dass die Aktienausgabe keine Einnahmen bringt.[650] Wie auch beim Widerspruchsrecht in Art. 206-2 Abs. 4 GesG besteht jedoch in der Regel eine Ausnahme im Falle der Notwendigkeit der Kapitalbeschaffung auf Seiten der Gesellschaft durch die Aktienausgabe an einen Dritten.[651]

cc. Gefahr eines Nachteils für den Aktionär

Der Tatbestand der präventiven Unterlassungsklage nach Art. 210 GesG setzt bei beiden Tatbestandsvarianten zusätzlich die Gefahr eines Nachteils für den klagenden Aktionär voraus. Im Gegensatz zum Wortlaut anderer präventiver Unterlassungsklagen, die im Gesellschaftsgesetz normiert sind, reicht für diesen präventiven Unterlassungsantrag ausdrücklich ein Nachteil (*furieki*) aus; es bedarf keines Schadens (*songai*).

Als Nachteil zulasten eines Aktionärs kommen bei Ausgabe neuer Aktien insbesondere ein Eingriff in die Aktionärsrechte, eine Verwässerung ihres Aktienwertes sowie die Wertminderung von Vorzugsaktien in Betracht.[652] Da das japanische Gesellschaftsgesetz kein grundsätzlich für alle Aktionäre geltendes Bezugsrecht festsetzt, ist das Tatbestandsmerkmal der Nachteilsgefahr für die Aktionäre der Gesellschaft sehr durchlässig. Insbesondere bedarf es hierfür keines drohenden Verlusts der Mehrheitsstellung oder eines zwingenden Mindestanteilsbesitzes. Auch ein Minderheitsaktionär mit einer Beteiligung von 1 % oder 3 % der Stimmrechte kann bei einer Verwässerung seiner Anteile bedeutende Aktionärsrechte, wie beispielsweise das Recht auf Beantragung einer Kopie der Geschäftsbücher (*chôbo etsuran zen utsuhi seikyûken*) oder das Antrags-

647 *Kanda*, Kaisha-hô [Gesellschaftsrecht] (2023), S. 165.

648 Vgl. auch DG Tokyo, Beschl. v. 30.7.2004, Hanrei Jihô 1874 (2004) 143; *Suzaki*, in: Kanda, Kaisha-hô kommentâru [Kommentar zum Gesellschaftsrecht] (2013), § 210 S. 118.

649 Siehe oben Dritter Teil – C.I.2.b.aa.

650 *Kanda*, Kaisha-hô [Gesellschaftsrecht] (2023), S. 165 f. mwN.

651 Vgl. *Kanda*, Kaisha-hô [Gesellschaftsrecht] (2023), S. 165 Fn. 1; dem zustimmend auch *Suzaki*, in: Kanda, Kaisha-hô kommentâru [Kommentar zum Gesellschaftsrecht] (2013), § 210 S. 120 f. mit ausführlicher Darstellung des Meinungsstreits.

652 *Suzaki*, in: Kanda, Kaisha-hô kommentâru [Kommentar zum Gesellschaftsrecht] (2013), § 210 S. 129.

recht (*teianken*) für einen Tagesordnungspunkt auf der Hauptversammlung verlieren.[653]

3. Die präventive Unterlassungsklage bei rechtswidrigem Verwaltungshandeln

a. Anwendungsbereich und Hintergrund

Die präventive Unterlassungsklage gegen rechtswidriges Verwaltungshandeln (*ihô kôi sashitome seikyû-ken*) ermöglicht einen Rechtsschutz vor Schadensentstehung (vgl. Abbildung 4 Ziffer 3); demnach muss die Gesellschaft bzw. der klagende Aktionär nicht den Schadenseintritt abwarten und ist nicht auf die nachträgliche Geltendmachung der Innenhaftung des Verwaltungsrats gegenüber der Gesellschaft aus Art. 423 Abs. 1 GesG mittels Aktionärsklage verwiesen.[654] Die Möglichkeit der präventiven Unterlassungsklage gegen rechtswidriges Verwaltungshandeln beruht auf dem US-amerikanischen Vorbild der *injunction*[655] und basiert auf dem Prinzip der Pflicht des Verwaltungsrats gegenüber der Gesellschaft zur Compliance mit gesetzlichen Vorschriften und Vorgaben der Satzung sowie Hauptversammlungsbeschlüssen (*hôrei teikan junshu gimu*, Art. 355 GesG).[656] Damit einher geht die Pflicht, Handlungen, welche gegen Gesetz oder Satzung verstoßen, zu unterlassen.[657] Die Einklagbarkeit eines solchen Handelns bzw. Unterlassens war lange Gegenstand des wissenschaftlichen Diskurses; nach herrschender Ansicht wird die Pflicht zur Erfüllung der Compliance-Handlungen nunmehr auf Art. 414 Abs. 1 ZG gestützt.[658]

653 *Suzaki*, in: Kanda, Kaisha-hô kommentâru [Kommentar zum Gesellschaftsrecht] (2013), § 210 S. 129 f. Beispielsweise wurde bei einer drohenden Verringerung des prozentualen Anteilsbesitzes von 1,71 % auf 1,43 % ein drohender Nachteil des Aktionärs bejaht und dem auf der präventiven Unterlassungsklage gegen Ausgabe neuer Aktien beruhenden Antrag auf einstweilige Unterlassungsverfügung stattgegeben, DG Tokyo, Beschl. v. 23.6.2008, Shiryôhan Shôji Hômu 293 (2008) 227 (*Kuontsu*).

654 *Kanda*, Kaisha-hô [Gesellschaftsrecht] (2023), S. 306.

655 *Shintani*, Kaisha-hô soshô - karishobun no riron to jitsumu [Theorie und Praxis gesellschaftsrechtlicher Klagen und vorläufigen Rechtsschutzes] (2011), S. 525; *Iwahara*, in: Ochiai, Kaisha-hô kommentâru (8) [Gesellschaftsrecht Kommentar Band 8] (2009), § 360 S. 130.

656 Die Pflicht betrifft auch die Geschäftsführer (*shikkôyaku*), Artt. 419 Abs. 2 iVm 355 GesG, weshalb in Art. 422 GesG gegen deren rechtswidriges Handeln eine präventive Unterlassungsklage möglich ist.

657 So auch *Tanaka*, in: Kansaku u.a., Kaisha saiban ni kakaru riron no tôtatsuten [Das dogmatische Ziel der gesellschaftsrechtlichen Gerichtsverfahren] (2014), S. 2, 7 f.

658 *Kitagawa/Riesenhuber*, The Identity of German and Japanese Civil Law in Comparative Perspectives (2011), S. 24; *Uchida*, Minpô III [Zivilrecht III] (2005), S. 119 ff.

Auch diese Variante einer präventiven Unterlassungsklage kann als Auffangnorm[659] aufgrund des weiten Anwendungsbereichs in bestimmten Fällen bei Umwandlungsvorhaben herangezogen werden. Verstößt mithin eine Handlung des Verwaltungsrats, beispielsweise der Vollzug der Umwandlung oder eine einzelne Handlung in Vorbereitung oder im Zusammenhang damit, gegen Gesetz, Verordnung oder Satzung und birgt zudem die Gefahr eines nicht unerheblichen Schadens für die betroffene Gesellschaft, kann der Aktionär vor Gericht die Unterlassung der jeweiligen Handlung beantragen (Art. 360 Abs. 1 GesG).

b. Voraussetzungen der präventiven Unterlassungsklage bei rechtswidrigem Verwaltungshandeln

Der Tatbestand der präventiven Unterlassungsklage gegen rechtswidriges Verwaltungshandeln setzt einen Verstoß oder drohenden Verstoß des handelnden Verwaltungsratsmitglieds gegen Vorschriften eines Gesetzes, einer Verordnung oder der Satzung voraus und einen aufgrund dessen besonderen Schaden oder die Gefahr eines solchen zulasten der Gesellschaft.

aa. Verstoß gegen Gesetz, Verordnung oder Satzung

Dieses Tatbestandsmerkmal erfasst neben sämtlichen Verstößen gegen gesetzliche Vorschriften, Verordnungs- oder Satzungsvorschriften auch jegliches Handeln außerhalb des Gesellschaftszwecks (Art. 360 Abs. 1 GesG). Da es sich bei Art. 360 Abs. 1 GesG um einen Auffangrechtsschutz gegen rechtswidriges Verwaltungshandeln handelt, kann dieser Unterlassungsanspruch bei Verstößen wie beispielsweise fehlerhafter Einberufung der Hauptversammlung oder bei rechtswidriger Beschlussfassung, für die keine Sondernorm normiert ist, genutzt werden.[660] Am häufigsten treten in der Praxis jedoch vor allem Verstöße des Verwaltungsrats gegen die Sorgfalts- (Art. 330 GesG, Art. 644 ZG) und die Treuepflicht (Art. 355 GesG) auf.[661] Für die Unterlassungsklage relevante Beispiele für Sorgfalts- und Treuepflichtverstöße sind vor allem Entscheidungen des Verwaltungsrats, die aufgrund unsorgfältiger Recherche oder für den eigenen

659 *Shintani*, Kaisha-hô soshô – karishobun no riron to jitsumu [Theorie und Praxis gesellschaftsrechtlicher Klagen und vorläufigen Rechtsschutzes] (2011), S. 525 f.

660 *Shintani*, Kaisha-hô soshô – karishobun no riron to jitsumu [Theorie und Praxis gesellschaftsrechtlicher Klagen und vorläufigen Rechtsschutzes] (2011), S. 527.

661 *Shintani*, Kaisha-hô soshô – karishobun no riron to jitsumu [Theorie und Praxis gesellschaftsrechtlicher Klagen und vorläufigen Rechtsschutzes] (2011), S. 527; *Iwahara,* in: Ochiai, Kaisha-hô kommentâru (8) [Gesellschaftsrecht Kommentar Band 8] (2009), § 360 S. 132 mwN.

Vorteil der Gesellschaft Schaden zugefügt haben.[662] Diese sind bei Art. 360 GesG, anders als bei den übrigen präventiven Unterlassungsklagen, vom Tatbestandsmerkmal »Verstoß gegen Gesetz« iSd Art. 360 GesG erfasst, da sich die Norm gegen den Verwaltungsrat als Anspruchsgegner richtet.[663]

Neben eigenen Sorgfalts- und Treuepflichten ist der Verwaltungsrat in seiner Tätigkeit als Organ der Gesellschaft für die Einhaltung der gesetzlichen Vorgaben durch die Gesellschaft verantwortlich, sodass auch sämtliche gesetzliche Vorschriften, welche die Gesellschaft adressieren, das Tatbestandsmerkmal der präventiven Unterlassungsklage bei rechtswidrigem Verwaltungshandeln erfüllen können.[664] Dabei ist der Beurteilung, ob im Handeln des Verwaltungsrats ein Verstoß liegt, das Prinzip der japanischen Business Judgement Rule (*keiei handan gensoku*) zugrunde zu legen.[665] Demnach ist die Entscheidung bei Geschäftsführungstätigkeiten grundsätzlich dem Ermessen des Verwaltungsrats

662 Hierzu wurde erst kürzlich ein Fall im Wege der präventiven Unterlassungsklage gegen rechtswidriges Verwaltungsratshandeln nach Art. 360 GesG zu der Frage entschieden, ob der Verwaltungsrat im Rahmen von Geschäftstätigkeiten zwischen (verbundenen) Unternehmen gegen seine Sorgfaltspflicht verstoßen hat, DG Yokohama, Urt. v. 28.2.2012, Lex/DB Nr. 25480452 (Effissiomo v. Nissan shatai); die präventive Unterlassungsklage wurde letztlich allerdings abgewiesen; weiterführend hierzu *Ôta*/Morimoto, Shôji Hômu 1977 (2012), 16 und Shôji Hômu 1978 (2012), 73. Als weitere Beispiele der Rechtsprechung DG Tokyo, Beschl. v. 26.11.2008, Shiryôhan Shôji Hômu 299 (2009), 330; DG Tokyo, Beschl. v. 23.6.2004, Kinyû Shôji Hanrei 1213 (2005), 61 (Mitsubishi Heavy Industries; der Antrag auf einstweilige Unterlassungsverfügung bei Übernahme neuer Aktien wurde allerdings abgelehnt); OG Osaka, Urt. v. 11.4.2002, Hanrei Times 1120 (2003), 115 (Sumimoto Lebensversicherung; die vom vertretungsberechtigten Verwaltungsrat getätigte Parteispende stellt keine Sorgfaltspflichtverletzung dar); OG Tokyo, Urt. v. 25.3.1999, Hanrei Jihô 1686 (1999), 33 (Tokyo Denryoku; präventive Unterlassungsklage gegen den Betrieb des Kraftwerks wurde abgewiesen). Auch wenn die meisten Klagen keinen Erfolg hatten, so wurde jedoch nicht der Verstoß gegen die Sorgfaltspflicht als allgemeiner Unterlassungsgrund verneint.

663 DG Tokyo, Beschl. v. 26.11.2008, Shiryôhan Shôji Hômu 299 (2009) 330; *Tanaka*, in: Kansaku u.a., Kaisha saiban ni kakaru riron no tôtatsuten [Das dogmatische Ziel der gesellschaftsrechtlichen Gerichtsverfahren] (2014), S. 2, 12; *Iwahara*, in: Ochiai, Kaisha-hô kommentâru (8) [Gesellschaftsrecht Kommentar Band 8] (2009), § 360 S. 134; so auch schon zur früheren Rechtslage *Kitazawa*, in: Kamiyanagi/Ôtori/Takeuchi, Shinpan chûshaku kaisha-hô (6). Kabushiki kaisha no kikan (2) [Neuauflage Kommentar zum Gesellschaftsrecht (6). Das System der Aktiengesellschaft (2)] (1987), S. 424; *Ôsuma/Imai*, Kaisha-hô ron [Erörterung Gesellschaftsrecht] (1992), S. 426 f.

664 Vgl. auch OGH, Urt. v. 7.7.2000, Hanrei Times 1046 (2001) 92; *Tanaka*, in: Kansaku u.a., Kaisha saiban ni kakaru riron no tôtatsuten [Das dogmatische Ziel der gesellschaftsrechtlichen Gerichtsverfahren] (2014), S. 2, 12.

665 Siehe oben Erster Teil – C.I.3.b.aa.

unterstellt[666] und erfüllt nicht die Voraussetzungen eines Sorgfaltspflichtverstoßes, solange der Inhalt oder das Verfahren keine »in besonderem Maße unvernünftigen« (*ichijirushiku fugôri*) Aspekte beinhaltet.[667]

bb. Besonders schwerwiegender Schaden der Gesellschaft

Art. 360 Abs. 1 GesG setzt zusätzlich den Eintritt oder die Gefahr eines besonders schwerwiegenden Schadens (*ichijirushii songai*) bei der Gesellschaft als Geschädigte voraus. Das bedeutet, dass wenn das rechtswidrige Handeln des Verwaltungsrats lediglich die Gefahr eines (gewöhnlichen oder besonders schweren) Schadens für den Aktionär zur Folge hat, die Voraussetzungen des Unterlassungsanspruchs nicht erfüllt werden.[668] Diese Ausrichtung ist angesichts des Charakters der präventiven Unterlassungsklage aus Art. 360 GesG als gesetzliche Prozessstandschaft zwar verständlich, schränkt den Anwendungsbereich der Norm allerdings erheblich ein, da in vielen Fällen wohl vor allem der Aktionär einen konkreten Schaden zu erleiden droht[669] und macht die Anwendung des Klagerechts von Zufallskriterien abhängig. So wird beispielsweise im Falle eines unangemessenen Umtauschverhältnisses bei einer Umwandlung, bei der die Aktionäre der übertragenden Gesellschaft eine Barabfindung erhalten, ein Schaden der Gesellschaft aufgrund des Barmittelabflusses einfacher zu bejahen sein als bei einer Umwandlung mit Anteilstausch.[670]

Die Voraussetzung eines drohenden besonders schweren Schadens ist der Natur der präventiven Unterlassungsklage aus Art. 360 GesG und ihrer weitreichenden Rechtsfolge geschuldet. Bei einem Schaden nicht besonderen Ausmaßes hingegen ist der Gesellschaft der Verweis auf einen nachträglichen Schadensersatzanspruch zumutbar.[671]

Bei Gesellschaften mit Prüferrat bzw. Prüfungsausschuss wird die Voraussetzung des drohenden besonders schweren Schadens durch das Erfordernis eines drohenden, nicht mehr behebbaren Schadens (*kaifuku suru koto ga dekinai songai*) ersetzt (Art. 360 Abs. 3 GesG). Dadurch wird der Rechtsschutz zumindest auf Seiten der Gesellschaft nicht eingeschränkt, da bei Existenz eines Prüfungs-

666 *Tanaka*, in: Kansaku u.a., Kaisha saiban ni kakaru riron no tôtatsuten [Das dogmatische Ziel der gesellschaftsrechtlichen Gerichtsverfahren] (2014), S. 2, 11; *Iwahara,* in: Ochiai, Kaisha-hô kommentâru (8) [Gesellschaftsrecht Kommentar Band 8] (2009), § 360 S. 134.

667 OGH, Urt. v.15.7.2010, Hanrei Times 1332 (2010), 50.

668 *Tanaka*, in: Kansaku u.a., Kaisha saiban ni kakaru riron no tôtatsuten [Das dogmatische Ziel der gesellschaftsrechtlichen Gerichtsverfahren] (2014), S. 2, 12.

669 Vgl. *Tanaka*, in: Kansaku u.a., Kaisha saiban ni kakaru riron no tôtatsuten [Das dogmatische Ziel der gesellschaftsrechtlichen Gerichtsverfahren] (2014), S. 2, 12.

670 *Takagi*, in: Ôta/Takagi, Heisei 26nen. Kaishahô kaisei to jitsumu taiô [2014. Die Gesellschaftsgesetzreform und die Kompatibilität in der Praxis] (2014), S. 221.

671 Vgl. *Shintani*, Kaisha-hô soshô - karishobun no riron to jitsumu [Theorie und Praxis gesellschaftsrechtlicher Klagen und vorläufigen Rechtsschutzes] (2011), S. 527.

organs bzw. -ausschusses diesem bereits die spezielle präventive Unterlassungsklage aus Artt. 385, 399-6, 407 GesG zusteht, die lediglich einen drohenden besonders schweren Schaden voraussetzt.[672] Damit wird allerdings, wenn die Gesellschaft über einen Prüferrat oder dergleichen verfügt, die Aufgabe der Überwachung des Managements entsprechend der gesellschaftsrechtlichen Kompetenzzuteilung wieder zumindest teilweise dem Prüferrat zugeteilt und dem Aktionär für die Verfolgung eines Unterlassungsanspruchs eine höhere Hürde auferlegt. Dieser Einschränkung der Rechtsdurchsetzung ist insbesondere bei offenen Gesellschaften nachvollziehbar; Aktionäre der offenen Gesellschaft sind hinsichtlich Maßnahmen der Verwaltung weniger schutzbedürftig als Aktionäre kleinerer, geschlossener Gesellschaften.

Da sich zum Zeitpunkt vor Umwandlungsvollzug ein drohender Schaden auf Seiten der Gesellschaft oft noch nicht hinreichend konkretisiert hat, ist die allgemeine Auffassung, dass diese Möglichkeit der allgemeinen Unterlassungsklage eher theoretischer Natur sei.[673]

c. Nutzung in der Praxis

Auch wenn die präventive Unterlassungsklage gegen die Ausgabe neuer Aktien sowie auch die charakteristisch ähnliche Aktionärsklage als Rechtsschutzmaßnahmen in der Praxis viel Anklang gefunden haben, wird die präventive Unterlassungsklage nach Art. 360 GesG tatsächlich nur sehr wenig nutzbar gemacht.[674] Das mag zum einen daran liegen, dass es sich bei dieser lediglich um eine Auffangnorm handelt und bereits zahlreiche, speziellere Rechtsschutznormen zur Verfügung stehen. Die Tatsache erstaunt dennoch, da Art. 360 GesG genügend Fälle erfassen sollte. In der Praxis liegt zudem neben der Frage der ausreichend konkreten Schadensgefahr das Problem wohl vor allem darin, dass die Aktionäre von der Absicht des Verwaltungsrats, eine rechtswidrige Handlung vorzunehmen, kaum rechtzeitig vor Vornahme dieser Maßnahme Kenntnis

672 *Kanda*, Kaisha-hô [Gesellschaftsrecht] (2023), S. 306.

673 *Günal*, Die Verschmelzung im japanischen Gesellschaftsrecht (2014), S. 73 (Fn. 250). *Tanaka* geht dabei allerdings einen Schritt weiter. Es sei allgemein anerkannt, dass bei einer nachträglichen gerichtlichen Feststellung der Unwirksamkeit einer unrechtmäßigen Umwandlung der Gesellschaft Kosten entstehen, weil die Umwandlung rückabgewickelt werden muss oder durch den damit einhergehenden Reputationsverlust aufgrund der widerrechtlich durchgeführten Maßnahme. Damit bestehe bei einer unrechtmäßigen Umwandlung eine hohe Wahrscheinlichkeit, dass die Gesellschaft einen Schaden erleiden werde. Folglich entstehe der Gesellschaft bei Durchführung einer unrechtmäßigen Umwandlung regelmäßig ein Risiko für einen erheblichen Schaden respektive nicht wieder behebbaren Schaden, wodurch die Anwendbarkeit der präventiven Unterlassungsklage nach Art. 360 GesG durchaus möglich sein müsse; *Tanaka*, Hôgaku Kyôshitsu 304 (2006) 75, 82.

674 *Shintani*, Kaisha-hô soshô – karishobun no riron to jitsumu [Theorie und Praxis gesellschaftsrechtlicher Klagen und vorläufigen Rechtsschutzes] (2011), S. 528.

darüber erlangen werden. Sie werden in den meisten Fällen daher auf eine nachträgliche Schadensersatzklage mittels Aktionärsklage angewiesen sein.[675]

4. Einstweiliger Rechtsschutz bei Beschlussanfechtungsklagen

Des Weiteren stellt sich die Frage, ob eine Umwandlungsmaßnahme vor deren Vollzug mittels Antrags auf einstweilige Verfügung, die sich auf die Fehlerhaftigkeit des zugrundeliegenden Umwandlungsbeschlusses der Hauptversammlung stützt, unterbunden werden kann.

Grundsätzlich ist davon auszugehen, dass eine Beschlussanfechtungsklage nach Art. 831 GesG im einstweiligen Rechtsschutzverfahren möglich ist.[676] Dem entspricht auch – zumindest vereinzelt – die Rechtsprechungspraxis.[677]

Nach überwiegendem Verständnis sei dies auch auf den Fall der Umwandlung zu beziehen.[678] Die Umwandlung könnte aufgrund der Komplexität und des Umfangs einen Sonderfall darstellen. Gerade aufgrund der gravierenden Rechtsfolge bei nachträglichem Rechtsschutzmöglichkeiten ist es allerdings erstrebenswert, dass Aktionäre zumindest bei offensichtlichen Rechtsverstößen, die im Wege einer Prüfung im Eilverfahren erkennbar sind, einer nachträglichen Aufhebung und mit der Rückabwicklung der Umwandlung einhergehenden Verunsicherung mittels einstweiligen Rechtsschutzes vorgreifen können. Gleichzeitig erhöht eine erweiterte einstweilige Rechtsschutzmöglichkeit das Missbrauchsrisiko. Als einziger Anhaltspunkt gilt das 1960 ergangene Urteil des Distriktgerichts Kôfu, bei welchem der klagende Aktionär im Eilverfahren

675 *Shintani*, Kaisha-hô soshô – karishobun no riron to jitsumu [Theorie und Praxis gesellschaftsrechtlicher Klagen und vorläufigen Rechtsschutzes] (2011), S. 528.

676 Vgl. *Egashira,* Kabushiki kaishahô [Das Recht der Aktiengesellschaft] (2021), S. 383.

677 Beispielsweise OG Tokyo, Beschl. 25.3.1965, Hanrei Jihô 628 (1971), 77; DG Kôfu, Urt. v. 28.6.1960, in Hanrei Jihô 237 (1960) 30.

678 *Yanaga*, in: FS Egashira (2007), S. 623, 632 ff.; *Tokutsu*, Hôritsu Jihô 82 (2010), 28, 33; *Egashira*, Kabushiki kaishahô [Das Recht der Aktiengesellschaft] (2021), S. 383, 384 f.; *ders.*, Kabushiki kaishahô [Das Recht der Aktiengesellschaft], 4. Aufl. (2011), S. 349; *Saitô*, in: Kansaku u.a., Kaisha saiban ni kakaru riron no tôtatsuten [Das dogmatische Ziel der gesellschaftsrechtlichen Gerichtsverfahren] (2014), S. 87, 122; *Shindô*, Kenri jikkô hô no kiso [Fundament des Rechts zur Anspruchsdurchsetzung] (2001), S. 59, der ausdrücklich befürwortete, dass »es einen Spielraum für die Anerkennung der Anordnung einer einstweiligen Verfügung geben sollte, die die Wirkung des Verschmelzungsbeschlusses bis zur Entscheidung der Beschlussanfechtungsklage in der Hauptsache stoppen und eine Vollziehung des Aktionärsbeschlusses unterbinden soll«; befürwortend ebenfalls *Tanaka*, in: Kansaku u.a., Kaisha saiban ni kakaru riron no tôtatsuten [Das dogmatische Ziel der gesellschaftsrechtlichen Gerichtsverfahren] (2014), S. 2, 27 f.; so auch *Hômushô minji kyoku sanjikanshitsu [Regierungsratsreferat der Abteilung für Zivilsachen des japanischen Justizministeriums]*, Shôji Hômu 1952 (2011), 19, 55.

die vorläufige Aufhebung der Wirksamkeit eines Verschmelzungsbeschlusses erreichen konnte.[679] Die Gesellschaft hatte die Teilnahme an der ordentlichen Hauptversammlung lediglich durch Vorzeigen eines Schriftstücks, ohne weitere Personenkontrolle, zugelassen; dadurch wurde teils rechtmäßigen Aktionären der Einlass nicht gewährt, im Gegenzug aber Nichtaktionären ohne ordnungsgemäße Bevollmächtigung der Zutritt und damit auch die Teilnahme an den Abstimmungen erlaubt. Das Distriktgericht Kôfu sah in diesem Vorgang einen schwerwiegenden Fehler bei der Beschlussfassung und gab dem Antrag auf einstweilige Verfügung auf Unterlassen der Durchführung des Aktionärsbeschlusses statt; unerheblich sei hingegen, ob bei ordnungsgemäß abgehaltener Hauptversammlung das gleiche Abstimmungsergebnis zustande gekommen wäre. Ebenso befasste sich das OG Tokyo 1965 mit einem Antrag auf einstweilige Unterlassungsverfügung hinsichtlich des Vollzuges eines Verschmelzungsbeschlusses. Diesem einstweiligen Verfügungsantrag lag die Frage zu Grunde, ob durch die Stimmrechtsausübung der an der Verschmelzung beteiligten Gesellschaft im Rahmen des Umwandlungsbeschlusses eine unzulässige Stimmrechtsausübung eines Aktionärs mit Sonderinteresse vorliegt und damit ein Anfechtungsgrund erfüllt ist.[680] Auch wenn der Antrag wegen Verneinung des Vorliegens des Anfechtungsgrundes letztlich abgelehnt wurde, so hatte sich das OG Tokyo dennoch hinsichtlich der Zulässigkeit einer einstweiligen Verfügung mit einem Beschlussanfechtungsgrund als Verfügungsanspruch der Entscheidung des DG Kôfu angeschlossen.[681]

5. Zwischenergebnis

Der präventive gerichtliche Rechtsschutz war folglich bereits vor der Reform 2014 – zumindest in der Theorie – mit einstweiligem Verfügungsverfahren und drei Varianten der präventiven Unterlassungsklage weitreichend. Während die präventive Unterlassungsklage bei verkürzten Umwandlungsmaßnahmen einen umwandlungsspezifischen Rechtsschutz und den Ersatz für das fehlende Klagerecht aus der Beschlussanfechtungsklage bietet, steht den Aktionären übernehmender Gesellschaften im Falle einer Aktienausgabe an die neuen Aktionäre der übertragenden Gesellschaft die präventive Unterlassungsklage gegen die Aktienausgabe zu. Beide Klagevarianten sind allerdings nur in sehr eng gefassten Fallkonstellationen anwendbar, in denen ohnehin eine Rechtsschutzlücke besteht, die anhand der präventiven Unterlassungsklage gefüllt wird.

679 DG Kôfu, Urt. v. 28.6.1960, in Hanrei Jihô 237 (1960) 30; aA *Segi,* in: Minji hozen no riron to jitsumu [Theorie und Praxis der Zivilsicherung] (1998), S. 103 ff.; auf die Problematik hinweisend *Regierungsratsreferat der Abteilung für Zivilsachen des japanischen Justizministeriums,* in: Shôji Hômu 1952 (2011), 19, 54.

680 OG Tokyo, Beschl. 25.3.1965, Hanrei Jihô 628 (1971), 77.

681 OG Tokyo, Beschl. v. 25.3.1965, Hanrei Jihô 628 (1971), 77.

Die präventive Unterlassungsklage gegen rechtswidriges Verwaltungsratshandeln bietet einen weiteren Tatbestand; sie ist aufgrund der Problematik des Nachweises eines besonders schweren Schadens der Gesellschaft in der Praxis bislang allerdings nur in wenigen Fällen erfolgreich gewesen.[682]

Alle drei präventiven Unterlassungsklagevarianten bieten den Aktionären daher in der umwandlungsrechtlichen Praxis wenig handfeste Klagemöglichkeiten. Erschwerend kommt hinzu, dass die präventiven Unterlassungsklagen aufgrund der unmittelbaren Vollziehbarkeit der Umwandlung nach Beschlussfassung nur ein sehr knappes Zeitfenster für das Klageverfahren bieten. Letzteres beschränkt auch die Effektivität des einstweiligen Verfügungsverfahrens. Wie sehr die drohende Nichtigkeitsklage im Falle der Missachtung einer Unterlassungsanordnung die Verwaltungsratsmitglieder tatsächlich abschreckt, ist ebenso fraglich.

II. Der neue präventive Unterlassungsanspruch bei Umwandlungen

Mit der Gesetzesänderung 2014, und deren Inkrafttreten 2015, wurde die umwandlungsrechtliche präventive Unterlassungsklage als neuer respektive zusätzlicher präventiver Rechtsschutzmechanismus auf sämtliche Umwandlungsvorgänge ausgedehnt. Damit ist erstmals allgemein für Umwandlungsmaßnahmen ein spezieller, präventiver Rechtsschutz vorgesehen (vgl. Abbildung 4 Ziffer 4). Dies soll im Folgenden einer genaueren Betrachtung unterzogen werden.

1. Normierung der neuen umwandlungsrechtlichen präventiven Unterlassungsklage

Die Gesellschaftsgesetzreform 2014 hat den Antrag auf präventive Unterlassungsklage für insgesamt drei Maßnahmen gleichzeitig eingeführt: (1) den Erwerb aller Aktien einer Gattung (*zenbu shutoku jyôkôtsuki shurui kabushiki no shutoku*, Art. 171-3 GesG)[683], (2) die Zusammenlegung von Aktien (*kabushiki no heigô*) (Art. 182-3 GesG) und (3) alle Umwandlungsmaßnahmen ausgenommen dem vereinfachten Umwandlungsverfahren.

Das neue präventive Rechtsschutzinstrumentarium für Aktionäre bei Umwandlungsmaßnahmen gibt den Aktionären der an einer Umwandlungsmaßnahme beteiligten Gesellschaft den Anspruch auf Unterlassen der geplanten Umwandlungsmaßnahme, sofern diese gegen Gesetz, Verordnung oder Satzung verstößt und der Aktionär Gefahr läuft, hierdurch einen Nachteil zu erleiden,

682 So auch *Takagi*, in: Ôta/Takagi, Heisei 26nen. Kaishahô kaisei to jitsumu taiô [2014. Die Gesellschaftsgesetzreform und die Kompatibilität in der Praxis] (2014), S. 221.

683 Oft genutzt für einen Cash-out, *Gotô*, in: Kanda, Heisei 26nen kaisei kaisha-hô [Gesellschaftsrechtsreform 2014] (2015), S. 7.

Artt. 784-2 Nr. 1, 796-2 Nr. 1, 805-2, 816-5 GesG. Erfasst sind dabei alle Umwandlungsvarianten mit ausdrücklicher Ausnahme des vereinfachten Umwandlungsverfahrens. Der bisherige Anspruch auf präventive Unterlassungsklage der Aktionäre bei verkürztem Umwandlungsverfahren ist nicht mehr unter Artt. 784 Abs. 2, 796 Abs. 2 GesG a.F. separat aufgeführt, sondern ist aufgrund desselben Wortlauts in die neue Norm zur umwandlungsrechtlichen präventiven Unterlassungsklage eingepflegt und zukünftig davon erfasst.[684]

Der Antrag auf präventive Unterlassungsklage ist zudem auch bei dem 2014 neu eingeführten neuen Squeeze out anwendbar (Art. 179-7 GesG). Dieser ermöglicht dem qualifizierten Mehrheitsaktionär, mit 90 % der Stimmrechte mittels Antrags den Verkauf aller Anteile der übrigen Aktionäre an sich zu verlangen (*tokubetsu shihai kabunushi no kabushiki nado uriwatashi seikyû-ken*, Art. 179 GesG).[685] Für all diese Maßnahmen wurde die gleiche Rechtsschutzregelung normiert, da von ihnen erhebliche Auswirkungen auf die Gesellschaft und die Aktionäre ausgehen und bei nachträglicher Unwirksamkeit erhebliche rechtliche Unsicherheiten entstehen.[686]

Die vorliegende Untersuchung bezieht sich jedoch ausschließlich auf den präventiven Rechtsschutz der von der präventiven Unterlassungsklage erfassten Umwandlungsmaßnahmen; die oben genannten Varianten der präventiven Unterlassungsklage (Variante (1) und (2) sowie der neu eingeführte Squeeze out) sind nicht Gegenstand der weiteren Untersuchung.

a. Gesetzgeberische Intention

Mangels hinreichenden Rechtsschutzes bei Umwandlungsmaßnahmen, insbesondere aufgrund der praktischen Schwierigkeiten der Umwandlungsnichtigkeitsklage, sollte die Einführung der neuen präventiven Unterlassungsklage für alle Umwandlungsmaßnahmen ein einheitliches und effektives Rechtsschutzmittel bereitstellen, indem die Aktionäre grundlegende Strukturveränderungen wie Umwandlungsmaßnahmen vorzeitig, vor deren Wirksamkeitsentfaltung,

684 Das Änderungsgesetz weist darauf hin, dass die bisherige Regelung zur präventiven Unterlassungsklage bei verkürzten Umwandlungsverfahren von der Gesetzesänderung nicht in ihrem Inhalt berührt werden soll, *Kaishahôsei no minaoshi ni kan suru yôkôan* [Entwurf zur Überarbeitung des Gesellschaftsrechtssystems] S. 24 Anmerkung.

685 Ausführlicher siehe *Kamerling*, Der Squeeze-out im Japanischen Gesellschaftsrecht (2020), S. 171; *Funatsu*, in: Kanda, Heisei 26nen kaisei kaisha-hô [Gesellschaftsrechtsreform 2014] (2015), S. 171 ff.; *Ôta/Noda/Yasui*, Kinyû Shôji Hômu 1472 (2015), 2, 4 ff.

686 *Gotô*, in: Kanda, Heisei 26nen kaisei kaisha-hô [Gesellschaftsrechtsreform 2014] (2015), S. 7; siehe auch *Ueda/Sugewara/Matsushima*, Kaisei kaishahô [Das reformierte Gesellschaftsrecht] (2015), S. 258; *Matsunaka*, in: Kanda, Heisei 26nen kaisei kaisha-hô [Gesellschaftsrechtsreform 2014] (2015), S. 198 f.; *Sakamoto*, Ichimon ittô [Eine Frage eine Antwort] (2015), S. 338.

angreifen und unterbinden können.[687] Damit einhergehend verfolgte der Gesetzgeber den Ansatz, den Schwerpunkt des Aktionärsrechtsschutzes von nachträglich wirkenden Schutzmaßnahmen hin zu verstärkt präventiv wirkenden Maßnahmen zu verlagern.[688]

Damit wurde die ursprünglich favorisierte Variante, die Spannung im Interessenkonflikt zwischen Minderheitsschutz und Transaktionssicherheit bei Strukturmaßnahmen überwiegend mittels Ausschlusses von Aktionären gegen Barausgleich (*shimedashi*) zu lösen[689], aufgegeben und stattdessen für alle Strukturmaßnahmen eine einheitliche präventive Unterlassungsklage eingeführt, um das Risiko von Rechtsunsicherheiten durch nachträgliche Unwirksamkeit weitestgehend zu mindern.[690]

b. Der Bedarf an einem neuen präventiven Rechtsschutzmittel

Angesichts der bereits existierenden Rechtsschutzmaßnahmen stellt sich die Frage, ob für die Einführung eines neuen präventiven Rechtsschutzmittels in Form der präventiven Unterlassungsklage für sämtliche Umwandlungsformen überhaupt ein Bedarf bestand. Auch im Rahmen des Gesetzgebungsverfahrens bestanden lange Zeit Zweifel gegenüber der Notwendigkeit einer solchen ausdrücklich normierten Maßnahme.[691]

aa. Analoge Anwendung der präventiven Unterlassungsklage verkürzter Umwandlungsverfahren

Eine analoge Anwendung der Vorschrift zur präventiven Unterlassungsklage für das verkürzte Umwandlungsverfahren auf alle übrigen Umwandlungs-

687 *Regierungsratsreferat der Abteilung für Zivilsachen des japanischen Justizministeriums*, in: Shôji Hômu 1952 (2011), 19, 54 f.; *Gotô*, in: Kanda, Heisei 26nen kaisei kaisha-hô [Gesellschaftsrechtsreform 2014] (2015), S. 3; *Sakamoto*, Ichimon ittô [Eine Frage eine Antwort] (2015), S. 337 f.; *Ueda/Sugewara/Matsushima,* Kaisei kaishahô [Das reformierte Gesellschaftsrecht] (2015), S. 258.

688 *Nakahigashi*, in: Iwahara/Kanda/Nomura, Heisei 26nen kaishahô kaisei [Gesellschaftsrechtsreform 2014] (2015), S. 89. Dazu ausführlicher *Sakamoto*, Ichimon ittô [Eine Frage eine Antwort] (2015), S. 337 f.; *Ôta/Noda/Yasui,* Kinyû Shôji Hanrei 1471 (2015), 2, 3f.

689 Ausführlicher zu der Diskussion, *Nakahigashi,* Shôji Hômu 1940 (2011), 31, 36.

690 *Iwahara*, Shôji Hômu 1979 (2012) 4, 8 f.; *Sakamoto u.a.*, Shôji Hômu 2049 (2014) 20 f.; *Matsunaka*, in: Kanda, Heisei 26nen kaisei kaisha-hô [Gesellschaftsrechtsreform 2014] (2015), 198.

691 Vgl. *Kaishahôsei no minaoshi ni kan suru chûkanshian* [Zwischenentwurf zur Änderung des Gesellschaftsrechtssystems] vom *Hômushô minji kyoku sanjikanshitsu* [Regierungsratsreferat der Abteilung für Zivilsachen des japanischen Justizministeriums] im Dezember 2011 veröffentlicht, S. 19, abrufbar unter http://www.moj.go.jp/content/000084699.pdf; *Iida*, Business Hômu 12 (2012), 76 ff.; *Iwahara*, Shôji Hômu 1979 (2012), 4 ff.

maßnahmen[692], überzeugt nicht. Der Wortlaut der Artt. 784 Abs. 2, 796 Abs. 2 GesG a.F. sah ausdrücklich nur eine Anwendung beim verkürzten Umwandlungsverfahren vor. Die präventive Unterlassungsklage für das verkürzte Umwandlungsverfahren wurde aufgrund des besonderen Umstands, dass in diesem Falle kein Hauptversammlungsbeschluss erfolgt und damit auch kein Rechtsschutz mittels Beschlussanfechtungsklage möglich ist, normiert.[693]

bb. Einstweilige Verfügung im Rahmen der Beschlussanfechtung

Teilweise wurde unter Berufung auf die Entscheidung des DG Kôfu[694] kein Bedarf für die Normierung eines derartigen Anspruchs gesehen. Es bestehe bereits ein hinreichender präventiver Rechtsschutz für Aktionäre der an einer Umwandlung beteiligten Gesellschaft, da der Hauptversammlungsbeschluss im einstweiligen Rechtsschutzverfahren nach Art. 23 Abs. 2 ZSG vor Vollzug angegriffen werden könne.[695]

Andere hingegen zweifelten an der Zulässigkeit einer einstweiligen Unterlassungsverfügung, die auf einem Anfechtungsgrund als Verfügungsanspruch aufbaue. Eine einstweilige Verfügung gerichtet auf Unterlassung nach Art. 23 ZSG könne nur geltend gemacht werden, wenn das Gesetz ausdrücklich ein materiell-rechtliches Schutzrecht vorsehe, welches auf Unterlassung gerichtet sei, schließlich setze Art. 23 Abs. 2 ZSG neben der Eilbedürftigkeit als Verfügungsgrund ein materiell-rechtliches Sicherungsrecht (*hihozen kenri*) als Verfügungsanspruch voraus.[696] Folglich sei der Erlass der Anordnung einer einstweiligen Unterlassungsverfügung nicht möglich, da diesem kein ausdrücklich normierter, materiell-rechtlicher Sicherungsanspruch zugrunde liege.[697] Diese

692 Vgl. *Yanaga*, in: FS Egashira (2007), S. 623, 632 ff.

693 Siehe oben Dritter Teil – C.I.1.a.

694 DG Kôfu, Urt. v. 28.6.1960, Hanrei Jihô 237 (1960) 30.

695 Vgl. *Iwahara*, Shôji Hômu 1979 (2012), 4, 8; *Iida*, Business Hômu 12 (2012), 76 ff.

696 *Segi,* in: Minji hozen no riron to jitsumu [Theorie und Praxis der Zivilsicherung] (1998), S. 103 ff.; auf die Problematik hinweisend *Regierungsratsreferat der Abteilung für Zivilsachen des japanischen Justizministeriums*, in: Shôji Hômu 1952 (2011), 19, 54.

697 Beispielsweise *Segi,* in: Mnji hozen no riron to jitsumu [Theorie und Praxis der Zivilsicherung] (1998), S. 103 ff. Als Gegenmeinung hierzu *Yanaga*, in: FS Egashira (2007), S. 634 f., der allerdings fälschlicherweise damit argumentiert, dass auch bei der präventiven Unterlassungsklage bei rechtswidrigem Verwaltungshandeln sowie bei der präventiven Unterlassungsklage bei Ausgabe neuer Aktien kein ausdrücklicher Antrag auf Anordnung einer einstweiligen Verfügung im Gesetz normiert ist, deren Zulässigkeit aber anerkannt sei. Damit verkennt Yanaga, dass die jeweiligen Normen einen materiell-rechtlichen Unterlassungsanspruch enthalten. Einigkeit besteht jedoch wohl hinsichtlich des Sonderfalls eines Anfechtungsgrunds nach Art. 831 Abs. 1 Nr. 3 GesG, der nach herrschender Meinung auch im Wege des vorläufigen Rechtsschutzes geltend zu machen sei; vgl. *Iwahara*, Shôji Hômu 1979 (2012), 4, 8.

Ansicht erachtet die Entscheidung des DG Kôfu von 1960 als veraltet und hat in den Jahren vor der Gesetzesänderung im Schrifttum zunehmend an Gewicht gewonnen. An einem materiell-rechtlichen Sicherungsanspruch fehle es insbesondere, da das anhand der Beschlussanfechtungsklage verfolgte Ziel und die Rechtfolge sich von einem Unterlassungsbegehren unterschieden: Während die Beschlussanfechtungsklage im Hauptsacheverfahren auf Aufhebung des Aktionärsbeschlusses gerichtet ist, verfolgt der entsprechende Antrag auf einstweilige Verfügung eine vorläufige Unterlassung bzw. Unterbindung der Durchführung des Aktionärsbeschlusses.[698] Als grundsätzliches Rechtsprinzip gelte jedoch, dass in der einstweiligen Verfügung nicht das zugesprochen werden kann, was in der Hauptsache nicht realisiert werden kann.[699]

cc. Praktische Erwägungen und Schlussfolgerung

Aufgrund der erheblichen rechtlichen Unsicherheit, die trotz des Urteils des DG Kôfu fortbestand, sah der Gesetzgeber die Notwendigkeit, einen materiellrechtlichen Unterlassungsanspruch unmissverständlich im Gesetz zu verankern, sodass mittels präventiven Unterlassungsanspruchs eine klare Rechtsgrundlage für alle Umwandlungsformen geschaffen wird, um den Rechtsschutz der Aktionäre keiner Interpretationsfrage zu überlassen.[700]

Zudem wurden erhebliche Zweifel am hinreichenden Rechtsschutz des bisherigen Systems geäußert, auch wenn mittels Anfechtungsgrund eine einstweilige Verfügung ergehen könnte. Bei dem Rechtsbehelf in der Hauptsache handele es sich nichtsdestotrotz um einen nachträglich wirkenden Rechtsbehelf, weshalb auch eine vorläufige Entscheidung im einstweiligen Rechtsschutz unsichere Rechtsverhältnisse hervorbringe.[701] Ausgerechnet bei Umwandlungen, die als ein Gesamtkonstrukt von Vermögensverschiebungen und -übertragungen, Umtausch von Gesellschaftsanteilen der Anteilsinhaber und Strukturveränderungen bis hin zur Auflösung beteiligter Gesellschaften ein besonders hohes Maß an Komplexität mit sich bringen, sollte das Risiko einer Rückabwicklung aufgrund einer erfolgreichen Anfechtungsklage möglichst vermieden werden. Aus diesem Grund sei ein gesetzlich bestimmtes, präventiv wirkendes Rechtsmittel für alle Umwandlungsmaßnahmen erforderlich.[702]

Der Entscheidung des Gesetzgebers ist folglich auch aus Sicht der Praxis zuzustimmen. Denn die Aktionäre unterliegen bei der undurchsichtigen Rechtsla-

698 Vgl. *Tanaka*, in: Kansaku u.a., Kaisha saiban ni kakaru riron no tôtatsuten [Das dogmatische Ziel der gesellschaftsrechtlichen Gerichtsverfahren] (2014), S. 2, 27.

699 Vgl. *Tanaka*, in: Kansaku u.a., Kaisha saiban ni kakaru riron no tôtatsuten [Das dogmatische Ziel der gesellschaftsrechtlichen Gerichtsverfahren] (2014), S. 2, 27.

700 *Regierungsratsreferat der Abteilung für Zivilsachen des japanischen Justizministeriums*, in: Shôji Hômu 1952 (2011), 19, 54.

701 *Iwahara*, Shôji Hômu 1979 (2012), 4, 8.

702 *Iwahara*, Shôji Hômu 1979 (2012), 4, 8.

ge nicht nur einem erhöhten Risiko bei Geltendmachung des Rechtsschutzes; sie sind ebenso der Gefahr ausgesetzt, dass im Falle einer Ablehnung der Zulässigkeit des Anfechtungsgrunds als Verfügungsgrund im Rahmen des einstweiligen Rechtsschutzes lediglich die Umwandlungsnichtigkeitsklage gemäß Art. 828 GesG als Rechtsschutz verbleibt.[703] Damit wären die rechtsschutzsuchenden Aktionäre bei einer Umwandlungsmaßnahme wieder auf ein nachträglich wirkendes Rechtsschutzinstrument verwiesen. Die Umwandlungsnichtigkeitsklage beinhaltet dabei nicht nur das Risiko unklarer Rechtsverhältnisse, sondern auch die praktische Einschränkung, dass die Gerichte gerade deswegen bei Umwandlungen einer Nichtigkeitsklage nur unter ganz begrenzten Umständen stattgeben.[704] In der Praxis würde es bei Beibehaltung der Gesetzeslage vor 2014 *de facto* an einer effektiven und rechtssicheren Hilfsmaßnahme für die Aktionäre fehlen.[705]

c. Natur der neuen präventiven Unterlassungsklage

Im Vorfeld der Reform war auch lange Zeit ungeklärt, ob das neue Schutzinstrument als vorläufiger Rechtsschutz mit ausdrücklichem Unterlassungsanspruch zur bereits existierenden Beschlussanfechtungsklage[706] oder in Form eines eigenständigen Hauptsacheverfahrens[707], wie letztlich auch entschieden, ausgestaltet werden sollte.[708]

Eine Normierung des präventiven Unterlassungsanspruchs in Gestalt eines einstweiligen Rechtsschutzverfahrens wäre denkbar gewesen. Auch hierdurch wären ein Sicherungsrecht, wie von Art. 23 Abs. 2 ZSG gefordert, festgesetzt

703 *Regierungsratsreferat der Abteilung für Zivilsachen des japanischen Justizministeriums*, in: Shôji Hômu 1952 (2011), 19, 54 f.

704 Siehe oben Dritter Teil – B.III.5; *Regierungsratsreferat der Abteilung für Zivilsachen des japanischen Justizministeriums*, in: Shôji Hômu 1952 (2011), 19, 54 f.

705 *Ôta/Yasui*, Shôji Hômu 1988 (2013) 15, 16; *Iwahara*, Shôji Hômu 1979 (2012) 4, 8 f. Gegen die Normierung der präventiven Unterlassungsklage für alle Umwandlungsformen wurden jedoch innerhalb des zuständigen Beratungsgremiums des Legislativrats auch Bedenken geäußert, dass dadurch eine erhöhte Gefahr des Rückgangs von Umwandlungsvorhaben verursacht werde, unter anderem da die präventive Unterlassungsklage ein erhöhtes Missbrauchspotential berge, siehe *Regierungsratsreferat der Abteilung für Zivilsachen des japanischen Justizministeriums*, in: Shôji Hômu 1952 (2011), 19, 55.

706 So wohl *Iwahara*, Shôji Hômu 1979 (2012), 4, 9; hierzu tendierend wohl auch *Egashira*, Kabushiki kaishahô [Das Recht der Aktiengesellschaft] (2021), S. 383.

707 *Tanaka*, in: Kansaku u.a., Kaisha saiban ni kakaru riron no tôtatsuten [Das dogmatische Ziel der gesellschaftsrechtlichen Gerichtsverfahren] (2014), S. 2, 24 ff.; vgl. *Saitô*, in: Kansaku u.a., Kaisha saiban ni kakaru riron no tôtatsuten [Das dogmatische Ziel der gesellschaftsrechtlichen Gerichtsverfahren] (2014), S. 87, 122 ff.

708 *Nakahigashi*, in: Iwahara/Kanda/Nomura, Heisei26nen kaishahô kaisei [Gesellschaftsrechtsreform 2014] (2015), S. 89.

und gleichzeitig die oben erwähnten rechtlichen Unsicherheiten behoben worden. Der präventive Unterlassungsantrag wäre dann allerdings in seiner Reichweite beschränkt. Denn auch wenn die Umwandlung mittels einstweiliger Verfügung auf vorläufige Unterlassung zunächst gestoppt werden kann, ist die Rechtsfolge der Beschlussanfechtungsklage im Hauptsacheverfahren dennoch lediglich auf Unwirksamkeit des Beschlusses gerichtet.[709] Da dem Gericht zudem im Rahmen der Anfechtungsklage ein Abwägungsermessen zusteht (Art. 831 Abs. 2 GesG), beinhaltet diese Variante die Gefahr eines beschränkteren Rechtsschutzes.

d. Verhältnis zu anderen präventiven Unterlassungsklagen und Auslegungsansätze

Der Wortlaut der neuen präventiven Unterlassungsklage in Artt. 784-2 Nr. 1, 796-2 Nr. 1, 805-2, 816-5 GesG ist nunmehr fast deckungsgleich mit dem Wortlaut der bisherigen präventiven Unterlassungsklage bei verkürzten Umwandlungsverfahren (Artt. 784 Abs. 2 Nr. 1, 796 Abs. 2 Nr. 1 GesG a.F.).[710] Allein der zweite Unterlassungsgrund der in besonderem Maße unangemessenen Umwandlungsbedingungen in Anbetracht der Vermögenslage der Gesellschaft und sonstiger Faktoren wurde nicht auf alle Umwandlungsmaßnahmen ausgedehnt, sondern nunmehr in Artt. 784-2 Nr. 2, 796-2 Nr. 2 GesG gesondert als zusätzliche Anspruchsmöglichkeit für das verkürzte Umwandlungsverfahren normiert.

Auch wenn die neue Norm der präventiven Unterlassungsklage für alle Umwandlungsmaßnahmen auf der bereits zuvor geltenden präventiven Unterlassungsklage für verkürzte Umwandlungsmaßnahmen aufbaut, ist zu berücksichtigen, dass es sich hierbei um ein neues System handelt, dessen Voraussetzungen und Rechtsfolgen noch zu untersuchen und eigenständig zu bewerten sind.[711] Zudem weist auch die präventive Unterlassungsklage bei verkürzten Umwandlungsverfahren noch rechtliche Unklarheiten auf.[712]

Nichtsdestotrotz ist es für die Auslegung und das Verständnis der neuen präventiven Unterlassungsklage unerlässlich, die bereits existierenden Mechanismen umwandlungsrechtsbezogener oder allgemein gesellschaftsrechtlicher prä-

709 Diese Kritik ist angesichts der tatsächlichen Tendenz japanischer Unternehmen in der Praxis, eine mittels einstweiliger Verfügung vorläufig unterbundene Umwandlungsmaßnahme nicht mehr weiterzuverfolgen, nicht besonders relevant; es besteht aber gleichwohl die Unsicherheit, wie sich der Verwaltungsrat der Gesellschaft entscheiden wird.

710 Vgl. *Iwahara,* Shôji Hômu 1979 (2012) 4, 9, auch wenn dieser sich noch auf den Entwurf bezieht.

711 Vgl. auch *Ueda/Sugewara/Matsushima,* Kaisei kaishahô [Das reformierte Gesellschaftsrecht] (2015), S. 258.

712 Siehe oben Dritter Teil – C.I.1.

ventiver Unterlassungsklagen zumindest als Vergleich heranzuziehen.[713] So ist für den Auslegungsansatz auch auf die präventive Unterlassungsklage bei Ausgabe neuer Aktien (Art. 210 GesG) zu blicken. Denn zumindest nach Wortlaut und Systematik handelt es sich bei der umwandlungsrechtlichen präventiven Unterlassungsklage um eine Norm, die dem Mechanismus der präventiven Unterlassungsklage nach Art. 210 GesG entspricht. [714] Der einzige Unterschied, der sich im Wortlaut niederschlägt, findet sich auch hier in den Unterlassungsgründen, bei denen die in Art. 210 Nr. 2 GesG festgelegte Voraussetzung »bei besonderer unangemessener Durchführungsweise« sich in der neuen umwandlungsrechtlichen Unterlassungsklage nicht wiederfindet.

Inwiefern auf einen Vergleich mit der präventiven Unterlassungsklage bei rechtswidrigem Verwaltungshandeln nach Art. 360 GesG zurückgegriffen werden kann, muss im Einzelfall genauer untersucht werden. Die Norm der umwandlungsrechtlichen präventiven Unterlassungsklage weicht vom Wortlaut der präventiven Unterlassungsklage gegen rechtswidriges Verwaltungshandeln in drei wesentlichen Aspekten ab: Zunächst setzt Art. 360 GesG eine Hürde bei der Klagebefugnis der Aktionäre, indem im Falle einer sog. offenen Gesellschaft ein fortlaufender Aktienbesitz über einen Zeitraum von mindestens sechs Monaten vor Klageerhebung nachgewiesen werden muss. Eine derartige Voraussetzung für die Klagebefugnis ist bei der umwandlungsrechtlichen präventiven Unterlassungsklage – unabhängig von der Gesellschaftsform – nicht vorgesehen. Das bedeutet, dass auch ein Aktionär, der nach Beschlussfassung der Hauptversammlung die Aktien erworben hat, von dem Antragsrecht auf präventive Unterlassungsklage Gebrauch machen kann.[715] Der Gedanke dahinter ist, dass auch ein derartiger Aktionär bei Durchführung einer rechtswidrigen Umwandlung einen Nachteil erleiden kann.[716] Des Weiteren lautet der Wortlaut der präventiven Unterlassungsklage nach Art. 360 GesG, dass »der Gesellschaft« die »Gefahr eines besonders schweren (*ichijirushii*) Schadens« drohen muss[717]; bei der umwandlungsrechtlichen präventiven Unterlassungsklage hingegen ist der Aktionär die geschädigte Partei. Zudem reicht die Gefahr eines unangemessenen (*futôsei na*) Nachteils aus.[718]

713 So auch *Ueda/Sugewara/Matsushima,* Kaisei kaishahô [Das reformierte Gesellschaftsrecht] (2015), S. 258.

714 *Iwahara,* Shôji Hômu 1979 (2012) 4, 9; *Ôta/Noda/Yasui,* Kinyû Shôji Hanrei 1472 (2015), 2, 4.

715 *Ôta/Yasui,* Shôji Hômu 1988 (2013) 15, 16 (Fn. 7).

716 *Ôta/Yasui,* Shôji Hômu 1988 (2013) 15, 16 (Fn. 7).

717 Bzw. bei einer Gesellschaft mit Prüferrat oder Prüfungsausschuss ein »nicht wieder behebbarer Schaden«.

718 *Ôta/Yasui,* Shôji Hômu 1988 (2013) 15, 16.

2. Anwendungsbereich der neuen präventiven Unterlassungsklage

a. Vom Anwendungsbereich erfasste umwandlungsrechtliche Maßnahmen

Der Wortlaut des Änderungsgesetzes erfasst »alle Umwandlungsmaßnahmen (*soshiki saihen*) mit Ausnahme der verkürzten Umwandlung«.[719] Dadurch, dass die neue präventive Unterlassungsklage in den Vorschriften Art. 784-2 Nr. 1, Art. 796-2 Nr. 1, 805-2, 816-5 GesG normiert ist, ist eine Anwendbarkeit auf alle übertragenden und übernehmenden Gesellschaften im Rahmen der Verschmelzung zur Aufnahme, der Spaltung zur Aufnahme und dem Aktientausch, auf alle übertragenden Gesellschaften im Rahmen der Verschmelzung zur Neugründung, der Spaltung zur Neugründung und der Aktienübertragung sowie der übernehmenden Gesellschaft bei der Aktienzuteilung[720] gewährleistet.

Ausgenommen vom Anwendungsbereich des Änderungsgesetzes sind alle Umwandlungsmaßnahmen im qualifizierten Beherrschungsverhältnis, folglich die verkürzten Umwandlungsmaßnahmen. Diese Konsequenz ist folgerichtig aufgrund der bereits vor 2014 gesetzlich verankerten präventiven Unterlassungsansprüche bei verkürzten Umwandlungsverfahren, welche unverändert bestehen bleiben. Der Wortlaut des Änderungsgesetzes bewirkt, dass hinsichtlich des verkürzten Umwandlungsverfahrens die bisherige Rechtslage keine Änderung erfährt.

b. Anwendbarkeitsausschluss für das vereinfachte Umwandlungsverfahren

Auch ausdrücklich vom Anwendungsbereich ausgenommen sind die Umwandlungsmaßnahmen, welche die Voraussetzungen für eine vereinfachte Umwandlung (*kan'i soshiki saihen*) erfüllen.[721] Diese gesetzgeberische Entscheidung ist zu begrüßen, da das vereinfachte Umwandlungsverfahren aufgrund der Voraussetzungen hierfür[722] gemessen an der Größe der eigenen Gesellschaft nur geringfügige Auswirkungen auf die betroffene Gesellschaft und ihre Aktionäre hat.[723] Der Anwendungsbereich der neuen umwandlungsrechtlichen präventiven Unterlassungsklage ist bei vereinfachten Umwandlungsformen nur dann eröffnet, wenn ausnahmsweise trotz Vorliegen der Voraussetzungen für ein verein-

719 *Kaishahôsei no minaoshi ni kan suru yôkôan* [Entwurf des Programms zur Überarbeitung des Gesellschaftsrechtlichen Systems] vom *Hômushô minji kyoku sanjikanshitsu* [Regierungsratsreferat der Abteilung für Zivilsachen des japanischen Justizministeriums] vom 1.8.2012 (abrufbar unter http://www.moj.go.jp/content/000100819.pdf);

720 *Egashira*, Kabushiki kaishahô [Das Recht der Aktiengesellschaft] (2021), S. 1006.

721 *Ueda/Sugewara/Matsushima,* Kaisei kaishahô [Das reformierte Gesellschaftsrecht] (2015), S. 260; *Ôta/Yasui*, Shôji Hômu 1988 (2013) 15, 16.

722 Siehe oben Erster Teil – C.II.1.b.

723 *Sakamoto*, Ichimon ittô [Eine Frage eine Antwort] (2015), S. 337; *Iwahara*, Shôji Hômu 1979 (2012), 4, 8 f.

fachtes Umwandlungsverfahren ein Aktionärsbeschluss erforderlich ist.[724] Dann ist ein erhöhter Rechtsschutz auch im Sinne der gesetzgeberischen Intention.

Macht der Verwaltungsrat von der – in der Praxis durchaus auftretenden – Möglichkeit Gebrauch, auch bei Vorliegen der Voraussetzungen eines vereinfachten Umwandlungsverfahrens freiwillig eine Zustimmung der Hauptversammlung einzuholen, ist dennoch keine Anwendbarkeit der umwandlungsrechtlichen präventiven Unterlassungsklage gegeben.[725] Dies ergibt sich aus dem Wortlaut der Vorschriften der umwandlungsrechtlichen präventiven Unterlassungsklage selbst (Artt. 784-2, 796-2, 805-2, 816-5 GesG), der auf die Umwandlungsmaßnahmen »wie bei Fällen der vorherigen Paragrafen« verweist und damit allein die Erfüllung der dort genannten Bedingungen einer vereinfachten Umwandlung voraussetzt.[726] Die Nichtanwendbarkeit der präventiven Unterlassungsklage in diesen Fällen ist nicht zu beanstanden. Sind die Voraussetzungen einer vereinfachten Umwandlungsform erfüllt, so sind die tatsächlichen Auswirkungen für den einzelnen Aktionär nach wie vor geringfügig, auch wenn der Verwaltungsrat freiwillig einen Aktionärsbeschluss anstrebt; an der, dem vereinfachten Verfahren zu Grunde liegenden Prämisse ändert sich auch durch den Beschluss nichts. Zudem wird den Aktionären durch den freiwillig durchgeführten Aktionärsbeschluss bereits durch die Stimmabgabe einerseits und die Möglichkeit einer Beschlussanfechtungsklage nach Art. 831 GesG andererseits ein zweifach erhöhter Rechtsschutz und damit bereits ein deutlich erhöhtes Rechtsschutzniveau geboten, sodass für einen zusätzlichen Schutz durch die präventive Unterlassungsklage kein Bedarf besteht.

3. Tatbestand der neuen umwandlungsrechtlichen präventiven Unterlassungsklage

Der Wortlaut der Vorschrift der neuen präventiven Unterlassungsklage bei Umwandlungsmaßnahmen sieht als materiell-rechtliche Voraussetzungen für die Geltendmachung des Unterlassungsanspruchs »de(n) Verstoß gegen gesetz-

724 Ein Aktionärsbeschluss kann in den folgenden Situationen erforderlich werden: (i) wenn durch die vereinfachte Verschmelzung zur Aufnahme, Spaltung zur Aufnahme oder den Aktientausch ein Kursverlust (*sason*) erzeugt wird; (ii) wenn der Gegenwert bei der Verschmelzung zur Aufnahme, Spaltung zur Aufnahme oder dem Aktientausch vinkulierte Aktien sind und darüber hinaus die fortführende Gesellschaft keine offene Gesellschaft (*kôkai kaisha*) ist; oder (iii) wenn innerhalb des vorgeschriebenen Zeitraums von 2 Wochen Aktionäre mit insgesamt ein Sechstel der Stimmrechte der Umwandlung widersprochen haben. *Ueda/Sugewara/Matsushima,* Kaisei kaishahô [Das reformierte Gesellschaftsrecht] (2015), S. 260 f.; so auch *Matsunaka*, in: Kanda, Heisei 26nen kaisei kaisha-hô [Gesellschaftsrechtsreform 2014] (2023), S. 198 f.

725 *Ôta/Yasui*, Shôji Hômu 1988 (2013), 15, 16.

726 So *Ueda/Sugewara/Matsushima,* Kaisei kaishahô [Das reformierte Gesellschaftsrecht] (2015), S. 261 f.

liche oder satzungsrechtliche Bestimmungen« (a.) sowie »die Gefahr, dass der Aktionär durch die Umwandlung einen Nachteil erleiden wird« (b.) vor.

a. Unterlassungsgrund

Die Frage des Umfangs und Ausmaßes des Unterlassungsgrunds stellte bereits im Rahmen der Beratungen des Legislativrats einen besonders umstrittenen Diskussionspunkt dar[727], der auch nach Abschluss der Reform ungeklärt ist und für Meinungsverschiedenheiten sorgt.

aa. Verstoß gegen gesetzliche Vorschriften

Zunächst handelt es sich bei dem Unterlassungsgrund des Verstoßes gegen gesetzliche Vorschriften (*hôrei ihan*), um einen Verstoß gegen jedwede materiellrechtliche Vorschrift, folglich Gesetze wie auch Verordnungen, die für die jeweilige Umwandlung Geltung entfalten.[728] Das erfasst auch Verfahrensfehler, wie beispielsweise Gesetzesverstöße bei der Ladung oder bei der Offenlegung.[729]

Konkrete Beispiele für einen Verstoß gegen umwandlungsrelevante Vorschriften, die einen Unterlassungsgrund im Sinne der neuen präventiven Unterlassungsklage erfüllen, sind unter anderem wenn der Inhalt des Umwandlungsvertrags oder -plans gegen Vorschriften des Gesellschaftsgesetzes verstößt, die erforderliche Zustimmung durch die Hauptversammlung fehlt, das Abfindungsverfahren nicht oder nicht ordnungsgemäß durchgeführt wurde, oder unter bestimmten Voraussetzungen, wenn ein Verstoß gegen Offenlegungspflichten vorliegt.[730] In der Praxis werden insbesondere Verstöße in Form einer fehlenden oder mangelhaften Aktionärszustimmung sowie in Form von mangelnder oder unangemessener Offenlegung von Informationen hinsichtlich der Angemessenheit des Gegenwerts bei der Verschmelzung zweier Gesellschaften (Art. 782 Abs. 1 GesG, Art. 182 Abs. 1 Nr. 1, Nr. 3 DVO GesG) auftreten.[731]

727 *Ueda/Sugewara/Matsushima,* Kaisei kaishahô [Das reformierte Gesellschaftsrecht] (2015), S. 262.

728 *Egashira*, Kabushiki kaishahô [Das Recht der Aktiengesellschaft] (2021), S. 922 f.

729 *Ueda/Sugewara/Matsushima,* Kaisei kaishahô [Das reformierte Gesellschaftsrecht] (2015), S. 262; *Iida*, Business Hômu 12 (2012), 76; *Nomura*, in: Kawasaki/Nakahigashi, Kaisha jiken tetsuzukihô no gendai teki tenkai [Die gegenwärtige Entwicklung des Prozessrechts bei Gesellschaftsrechtsstreitigkeiten] (2013), S. 223, 233 mwN.

730 Vgl. *Egashira*, Kabushiki kaishahô [Das Recht der Aktiengesellschaft] (2021), S. 923. Zu (5) ausführlicher unten unter Dritter Teil – C.II.3.a.aa.(5).

731 *Ôta/Yasui,* Shôji Hômu 1988 (2013), 15, 19 f.; *Ueda/Sugewara/Matsushima,* Kaisei kaishahô [Das reformierte Gesellschaftsrecht] (2015), S. 262 f.

(1) Fehlender oder fehlerhafter Hauptversammlungsbeschluss als Unterlassungsgrund

Mangelt es an einem wirksamen Zustimmungsbeschluss der Hauptversammlung gemäß Artt. 783 Abs. 1, 309 Abs. 2 Nr. 12 GesG, ist ein Unterlassungsgrund in Form eines Gesetzesverstoßes zu bejahen.[732]

Dem steht auch nicht entgegen, dass der mangelhafte Hauptversammlungsbeschluss zeitgleich im Wege des einstweiligen Rechtsschutzverfahrens geltend gemacht werden kann.[733] Ein Verstoß gegen gesetzliche Vorschriften, wie im Wortlaut der Vorschrift, besteht auch vor einer rechtskräftigen Unwirksamkeitserklärung im Rahmen eines Beschlussanfechtungsverfahrens.[734] Das gilt erst recht, da im Schrifttum nach wie vor umstritten ist, ob eine auf Unterlassen gerichtete einstweilige Verfügung, basierend auf einem Beschlussanfechtungsgrund als Verfügungsanspruch, zuzulassen ist.[735] Dadurch besteht die Gefahr, dass letztendlich nur eine Beschlussanfechtungsklage im Hauptsacheverfahren zugelassen sein könnte; dieses gerichtliche Verfahren beansprucht Zeit, hält mangels Registersperre im japanischen Gesellschaftsgesetz jedoch den Umwandlungsvorgang nicht auf und lässt schließlich in der Praxis faktisch nur noch den Weg über die Nichtigkeitsklage übrig. Es bestünde das Risiko, dass letztlich ungeachtet eines vorliegenden Unterlassungsgrunds eine Verhinderung der Umwandlung nur bei besonders schwerwiegendem Verstoß gegen die Hauptversammlungs- oder Aktionärsbeschlussvorschrift möglich wäre. Dies würde zu einer nicht nachvollziehbaren rechtlichen Schieflage und gleichzeitig zu erheblichen Transaktionsunsicherheiten führen.[736] Eine derartige Lösung wird auch kaum im Sinne des Reformgesetzgebers gewesen sein, der gerade dem Aktionär einen effektiven präventiven Rechtsschutz auf sicherer Rechts-

732 *Egashira*, Kabushiki kaishahô [Das Recht der Aktiengesellschaft] (2021), S. 923.

733 Diese Ansicht wird bei dem Tatbestandsmerkmal »Gesetzesverstoß« als Unterlassungsgrund im Rahmen der präventiven Unterlassungsklage bei der Ausgabe neuer Aktien (Art. 210 GesG) vertreten, *Suzaki*, in: Kanda, Kaisha-hô kommentâru [Kommentar zum Gesellschaftsrecht] (2013), § 210 S. 108 f.; aA *Ôta/Yasui*, Shôji Hômu 1988 (2013), 15, 17.

734 So auch *Matsunaka*, in: Kanda, Heisei 26nen kaisei kaisha-hô [Gesellschaftsrechtsreform 2014] (2015), S. 206. Dass ein Mangel vor gerichtlicher Feststellung existiert, ergibt sich schon folgerichtig daraus, dass dieser Mangel den Anfechtungsgrund bei der Beschlussanfechtungsklage darstellt. Zwar wird dieser im Rahmen der gerichtlichen Entscheidungsfindung erst festgestellt, in dem Falle seiner Bejahung haftete er dem Beschluss aber bereits vor Unwirksamkeitsentfaltung an. Die *ex tunc* wirkende Aufhebung der Wirksamkeit des Beschlusses ist lediglich eine gesetzliche Fiktion.

735 Siehe oben Dritter Teil – C.II.1.b.bb.; vgl. auch *Iwahara*, Shôji Hômu 1979 (2012) 4, 8; dieses wohl verneinend *Sakamoto u.a.*, Shôji Hômu 2049 (2014), 20.

736 *Matsunaka*, in: Kanda, Heisei 26nen kaisei kaisha-hô [Gesellschaftsrechtsreform 2014] (2015), S. 206.

grundlage gewähren wollte. Würde man das Vorliegen eines Gesetzesverstoßes im Sinne der umwandlungsrechtlichen präventiven Unterlassungsklage bei fehlendem oder fehlerhaftem Zustandekommen des Hauptversammlungsbeschlusses verneinen, basierend auf der Argumentation, dass ein solcher Gesetzesverstoß zunächst rechtskräftig festzustellen sei, wäre die neu eingeführte präventive Unterlassungsklage eines ihrer wohl größten praktischen Anwendungsbereiche beraubt und damit in ihrer Reichweite insgesamt erheblich eingeschränkt.[737]

(2) Art. 831 Abs. 1 Nr. 3 GesG als Unterlassungsgrund

Stellt ein Mangel am Hauptversammlungsbeschluss unmittelbar auch einen Unterlassungsgrund dar, stellt sich die Frage, ob ein mittels Stimmrechtsausübung durch einen Aktionär mit besonderen Interessen (*tokubetsu rigai kankei nin*) zustande gekommener, besonders unangemessener Beschluss, der nach Art. 831 Abs. 1 Nr. 3 GesG als *lex specialis* zu Art. 831 Abs. 1 Nr. 1 GesG einen Mangel am Hauptversammlungsbeschluss darstellt, ebenfalls einen Gesetzesverstoß und damit einen Unterlassungsgrund im Sinne der neuen umwandlungsrechtlichen präventiven Unterlassungsklage darstellt.[738]

(a) Teilweise vertretene Ansicht

Eine teilweise vertretene Auffassung erachtet den Verstoß im Sinne des Art. 831 Abs. 1 Nr. 3 GesG als Unterlassungsgrund der umwandlungsrechtlichen präventiven Unterlassungsklage als äußerst problematisch, da der Verstoß nach Art. 831 Abs. 1 Nr. 3 GesG unter anderem ein unangemessenes Umtauschverhältnis erfasst.[739] Der Legislativrat habe sich in seinen Beratungen im Vorfeld der Reform dafür entschieden, die Unangemessenheit des Gegenwerts vom Anwendungsbereich der präventiven Unterlassungsklage bei Umwand-

737 *Matsunaka* legt die Problematik ausführlich dar, vertritt jedoch eine vermittelnde Meinung, indem er einen Teil der Gesetzesverstöße als zeitgleich bei Beschlussanfechtungs- und Unterlassungsklage anwendbar erachtet, und den anderen Teil gemäß der ersteren Ansicht als zunächst durch Beschlussanfechtungsklage zu bestätigende Mängel ansieht, *Matsunaka*, in: Kanda, Heisei 26nen kaisei kaisha-hô [Gesellschaftsrechtsreform 2014] (2015), S. 206.

738 In der Phase des Zwischenentwurfs wurde überlegt, ob der Fall der Stimmrechtsausübung eines Aktionärs mit besonderem Interesse und der dadurch zustande gekommene besonders unangemessene Umwandlungsbeschluss im Gesetzestext als Unterlassungsgrund aufgeführt werden sollte oder nicht; siehe (siehe Zwischenentwurf Teil 2 Abschnitt 5A Anm. 1, S. 19. Diese Frage wurde letztendlich aber offengelassen; *Iwahara*, Shôji Hômu 1979 (2012) 4, 9.

739 *Ôta/Noda/Yasui*, Kinyû Shôji Hanrei 1472 (2015) 2; *Kasahara*, in: FS Ochiai (2014), S. 309, 330 Fn. 40; *Saitô*, in: Kansaku u.a., Kaisha saiban ni kakaru riron no tôtatsuten [Das dogmatische Ziel der gesellschaftsrechtlichen Gerichtsverfahren] (2014), S. 87, 126.

lungsmaßnahmen auszunehmen.[740] Darin, dass die Frage des Verstoßes im Sinne des Art. 831 Abs. 1 Nr. 3 GesG als Unterlassungsgrund zuvor im Zwischenentwurf aufgeworfen[741], im späteren Gesetzestext aber nicht mehr zu finden ist, sei eine bewusste gesetzgeberische Entscheidung zu sehen.

Diese bewusste Entscheidung des Gesetzgebers solle nicht durch eine Anwendbarkeit des Anfechtungsgrundes aus Art. 831 Abs. 1 Nr. 3 GesG als Unterlassungsgrund unterlaufen werden.[742] Der Gesetzgeber habe sich bereits zuvor ausdrücklich dagegen entschieden, den Aktionären zu ermöglichen, die Unangemessenheit des Gegenwerts oder die Unverhältnismäßigkeit des Umtauschverhältnisses bei der Umwandlung außerhalb von Sonderbeziehungen geltend zu machen und einer gerichtlichen Prüfung unterziehen zu können. Aufgrund des kurzen Zeitraums zwischen Beschlussfassung bzw. Klageerhebung und Vollzug der Umwandlung einerseits und des mit der Unangemessenheit des Gegenwerts bzw. der Berechnung des Umtauschverhältnisses verbundenen erheblichen Prüfungsaufwands andererseits solle dadurch das Gericht entlastet werden.[743]

(b) Andere Ansicht

Nach einer teilweise von prominenten Stimmen des Schrifttums vertretenen Ansicht soll auch ein Verstoß im Sinne des Art. 831 Abs. 1 Nr. 3 GesG gleichzeitig einen Gesetzesverstoß im Sinne des Unterlassungsgrunds der präventiven Unterlassungsklage darstellen können.[744] Dem ist zuzustimmen. Es macht keinen Sinn, zwischen der Anfechtungsmöglichkeit und der Anspruchsmöglichkeit auf Unterlassen zu unterscheiden. Ist der Mehrheitsaktionär beispielsweise bei einer Umwandlung der Gesellschaft die an der Umwandlung beteiligte Partei und hält er ausreichend Stimmrechte, um dem Umwandlungsbeschluss im Alleingang zustimmen zu können, dann liegt ein anfechtbarer Mangel des Hauptversammlungsbeschlusses vor, sofern die Umwandlungsbedingungen besonders unangemessen sind. Unerheblich ist dabei, ob der Mangel mittels Anfechtungsklage oder präventiver Unterlassungsklage geltend gemacht wird. Insbesondere da der Wirksamkeitstag der Umwandlung nunmehr frei bestimmbar ist und ein

740 Vgl. *Sakamoto*, Ichimon ittô [Eine Frage eine Antwort] (2015), S. 339.

741 Zwischenentwurf Teil 2 Abschnitt 5A Anm. 1, S. 19.

742 *Saitô*, in: Kansaku u.a., Kaisha saiban ni kakaru riron no tôtatsuten [Das dogmatische Ziel der gesellschaftsrechtlichen Gerichtsverfahren] (2014), S. 87, 126; vgl. *Nakahigashi*, Jurist 1472 (2014), 46, 48.

743 *Saitô*, in: Kansaku u.a., Kaisha saiban ni kakaru riron no tôtatsuten [Das dogmatische Ziel der gesellschaftsrechtlichen Gerichtsverfahren] (2014), S. 87, 126.

744 *Matsunaka*, in: Kanda, Heisei 26nen kaisei kaisha-hô [Gesellschaftsrechtsreform 2014] (2015), S. 207, 210 f.; siehe auch *ders.*, Shôji Hômu 2064 (2015), 14, 19 f.; *Nakahigashi*, Jurist 1472 (2014), 46, 48 f.; *ders.*, Jurist 1495 (2016) 63, 67; *Egashira*, Kabushiki kaishahô [Das Recht der Aktiengesellschaft] (2021), S. 923; so auch *Ukegawa,* Business Hômu Vol. 14 No. 11 (2014), 95, 98 f.

rechtzeitig greifender Rechtsschutz für die effiziente Rechtsdurchsetzung von erheblicher Relevanz ist, leuchtet es nicht ein, wieso ein anfechtbarer Mangel nicht gleichzeitig einen Gesetzesverstoß im Sinne der präventiven Unterlassungsklage darstellen können soll.[745] Diese Auffassung steht auch im Einklang mit dem Reformgedanken. Durch die Erweiterung des präventiven Unterlassungsanspruchs auf sämtliche Umwandlungsvarianten sollte gerade der präventive Rechtsschutz gestärkt und einer Rechtsunsicherheit durch den Verweis auf die Nichtigkeitsklage bei einer zeitlich nicht rechtzeitig beschiedenen Anfechtungsklage vorgegriffen werden.[746] Die Tatsache allein, dass der Fall des Art. 831 Abs. 1 Nr. 3 GesG nicht ausdrücklich als Unterlassungsgrund im Gesetzeswortlaut aufgenommen wurde, verhindert noch nicht, den Fall des Art. 831 Abs. 1 Nr. 3 GesG unter den Unterlassungsgrund des Gesetzesverstoßes zu subsumieren.[747] Zwar ist verständlich, dass die Zulassung der Unangemessenheit des Gegenwerts als Prüfungsgegenstand im Rahmen einer präventiven Unterlassungsklage, die regelmäßig im Wege des einstweiligen Rechtsschutzverfahrens geltend gemacht wird, aus zeitrelevanten Gründen verhindert werden soll; da es sich bei einem Verstoß im Sinne des Art. 831 Abs. 1 Nr. 3 GesG allerdings nicht um die Feststellung der Unangemessenheit des Gegenwerts, sondern um die Feststellung einer besonderen Unangemessenheit (*ichijirushii fukôsei*) der Umwandlungsbedingungen handelt, wird vereinzelt ergänzt, dass die Beurteilung hinsichtlich eines Verstoßes nach Art. 831 Abs. 1 Nr. 3 GesG dem Gericht im Verhältnis einfacher fallen dürfte.[748] Zudem ist darauf hinzuweisen, dass im Rahmen der präventiven Unterlassungsklage beim verkürzten Umwandlungsverfahren eine Prüfung der Unangemessenheit des

745 *Matsunaka*, Shôji Hômu 2064 (2015), 14, 19.

746 So auch *Matsunaka*, in: Kanda, Heisei26nen kaisei kaisha-hô [Gesellschaftsrechtsreform 2014] (2015), S. 210.

747 Dies widerspricht insbesondere auch der Handhabe bei anderen Diskussionspunkten innerhalb des Legislativrats. So wurde beispielsweise die Frage, ob der Verstoß des Verwaltungsrats gegen Treue- und Sorgfaltspflichten einen Unterlassungsgrund im Sinne der Artt. 784-2, 796-2, 805-2, 816-5 GesG darstellen sollten, sowohl vor als auch nach Bekanntgabe des Zwischenentwurfs ausdrücklich verneint, vgl. *Takagi,* Gesellschaftsrechtliche Abteilung des Legislativrats (*hôsei shingikai kaishahôsei bukai*) 14. Sitzung (26.10.2011), Sitzungsprotokoll S. 33; *ders.,* Gesellschaftsrechtliche Abteilung des Legislativrats (*hôsei shingikai kaishahôsei bukai*) 18. Sitzung (24.12.2012), Sitzungsprotokoll S. 40 f. Laut *Matsunaka* seien allerdings keine vergleichbaren Aussagen darübergehend getroffen worden, dass die Streichung der Anmerkung 1 des Zwischenentwurfs gerade eine Verneinung der Frage sei, ob der Verstoß iSd Art. 831 Abs. 1 Nr. 3 GesG keinen Unterlassungsgrund darstelle, *Matsunaka*, in: Kanda, Heisei26nen kaisei kaisha-hô [Gesellschaftsrechtsreform 2014] (2015), S. 208 f.

748 *Nakahigashi*, Jurist 1495 (2016) 63, 67; *Matsunaka*, Shôji Hômu 2064 (2015), 14, 20; *ders.* in: Kanda, Heisei26nen kaisei kaisha-hô [Gesellschaftsrechtsreform 2014] (2015), S. 209 f.

Gegenwerts möglich ist; wieso aber bei der ähnlichen Situation einer Umwandlung unter Einfluss eines Aktionärs mit besonderem Interesse dem Gericht diese Kompetenz abgesprochen wird, ist inkonsequent.[749] In beiden Fällen liegt das besondere Schutzbedürfnis darin, dass das Ergebnis des Umwandlungsbeschlusses faktisch vorbestimmt ist.[750]

(c) Zeitlicher Anwendungsbereich

Folgt man der letzteren Ansicht, dass die besonders unangemessene Beschlussfassung durch Stimmrechtsausübung eines Aktionärs mit Sonderinteresse als Gesetzesverstoß im Sinne der umwandlungsrechtlichen präventiven Unterlassungsklage und damit als Unterlassungsgrund geltend gemacht werden kann, dann ist diese präventive Unterlassungsklage folgerichtig erst nach Beschlussfassung durch die Hauptversammlung zu erheben, da der Verstoß im Sinne des Art. 831 Abs. 1 Nr. 3 GesG erst durch die Beschlussfassung entsteht.[751] Da es sich bei dem Aktionär mit besonderem Interesse allerdings regelmäßig um einen Mehrheitsaktionär handelt, und dieser zusätzlich selbst als Partei an der Umwandlung beteiligt ist, ist wohl kaum ein Szenario vorstellbar, in dem der Mehrheitsaktionär gegen die Umwandlung stimmen und damit der Umwandlungsbeschluss nicht zustande kommen würde.[752] Berücksichtigt man zusätzlich, dass in der Praxis je nach Festlegung des Wirksamkeitstags der Umwandlung regelmäßig kein ausreichender Zeitraum zwischen diesem und der vorhergehenden Beschlussfassung durch die Hauptversammlung liegt, dann bleibt in diesen Fällen kaum die Möglichkeit, über einen Antrag auf einstweilige Verfügung bescheiden zu lassen.[753] Aufgrund dessen ist im Falle einer Umwandlung, welcher der Mehrheitsaktionär mit mehr als zwei Dritteln der Stimmrechte als Partei gegenübersteht, die umwandlungsrechtliche präventive Unterlassungsklage ausnahmsweise dann schon basierend auf einer Gesetzesverletzung nach Art. 831 Abs. 1 Nr. 3 GesG anwendbar, wenn sich die besondere Unangemessenheit bereits im Entwurf des Umwandlungsvertrags oder -plans

749 So auch *Matsunaka*, Shôji Hômu 2064 (2015), 14, 20; *ders.*, in: Kanda, Heisei 26nen kaisei kaisha-hô [Gesellschaftsrechtsreform 2014] (2015), S. 210; *Nakahigashi*, Jurist 1495 (2016) 63, 67.

750 Vgl. *Aizawa/Hosokawa*, Bessatsu Shôji Hômu 295 (2006), 180, 198.

751 *Matsunaka*, in: Kanda, Heisei 26nen kaisei kaisha-hô [Gesellschaftsrechtsreform 2014] (2015), S. 207.

752 *Matsunaka*, in: Kanda, Heisei 26nen kaisei kaisha-hô [Gesellschaftsrechtsreform 2014] (2015), S. 207 f.

753 *Matsunaka*, in: Kanda, Heisei 26nen kaisei kaisha-hô [Gesellschaftsrechtsreform 2014] (2015), S. 208; vgl. auch *Nomura*, Gesellschaftsrechtliche Abteilung des Legislativrats (*hôsei shingikai kaishahôsei bukai*) 7. Sitzung (24.11.2010), Sitzungsprotokoll S. 45.

zeigt.[754] Die Beschlussfassung der Hauptversammlung über den Entwurf muss in diesem speziellen Fall nicht abgewartet werden.

(3) Die Unangemessenheit des Umtauschverhältnisses als Unterlassungsgrund

(a) Derzeitige Gesetzeslage

Hinsichtlich der Frage, ob die Unangemessenheit des Umwandlungsgegenwerts bei der Umwandlung ebenfalls einen Unterlassungsgrund darstellen können soll, haben sich der Gesetzgeber und auch schon der Legislativrat im Vorfeld der Gesetzesänderung explizit ablehnend positioniert.[755] Auch aus der Systematik des Gesetzes selbst ergibt sich, dass die Unangemessenheit des Umwandlungsgegenwerts keinen Unterlassungsgrund bei der präventiven Unterlassungsklage darstellt, da die Unangemessenheit des Umwandlungsgegenwerts in Artt. 784-2 Nr. 2, 796-2 Nr. 2 GesG ausdrücklich nur für Fälle des verkürzten Umwandlungsverfahrens normiert ist. Der Legislativrat begründet seine Entscheidung mit der zeitlichen Bedrängnis, die auf den Gerichten lastete, würde man die Überprüfung der Angemessenheit der als Gegenwert angebotenen Zahlungen beziehungsweise die Überprüfung des Umtauschverhältnisses der Aktien als Unterlassungsgrund im Rahmen einer umwandlungsrechtlichen präventiven Unterlassungsklage zulassen. Die Problematik liege im Falle des Umwandlungsgegenwerts darin, dass es sich einerseits bei der Bestimmung der Angemessenheit stets um eine hochkomplexe Einzelfallbetrachtung handle, gleichzeitig der präventive Unterlassungsanspruch regelmäßig aufgrund der relevanten Zeitkomponente im Wege eines einstweiligen Rechtsschutzverfahrens geltend gemacht werden wird. Die insofern von den Gerichten innerhalb eines Zeitraums von – nach Möglichkeit – weniger als zwei Wochen abverlangte Entscheidung umfasst dabei nicht nur die Tatsachenfeststellung und die anschließende rechtliche Bewertung, sondern auch das Nachvollziehen und Überprüfen betriebswirtschaftlich ermittelter Bewertungen und darauf basierender komplexer Rechnungsvorgänge. Die Bedenken des Legislativrats fußen folglich – richtigerweise – auf dem praktischen Gesichtspunkt, dass der äußerst kurze Zeitraum bis zum beliebig wählbaren Wirksamkeitstag der Umwandlung zu kurz ist, um über einen derartig komplexen Sachverhalt des angemessenen Umtauschverhältnisses oder die angemessene Höhe eines andersartigen Gegenwerts eine Entscheidung zu treffen.[756]

754 *Matsunaka*, in: Kanda, Heisei 26nen kaisei kaisha-hô [Gesellschaftsrechtsreform 2014] (2015), S. 208.

755 So auch *Sakamoto u.a.*, Shôji Hômu 2049 (2014), 20, 21; *Iwahara*, Shôji Hômu 1979 (2012), 4, 9.

756 *Regierungsratsreferat der Abteilung für Zivilsachen des japanischen Justizministeriums*, in: Shôji Hômu 1952 (2011), 19, 55; *Ueda/Sugewara/Matsushima*, Kaisei kaishahô [Das reformierte Gesellschaftsrecht] (2015), S. 264; *Ôta/Yasui*, Shôji Hômu 1988 (2013), 15, 17 f.; *Nakahigashi*, in: Iwahara/Kanda/Nomura, Heisei26nen kaishahô kaisei [Gesellschaftsrechtsreform 2014] (2015), S. 93.

Um diese Problematik zu meiden, wurde die Unangemessenheit des Umtauschverhältnisses bzw. des Umwandlungsgegenwerts nicht als Unterlassungsgrund im Sinne der umwandlungsrechtlichen präventiven Unterlassungsklage aufgenommen, sodass diese zu keinem Unterlassungsanspruch einer regulären Umwandlung berechtigt.[757]

Die vereinzelten Versuche im Schrifttum, die Unangemessenheit des Umwandlungsgegenwerts dennoch unter das Tatbestandsmerkmal des Gesetzesverstoßes zu subsumieren, um hierüber die Anwendbarkeit der präventiven Unterlassungsklage auch bei regulären Umwandlungsmaßnahmen zu ermöglichen,[758] sind ebenfalls unter dem Gesichtspunkt der begrenzten Leistungskapazität der Gerichte im Rahmen des einstweiligen Rechtsschutzverfahrens, in dessen Form die präventive Unterlassungsklage in der Praxis in Erscheinung treten wird, abzulehnen.[759] Erschwerend ist dabei nicht nur die komplexe bilanzrechtliche Prüfung innerhalb kürzester Zeit, sondern auch das japanische Justizwesen, das eine fachliche Spezialisierung der Richter kaum zulässt. Gemäß japanischem Richterrecht werden Richtern in Japan nicht auf Lebenszeit ernannt, sondern grundsätzlich um sogenannte Karriere-Richter, die sich auf eine Richterposition bewerben müssen[760], auch wenn *de facto* alle Richter regelmäßig verlängert werden. Dabei unterliegen die Richter einem allgemeinen Rotationssystem, aufgrund dessen sie im Durchschnitt alle drei Jahre an ein anderes Gericht und in einen anderen Gerichtszweig versetzt werden (können).[761] Ein Wechsel kann

757 *Ôta/Yasui*, Shôji Hômu 1988 (2013), 15, 18; *Sakai*, in: Egashira/Nakamura, Kaishahô. Hokan. Heisei 26nen kaisei [Gesellschaftsrecht. Ergänzungsband. Reform 2014] (2015), S. 472; *Sakamoto*, Ichimon ittô [Eine Frage eine Antwort] (2015), S. 309.

758 Vgl. *Saitô*, in: Kansaku u.a., Kaisha saiban ni kakaru riron no tôtatsuten [Das dogmatische Ziel der gesellschaftsrechtlichen Gerichtsverfahren] (2014), S. 87, 139; wohl auch *Nakahigashi*, Jurist 1495 (2016) 63, 67. Vgl. auch *Ukegawa*, Business Hômu Vol. 14 No. 11 (2014), 95, 99, der damit argumentiert, dass, wenn schon die Unangemessenheit des Umwandlungsgegenwerts im Falle des Verstoßes iSd Art. 831 Abs. 1 Nr. 3 GesG gerichtlich überprüfbar sei, dies auch bei regulären Umwandlungsmaßnahmen zuzulassen sei. Dieser Argumentation ist schon deshalb nicht zu folgen, da es sich im Falle des Art. 831 Abs. 1 Nr. 3 GesG um eine Situation mit besonderem Rechtsschutzrisiko für die Minderheitsaktionäre handelt und selbst dann nur die Fälle einer besonderen Unangemessenheit einen Unterlassungsanspruch begründen, siehe oben Dritter Teil – B.II.1.

759 *Ueda/Sugewara/Matsushima*, Kaisei kaishahô [Das reformierte Gesellschaftsrecht] (2015), S. 265.

760 *Takahashi*, ZJapanR 27(2009), 39, 41; *Foote*, Washington International Law Journal, Vol. 27 No. 1 (2017), 7, 16; *Upham*, Law&Social Inquiry, Vol. 30 No. 2 (2005), 421, 424.

761 *Takahashi*, ZJapanR 27(2009), 39, 41; *Shiho u.a.*, Comparative Legal Guide. Japan: Litigation, 2. Aufl. Juni 2019 (abrufbar unter: https://www.mhmjapan.com/content/files/00036860/The%20Legal%20500%20Litigation%202nd%20Edition%20Country%20Comparative%20Guide%20-%20Japan%20Chapter.pdf); *Rokumoto*, in: Baum/Bälz, Hdb. Japanisches Handels- und Wirtschaftsrecht (2011), S. 54.

folglich nicht nur den Wechsel innerhalb der Instanzen und die geografische Versetzung, sondern auch einen Wechsel von der zivilrechtlichen Gerichtsbarkeit in die strafrechtliche, verwaltungsrechtliche oder familienrechtliche Gerichtsbarkeit bedeuten.[762]

(b) Beurteilung des Rechtsschutzniveaus

Fraglich ist, ob jenseits der derzeitigen Rechtslage eine derartige Beschränkung der Unterlassungsgründe hinsichtlich des unangemessenen Umtauschverhältnisses oder Umwandlungsgegenwerts gerechtfertigt ist.[763]

Zu berücksichtigen ist, dass das Abfindungsverfahren als Auffangrechtsschutz im Schrifttum immer wieder aufgrund der zahlreichen formellen und tatsächlichen Hürden kritisiert wird.[764] Dem ist teilweise zuzustimmen. Der Aktionär ist nur Abfindungsberechtigter, wenn er gegen den Umwandlungsbeschluss stimmt, sodass er bis zu diesem Zeitpunkt bereits eine entsprechende Entscheidung getroffen haben muss. Werden erst nach Hauptversammlung Umstände bekannt, die zu einer Unangemessenheit des Gegenwerts führen und haben die Aktionäre in Unkenntnis darüber dem Beschluss zugestimmt, steht den Aktionären kein Rechtsschutz mehr zur Verfügung.[765]

Die Unangemessenheit des Umtauschverhältnisses oder des sonstigen Umwandlungsgegenwerts kann allenfalls ausnahmsweise dem Anwendungsbereich unterfallen, wenn im Zusammenhang mit diesen ein anderweitiger Gesetzesverstoß verursacht wird, der im Rahmen der umwandlungsrechtlichen präventiven Unterlassungsklage geltend gemacht werden kann. Dies kann beispielsweise auftreten, wenn der im Umwandlungsvertrag oder -plan beschriebene Gegenwert bei einer Verschmelzung zur Aufnahme gegen den Gleichheitsgrundsatz der Aktionäre (Art. 109 Abs. 1 GesG) verstößt, indem Aktionären derselben Aktiengattung unterschiedliche Umtauschverhältnisse angeboten werden.[766] Als weitere Ausnahme käme der Fall in Betracht, wenn die Berechnungsmethode, die der Festsetzung der Höhe des Gegenwerts zugrunde liegt, derart unbestimmt ist, dass am Wirksamkeitstag Schwierigkeiten bei der Bestimmung des Wertes entstehen.[767]

762 *Foote,* Washington International Law Journal, Vol. 27 No. 1 (2017), 7, 16; *Upham,* Law&Social Inquiry, Vol. 30 No. 2 (2005), 421, 424; vgl. *van Zimmeren,* in: Vanoverbeke u.a., The Changing Role of Law in Japan (2014), S. 235.

763 Zweifelnd auch *Nakahigashi*, Jurist 1495 (2016) 63, 67; *Iida*, Business Hômu 12 (2012), 77 ff.

764 *Iida*, Business Hômu 12 (2012), 77 ff.; siehe oben Dritter Teil – B.IV.

765 *Iida*, Business Hômu 12 (2012), 76, 77; *Nakahigashi*, Jurist 1495 (2016) 63, 67; *Ueda/Sugewara/Matsushima,* Kaisei kaishahô [Das reformierte Gesellschaftsrecht] (2015), S. 264.

766 *Okuyama/Wakabayashi*, Shôji Hômu 1960 (2012), 16, 18.

767 *Okuyama/Wakabayashi*, Shôji Hômu 1960 (2012), 16, 18.

Allerdings handelt es sich hier bei beiden Fällen wohl um selten auftretende Fälle, deren Auswirkung auf die Praxis daher als unbedeutend zu bewerten ist.[768]

(c) Stellungnahme und Zwischenergebnis

Den betroffenen Aktionären steht im Falle eines unangemessenen Umtauschverhältnisses kein wirksamer und effektiver Rechtsschutz zur Verfügung. Die Verwehrung einer effektiven gerichtlichen Überprüfung des Umtauschverhältnisses ist durch das Abfindungsrecht allein kaum zu rechtfertigen. Liegt im Beschluss kein über die reine Unangemessenheit des Umwandlungsgegenwerts hinausgehender Mangel vor, können sich die betroffenen Aktionäre das Abfindungsrecht wählen und sich gegen die Abfindungshöhe wehren, müssen dann im Gegenzug aber ihre Aktionärsstellung aufgeben. Mangels *inter omnes*-Wirkung hat hierbei jedoch jeder Aktionär eigenständig das Risiko und die Ressourcen für ein Verfahren aufzubringen.

Eine gerichtliche Überprüfung des Umtauschverhältnisses war im Gesetz nur bei Einflüssen von qualifizierten Mehrheitsaktionären oder Beteiligten mit Sonderinteressen vorgesehen. Die Zulassung des unangemessenen Umwandlungsgegenwerts als Unterlassungsgrund im Rahmen der präventiven Unterlassungsklage bei verkürzten Umwandlungsverfahren sowie im Rahmen von Art. 831 Abs. 1 Nr. 3 GesG fußt auf der Sonderstellung, dass mangels Aktionärsbeschlusses beziehungsweise bereits vorab feststehenden Abstimmungsergebnisses ein erhöhtes Rechtsschutzniveau erforderlich ist. Während bei einem Umwandlungsbeschluss grundsätzlich damit argumentiert wird, dass die Unangemessenheit nicht erheblich sein kann, wenn sich eine zustimmende Mehrheit findet, greift dieses Argument in diesen Fällen gerade nicht. Dass es sich bei der Konstellation eines qualifizierten Beherrschungsverhältnisses bzw. eines Mehrheitsaktionärs, der den Umwandlungsbeschluss im Alleingang bestimmen kann, um eine nicht vergleichbare Sondersituation handelt, ist somit einleuchtend.[769] Der richtige Ansatz ist damit sicherlich nicht die Gleichsetzung des Anwendungsbereichs der präventiven Unterlassungsklage bei regulären Umwandlungen mit demjenigen bei verkürzten Umwandlungsverfahren. Aufgrund des unterschiedlichen Rechtsschutzbedürfnisses ist die Prüfung der Unangemessenheit

768 *Ueda/Sugewara/Matsushima,* Kaisei kaishahô [Das reformierte Gesellschaftsrecht] (2015), S. 265.

769 Vgl. *Aizawa*, Bessatsu Shôhi Hômu 295 (2006), 180, 199; so auch bei der präventiven Unterlassungsklage im Rahmen des Squeeze-out, bei welcher der Ausschluss der Minderheitsaktionäre gegen Abfindungszahlung durch den Mehrheitsaktionär mit 90 % der Stimmrechte mangels notwendigem Aktionärsbeschlusses ebenfalls auf einen besonders unangemessenen Gegenwert gestützt werden kann, vgl. auch *Iwahara,* Shôji Hômu 1978 (2012), 39, 46; aA *Ôta/Yasui*, Shôji Hômu 1988 (2013), 15, 18.

des Gegenwerts bei regulären Umwandlungsmaßnahmen nicht zwingend als Unterlassungsgrund aufzunehmen, zumal das Argument der praktischen Handhabe durch die Gerichte nicht zu missachten ist.

Auch ist zu berücksichtigen, dass im japanischem Gesellschaftsrecht dem Abfindungsrecht schon lange eine zentrale Rolle zugesprochen und dieses als ausreichende Rechtsschutzmaßnahme erachtet wurde. Ebenfalls zu berücksichtigen ist, dass die japanischen Gerichte zunehmend auch wirtschaftliche Prognosen in die Abfindungshöhe miteinbeziehen, sodass diese oftmals höher angesetzt ist, als in Deutschland.[770] Dass das Umtauschverhältnis bei Umwandlungen nicht als Teil der gerichtlichen Überprüfung im Rahmen der präventiven Unterlassungsklage erfasst ist, ist auch keine Besonderheit, da eine separate gerichtliche Überprüfung des Umtauschverhältnisses oder sonstigen Umwandlungsgegenwerts auch vor der Einführung der präventiven Unterlassungsklage nicht im Gesetzestext vorgesehen war.

Nichtsdestotrotz bietet ein Verweis allein auf den Abfindungsanspruch mit seinen verfahrensrechtlichen Hürden keinen vollumfänglichen Minderheitsaktionärsschutz bei Umwandlungsmaßnahmen. Es ist daher zu überlegen, ob dem Aktionär, der nicht ausscheiden, sondern auch nach Umwandlung Aktionär der (übernehmenden) Gesellschaft bleiben will, nicht doch keine Möglichkeit zur gerichtlichen Überprüfung des Umtauschverhältnisses gegeben werden sollte. Die fehlende Möglichkeit der gerichtlichen Überprüfung des Umtauschverhältnisses und der Ersatzzahlungen bei Umwandlungen stellt jedenfalls eine Rechtsschutzlücke im japanischen Umwandlungsrecht dar.

(4) Verstoß gegen Sorgfalts- und Treuepflichten des Verwaltungsrats als Unterlassungsgrund

Verstöße des Verwaltungsrats, eines Verwaltungsratsmitglieds oder Geschäftsführers gegen die Sorgfalts- oder Treuepflicht sind in Artt. 784-2, 796-2, 805-2, 816-5 GesG nicht als Unterlassungsgrund vorgesehen und begründen keinen präventiven Unterlassungsanspruch bei regulären Umwandlungen.[771] Sie sind insbesondere auch nicht unter das Tatbestandsmerkmal »Verstoß gegen gesetzliche Vorschriften« zu subsumieren.[772] Hintergrund für diese gesetzgeberische

770 Siehe oben Dritter Teil – B.IV.2.b.

771 Siehe *Regierungsratsreferat der Abteilung für Zivilsachen des japanischen Justizministeriums*, in: Shôji Hômu 1952 (2011), 19, 55; *Sakamoto u.a.*, Shôji Hômu 2049 (2014), 20, 21.

772 *Regierungsratsreferat der Abteilung für Zivilsachen des japanischen Justizministeriums*, in: Shôji Hômu 1952 (2011), 19, 55; *Tanaka*, in: Kansaku u.a., Kaisha saiban ni kakaru riron no tôtatsuten [Das dogmatische Ziel der gesellschaftsrechtlichen Gerichtsverfahren] (2014), S. 2, 18; *Egashira*, Kabushiki kaishahô [Das Recht der Aktiengesellschaft] (2021), S. 923; *Sakamoto*, Ichimon ittô [Eine Frage eine Antwort] (2015), S. 309.

Entscheidung sei es wohl, zu verhindern, dass über diesen Unterlassungsgrund der unangemessene Gegenwert geltend gemacht wird, welcher in der Praxis regelmäßig den Streitgegenstand darstellt.[773]

Die Sorgfalts- und Treuepflichten des Verwaltungsrats erwachsen aus einem Auftragsverhältnis zwischen Verwaltungsratsmitglied und Gesellschaft (Art. 330 iVm Art. 644 ZG).[774] Daraus ergibt sich die Treuepflicht (*chûjitsu gimu*, Art. 355 GesG), die besagt, dass die Direktoren primär im Interesse der Aktionäre handeln müssen, sowie die Sorgfaltspflicht (*zenkan chûi gimu*, Artt. 330 GesG, 644 ZG), wonach der Verwaltungsrat bei seinen Handlungsentscheidungen die ordnungsgemäße Sorgfalt anzuwenden hat.[775] Das hat zur Folge, dass der Verwaltungsrat in seiner Tätigkeit der Verpflichtung unterliegt, sich bei Entscheidungen und insbesondere bei Interessenskonflikten am Interesse der Gesellschaft zu orientieren und zum Wohle der Gesellschaft zu handeln.[776]

Im Folgenden ist diese gesetzgeberische Entscheidung, Sorgfalts- und Treuepflichtverstöße des Verwaltungsrats von dem Anwendungsbereich der neuen präventiven Unterlassungsklage bei regulären Umwandlungsmaßnahmen herauszunehmen, einer näheren Betrachtung zu unterziehen.

(a) Rechtsschutzniveau

Im Vergleich mit dem Rechtsschutz der präventiven Unterlassungsklage bei verkürzten Umwandlungen erscheint der Ausschluss der Sorgfalts- und Treuepflichtverstöße des Verwaltungsrats von Anwendungsbereich der präventiven Unterlassungsklage für reguläre Umwandlungsmaßnahmen nicht zwingend.[777]

Der Ausschluss der Sorgfalts- und Treuepflichtverstöße ist zwar auch bei der präventiven Unterlassungsklage bei verkürzten Umwandlungsverfahren nicht als Unterlassungsgrund vorgesehen; die reguläre umwandlungsrechtliche präventive Unterlassungsklage weist in dieser Hinsicht ein niedrigeres Rechtsschutzniveau auf. Im Gegensatz zur präventiven Unterlassungsklage bei regulä-

773 So *Tanaka*, in: Kansaku u.a., Kaisha saiban ni kakaru riron no tôtatsuten [Das dogmatische Ziel der gesellschaftsrechtlichen Gerichtsverfahren] (2014), S. 2, 16 f., der allerdings die mangelnde Überzeugungskraft dieses Arguments anprangert; ebenso dem Auslegungsverständnis zustimmend, aber insgesamt kritisch *Matsunaka*, in: Kanda, *Heisei 26nen kaisei kaisha-hô* [Gesellschaftsrechtsreform 2014] (2015), S. 200 f.

774 OGH, Urt. v. 24.6.1970, Minshû Band 24 Nr. 6 S. 625 = Hanrei Times 249 (1970) 116; OGH, Urt. v. 15.7.2010, Hanrei Times 1332 (2010), 50; *Kanda*, Kaisha-hô [Gesellschaftsrecht] (2023), S. 251; *Egashira*, Kabushiki kaishahô [Das Recht der Aktiengesellschaft] (2021), S. 413 ff.; *Tanaka*, Kaisha-hô [Gesellschaftsrecht] (2021), 271, 275.

775 *Kanda*, Kaisha-hô [Gesellschaftsrecht] (2023), S. 251, 253; *Tanaka*, Kaisha-hô [Gesellschaftsrecht] (2021), S. 270 f.

776 *Tanaka*, Kaisha-hô [Gesellschaftsrecht] (2021), S. 271.

777 *Iida*, Business Hômu 12 (2012), 76, 79 f.

ren Umwandlungsvorgängen besteht bei verkürzten Umwandlungsverfahren die Möglichkeit, nach Artt. 784-2 Nr. 2, 796-2 Nr. 2 GesG zumindest einen besonders unangemessenen Gegenwert als Unterlassungsgrund geltend zu machen. Da sich ein Großteil von Verwaltungsratsverstößen gegen die Sorgfalts- oder Treuepflicht in Form eines unangemessenen Gegenwerts äußern wird, ist damit bei verkürzten Umwandlungsverfahren zumindest für einen Teil der Verwaltungsratsverstöße die gerichtliche Prüfungsmöglichkeit eröffnet.

Der Verweis der rechtschutzsuchenden Aktionäre bei regulären Umwandlungsmaßnahmen auf die Beschlussanfechtungsklage im einstweiligen Rechtsschutz bzw. die Nichtigkeitsklage[778], reicht als Argument nicht aus. Wird bereits die Zulässigkeit eines Antrags auf einstweilige Unterlassungsverfügung, gestützt auf das Vorliegen eines Anfechtungsgrunds, angezweifelt[779], ist dieser Zweifel bereits ausreichend, um eine wirksame Gewährleistung des präventiven Rechtsschutzbedürfnisses zu verneinen. Ebenso ist auch der Verweis auf die nachträglichen Rechtsschutzmechanismen wie die Beschlussanfechtungsklage und die Umwandlungsnichtigkeitsklage höchst zweifelhaft. Denn Ausgangspunkt für die Normierung beziehungsweise Ausweitung des Anwendungsbereichs der präventiven Unterlassungsklage ist gerade, dass der nachträgliche Rechtsschutz insbesondere bei Umwandlungsvorgängen aufgrund der drohenden unsicheren Rechtsverhältnisse sowie der eng begrenzten Rechtsfolgen als nicht ausreichend erachtet wird.[780]

Es ist zwar gerechtfertigt, dass den Minderheitsaktionären im Rahmen des verkürzten Umwandlungsverfahrens ein erhöhter Rechtsschutz gewährt wird, indem ihnen die zusätzliche Möglichkeit der Geltendmachung des besonders unangemessenen Gegenwerts gewährt wird.[781] Dies beruht jedoch insbesondere auf der mangels Aktionärsbeschlusses fehlenden Informations- und Diskussionsmöglichkeit der Aktionäre bezüglich der Angemessenheit des Gegenwerts. Ob der damit einhergehende Rechtsreflex, welcher etwaig damit verbundenen Sorgfalts- und Treuepflichtverstöße beim verkürzten Umwandlungsverfahren mittelbar zum Gegenstand der Unterlassungsklage macht, gleichzeitig auch das unterschiedliche Rechtsschutzniveau bei Sorgfaltspflicht- und Treuepflichtverstößen des Verwaltungsrats rechtfertigt, ist daher fraglich.

(b) Zeitliche Komponente

Auch die zeitlich enge Frist für die Feststellung von Pflichtverstößen im Rahmen des einstweiligen Rechtsschutzes rechtfertigt nicht die Entscheidung, Verstöße des Verwaltungsrats gegen Sorgfalts- und Treuepflichten aus dem An-

778 *Ôta/Yasui*, Shôji Hômu 1988 (2013), 15, 17 Fn. 13; *Ôta/Noda/Yasui*, Kinyû Shôji Hanrei 1471 (2015), 2, 5 (Fn. 28).
779 Siehe oben Dritter Teil – C.II.1.b.bb.
780 Siehe oben Dritter Teil – B.VI.
781 Siehe oben Dritter Teil – C.I.1.

wendungsbereich der präventiven Unterlassungsklage herauszunehmen. Der Legislativrat hatte die zeitliche Komponente als Argumentation insbesondere im Hinblick darauf angeführt, dass ein unangemessener Gegenwert keinen Unterlassungsgrund darstellen solle.[782] Dasselbe gelte auch für die Frage der Sorgfalts- oder Treuepflichtverstöße als möglichen Unterlassungsgrund.[783]

Diese Argumentation trägt jedoch nicht hinsichtlich der Sorgfalts- und Treuepflichten. Im Gegensatz zur Bestimmung des angemessenen Gegenwerts, bei der neben tatsächlichen und rechtlichen Fragen auch betriebswirtschaftliche Berechnungen hinzukommen, ist nicht ersichtlich, wieso auch bei der Feststellung des Verstoßes eines Verwaltungsratsmitglieds gegen dessen Sorgfalts- oder Treuepflichtverstoß über das übliche Maß hinausgehende Komplikationen zu erwarten sind. Bei der gerichtlichen Prüfung und Feststellung von Pflichtverstößen handelt es sich um eine Feststellung aufgrund von Darlegung von Tatsachen und rechtlicher Subsumtion des Sachverhalts; ein Prüfungsvorgang, der auch bei anderen Sachverhalten im Rahmen eines einstweiligen Rechtsschutzverfahrens regelmäßig durchgeführt wird. Dass die zeitliche Komponente für das zuständige Gericht eine Schwierigkeit darstellt, liegt in der Natur des einstweiligen Rechtsschutzes. Die Sorge, dass anhand der Prüfung der Sorgfalts- oder Treuepflichtverstöße des Verwaltungsrats mittelbar eine zeitaufwendigere Prüfung der Unangemessenheit des Umwandlungsgegenwerts notwendig werden kann, ist zwar durchaus berechtigt; dieses Argument allein kann jedoch nicht zum Ausschluss aller Sorgfalts- und Treuepflichtverstöße führen.[784] Wieso die summarische Prüfung eines potentiellen Sorgfalts- oder Treuepflichtverstoßes des Verwaltungsrats anders als die übrigen Rechtsverstöße zu behandeln sein soll, ist nicht ersichtlich. Ganz im Gegenteil, erscheint die beliebige Berufung hierauf gefährlich. Ist bereits ein Verweis auf die Überlastung der Gerichte und die Problematik der Prüfung innerhalb eines kurzen Zeitraums hinreichend, um den präventiven Rechtsschutzanspruch einzuschränken, dann stellt sich die Frage, bis zu welchem Umfang diese Argumentation gelten und wie die Verhinderung eines Dammbruchs bei der Nutzung dieser Argumentation gewährleistet werden soll.

(c) Unterlaufen des Unterlassungsgrundes

Auch wenn den Bedenken, dass im Falle der Subsumtion der Sorgfalts- und Treuepflichtverstöße unter das Tatbestandsmerkmal des Gesetzesverstoßes mit-

782 *Kanokogi,* Gesellschaftsrechtliche Abteilung des Legislativrats (*hôsei shingikai kaishahôsei bukai*) 7. Sitzung (24.11.2010), Sitzungsprotokoll S. 49.

783 Vgl. *Kanokogi,* Gesellschaftsrechtliche Abteilung des Legislativrats (*hôsei shingikai kaishahôsei bukai*) 12. Sitzung (31.8.2011), Sitzungsprotokoll S. 36; *Tanaka,* Gesellschaftsrechtliche Abteilung des Legislativrats (*hôsei shingikai kaishahôsei bukai*) 12. Sitzung (31.8.2011), Sitzungsprotokoll S. 39 f.

784 Siehe ausführlicher unten Dritter Teil – C.II.3.a.aa.(4)(c).

telbar ein unangemessener Umwandlungsgegenwert gerichtlich geltend gemacht und dadurch die gesetzgeberische Wertung, dies vom Anwendungsbereich auszuschließen, unterlaufen werden könne[785], grundsätzlich zuzustimmen ist, rechtfertigt dies nicht den vollständigen Ausschluss sämtlicher Sorgfalts- und Treuepflichtverstöße als Unterlassungsgrund.

Ein unangemessenes Umtauschverhältnis basiert regelmäßig darauf, dass der Verwaltungsrat unabhängige Unternehmensbewertungen nicht beachtet, Unterlagen zur Bewertungsberechnung nicht ordnungsgemäß offengelegt oder Interessenkonflikte verschwiegen hat, die zu einer unfairen Unternehmensbewertung geführt haben.[786] Einer Ausweitung des Anwendungsbereichs auf die Prüfung des Umwandlungsgegenwerts durch die Hintertür ist daher zu unterbinden. Dennoch sind neben solchen Verstößen des Verwaltungsrats, die sich unmittelbar auf die Höhe des Umwandlungsgegenwerts auswirken, auch Sorgfalts- oder Treuepflichtverstöße im Zusammenhang mit Umwandlungsmaßnahmen denkbar, die nicht direkt mit der Festsetzung des Gegenwerts im Zusammenhang stehen. So können beispielsweise die nicht sorgfältige Prüfung und Auswertung aller verfügbaren Informationen im Vorfeld der Entscheidung des Verwaltungsrats zur Umwandlung, oder eine unterlassene oder nicht vollständige Darlegung potentieller Interessenskonflikte des Verwaltungsrats im Rahmen des Umwandlungsvorgangs Aktionäre dazu verleiten, der Umwandlung zuzustimmen und nicht von ihren Abfindungsrechten Gebrauch zu machen, ohne dass diese Verstöße zwingend ein unangemessenes Umtauschverhältnis zur Folge haben müssen. Werden Synergieeffekte aufgrund fälschlicher Wertung des Verwaltungsrats erwartet, können Aktionäre auch bei angemessenem Umtauschverhältnis ihrer freien und informierten Entscheidung hinsichtlich der Wahrnehmung ihres Abfindungsrechts beraubt sein. Dasselbe gilt in Fällen offensichtlicher Kollusion des Verwaltungsrats mit dem Mehrheitsaktionär, beispielsweise wenn letzterer gleichzeitig die andere Umwandlungspartei ist, und der Verwaltungsrat offensiv zugunsten der Umwandlung wirbt, ohne einen Interessenkonflikt offenzulegen oder ohne auf die nur für den eigenen Profit ausgerichteten Pläne des Mehrheitsaktionärs nach Vollzug der Umwandlung hinzuweisen. Dass sich die fälschliche Informationsgrundlage nicht in einem unangemessenem Umtauschverhältnis niedergeschlagen hat, ist dann reiner Zufall für den Aktionär. Insbesondere im Falle einer nicht börsennotierten Gesellschaft ist das von erheblichem Nachteil für den betroffenen Aktionär, der seinen Anteil nach der Umwandlung gegebenenfalls nicht leichthändig veräußern kann, sodass ein von der Überprüfung des Umtauschverhältnisses abweichender Rechtsschutzbedarf besteht.

785 *Kanokogi,* Gesellschaftsrechtliche Abteilung des Legislativrats (*hôsei shingikai kaishahôsei bukai*) 14. Sitzung (26.10.2011), Sitzungsprotokoll S. 33.

786 *Kanokogi,* Gesellschaftsrechtliche Abteilung des Legislativrats (*hôsei shingikai kaishahôsei bukai*) 14. Sitzung (26.10.2011), Sitzungsprotokoll S. 33.

Auch wenn der praktische Anwendungsbereich vergleichsweise klein ausfallen wird, so verbleibt doch noch ein Anwendungsbereich für Sorgfalts- und Treuepflichtverstöße abseits des Streits um die Angemessenheit des Gegenwerts. Eine Normierung dessen wäre auch ohne Schwierigkeiten möglich; bereits aus der Systematik des separaten Unterlassungsgrunds für das verkürzte Umwandlungsverfahren in Artt. 784-2 Nr. 2, 796-2 Nr. 2 GesG ist abzuleiten, dass Fälle, die im Kern den Gegenwert betreffen, nicht Gegenstand des Unterlassungsanspruchs im Sinne der Artt. 784-2 Nr. 1, 796-2 Nr. 1, 805-2, 816-5 GesG sind.

(d) Adressat der präventiven Unterlassungsklage

Ebenso steht auch die Gesellschaft als Adressat der präventiven Unterlassungsklage nicht zwingend einer Geltendmachung von Sorgfalts- und Treuepflichtverstößen der Verwaltungsratsmitglieder entgegen.

Teilweise wird behauptet, bei der umwandlungsrechtlichen präventiven Unterlassungsklage beziehe sich das Tatbestandsmerkmal »gesetzliche Vorschriften« allein auf Vorschriften, die sich gegen die Gesellschaft direkt richten und der Gesellschaft eine Pflicht oder Obliegenheit auferlegten; bei der Sorgfaltspflicht sowie Treuepflicht des Verwaltungsrats hingegen handele es sich um Vorschriften, deren Adressaten der Verwaltungsrat beziehungsweise das einzelne Verwaltungsratsmitglied sind.[787] Daher seien bei der umwandlungsrechtlichen präventiven Unterlassungsklage[788], wie auch bei der präventiven Unterlassungsklage bei Ausgabe neuer Aktien (Art. 210 GesG), die sich jeweils gegen die Gesellschaft richten, die Sorgfalts- und Treuepflichten nicht erfasst[789], hingegen aber bei der präventiven Unterlassungsklage bei rechtswidrigen Handlungen des Verwaltungsrats (Art. 360 GesG), deren Anspruchsgegner der Verwaltungsrat selbst ist.[790]

787 *Sakamoto*, Ichimon ittô [Eine Frage eine Antwort] (2015), S. 339.

788 *Sakamoto*, Ichimon ittô [Eine Frage eine Antwort] (2015), S. 339; *Ueda/Sugewara/Matsushima*, Kaisei kaishahô [Das reformierte Gesellschaftsrecht] (2015), S. 265 f.; vgl. auch *Sakamoto u.a.*, Shôji Hômu 2049 (2014), 20, 21.

789 *Suzaki*, in: Kanda, Kaisha-hô kommentâru [Kommentar zum Gesellschaftsrecht] (2013), § 210 S. 108; *Tanaka*, in: Kansaku u.a., Kaisha saiban ni kakaru riron no tôtatsuten [Das dogmatische Ziel der gesellschaftsrechtlichen Gerichtsverfahren] (2014), S. 2, 15; *Mori*, in: *Handelsrechtliche Forschungsgruppe des Distriktgerichts Tokyo*, Ruikei betsu kaisha soshô II [Gesellschaftsrechtliche Klagen nach Typus unterteilt II] (2011), S. 571. Siehe auch oben Dritter Teil – C.I.2.b.

790 *Iwahara*, in: Ochiai, Kaisha-hô kommentâru (8) [Gesellschaftsrecht Kommentar Band 8] (2009), § 360 S. 132, 134; *Tanaka*, in: Kansaku u.a., Kaisha saiban ni kakaru riron no tôtatsuten [Das dogmatische Ziel der gesellschaftsrechtlichen Gerichtsverfahren] (2014), S. 2, 13; *Ueda/Sugewara/Matsushima*, Kaisei kaishahô [Das reformierte Gesellschaftsrecht] (2015), S. 265; so auch im Rahmen des einstweiligen Rechtsschutzverfahrens DG Tokyo, Beschl. v. 26.11.2008, Shiryôhan Shôji Hômu 299 (2009), 330. Siehe auch oben Dritter Teil – C.I.3.b.

Diese Differenzierung zwischen dem Verständnis des Tatbestandmerkmals der »gesetzlichen Vorschriften« bei der präventiven Unterlassungsklage nach Art. 360 GesG und der präventiven Unterlassungsklage bei Umwandlungen ist jedoch nicht nachvollziehbar.[791] Im Rahmen einer Umwandlung sieht das Gesellschaftsgesetz eine Vielzahl von Normen vor, die für die Umwandlung äußerst relevante Verwaltungsratspflichten festsetzen und deren Wortlaut den Verwaltungsrat direkt adressiert, so beispielsweise die Pflicht zur ordnungs- und fristgemäßen Einberufung der Hauptversammlung (Art. 299 GesG), zahlreiche Berichts- und Erklärungspflichten (Art. 301 GesG, Artt. 86-91 GesG DVO) sowie die Erläuterungspflicht im Rahmen der Hauptversammlung (Art. 314 GesG) oder bei Entstehen eines Verschmelzungsverlusts (Art. 795 Abs. 2 GesG).[792] Insbesondere die Erläuterungspflicht umfasst wesentliche und grundlegende Informationen, wie beispielsweise das Ziel der Umwandlung oder die Berechnung des Gegenwerts, ohne deren Kenntnis die Aktionäre keine angemessene Entscheidung treffen können.[793] Diese Pflichten der Verwaltungsratsmitglieder sind dabei mit deren Sorgfalts- und Treuepflichten eng verflochten.

Grund für die Einführung der präventiven Unterlassungsklage für reguläre Umwandlungsmaßnahmen war allerdings, dass die bisherigen Rechtsschutzmechanismen keinen effektiven Rechtsschutz boten. So ist die präventive Unterlassungsklage nach Art. 360 GesG in der Praxis aufgrund des nachzuweisenden besonderen Schadens zulasten der Gesellschaft nur schwerlich durchzusetzen und umfasst in der Rechtsfolge lediglich die Unterbindung des gegenständlichen Verwaltungshandelns, jedoch nicht automatisch die Durchführung der Gesamtumwandlung.[794] Indem sie ausschließlich auf den Schaden der Gesellschaft abstellt, bietet sie zudem keinen Rechtsschutz für den Aktionär im Falle eines bei diesem eintretenden Schadens oder Nachteils.

Zudem missachtet die Auffassung, die eine Differenzierung nach Normadressaten vornimmt, dass unabhängig davon, ob der Verwaltungsrat oder die Gesellschaft selbst der jeweilige Adressat ist, der Ausführende der in der Norm festgesetzten Pflicht nach wie vor allein der Verwaltungsrat als das handelnde Gesellschaftsorgan ist.[795] Berücksichtigt man, dass die Gesellschaft durch ihre geschäftsführenden Verwaltungsratsmitglieder handelt, sind keine substantiellen

791 So auch *Nakahigashi*, Jurist 1495 (2016) 63, 67; *Ôta/Noda/Yasui*, Kinyû Shôji Hanrei 1471 (2015) 3, 5; *Ôta/Yasui*, Shôji Hômu No 1988 (2013), 15, 17; *Matsunaka*, in: Kanda, *Heisei 26nen kaisei kaisha-hô* [Gesellschaftsrechtsreform 2014] (2015), S. 201 f.; *Matsunaka*, Shôji Hômu 2064 (2015), 14, 17.

792 So auch *Okuyama/Wakabayashi*, Shôji Hômu, 1960 (2012), 16, 19; vgl. auch *Matsunaka*, Shôji Hômu 2064 (2015), 14, 17.

793 Vgl. *Matsunaka*, Shôji Hômu 2064 (2015), 14, 17.

794 Siehe oben Dritter Teil – C.I.3.a.

795 *Nakahigashi*, in: Iwahara/Kanda/Nomura, Heisei 26nen kaishahô kaisei [Gesellschaftsrechtsreform 2014] (2015), S. 93; *ders.*, Kinyû Shôji Hanrei 1472 (2015), 12, 13; *Matsunaka*, in: Kanda, *Heisei 26nen kaisei kaisha-hô* [Gesellschaftsrechtsreform 2014] (2015), S. 202.

Gründe ersichtlich, die eine solche Differenzierung rechtfertigen könnten.[796] Die Differenzierung ist insbesondere irreführend, da der OGH bei der präventiven Unterlassungsklage bei rechtswidrigem Verwaltungshandeln neben Verstößen gegen Normen, die den Verwaltungsrat adressieren, auch Verstöße gegen die Gesellschaft adressierende Vorschriften als Unterlassungsgrund anerkannt hat.[797]

(e) Zwischenergebnis und Lösungsansatz

Der Ausschluss der Sorgfalts- und Treuepflichtverstöße vom Anwendungsbereich der präventiven Unterlassungsklage beim Umwandlungsmaßnahmen ist weder dogmatisch stringent noch aus sonstigen Rechtsgesichtspunkten zu begrüßen. Allen voran kann ein Ausschluss des mitunter wichtigsten praktischen Anwendungsbereichs und ein Verweis auf andere Rechtsschutzmechanismen, hinsichtlich derer seit Jahrzehnten Ungewissheit über die praktische Effizienz sowie die Zulässigkeit im Rahmen des einstweiligen Rechtsdurchsetzung besteht, nicht dem gesetzgeberischen Willen eines erweiterten Rechtschutzes entsprechen. Ebenso trägt der Verweis auf die rechtliche Ausgestaltung bei den vergleichbaren präventiven Unterlassungsklagen gemäß Art. 784 Abs. 2 Nr. 1 GesG a.F. sowie gemäß Art. 210 GesG nicht. Erstens wird auch schon im Rahmen des Art. 210 GesG die Differenzierung der Anwendbarkeit von Normen nach deren Adressaten kritisiert. Zweitens besteht sowohl bei der präventiven Unterlassungsklage bei verkürzten Umwandlungsvorgängen als auch bei der präventiven Unterlassungsklage bei der Ausgabe neuer Aktien die zusätzliche Möglichkeit, bei besonders unangemessenen Umwandlungsbedingungen bzw. unangemessenem Gegenwert den präventiven Unterlassungsanspruch geltend zu machen. Damit sind aber bereits ein Großteil der möglichen Sorgfalts- und Treuepflichtverstöße erfasst, sodass die Rechtsschutzbeschränkung durch den Ausschluss der allgemeinen Sorgfalts- und Treuepflichtverstöße vergleichsweise gering ist. Die Geltendmachung besonders unangemessener Umwandlungsbedingungen oder eines besonders unangemessenen Gegenwerts ist bei der präventiven Unterlassungsklage bei regulären Umwandlungen – mit Ausnahme der Beteiligung eines Aktionärs mit Sonderinteressen – hingegen nicht gegeben.[798]

Zwar ist der Ansatz des Gesetzgebers, die gerichtliche Überprüfung der Sorgfalts- und Treuepflichtverstöße im Rahmen der präventiven Unterlassungsklage einzuschränken, um dadurch vor allem eine mittelbare Überprüfung des Umwandlungsgegenwerts auszuschließen, nicht vollständig abzulehnen. Denn es sind auch weitere Fälle der Sorgfalts- oder Treuepflicht denkbar, die eine komplizierte rechtliche Prüfung mit sich bringen, von welchen man die Gerichte im Rahmen des vorläufigen Rechtsschutzes zugunsten der Effizienz als auch der Rechtssicherheit entlasten möchte. Deswegen einen generalisierenden, kategori-

796 *Ôta/Yasui*, Shôji Hômu No 1988 (2013), 15, 17.
797 OGH, Urt. v. 7.7.2000, Hanrei Times 1046 (2001) 92.
798 Siehe oben Dritter Teil – C.II.3.a.aa.(3).

schen Ausschluss aller Sorgfalts- und Treuepflichten vorzunehmen, schießt aber über das Ziel hinaus und eröffnet gravierende Rechtsschutzlücken.

Konkurrieren beispielsweise eine Vielzahl von Verschmelzungsangeboten zur Aufnahme miteinander, die alle einen angemessenen Gegenwert in Bargeld anbieten, und befürwortet die Managementebene der Zielgesellschaft das Angebot mit einem niedrigeren Gegenwert, ohne dass anderweitige Gründe im Gesellschafts- und Aktionärsinteresse für dieses Angebot sprechen, steht im Mittelpunkt der Sorgfaltspflichtverstoß des Verwaltungsrats, und nicht die Unangemessenheit des Gegenwerts. In diesem Fall lässt die derzeitige Regelung jedoch kaum einen Spielraum für die Nutzung der umwandlungsrechtlichen präventiven Unterlassungsklage.[799]

Um die Frage der Sorgfalts- und Treuepflichtverstöße bei der umwandlungsrechtlichen präventiven Unterlassungsklage ohne Widerspruch zu lösen, wäre daher der Vorstoß zu begrüßen, eine Präzisierung seitens der Beurteilungskriterien vorzunehmen. Anstelle eines vollständigen Ausschlusses sollte konkret bestimmt werden, welche Verstöße von der umwandlungsrechtlichen präventiven Unterlassungsklage erfasst sind und welche nicht.[800] Die dadurch zu gewinnende Rechtsklarheit wäre auch für die Gerichte hilfreich, da sie ihnen die Möglichkeit geben würde, auch in diesen Fällen innerhalb des kurzen Zeitraums im vorläufigen Rechtsschutzverfahren eine Entscheidung herbeizuführen. Eine Klarstellung und Unterteilung in anwendbare und nicht anwendbare Fallgruppen würden die Rechtssicherheit der Aktionäre, mithin die Effektivität des vorläufigen Rechtsschutzes erhöhen.

(5) Verstoß gegen Offenlegungspflichten als Unterlassungsgrund

Ebenfalls noch ungeklärt ist die Frage, inwiefern eine fehlende oder fehlerhafte Offenlegung relevanter Informationen einen Verstoß gegen gesetzliche Vorschriften im Sinne des Artt. 784-2 Nr. 1, 796-2 Nr. 1, 805-2, 816-5 GesG darstellt.[801] Eine umfassende Erfassung aller Offenlegungspflichten als Unterlassungsgrund ist jedoch zu befürworten.[802]

799 Vgl. *Iida*, Business Hômu 12 (2012), 76, 79 f., laut dem es »notwendig sei, einen Spielraum in der Auslegung übrig zu lassen, gemäß welchem der Pflichtenverstoß des Verwaltungsrats von den Unterlassungsgründen erfasst ist«.

800 *Shirai*, in: Kawasaki/Nakahigashi, Kaisha jiken tetsuzukihô no gendai teki tenkai [Die gegenwärtige Entwicklung des Prozessrechts bei Gesellschaftsrechtsstreitigkeiten] (2013), 205, 218.

801 Vgl. *Nakahigashi*, in: Iwahara/Kanda/Nomura, Heisei26nen kaishahô kaisei [Gesellschaftsrechtsreform 2014] (2015), S. 94.

802 So auch *Shirai*, in: Kawasaki/Nakahigashi, Kaisha jiken tetsuzukihô no gendai teki tenkai [Die gegenwärtige Entwicklung des Prozessrechts bei Gesellschaftsrechtsstreitigkeiten] (2013), 205, 221.

(a) Die Bedeutung der Offenlegungspflichten

Die rechtzeitige und ordnungsgemäße Offenlegung von Informationen spielt für die Aktionäre bei ihrer Willensbildung im Vorfeld der Abstimmung über den Umwandlungsbeschluss eine entscheidende Rolle. Dies gilt ganz besonders bei Umwandlungsmaßnahmen, bei denen aufgrund der sich widerstreitenden Interessen und der grundlegenden Änderung der Zusammensetzung der Aktionäre ein hohes Konfliktpotential besteht, sodass eine zeitlich und inhaltlich ordnungsgemäße Informationsmitteilung von besonderer Bedeutung ist.[803] Nur auf der Grundlage aller offengelegten, relevanten Informationen hat der Aktionär die Möglichkeit, eine fundierte Entscheidung im besten Eigen- bzw. Gesellschaftsinteresse zu treffen. Gleichzeitig wird bei fehlerhafter oder unvollständiger Offenlegung von Informationen die Möglichkeit des Minderheitsaktionärs zur Wahrnehmung von Rechtsschutzmaßnahmen gegen die Umwandlungspläne erschwert.

Erfüllen Verstöße gegen Offenlegungspflichten den Unterlassungsgrund nach Artt. 784-2 Nr. 1, 796-2 Nr. 1, 805-2, 816-5 GesG, wäre dadurch allerdings auch die Ahndung von Sorgfaltspflichtverstößen des Verwaltungsrats in einem gewissen Umfang möglich.[804]

(b) Offenlegungspflichten als Verstoß gegen gesetzliche Vorschriften

Grundsätzlich gilt, dass die präventive Unterlassungsklage nach Artt. 784-2 Nr. 1, 796-2 Nr. 1, 805-2, 816-5 GesG im Rahmen des Tatbestandsmerkmals »Verstoß gegen gesetzliche Vorschriften« auch den Verstoß gegen Offenlegungsvorschriften erfasst.[805]

Teilweise steht das Schrifttum diesem Rechtsverständnis jedoch ablehnend gegenüber und warnt vor einer leichtfertigen Ausweitung des Anwendungsbereichs der neuen präventiven Unterlassungsklage bei Umwandlungsmaßnahmen. Vor allem wird darauf hingewiesen, dass ein erhöhtes Klagerisiko für die Gesellschaften bestehe, da der für die rechtmäßige Erfüllung der Offenlegungspflichten erforderliche Umfang oftmals nicht eindeutig geklärt sei.[806]

803 *Nakahigashi*, in: Iwahara/Kanda/Nomura, Heisei26nen kaishahô kaisei [Gesellschaftsrechtsreform 2014] (2015), S. 94; *Iida*, Business Hômu 12 (2012), 76, 81.

804 *Nakahigashi*, in: Iwahara/Kanda/Nomura, Heisei26nen kaishahô kaisei [Gesellschaftsrechtsreform 2014] (2015), S. 94.

805 *Iida*, Business Hômu 12 (2012), 76, 80 f.; *Shirai*, in: Kawasaki/Nakahigashi, Kaisha jiken tetsuzukihô no gendai teki tenkai [Die gegenwärtige Entwicklung des Prozessrechts bei Gesellschaftsrechtsstreitigkeiten] (2013), 205, 220 f.

806 *Ôta/Yasui*, Shôji Hômu No 1988 (2013), 15, 20 f.; iE wohl auch *Ueda/Sugewara/Matsushima*, Kaisei kaishahô [Das reformierte Gesellschaftsrecht] (2015), S. 263.

Die herrschende Ansicht widerspricht dieser Auffassung.[807] *Matsunaka* führt dabei zutreffend an, dass die Befürchtungen bezüglich einer negativen Auswirkung auf die umwandlungsrechtliche Praxis, allen voran einer Zunahme präventiver Unterlassungsklagen und einer Abnahme der Umwandlungsvorgänge, keinen Bestand haben; bestehe im Vorfeld eines Umwandlungsvorhabens eine Unsicherheit hinsichtlich einer Offenlegungspflicht, habe die Gesellschaft jederzeit die Möglichkeit, durch Offenlegung der betroffenen Information das Risiko einer präventiven Unterlassungsklage einzudämmen.[808] Handele es sich dabei um eine Information, die zur Entscheidungsfindung der Aktionäre beiträgt und deren Offenlegung keiner Partei der Umwandlung schadet, wäre ihre rechtzeitige Offenlegung ohnehin zu erwarten beziehungsweise wünschenswert.[809] Führt der Verstoß gegen Offenlegungspflichten als Unterlassungsgrund gleichzeitig dazu, dass relevante Informationen eher offengelegt werden, um das Risiko einer präventiven Unterlassungsklage einzudämmen, dann ist diese Entwicklung erst recht zu begrüßen. Der präventiven Unterlassungsklage bei Umwandlungsmaßnahmen würde dann eine erhebliche praktische Bedeutung zukommen, die nicht zu beschränken ist.[810] Denn gerade diese Informationen sind für die Aktionäre bei deren Entscheidungsfindung und bei der Wahrnehmung ihrer Rechte unerlässlich. Ohne deren ordnungsgemäße Offenlegung bestünde ein erhebliches Informationsgefälle. Es kann kein Argument sein, eine Offenlegung zu verneinen, wenn die offengelegten Informationen die Unattraktivität einer Umwandlung darlegen. Für den verbesserten Rechtsschutz der Aktionäre ist deshalb wünschenswert, dass die Offenlegungspflicht weit ausgelegt wird und mithin die Erfolgsaussichten der neuen umwandlungsrechtlichen präventiven Unterlassungsklage nicht zunichte gemacht werden.

(c) Mittelbare Prüfung der Angemessenheit des Gegenwerts

Die gesetzgeberische Wertung, die Überprüfung des angemessenen Gegenwerts aus dem Anwendungsbereich der präventiven Unterlassungsklage auszuneh-

807 *Shirai*, in: Kawasaki/Nakahigashi, Kaisha jiken tetsuzukihô no gendai teki tenkai [Die gegenwärtige Entwicklung des Prozessrechts bei Gesellschaftsrechtsstreitigkeiten] (2013), 205, 220 f.; *Matsunaka*, in: Kanda, Heisei 26nen kaisei kaisha-hô [Gesellschaftsrechtsreform 2014] (2015), S. 203; *Iida*, Business Hômu 12 (2012), 76, 81, der notfalls eine Gesetzesänderung fordert, sollte der Unterlassungsgrund rechtlich die Offenlegungspflicht nicht erfassen können.

808 *Matsunaka*, in: Kanda, Heisei 26nen kaisei kaisha-hô [Gesellschaftsrechtsreform 2014] (2015), S. 203.

809 Insbesondere wenn durch die Offenlegung keine Gefahr einer Nachteilszufügung für den Mehrheitsaktionär oder die Managementebene besteht, ist wohl von einer Offenlegungspflicht auszugehen; *Matsunaka*, in: Kanda, Heisei 26nen kaisei kaisha-hô [Gesellschaftsrechtsreform 2014] (2015), S. 203.

810 *Matsunaka*, in: Kanda, Heisei 26nen kaisei kaisha-hô [Gesellschaftsrechtsreform 2014] (2015), S. 203.

men, wird durch den Unterlassungsgrund der fehlenden bzw. fehlerhaften Offenlegung nicht unterlaufen.

Sind die Verstöße gegen Offenlegungspflichten im Rahmen der umwandlungsrechtlichen präventiven Unterlassungsklage überprüfbar, so fällt darunter unter anderem auch die sog. vorherige Offenlegung im Vorfeld der Hauptversammlung.[811] Durch die Erfassung der vorherigen Offenlegung ist damit auch die Offenlegung der Informationen zur Angemessenheit des Gegenwerts im Rahmen der präventiven Unterlassungsklage bei Umwandlungen erfasst.[812] Folglich kann bei fehlenden oder unvollständigen Angaben zur Berechnung des Gegenwerts sowie zur Unabhängigkeit des mit der Unternehmensprüfung beauftragten Dritten (sog. Financial Advisor) die präventive Unterlassungsklage geltend gemacht werden.[813]

Gerade weil die Angemessenheit des Gegenwerts aus dem gerichtlichen Prüfungsumfang der präventiven Unterlassungsklage bei Umwandlungsmaßnahmen ausgenommen ist, kommt der vorherigen Offenlegung eine besonders wichtige Rolle für den Rechtsschutz der Aktionäre zu.[814] Der Zugang zu relevanten, der Bewertung des Gegenwerts zugrunde liegenden Informationen ist dabei nicht nur für die Einschätzung hinsichtlich eines eventuellen unangemessenen Gegenwerts erforderlich, sondern auch für die Aktionäre bei der Beurteilung, ob sie auch nach Umwandlung als Aktionäre verbleiben wollen, von Bedeutung. Es ist mithin mit dem Reformgedanken kohärent, wenn mittels neuer präventiver Unterlassungsklage bei Umwandlungsvorgängen die Offenlegung wichtiger Informationen erreicht wird.[815] Ebenso entspricht diese Ansicht auch dem weiterem Ziel der Reform, nämlich dem Bestreben, die aufgrund einer nachträglichen Nichtigkeitsklage auftretenden rechtlichen Unsicherheiten zu

811 Vgl. *Takagi*, in: Ôta/Takagi, Heisei 26nen. Kaishahô kaisei to jitsumu taiô [2014. Die Gesellschaftsrechtsreform und die Kompatibilität in der Praxis] (2014), S. 224, der zumindest für die vollständig fehlende vorherige Offenlegung einen Unterlassungsgrund eindeutig bejaht; vgl. auch *Aizawa u.a.*, Shôji Hômu 1800 (2007), 4, 6 f.; *Iida*, Business Hômu 12 (2012), 76, 80 f.

812 Art. 182 Abs. 1 Nr. 1, Abs. 3 GesG DVO.

813 *Iida*, Business Hômu 12 (2012), 76, 80 f.; *Shirai*, in: Kawasaki/Nakahigashi, Kaisha jiken tetsuzukihô no gendai teki tenkai [Die gegenwärtige Entwicklung des Prozessrechts bei Gesellschaftsrechtsstreitigkeiten] (2013), S. 205, 220. *Iida* geht hierbei einen Schritt weiter und fordert, dass unter der Prämisse, dass die Frage zur Unabhängigkeit des Prüfers in den vorherigen Offenlegungspflichten als mitumfasst verstanden wird, eine Überarbeitung des Art. 182 GesG DVO erforderlich sei, Business Hômu 12 (2012), 76, 81.

814 *Matsunaka*, in: Kanda, Heisei 26nen kaisei kaisha-hô [Gesellschaftsrechtsreform 2014] (2015), S. 204.

815 *Matsunaka*, in: Kanda, Heisei 26nen kaisei kaisha-hô [Gesellschaftsrechtsreform 2014] (2015), S. 204.

verringern.[816] In Übereinstimmung mit *Takagi* ist dabei zur ausgleichenden Gewährung der Rechtssicherheit nicht jeder Offenlegungsfehler als Unterlassungsgrund zu bejahen, sondern eine Schwelle von vollständig fehlender Offenlegung oder mangelhafter Offenlegung von besonderem Ausmaß zu errichten.[817] Die ausufernde Anwendbarkeit der präventiven Unterlassungsklage wird dabei mittels Voraussetzung der Gefahr eines Nachteils für den Aktionär zusätzlich begrenzt.[818]

(d) Exkurs: Unabhängigkeit des Financial Advisors

Wie oben erwähnt, kann im Rahmen der vorherigen Offenlegungspflicht nach Art. 782 Abs. 1 GesG als Unterlassungsgrund auch die Frage hinsichtlich der Unabhängigkeit des Financial Advisors einen Unterlassungsgrund darstellen.[819] Relevante Informationen wären dabei unter anderem die Zahlung und Höhe eines zusätzlichen Entgelts oder Honorars an den Financial Advisor bei erfolgreichem Vollzug der Umwandlung sowie die damit verbundenen Bedingungen. *De lege lata* ist die konkrete Offenlegung dieser Einzelheiten jedoch nicht vorgeschrieben.[820]

Jedoch stellt die Unabhängigkeit des bestellten Financial Advisors im Rahmen von Unternehmensbewertungen bei Umwandlungen im japanischen Gesellschaftsrecht in der Praxis eine besondere Problematik dar. Aufgrund mangelnder gesetzlicher Pflicht zur Bestellung eines Umwandlungsprüfers ist das Verfahren hinsichtlich der Beauftragung und Vergütung von Financial Advisors äußerst intransparent. Der Financial Advisor, der die Bewertung der Aktie und die Berechnung des Umtauschverhältnisses bzw. Gegenwerts vornimmt, wird vom Verwaltungsrat ausgewählt und beauftragt. Es besteht dabei weder eine Offenlegungspflicht des Vertrags noch des gesamten Prüfungsberichts.[821] Den Aktionären wird in der Regel lediglich eine Zusammenfassung des Berichts mit wenigen Seiten Umfang sowie gegebenenfalls ein qualitativer Bericht hinsichtlich des Financial Advisors zur Einsicht geboten.[822] Immer wiederkehrende Praxis bei der Erstellung des Prüfungsberichts ist zudem, dass der Bericht als Entwurf betitelt mehrmals zwischen Verwaltungsrat und Financial Advisor verschickt und besprochen wird, bis die vom Verwaltungsrat gewünschte Höhe

816 *Matsunaka*, in: Kanda, Heisei 26nen kaisei kaisha-hô [Gesellschaftsrechtsreform 2014] (2015), S. 204.
817 Vgl. *Takagi*, in: Ôta/Takagi, Heisei 26nen. Kaishahô kaisei to jitsumu taiô [2014. Die Gesellschaftsgesetzreform und die Kompatibilität in der Praxis] (2014), S. 224.
818 Artt. 784-2 Nr. 1, 796-2 Nr. 1, 805-2, 816-5 GesG.
819 Vgl. *Aizawa u.a.*, Shôji Hômu 1800 (2007), 4, 7.
820 *Iida*, Business Hômu 12 (2012), 76, 80 f.; *Ôta/Noda/Yasui*, Kinyû Shôji Hanrei 1472 (2015), 2, 7.
821 Vgl. oben Dritter Teil – A.II.2 und A.III.
822 *Ôta/Yasui*, Shôji Hômu 1988 (2013), 15, 21 (Fn. 38).

des Umtauschverhältnisses bzw. Abfindungsrechts erreicht wird. Eine Erweiterung der Offenlegungspflicht auf die Einzelheiten der Bestellung des Financial Advisors im Rahmen der Umwandlung ist aufgrund der zahlreichen Missbrauchsmöglichkeiten somit dringend und wünschenswert.[823] Da bei einer derartig geformten, erweiterten Offenlegungspflicht mangels gesetzlichen Rahmens die Gefahr besteht, dass die Beauftragung eines Financial Advisors gemieden oder Umgehungsmöglichkeiten durch ein Auftragsverhältnis zwischen dem Financial Advisor und einem Verwaltungsratsmitglied als Individuum anstelle der Gesellschaft wahrgenommen werden, ist auch die Festsetzung eines gesetzlichen Rahmens für die Beauftragung eines Financial Advisors bei Umwandlungsmaßnahmen äußerst wünschenswert.[824]

(6) Zwischenergebnis

Die Darstellung, welche Verstöße dem Unterlassungsgrund des Gesetzesverstoßes im Sinne des Artt. 784-2 Nr. 1, 796-2 Nr. 1, 805-2, 816-5 GesG unterfallen, zeigt auf, wie zahlreich die nach Gesetzgebung verbleibenden Unsicherheiten sind und wie notwendig es einer gesetzgeberischen oder richterlichen Klärung bedarf.[825] Zwar ist der gesetzgeberischen Wertung, die Unangemessenheit des Umwandlungsgegenwerts respektive Umtauschverhältnisses nicht als Unterlassungsgrund zuzulassen, zuzustimmen; dieser Ausschluss rechtfertigt jedoch nicht auch den Ausschluss sämtlicher Gesetzesverstöße, die mittelbar eine Prüfung des Umwandlungsgegenwerts beinhalten können. Das gilt erst recht, wenn die Prüfung aufgrund weiterer Voraussetzungen einfacher ausfällt als bei der reinen Angemessenheitsprüfung. Somit ist nach der hier vertretenen Auffassung ein durch Stimmrechtsausübung eines Aktionärs mit Sonderinteressen zustande gekommener unangemessener Umwandlungsbeschluss auch als Unterlassungsgrund im Sinne eines Gesetzesverstoßes zuzulassen. Das gilt ebenso für Verstöße des Verwaltungsrats gegen allgemeine Sorgfalts- und Treuepflichten sowie

823 Vgl. *Saitô*, in: Kansaku u.a., Kaisha saiban ni kakaru riron no tôtatsuten [Das dogmatische Ziel der gesellschaftsrechtlichen Gerichtsverfahren] (2014), S. 87, 128 f.

824 Vgl. auch schon *Aizawa u.a.*, Shôji Hômu 1800 (2007), 4, 7; *Shibata,* in: Morimoto, Kaisha-hô kommentâru (18) [Gesellschaftsrecht Kommentar Band 18] (2010), § 782 S. 34, die darauf hinweist, dass es in der Praxis in den Erläuterungsunterlagen zur Berechnung des Gegenwerts einer Verschmelzung »zahlreiche Beispiele gibt, bei denen die beteiligte Gesellschaft eine Zusammenfassung des Bewertungsergebnisses eines freiwillig beauftragten Spezialisten als unabhängigen Dritten darlegt«, jedoch keine Angaben zum Maß der Unabhängigkeit dieses unabhängigen Dritten gemacht werden; aA *Ôta/Yasui,* Shôji Hômu No 1988 (2013), 15, 21.

825 Das zum Zeitpunkt dieser Arbeit einzige präventive Unterlassungsklageverfahren setzte sich in drei Instanzen lediglich mit der Frage, ob eine wirksame Stimmabgabe erfolgt war, auseinander und hat daher nicht zur weiteren Konkretisierung der zulässigen Unterlassungsgründe geführt, vgl. DG Kôbe, Beschl. v. 22.11.2021, OG Ôsaka, Beschl. v. 7.12.2021, OGH, Beschl. v. 14.12.2021.

gegen Offenlegungspflichten, wobei hierbei eine erhöhte Anwendungsschwelle durch das Erfordernis eines besonderen Ausmaßes und der Ausschluss von mittelbar allein auf die Unangemessenheitsprüfung des Umwandlungsgegenwerts gerichteten Unterlassungsklagen zu erwägen ist. Es ist daher ein erweitertes Verständnis des Gesetzesverstoßes im Sinne der umwandlungsrechtlichen präventiven Unterlassungsklage im Einklang mit den gesetzgeberischen Intentionen des erweiterten Aktionärsrechtsschutzes und der Schließung von Rechtsschutzlücken anzusetzen.

bb. Verstoß gegen die Satzung

Unterlassungsgrund für die umwandlungsrechtliche präventive Unterlassungsklage kann auch ein Satzungsverstoß sein (Artt. 784-2 Nr. 1, 796-2 Nr. 1, 805-2, 816-5 GesG). Konkrete Beispiele können insbesondere darin bestehen, dass durch die Umwandlung die fortbestehende Gesellschaft eine Geschäftstätigkeit ausführt, die nicht unter den in der Satzung bestimmten Gesellschaftszweck fällt, oder dass mit der beherrschten Gesellschaft ein verkürztes Umwandlungsverfahren durchgeführt wurde, obwohl in der Satzung die Voraussetzungen für eine qualifizierte Mehrheitsgesellschaft (*tokubetsu shihai kabushiki kaisha*) verschärft worden sind.[826] Bei der Feststellung eines Satzungsverstoßes in der Praxis sind keine besonderen Schwierigkeiten zu erwarten.

cc. Die Gefahr eines Verstoßes

Der Wortlaut der Artt. 784-2 Nr. 1, 796-2 Nr. 1, 805-2, 816-5 GesG lässt die bloße »Gefahr« eines Verstoßes gegen gesetzliche Vorschriften, Verordnung oder Satzung nicht ausreichen, um eine präventive Unterlassungsklage gegen Umwandlungsmaßnahmen geltend zu machen. Insofern unterscheidet sie sich von der präventiven Unterlassungsklage gegen rechtswidriges Verwaltungshandeln, bei der die bloße Gefahr eines Verstoßes ausreicht.[827] Im Gegensatz zu Handlungen des Verwaltungsrats, deren Rechtswidrigkeit sich erst mit Vollzug manifestiert, steht ein Verstoß gegen Gesetz oder Satzung bei der Umwandlung in der Regel spätestens mit Umwandlungsbeschluss fest, sodass kein besonderes Rechtsschutzbedürfnis besteht.

Allein bei der Stimmrechtsausübung eines Aktionärs mit Sonderinteressen stellte sich im Vorfeld der Reform die Frage, ob die bloße Gefahr eines Verstoßes bei Umwandlungsmaßnahmen als Unterlassungsgrund im Rahmen der umwandlungsrechtlichen präventiven Unterlassungsklage ausnahmsweise zuzulas-

826 *Egashira*, Kabushiki kaishahô [Das Recht der Aktiengesellschaft] (2021), S. 923; *Ueda/Sugewara/Matsushima,* Kaisei kaishahô [Das reformierte Gesellschaftsrecht] (2015), S. 266.

827 *Iwahara,* in: Ochiai, Kaisha-hô kommentâru (8) [Gesellschaftsrecht Kommentar Band 8] (2009), S. 131.

sen sei;[828] dies wurde letztlich aber abgelehnt.[829] Dieser gesetzgeberischen Entscheidung ist aus Rechtssicherheitsgründen nicht zuzustimmen. Wie zuvor erwähnt, ist in Fällen einer Umwandlungsmaßnahme, die einen Großaktionär mit mehr als zwei Dritteln der Stimmrechte involviert, bei Vorliegen des Entwurfs des Umwandlungsbeschlusses die Gefahr bereits so verdichtet, dass ausnahmsweise zur effizienten Rechtsdurchsetzung die Gefahr des Verstoßes für die Geltendmachung des präventiven Unterlassungsanspruchs ausreichen muss.[830]

b. Die Gefahr eines Nachteils für den Aktionär

Als weiteres Tatbestandsmerkmal setzt der Wortlaut der Vorschrift der umwandlungsrechtlichen präventiven Unterlassungsklage die Gefahr eines Nachteils für den Aktionär (*kabunushi ni furieki wo okosu osore*) voraus. Konkret bedeutet dies, dass dem jeweiligen Aktionär, der den präventiven Unterlassungsanspruch zur Unterbindung der Durchführung der Umwandlungsmaßnahme nutzen will, durch die Umwandlung »die Gefahr eines Nachteils« drohen muss.[831] Nicht ausreichend hingegen ist der Schaden, der der Gesellschaft entsteht, und welcher sich nur mittelbar auf den Aktionär auswirkt.[832]

Die Literatur sieht in diesem Tatbestandsmerkmal überwiegend kein Problem.[833] Dem Gesetzesverstoß wohne in der Regel der Aktionärsnachteil bereits inne und sei folglich bei Bejahung eines Verstoßes mit hoher Wahrscheinlichkeit ebenfalls zu bejahen.[834] Für die Feststellung eines Nachteils bei einem Verstoß gegen Mitteilungs- und Offenlegungspflichten mag das zutreffend sein.[835] Ein Verstoß gegen die Informationspflichten führt stets zu einer Informationsasymmetrie zulasten der Aktionäre und benachteiligt diese bei ihrer Entscheidungsfindung. Ebenso wurde seitens des Gerichts ein Nachteil des Aktionärs bei fehlerhafter Stimmrechtszählung unproblematisch bejaht; der Kläger hatte vorgetragen, dass er durch die Verringerung seines Anteils im Rahmen der

828 Vgl. Zwischenentwurf Teil 2 Abschnitt 5A Anm. 1, S. 19; siehe auch *Regierungsratsreferat der Abteilung für Zivilsachen des japanischen Justizministeriums*, in: Shôji Hômu 1952 (2011), 19, 55.

829 Vgl. *Iwahara*, Shôji Hômu 1979 (2012), 4, 9.

830 Siehe oben Dritter Teil – C.II.3.a.aa.(2)(c).

831 *Iwahara*, Shôji Hômu Nr. 1979 (2012), 4, 9; vgl. *Mori*, in: *Handelsrechtliche Forschungsgruppe des Distriktgerichts Tokyo*, Ruikei betsu kaisha soshô II [Gesellschaftsrechtliche Klagen nach Typus unterteilt II] (2011), S. 566.

832 *Ôta/Noda/Yasui*, Kinyû Shôji Hanrei 1472 (2015), 2, 4.

833 *Ueda/Sugewara/Matsushima*, Kaisei kaishahô [Das reformierte Gesellschaftsrecht] (2015), S. 267; *Ôta/Yasui*, Shôji Hômu No 1988 (2013), S. 15, 19.

834 *Ôta/Yasui*, Shôji Hômu No 1988 (2013), S. 15, 19; *Ueda/Sugewara/Matsushima*, Kaisei kaishahô [Das reformierte Gesellschaftsrecht] (2015), S. 267.

835 *Ueda/Sugewara/Matsushima*, Kaisei kaishahô [Das reformierte Gesellschaftsrecht] (2015), S. 267; *Okuyama/Wakabayashi*, Shôji Hômu 1960 (2012), 16, 18.

Umwandlungsmaßnahme bestimmte Minderheitsaktionärsrechte nicht mehr ausüben könne und auch der Aktienwert auf dem Börsenmarkt sich verringere.[836]

Bei den übrigen Gesetzes- und Satzungsverstößen dagegen kann die Darlegung eines Aktionärsnachteils teilweise Schwierigkeiten bereiten.[837] Die Problematik liegt insbesondere darin, dass die Geltendmachung der Unangemessenheit des Umtauschverhältnisses oder Umwandlungsgegenwerts aus dem Anwendungsbereich der präventiven Unterlassungsklage bei Umwandlungsmaßnahmen herausgenommen wurde. Der Nachteil für den Aktionär im Rahmen von Umwandlungen wird sich aber regelmäßig in Form eines ungerechten Wertausgleichs für seine bisherigen Aktienanteile äußern.

Ob und wie sich die Problematik des Nachweises der Gefahr des Nachteils tatsächlich auswirken wird, wird sich möglicherweise in der weiteren praktischen Rechtsanwendung zeigen. Eine eigenständige Gewichtung dieses Tatbestandsmerkmals wäre allerdings nicht nur dogmatisch richtig, sondern könnte auch als Korrektiv für den Anwendungsumfang der präventiven Unterlassungsklage dienen: Bestünde durch eine eigenständige Prüfung des Merkmals der Gefahr eines Nachteils für den Aktionär eine zweite Prüfungsstufe für den Anspruch, wäre mit weniger Bedenken der Umfang des Unterlassungsgrunds – wie oben diskutiert – zu erweitern, ohne dass ein Dammbruch bei den umwandlungsrechtlichen präventiven Unterlassungsklagen zu befürchten wäre.

4. Die verfahrensrechtliche Durchsetzung

Der Anspruch auf Unterlassung aus Artt. 784-2 Nr. 1, 796-2 Nr. 1, 805-2, 816-5 GesG kann aufgrund seiner Normierung im Gesellschaftsgesetz als materiellrechtlicher Anspruch auch unmittelbar vom Aktionär gegenüber der Gesellschaft gerichtlich geltend gemacht werden. Da aber nicht davon ausgegangen werden kann, dass die Gesellschaft auf einen derartigen Antrag unverzüglich eingehen wird und der zeitliche Rahmen äußerst knapp ist, ist ein außergerichtliches Vorgehen in der Praxis weder zu erwarten noch empfehlenswert.[838]

a. Wirkung des präventiven Unterlassungsurteils im Hauptsacheverfahren

Angesichts der Tatsache, dass zum Zeitpunkt dieser Arbeit bislang noch keine präventive Unterlassungsklage gegen Umwandlungsmaßnahmen erfolgreich zugunsten des Minderheitsaktionärs rechtskräftig beschieden worden ist, ist nach wie vor ungeklärt, wie sich ein erfolgreiches präventives Unterlassungsurteil gegen die Vollziehung einer regulären Umwandlungsmaßnahme im Einzel-

836 DG Kôbe, Beschl. v. 22.11.2021.

837 *Okuyama/Wakabayashi,* Shôji Hômu 1960 (2012), 16, 18.

838 So auch *Ueda/Sugewara/Matsushima,* Kaisei kaishahô [Das reformierte Gesellschaftsrecht] (2015), S. 268.

nen auswirken wird.[839] Da die Regelung zur neuen präventiven Unterlassungsklage bei regulären Umwandlungsvorhaben nunmehr gemeinsam mit der präventiven Unterlassungsklage bei verkürzten Umwandlungsmaßnahmen in einer Vorschrift normiert ist und beide präventiven Unterlassungsklagen auf der Norm des Art. 210 GesG beruhen, ist von einer vergleichbaren Rechtsfolge auszugehen.[840] Folglich führt ein präventives Unterlassungsurteil nicht automatisch zur Unwirksamkeit der Umwandlungsmaßnahme, sondern zu einer Unterlassungspflicht der Gesellschaft, also des handelnden Verwaltungsrats, hinsichtlich weiterer Ausführungshandlungen zur Durchführung der betroffenen Umwandlungsmaßnahme.[841] Da die Durchführung einer Umwandlungsmaßnahme zahlreiche Einzelhandlungen erfasst, ist fraglich, inwieweit vorbereitende Handlungen für die Umwandlungsmaßnahme noch vorgenommen werden können, und welche bereits als Durchführungshandlungen zu erachten sind. Generell ist zum Schutz der Beklagten davon auszugehen, dass die Unterlassungspflicht eng zu fassen und sich ein dahingehendes Urteil ausschließlich auf die Durchführung im engeren Sinne, folglich die Festsetzung eines Wirksamkeitstags sowie die Eintragung im Register zu beziehen ist. Indem sich das Unterlassungsurteil auf einen präventiven Unterlassungsanspruch bezieht, dem ein Verstoß zugrunde liegt, ist regelmäßig auch die unmittelbar auf diesem Verstoß beruhende Handlung von der Unterlassungspflicht erfasst. Ist folglich die Ladung zur über den Umwandlungsbeschluss beschließenden Hauptversammlung bereits fehlerhaft, kann nicht die Hauptversammlung dennoch durchgeführt werden. Ist der Verstoß behebbar und wird er auch tatsächlich behoben, gilt die Unterlassungspflicht nicht mehr. Bei Verstoß des Verwaltungsrats gegen die Unterlassungspflicht, kann die Nichtigkeitsklage erhoben werden.[842]

b. Zeitrahmen der umwandlungsrechtlichen präventiven Unterlassungsklage

Der Zeitrahmen, in welchem die umwandlungsrechtliche präventive Unterlassungsklage Anwendung findet, ist durchaus kurz und bemisst in der Regel nur wenige Wochen.

Dem Wesen der präventiven Unterlassungsklage bei regulären Umwandlungsmaßnahmen ist zunächst inhärent, dass sie nur bis zur Wirksamkeitsentfaltung der Umwandlungsmaßnahme erhoben werden kann. Ist die Umwandlungsmaßnahme erst einmal wirksam geworden, kann allenfalls mittels Umwandlungs-

839 Vgl. Tabelle bei *Tanaka*, in: Kansaku u.a., Kaisha saiban ni kakaru riron no tôtatsuten [Das dogmatische Ziel der gesellschaftsrechtlichen Gerichtsverfahren] (2014), S. 2, 4.

840 Vgl. dazu oben Dritter Teil – C.I.

841 *Sakai*, in: Egashira/Nakamura, Kaisha-hô (5) [Gesellschaftsrecht Bd. 5] (2021), S. 544.

842 *Sakai*, in: Egashira/Nakamura, Kaisha-hô (5) [Gesellschaftsrecht Bd. 5] (2021), S. 544.

nichtigkeitsklage die Wirksamkeit der Umwandlung wieder aufgehoben werden (Art. 828 Abs. 1 Nr. 7-12 GesG).[843] Aus dem Wortlaut der umwandlungsrechtlichen präventiven Unterlassungsklage ergibt sich, dass der Verstoß gegen eine gesetzliche oder satzungsrechtliche Vorschrift bereits eingetreten sein muss; die Gefahr eines solchen Verstoßes reicht für die Geltendmachung des Unterlassungsanspruchs nicht aus.[844] Der Eintritt des Verstoßes ist regelmäßig zu bejahen, wenn dem den Gesetzes- oder Satzungsverstoß beinhaltenden Umwandlungsbeschluss zugestimmt worden ist.[845] In Fällen von Mitteilungs- respektive Offenlegungspflichten im Vorfeld des Zustimmungsbeschlusses ist der Eintritt eines Verstoßes allerdings auch früher denkbar. In der Regel wird die Ladung zur Hauptversammlung, die über den Umwandlungsbeschluss abstimmt, den frühestmöglichen Zeitpunkt einer Notifikationspflicht des Verwaltungsrats gegenüber den Aktionären und damit die früheste Möglichkeit eines Gesetzesverstoßes bei Missachtung der Ladungsvorschriften darstellen.

Demnach beträgt der Zeitraum, innerhalb dessen die präventive Unterlassungsklage bei regulären Umwandlungsmaßnahmen geltend gemacht werden kann frühestens zwei Wochen vor der Hauptversammlung[846] bis zum Vollzugstag der Umwandlung. Da es der Gesellschaft nunmehr freisteht, den Wirksamkeitstag der Umwandlung auf einen Tag unmittelbar nach Hauptversammlung festzusetzen, kann der Zeitraum von zwei Wochen im Vorfeld der Hauptversammlung die Zeitspanne für die Anwendbarkeit der präventiven Unterlassungsklage bei Umwandlungsvorhaben darstellen. Da für die Geltendmachung der präventiven Unterlassungsklage zwei bis drei Wochen sehr kurz sein werden, ist in der Regel auf das Verfahren des einstweiligen Rechtsschutzes zurückzugreifen.[847]

843 Zum Zeitpunkt der Wirksamkeitsentfaltung bei Umwandlungsmaßnahmen siehe oben Dritter Teil – B.I.1.

844 Siehe oben Dritter Teil – C.II.3.cc. Eine Ausnahme besteht nach der hier vertretenen Ansicht aber dann, wenn die Umstände sich im Vorfeld bereits so verdichtet haben, dass der Eintritt des Unterlassungsgrundes unausweichlich ist; das ist der Fall, wenn der Umwandlungsvertrag bereits besonders unangemessene Umwandlungsbedingungen zugunsten des Aktionärs mit qualifizierter Mehrheit der Stimmrechte beinhaltet.

845 Vgl. ebenso zur präventiven Unterlassungsklage nach Art. 210 GesG *Suzaki*, in: Kanda, Kaisha-hô kommentâru [Kommentar zum Gesellschaftsrecht] (2013), § 210 S. 131.

846 Zu Ladungsfrist und Zeitpunkt der vorherigen Offenlegungspflichten siehe oben Dritter Teil – A.II.1.-2.

847 So auch bei DG Kôbe, Beschl. v. 22.11.2021.

c. Die umwandlungsrechtliche präventive Unterlassungsklage im einstweiligen Rechtsschutz

aa. Einstweiliges Verfügungsverfahren nach Zivilsicherungsgesetz

Wird die präventive Unterlassungsklage bei regulären Umwandlungsmaßnahmen nicht als Hauptsacheverfahren, sondern im Zuge des einstweiligen Rechtsschutzes geltend gemacht, handelt es sich bei der einstweiligen Unterlassungsverfügung (*kari no chii wo sadameru karishobun*) um einen der deutschen Sicherungs- und der Regelungsverfügung (§§ 935, 940 ZPO) vergleichbaren vorläufigen Rechtsschutz. Für die Stattgabe einer einstweiligen Unterlassungsverfügung bedarf es eines Verfügungsanspruchs sowie Verfügungsgrunds (Art. 23 Abs. 1, Abs. 2 ZSG). Während der Verfügungsanspruch beziehungsweise das sogenannte Sicherungsrecht (*hihozen kenri*), erfüllt ist, wenn das Vorliegen der Tatbestandsvoraussetzungen des umwandlungsrechtlichen präventiven Unterlassungsanspruchs glaubhaft gemacht worden ist, bedarf es auch der Dringlichkeit respektive Notwendigkeit der Sicherstellung des bisherigen Zustands. Konkret wird es darum gehen, glaubhaft zu machen, dass eine einstweilige Verfügung notwendig ist, um »einen Schaden erheblichen Ausmaßes oder eine unmittelbar eintretende Gefahr zulasten des Gläubigers zu vermeiden«.[848] Dies wird bei Umwandlungsmaßnahmen regelmäßig bereits aufgrund des zeitnah bevorstehenden Wirksamkeitstags sowie des nur schwer durchsetzbaren nachträglichen Rechtsschutzes zu bejahen sein.[849]

bb. Die Erbringung einer Sicherheitsleistung

Ist der Antrag auf einstweilige Verfügung gegen die Durchführung der Umwandlungsmaßnahme erfolgreich und erlässt das Gericht daraufhin gemäß Art. 24 ZSG eine Anordnung der einstweiligen Verfügung auf Unterlassen der Umwandlungsvornahme, finden die allgemeinen Regeln der einstweiligen Verfügung Anwendung.[850] Gemäß Art. 14 Abs. 1 ZSG kann das zuständige Gericht demnach auch bei Erlass der einstweiligen Verfügung auf Unterlassen der Umwandlung eine Sicherheitsleistung anordnen, welche dem Zwecke der Sicherung des der Gesellschaft entstehenden Schadens dienen soll für den Fall, dass die Umwandlung aufgrund der einstweiligen Verfügung unrechtmäßigerweise nicht wie geplant durchgeführt werden kann.

848 Art. 23 Abs. 2 ZSG. Siehe auch *Ueda/Sugewara/Matsushima,* Kaisei kaishahô [Das reformierte Gesellschaftsrecht] (2015), S. 268.

849 DG Kôbe, Beschl. v. 22.11.2021; wohl eher skeptisch *Ueda/Sugewara/Matsushima,* Kaisei kaishahô [Das reformierte Gesellschaftsrecht] (2015), S. 268; vgl. auch zu Art. 210 GesG *Suzaki,* in: Kanda, Kaisha-hô kommentâru [Kommentar zum Gesellschaftsrecht] (2013), § 210 S. 132 f.

850 *Okuyama/Wakabayashi,* Shôji Hômu 1960 (2012), 16, 19.

Die Möglichkeit der Festsetzung einer hohen Sicherheitsleistung dient neben der Sicherung der Ansprüche des Gläubigers auch als Mittel zur Abschreckung von missbräuchlichen Anträgen. Gleichzeitig besteht durch eine hohe Sicherheitsleistungszahlung die unbestreitbare Gefahr, dass dadurch die präventive Unterlassungsklage gegen Umwandlungsmaßnahmen zur für die Aktionäre praktisch kaum umsetzbaren leeren Hülle eines Rechtsschutzmittels verkommt. Denn insbesondere bei Umwandlungen ist die in Frage stehende Summe und damit der potenzielle Schaden durch Verzögerungen im Umwandlungsverfahren immens.[851] Da der wirtschaftliche Vorteil aufgrund von Synergieeffekten durch die Umwandlung oftmals eine Wertsteigerung nach sich zieht, ist zu beachten, dass dies auch bei der Festsetzung der Sicherheitsleistungshöhe entsprechend berücksichtigt werden und zu einer höheren Sicherheitsleistung führen kann.[852] Die erforderliche Sicherheitszahlung wird folglich im Einzelfall nur schwer aufzubringen sein, erst recht für einen einzelnen klagenden Minderheitsaktionär als natürliche Person.[853] Im Falle des einzigen bisher bekannten einstweiligen Verfügungsverfahrens hat das DG Kôbe in erster Instanz eine Sicherheitsleistung in Höhe von 150 Mio. Yen (ca. 0,9 Mio. Euro) angeordnet. Hierbei handelte es sich bei dem antragstellenden Aktionär jedoch um eine juristische Person und das Gericht sah die von der Antragsgegnerin vorgebrachten Gründe als nicht vollkommen unhaltbar an.[854]

In der Praxis haben sich zur Unterstützung von Klagevorhaben von Minderheitsaktionären sog. Activist Funds gebildet, die für diese Fälle eine finanzielle Deckung für die Sicherheitsleistungsforderungen von aussichtsreichen Klagen bieten können. Ebenso ist zu erwarten, dass der Zuwachs an institutionellen Aktionären und die Zunahme von Shareholder Activism auch hier Auswirkungen haben werden.[855]

851 Laut *Kanokogi,* Gesellschaftsrechtliche Abteilung des Legislativrats (*hôsei shingikai kaishahôsei bukai*) 12. Sitzung (31.8.2011), Sitzungsprotokoll S. 37, beläuft sich der zu besichernde Schaden der Gesellschaft in diesen Fällen auf ein- oder zweistellige (Yen-)Milliardenbeträge (umgerechnet in Euro höhere ein- oder zweistellige Millionenbeträge).

852 *Kanokogi,* Gesellschaftsrechtliche Abteilung des Legislativrats (*hôsei shingikai kaishahôsei bukai*) 12. Sitzung (31.8.2011), Sitzungsprotokoll S. 37; *Okuyama/Wakabayashi,* Shôji Hômu 1960 (2012), 16, 19.

853 So hat das DG Tokyo beispielsweise im Rahmen eines präventiven Unterlassungsantrags gegen die Ausgabe neuer Aktien im Wege der einstweiligen Verfügung bei einem Subskriptionswert von ungefähr 400 Mio. Yen (ca. 2,5 Mio. Euro) die Sicherheitszahlung auf 40 Mio. Yen (ca. 251.000 Euro) festgesetzt; DG Tokyo, Beschl. v. 23.6.2008, Kinyû Shôji Hanrei 1296 (2008), 10.

854 DG Kôbe, Beschl. v. 22.11.2021. Der Beschluss wurde auch durch das OG Ôsaka, Beschl. v. 7.12.2021, aufgehoben. Diese Entscheidung hat das OGH mit Beschluss vom 14.12.2021 bestätigt.

855 Vgl. *Miyajima*, in: Enterprise Law US and Japan (2014), S. 267, 268.

cc. Die Rechtsfolge bei Verstoß gegen die Anordnung der einstweiligen Unterlassungsverfügung

Hat das Gericht eine Anordnung der einstweiligen Unterlassungsverfügung hinsichtlich einer Umwandlungsmaßnahme erlassen, kommt die Umwandlung nicht automatisch zum Stillstand. Die Anordnung der einstweiligen Unterlassungsverfügung beruht zunächst auf dem bloßen Vertrauen, dass der Verwaltungsrat der beklagten Gesellschaft quasi freiwillig jegliche widerrechtliche Handlung unterlässt; die Vornahme der widerrechtlichen Handlung respektive die darauf beruhende Umwandlungsmaßnahme entfaltet dennoch grundsätzlich Wirksamkeit.[856]

In der Praxis kann es folglich zu Fällen kommen, bei denen der Verwaltungsrat der beklagten Gesellschaft die Anordnung der einstweiligen Unterlassungsverfügung missachtet und die der Unterlassungspflicht unterliegende Handlung bis hin zur Vollziehung der Umwandlung widerrechtlich vornimmt. Auch wenn die Missachtung der Anordnung der einstweiligen Unterlassungspflicht zunächst der Wirksamkeitsentfaltung nicht im Wege steht, so stellt diese rechtswidrig durchgeführte Handlung respektive Umwandlung einen Nichtigkeitsgrund dar, der mittels Nichtigkeitsklage geltend gemacht werden kann.[857]

d. Kostentragung

Bei gerichtlicher Geltendmachung der umwandlungsrechtlichen präventiven Unterlassungsklage als sog. streitiges Verfahren hat die im Hauptsacheverfahren oder im einstweiligen Rechtsschutzverfahren unterliegende Partei einer umwandlungsrechtlichen präventiven Unterlassungsklage grundsätzlich die Verfahrenskosten zu tragen, Art. 61 ZPG.[858] Die Verfahrenskosten umfassen dabei jedoch nur die in Art. 2 Gesetz über Gerichtskosten in Zivilsachen[859] (nachfolgend GKoG) genannten Kosten, unter anderem die Gerichtskosten (Art. 2 Nr. 1 iVm Art. 3 GKoG), Reisekosten und Tagesgeld (Art. 2 Nr. 4 GKoG) sowie Kosten für die Ausstellung von Dokumenten (Art. 2 Nr. 6, 7 GKoG). Die Rechtsanwaltsgebühren der obsiegenden Partei sind hiervon

856 *Ueda/Sugewara/Matsushima,* Kaisei kaishahô [Das reformierte Gesellschaftsrecht] (2015), S. 269; *Nomura*, in: Kawasaki/Nakahigashi, Kaisha jiken tetsuzukihô no gendai teki tenkai [Die gegenwärtige Entwicklung des Prozessrechts bei Gesellschaftsrechtsstreitigkeiten] (2013), S. 223, 237.

857 *Ôta/Yasui,* Shôji Hômu No 1988 (2013), 15, 19; *Ôta/Noda/Yasui*, Kinyû Shôji Hanrei 1472 (2015), 2, 4; im Allgemeinen auch *Ueda/Sugewara/Matsushima,* Kaisei kaishahô [Das reformierte Gesellschaftsrecht] (2015), S. 271; *Egashira*, Kabushiki kaishahô [Das Recht der Aktiengesellschaft] (2021), S. 925. Im Ergebnis zustimmend *Nakahigashi*, Jurist 1495 (2016), 63, 68.

858 *Nomura,* in: Nomura et. al., Minji soshô-hô [Zivilprozessrecht] (2018), S. 7.

859 *Minji soshô hiyô nado ni kan suru hôritsu,* Gesetz Nr. 40/1971, i.d.G. des Gesetzes Nr. 48/2022.

grundsätzlich nicht erfasst und werden bei Klagen, die nicht auf unerlaubter Handlung beruhen[860], nur dann von der gegnerischen Partei ersetzt, wenn das Gericht deren Bestellung mangels Rechtsfähigkeit der Partei anordnet.[861] Dies gilt auch für das einstweilige Verfügungsverfahren.[862]

In der Praxis werden in der Regel jedoch die Anwaltsgebühren den größten Anteil der Verfahrenskosten darstellen.[863] Müssen die eigenen Anwaltsgebühren auch bei Obsiegen vollständig selbst getragen werden, kann dies insbesondere Minderheitsaktionäre, die nicht die entsprechende finanzielle Schlagkraft haben, von der Geltendmachung des Rechtsschutzinstruments abhalten. Da die Kostenregelung jedoch auch für andere Klagemöglichkeiten gilt, ist anzunehmen, dass die Aktionäre sich weniger von der Geltendmachung der präventiven Unterlassungsklage, insbesondere im zeitlich deutlich begrenzterem einstweiligen Rechtsschutzverfahren, abschrecken lassen, als von einer Umwandlungsnichtigkeitsklage mit unsicherem Ausgang. Zudem ist der Aktionär bei nicht erfolgreicher Klageerhebung – wie oben erwähnt – nicht dem Risiko ausgesetzt, die Rechtsanwaltsgebühren der Gesellschaft als Beklagte tragen zu müssen.

5. Zwischenergebnis

Die neu normierte, umwandlungsrechtliche präventive Unterlassungsklage hat zum Ziel, den Schwerpunkt des Aktionärsrechtsschutzes im Rahmen von regulären Umwandlungsmaßnahmen von dem nur schwer durchsetzbaren nachträglichen Rechtsschutz in die präventive Rechtsschutzspähre zu verschieben. Dabei stellt sich die – nach wie vor ungeklärte – Frage, ob auch Sorgfalts- und Treuepflichtverstöße des Verwaltungsrats im Rahmen der neuen umwandlungsrechtlichen präventiven Unterlassungsklage geltend gemacht werden können, auch wenn der Verwaltungsrat selbst nicht Anspruchsgegner ist. Ebenso ist das genaue Ausmaß unterlassener oder fehlerhafter Offenlegungspflichten als Unterlassungsgrund umstritten. Wichtiger Kritikpunkt ist darüber hinaus die weiterhin fehlende gerichtliche Überprüfungsmöglichkeit des angemessenen Umtauschverhältnisses, der auch durch die neue umwandlungsrechtliche präventive Unterlassungsklage nicht behoben scheint. Um die neue präventive Unterlas-

860 Bei Schadensersatzklagen, die auf unerlaubter Handlung beruhen, können die Rechtsanwaltskosten des Klägers ausnahmsweise als Teil des enstandenen Schadens erstattet werden, OGH, Urt. v. 6.9.1983, Minshû 37 S. 901; OGH, Urt. v. 27.2.1969, Minshû 23 S. 441; *Akiyama et al.*, Komentâru Minjisoshô-hô II [Kommentar Zivilprozessgesetz II] (2022), Art. 61-Art. 132-10, S. 8.

861 Art. 2 Nr. 10 GKoG iVm 155 Abs. 2 ZPG; *Akiyama et al.*, Komentâru Minjisoshô-hô II [Kommentar Zivilprozessgesetz II] (2022), Art. 61-Art. 132-10, S. 7 f.; *Nomura,* in: Nomura et. al., Minji soshô-hô [Zivilprozessrecht] (2018), S. 16.

862 Art. 1 GKoG.

863 *Akiyama et al.*, Komentâru Minjisoshô-hô II [Kommentar Zivilprozessgesetz II] (2022), Art. 61-Art. 132-10, S. 4.

sungsklage nicht sofort wieder auf einen in der Praxis kaum greifenden Anwendungsbereich zu beschränken und einen effektiven Rechtsschutz für die Aktionäre zu gewährleisten, ist ein weites Verständnis des Tatbestandsmerkmals Unterlassungsgrund zu befürworten. Eine effiziente Begrenzung der ausufernden Klagewahrnehmung ist stattdessen anhand des Tatbestandsmerkmals der Nachteilsgefahr für den betroffenen Aktionär vorzunehmen. Die anfänglichen Bedenken, ob die Einführung der präventiven Unterlassungsklage bei regulären Umwandlungsmaßnahmen aufgrund des kurzen Anwendungszeitfensters selbst im Rahmen des einstweiligen Rechtsschutzverfahrens einen tatsächlichen Anwendungsbereich in der Praxis finden wird, sind durch die – wenn auch bisher nur geringfügige – Nutzung in der Praxis zumindest teilweise ausgeräumt worden.

D. Rechtspolitische Bewertung der präventiven Unterlassungsklage

I. Nutzung in der Praxis

Seit ihrem Inkrafttreten im Mai 2015 bis zum Zeitpunkt der Fertigstellung dieser Arbeit ist ein einziger Rechtsstreit bekannt, in dem die präventive Unterlassungsklage für reguläre Umwandlungsmaßnahmen geltend gemacht wurde.[864] Der Minderheitsaktionär einer an einem Aktientausch beteiligten Gesellschaft hatte den umwandlungsrechtlichen präventiven Unterlassungsanspruch im Wege des einstweiligen Rechtsschutzes genutzt und die Unterlassung des Aktientausches gefordert.[865] Der antragstellende Minderheitsaktionär hatte geltend gemacht, seine Abgabe des unausgefüllten Stimmzettels auf der Präsenzhauptversammlung der Gesellschaft am 29. Oktober 2021 zur Abstimmung über den geplanten Aktientausch sei nicht als Enthaltung zu zählen, da dadurch kein konkludenter Widerruf der zuvor erfolgten Stimmabgabe mittels Briefwahl erklärt worden sei.[866]

Das DG Kôbe hatte zunächst mit Beschluss vom 22. November 2021 eine fehlerhafte Beschlussfassung, und damit einen Unterlassungsgrund im Sinne des Art. 796-2 Nr. 1 GesG bejaht, sowie die einstweilige Unterlassung des Ak-

864 DG Kôbe, Beschl. v. 22.11.2021 (Lex Database Nr. 25591384) und Beschl. v. 26.11.2021 (Lex Database Nr. 255913533) (erste Instanz); OG Ôsaka, Beschl. v. 7.12.2021 (Lex Database Nr. 25591385) (2. Instanz); OGH, Beschl. v. 14.12.2021 (Lex Database Nr. 25591532) (letzte Instanz); zusammenfassend *Yanaga*, Jurist 1567 (2022), 2 f.

865 DG Kôbe, Beschl. v. 22.11.2021 (Lex Database Nr. 25591384); *Yanaga*, Jurist 1567 (2022), 2.

866 DG Kôbe, Beschl. v. 22.11.2021 (Lex Database Nr. 25591384); *Yanaga*, Jurist 1567 (2022), 2.

tientausches angeordnet.[867] Als Verfügungsgrund wurde die Gefahr eines nicht wieder behebbaren Schadens für den Minderheitsaktionär bejaht, da der Aktientausch am 1. Dezember 2021 wirksam werden sollte.[868] Damit oblag der Gesellschaft als Antragsgegnerin die Pflicht, den Aktientausch nicht durchzuführen. Gleichzeitig hat das DG Kôbe zur Besicherung möglicher Ansprüche der Gesellschaft dem Antragsteller eine Sicherheitsleistung in Höhe von 150 Mio. Yen (ca. 0,9 Mio. EUR) auferlegt.[869] Das DG Kôbe hatte seine Unterlassungsverfügung sodann durch Beschluss vom 26. November 2021 bestätigt.[870]

Die Entscheidung des DG Kôbe wurde vom OG Ôsaka durch Beschluss vom 7.12.2021 wieder aufgehoben, mit dem Argument, dass die Abgabe des unmarkierten Stimmrechtszettels des Minderheitsaktionärs auf der Hauptversammlung als wirksame Stimmabgabe anzusehen und somit als Enthaltung zu zählen sei; es liege daher kein fehlerhafter Beschluss und folglich kein Unterlassungsgrund vor.[871] Der OGH hat diese Entscheidung durch Beschluss vom 14.12.2021 bestätigt.[872]

Auch wenn die erhobene präventive Unterlassungsklage abgewiesen wurde, ist die Tatsache, dass sie geltend gemacht wurde, zu begrüßen. Die Tatsache, dass die Klage nicht erfolgreich war, beruhte allein auf einer Auslegungsfrage der Willenserklärung.[873] Aus dem Rechtsstreit ergeben sich hingegen keine Hinweise auf eine unzulängliche Normierung oder praktische Untauglichkeit der umwandlungsrechtlichen präventiven Unterlassungsklage selbst. Zwar ist es für Zwecke der Rechtsfortbildung enttäuschend, dass der Instanzenzug hinsichtlich der bisher aufgeworfenen Fragen zu umwandlungsrechtlichen präventiven Unterlassungsklagen keine Klärung bieten konnte. Es ist jedoch als Erfolg zu werten, dass die umwandlungsrechtliche präventive Unterlassungsklage ohne große Schwierigkeiten als Vehikel für die schnelle Geltendmachung einer potenziellen Rechtsverletzung genutzt wurde. Auch hat die Praxis gezeigt, dass die Bedenken hinsichtlich der kurzen Zeitspanne für die Geltendmachung unberechtigt waren und die Gerichte selbst bei einem Zug durch alle Instanzen schnell eine Entscheidung finden konnten, ohne den Gesamtprozess nachhaltig aufzuhalten.

867 DG Kôbe, Beschl. v. 22.11.2021 (Lex Database Nr. 25591384); *Yanaga*, Jurist 1567 (2022), 2.

868 DG Kôbe, Beschl. v. 22.11.2021 (Lex Database Nr. 25591384); *Yanaga*, Jurist 1567 (2022), 2.

869 DG Kôbe, Beschl. v. 22.11.2021 (Lex Database Nr. 25591384).

870 DG Kôbe, Beschl. v. 26.11.2021 (Lex Database Nr. 255913533); *Yanaga*, Jurist 1567 (2022), 2.

871 OG Ôsaka, Beschl. v. 7.12.2021 (Lex Database Nr. 25591385).

872 OGH, Beschl. v. 14.12.2021 (Lex Database Nr. 25591532).

873 Vgl. *Yanaga*, Jurist 1567 (2022), 2, 2 f.

II. Auswirkung auf andere Rechtsschutzmöglichkeiten

1. Das Verhältnis zur Nichtigkeitsklage

Die Einführung der neuen umwandlungsrechtlichen präventiven Unterlassungsklage und die damit einhergehende Gewichtsverlagerung von nachträglichem auf präventiven Rechtsschutz hat auch Auswirkungen auf die übrigen Rechtsschutzmaßnahmen, allen voran die Nichtigkeitsklage. Die Nichtigkeitsklage als quasi-komplementäre Rechtsschutzmaßnahme zur präventiven Unterlassungsklage entfaltet ab dem Zeitpunkt der Wirksamkeit der Umwandlung ihre maximale Relevanz als einziges Rechtsschutzmittel im japanischen Gesellschaftsgesetz, welches nach dem Zeitpunkt der Wirksamkeit anwendbar ist, während die präventive Unterlassungsklage nur bis zu diesem Zeitpunkt anwendbar ist.

Wird aber durch die Reform nun die Gewichtung zugunsten des präventiven Rechtsschutzes verschoben, wirkt sich dieser Vorgang auch auf den Anwendungsbereich der Nichtigkeitsklage in der Praxis aus. Mit anderen Worten: Durch die gesteigerte präventive Rechtsschutzmöglichkeit bei Umwandlungen wird mehr Freiraum zur restriktiveren Handhabung der Nichtigkeitsgründe geschaffen.[874] Zwar ist die bereits praktizierte, restriktive Handhabung der nachträglichen Rechtsschutzmöglichkeit auch der Grund für die Notwendigkeit einer präventiven Unterlassungsklage; gleichzeitig bietet ein verbesserter Rechtsschutz im Vorfeld der Umwandlungsmaßnahme die Möglichkeit, ohne Bedenken und Berücksichtigung aller Eventualitäten die Nichtigkeitsgründe einzugrenzen und aus Gründen der verbesserten Rechtssicherheit klare Anwendungsfälle zu normieren. Dadurch könnte auch die tatsächliche Praxisrelevanz erhöht werden, da die klar eingegrenzten und ausdrücklich normierten Anwendungsfälle der Nichtigkeitsklage im Rahmen der Umwandlung den betreffenden Richtern mehr Sicherheit bei deren Anwendung bieten. Hinsichtlich sämtlicher ambivalenter Fälle wäre die Nichtigkeitsklage insofern zudem durch den Anwendungsbereich der präventiven Unterlassungsklage entlastet.

2. Das Verhältnis zur Anfechtungsklage

Die umwandlungsrechtliche präventive Unterlassungsklage und die Anfechtungsklage fallen aufgrund der Besonderheit der zeitlichen Anwendbarkeit der Anfechtungsklage bei Umwandlungsmaßnahmen[875] grundsätzlich in denselben Zeitrahmen. Dies führt jedoch nicht zwingend zu einer praktischen Nutzlosigkeit der Beschlussanfechtungsklage. Kann die Beschlussanfechtungsklage rechtzeitig gerichtlich entschieden werden, dann bietet sie durch die Aufhebung des Hauptversammlungsbeschlusses einen weitreichenderen Rechtsschutz als die

874 Vgl. *Ueda/Sugewara/Matsushima* Kaisei kaishahô [Das reformierte Gesellschaftsrecht] (2015), S. 271.
875 Vgl. oben Dritter Teil – B.II.4.

mit der präventiven Unterlassungsklage erreichbare Unterlassungspflicht der Umwandlungsdurchführung. So hat im oben genannten Fall des DG Kôbe vom 22. und 26. November 2021 die in Frage stehende Rechtsverletzung auch den Anwendungsbereich der Beschlussanfechtungsklage erfüllt.[876]

Die parallele Geltendmachung der Beschlussanfechtungsklage ist auch deswegen nicht überflüssig, da allein diese in eine Umwandlungsnichtigkeitsklage übergehen und weiterverfolgt werden kann.[877] Insbesondere aufgrund der Unsicherheiten, die hinsichtlich der Anerkennung des einstweiligen Rechtsschutzverfahrens bestehen[878], stellt die Geltendmachung der präventiven Unterlassungsklage als Antrag auf einstweilige Unterlassungsverfügung bei der Umwandlung als zeitsensible Maßnahme eine relevante Ergänzung der Beschlussanfechtungsklage dar.

III. Zukünftiger Anwendungsbereich in der umwandlungsrechtlichen Praxis

Wird von den Auswirkungen der neuen präventiven Unterlassungsklage auf die praktische Anwendung gesprochen, muss berücksichtigt werden, dass dem Begriff der Umwandlung im jeweiligen konkreten Fall unterschiedliche Eigenschaften anhaften und je nachdem auch das Ausmaß der praktischen Relevanz variiert.[879]

Handelt es sich bei der in Frage stehenden Umwandlung um ein Vorhaben zwischen börsennotierten großen Gesellschaften, zwischen denen kein konzernrechtliches Beherrschungsverhältnis besteht, ist selten ein Fall zu erwarten, bei dem ein offensichtlicher oder augenscheinlicher Verfahrensfehler auftreten und damit Gegenstand einer präventiven Unterlassungsklage sein wird.[880] Große, börsennotierte Gesellschaften werden bei Durchführung eines Umwandlungsvorhabens sowohl aufgrund der Komplexität und Relevanz als auch aufgrund der Verfügbarkeit von finanziellen Ressourcen von spezialisierten Kanzleien betreut und beraten. Des Weiteren sind bei Umwandlungen, die börsennotierte Gesellschaften betreffen, in der Regel die Offenlegungs- und Mitteilungspflichten rechtzeitig und in gefordertem Mindestmaß erfüllt, da die umwandelnde Gesellschaft gleichzeitig auch kapitalmarktrechtlichen Mitteilungspflichten unterliegt. Auch generell wird anzunehmen sein, dass die Gerichte sich, zumindest solange das Umwandlungsverfahren grundsätzlich als rechtmäßig erachtet wer-

876 So auch bei DG Kôbe, Beschl. v. 22.11.2021 (Lex Database Nr. 25591384) und Beschl. v. 26.11.2021 (Lex Database Nr. 255913533).

877 Siehe oben Dritter Teil – B.II.4.

878 Siehe oben Dritter Teil – C.II.1.b.bb.

879 Vgl. *Ueda/Sugewara/Matsushima,* Kaisei kaishahô [Das reformierte Gesellschaftsrecht] (2015), S. 271.

880 *Ueda/Sugewara/Matsushima,* Kaisei kaishahô [Das reformierte Gesellschaftsrecht] (2015), S. 271.

den kann und auch sonst keine besonderen Umstände vorliegen[881], vor der möglichen Präzedenzwirkung eines anerkennenden Unterlassungsurteils hüten werden.[882] Hinzu kommt, dass bei börsennotierten großen Gesellschaften die Minderheitsaktionäre regelmäßig ein verstärkt wirtschaftliches Interesse verfolgen und damit regelmäßig den einfacheren Weg des Abfindungsrechts wählen werden, zumal dessen Barauszahlung in der Regel eine Prämie beinhaltet; dies könnte sich in Zukunft durch die zunehmende Klagebereitschaft ausländischer institutioneller Investoren jedoch ändern.

Die Praxisrelevanz einer präventiven Unterlassungsklage bei Umwandlungsvorhaben börsennotierter großer Gesellschaften dürfte deshalb eher gering ausfallen.[883] Nichtsdestotrotz sind oft Minderheitsaktionäre börsennotierter Gesellschaften als Finanzinvestoren mit der erforderlichen finanziellen Schlagkraft als auch entsprechender Rechtskenntnis ausgestattet, um zeitnah ein einstweiliges Rechtsschutzverfahren zu initiieren und als Pioniere aktiv zu werden. Es ist daher nicht verwunderlich, dass die erste umwandlungsrechtliche präventive Unterlassungsklage sich gegen eine börsennotierte Gesellschaft gerichtet hat und von einer juristischen Person erhoben wurde.[884]

Für die Praxis im Allgemeinen ist jedoch zu erwarten, dass im Falle von Umwandlungsmaßnahmen kleinerer bis mittelgroßer Gesellschaften gesetzliche oder satzungsrechtliche Verstöße häufiger auftreten und die präventive Unterlassungsklage hier eine besonders relevante Rolle spielen könnte[885], insbesondere dann, wenn sich die Nutzung der präventiven Unterlassungsklage bereits durch erste Gerichtsentscheidungen etabliert hat. Sind die Gesellschaften zudem nicht börsennotiert, ist auch mangels kapitalmarktrechtlicher Offenlegungspflichten und damit einhergehender Sanktionen eine höhere Fehleranfälligkeit bezüglich der Offenlegungspflicht zu erwarten.

Eine erfolgreiche Geltendmachung der neuen umwandlungsrechtlichen präventiven Unterlassungsklage kommt zudem bei Umwandlungsfällen unter Beteiligung von Gesellschaften in Betracht, zwischen denen ein Beherrschungsverhältnis besteht, da bei Beschlussfassung die Stimmrechtsausübung durch einen sogenannten Aktionär mit besonderem Interesse droht[886]; erfolgt diese, liegt die Vermutung eines besonders unangemessenen Umwandlungsbeschlus-

881 Vgl. OGH, Beschl. v. 29.2.2012, Kinyû Shôji Hanrei 1388 (2012) 16.

882 *Ueda/Sugewara/Matsushima,* Kaisei kaishahô [Das reformierte Gesellschaftsrecht] (2015), S. 271.

883 *Ukegawa*, Business Hômu 14 (2014), 95, 100; *Ueda/Sugewara/Matsushima,* Kaisei kaishahô [Das reformierte Gesellschaftsrecht] (2015), S. 271.

884 DG Kôbe, Beschl. v. 22.11.2021 (Lex Database Nr. 25591384).

885 So auch *Ueda/Sugewara/Matsushima,* Kaisei kaishahô [Das reformierte Gesellschaftsrecht] (2015), S. 272.

886 Neu ist dabei die Anwendungsbereichserstreckung auf Beherrschungsverhältnisse unter 90 % der Stimmrechte, da für diese Fälle bereits vor der Reform 2014 die Möglichkeit des Unterlassungsanspruchs gegeben war, Artt. 784 Abs. 2, 796 Abs. 2, 805 Abs. 2 GesG a.F.

ses nahe.[887] Diese Anwendungsvariante betrifft dann nicht nur Gesellschaften mittlerer Größe, sondern kann auch bei großen oder börsennotierten Gesellschaften auftreten.[888] Es wird jedoch abzuwarten sein, wie die Gerichte in einem Fall der Stimmrechtsausübung eines Aktionärs mit besonderem Interesse entscheiden werden.[889]

IV. Verbleibender Regelungs- und Klärungsbedarf

Betrachtet man die Auswertung der neuen umwandlungsrechtlichen präventiven Unterlassungsklage, verbleibt dennoch weiterhin ein erheblicher Klärungsbedarf, dessen prominentester Aspekt die Festsetzung der Grenzen des Unterlassungsgrunds ist. Die Frage, wie weit das Verständnis eines Gesetzesverstoßes reichen soll, muss von den Gerichten oder dem Gesetzgeber konkretisiert werden, sollten die aufgeworfenen Fragen dazu führen, dass die Klage nur für Mängel bei der Stimmrechtsausübung genutzt wird. Zumindest Unsicherheiten hinsichtlich des Umfangs der von der Unterlassungsklage erfassten Offenlegungspflichten könnten (zum Teil) durch eine klarere Regelung in der Durchführungsverordnung des Gesellschaftsgesetzes, welche Informationen als »für die Angemessenheit des Umwandlungsgegenwerts relevante Tatsachen« erfasst gelten, erzielt werden.[890]

Des Weiteren ist für die bessere praktische Handhabbarkeit und zur tatsächlichen Wahrnehmung des präventiven Unterlassungsanspruchs durch die Aktionäre erforderlich, eine rechtliche Grundlage für die Bestimmung der Höhe des Sicherheitsleistungsbetrags im Rahmen des einstweiligen Rechtsschutzes sowie insbesondere eine Höchstgrenze festzulegen. Kann der betroffene Aktionär die mit Geltendmachung eines präventiven Unterlassungsanspruchs im Rahmen des einstweiligen Rechtsschutzes verbundenen Risiken und Kosten besser einschätzen, wird nicht nur die Rechtssicherheit erhöht, sondern auch die tatsächliche Klagebereitschaft.[891]

Für eine bessere, zukünftige Feinjustierung der Regelung zur neuen präventiven Unterlassungsklage wäre zudem auch eine Erhebung wünschenswert, wie viele der Anträge auf einstweilige Verfügung auf Unterlassen der Umwandlung gestellt werden und wie vielen davon stattgegeben wird.[892]

887 *Ukegawa*, Business Hômu 14 (2014), 95, 100.
888 *Ukegawa*, Business Hômu 14 (2014), 95, 100.
889 *Ueda/Sugewara/Matsushima,* Kaisei kaishahô [Das reformierte Gesellschaftsrecht] (2015), S. 272; siehe oben Dritter Teil – C.II.3.a.aa.(2).
890 *Ôta/Yasui*, Shôji Hômu 1988 (2013), 15, 21.
891 Vgl. *Ueda/Sugewara/Matsushima,* Kaisei kaishahô [Das reformierte Gesellschaftsrecht] (2015), S. 272.
892 *Ueda/Sugewara/Matsushima,* Kaisei kaishahô [Das reformierte Gesellschaftsrecht] (2015), S. 272.

V. Rechtspolitische Bewertung

Angesichts dessen, dass zum Zeitpunkt der Fertigstellung dieser Arbeit nur ein Rechtsstreit bekannt geworden ist, in dem die umwandlungsrechtliche präventive Unterlassungsklage – wenn auch erfolglos – als Rechtsschutzmittel genutzt wurde, lässt dieses Rechtsschutzinstrument fast 10 Jahre nach Inkrafttreten auf den ersten Blick als nicht besonders Praxisrelevant erscheinen. Bei der Bewertung muss jedoch berücksichtigt werden, dass die umwandlungsrechtliche präventive Unterlassungsklage nie als radikale Veränderung gedacht war, sondern insbesondere Rechtsschutzlücken im Gesamtsystem effektiv schließen sollte. Dass dem Gesetzgeber dies grundsätzlich gelungen ist, zeigt auch der Beschluss des DG Kôbe vom November 2021.

Auch die umfassende Begutachtung der neuen präventiven Unterlassungsklage ergibt, dass sich diese mit der richtigen Passform in die bestehende Rechtsschutzlücke des Gesamtsystems des umwandlungsrechtlichen Aktionärsschutzes einfügt. Sie füllt damit den verbleibenden, wenn auch kurzen Zeitraum des Rechtsschutzvakuums zwischen Umwandlungsvorbereitung respektive Hauptversammlung und Umwandlungsvollzug, in welchem der Rechtsschutz seit der Gesellschaftsgesetzreform und der freien Wahl des Umwandlungswirksamkeitstags von einer höchst umstrittenen Anerkennung des Beschlussanfechtungsgrundes als Sicherungsrecht im Rahmen eines einstweiligen Verfügungsverfahrens abhängig war. Dabei deckt sich die Normierung der umwandlungsrechtlichen präventiven Unterlassungsklage mit keinem Anwendungsbereich bereits bestehender Rechtsschutzmaßnahmen. Das gilt insbesondere auch für die bereits zuvor nutzbaren präventiven Unterlassungsklagen der Art. 210 und Art. 360 GesG.

Angesichts dessen, dass sich bei rechtlicher Analyse der neuen präventiven Unterlassungsklage weder eine klare Überlegenheit des klagenden Aktionärs noch der beklagten Gesellschaft ergeben hat[893], scheint die Normierung in dieser Hinsicht nicht zu beanstanden. Vielmehr ist die umwandlungsrechtliche präventive Unterlassungsklage als angemessenes Gegenwicht zu begrüßen, welches die Waagschale nach Jahren eines Mangels an effektivem Rechtsschutz wieder ins Gleichgewicht gebracht hat. Dabei ist selbstverständlich die weitere richterliche Handhabe der Normen in der Praxis abzuwarten. Bei zukünftigen Gesetzesänderungsvorhaben ist Vorsicht zu walten, damit sich die Balance der Interessen im umwandlungsrechtlichen Gesamtsystem nicht über den derzeitigen Stand hinaus zugunsten des Minderheitsaktionärsschutzes verschiebt.[894]

Neben allem Lob verbleiben dennoch notwendige Verbesserungsansätze des umwandlungsrechtlichen Gesamtrechtsschutzes:

893 Im Gegensatz beispielsweise zur Umwandlungsnichtigkeitsklage, die nur in höchst seltenen Fällen erfolgreich sein wird, vgl. oben Dritter Teil – B.III.

894 *Nakahigashi*, Jurist 1495 (2016), 63, 68.

Berücksichtigt man, dass im Rahmen der Gesetzesreform 2014 widersprechenden Aktionären bei vereinfachten Umwandlungsverfahren das Abfindungsrecht vorenthalten wurde, stellt sich die Frage, wie der gerechte Interessenausgleich im Hinblick auf das Gesamtsystem zu bewerten ist.[895] Die bisherige Argumentation des gerechten Aktionärsinteressenausgleichs zwischen dem vereinfachten Umwandlungsverfahren, welches den Aktionären ausnahmsweise eine präventive Unterlassungsklage zusprach, und der regulären Umwandlung, bei welcher die Aktionäre anstelle einer präventiven Unterlassungsklage auf das Abfindungsrecht als Sicherungsmittel verwiesen waren, kann nach Einführung der präventiven Unterlassungsklage auch bei regulären Umwandlungsverfahren nicht mehr gelten. Stattdessen hinkt der Aktionärsschutz im vereinfachten Umwandlungsverfahren hinter dem Schutzniveau aller anderen Umwandlungsvarianten hinterher, und zwar gleich in doppelter Weise, zumal den Aktionären im vereinfachten Verfahren auch keine Meinungs- und Stimmabgabe im Rahmen eines Aktionärszustimmungsbeschlusses verbleibt.[896]

Des Weiteren lässt auch der Anwendungsbereich der umwandlungsrechtlichen präventiven Unterlassungsklage – isoliert betrachtet zu Recht – die Höhe des Umwandlungsgegenwerts außen vor. Im Lichte der neuen Klagemöglichkeit wird allerdings die klaffende Rechtsschutzlücke einer gerichtlichen Prüfungsmöglichkeit hinsichtlich des angemessenen Umtauschverhältnisses oder Gegenwerts bei regulären Umwandlungsvorgängen umso bedeutsamer. Dies gilt insbesondere, wenn man berücksichtigt, dass eine Umwandlungsprüfung durch einen unabhängigen Umwandlungsprüfer gesetzlich nicht vorgeschrieben ist.

E. Zusammenfassung

Das Gesellschaftsänderungsgesetz 2014 hat das Gesellschaftsgesetz hinsichtlich dessen eingeschlagener Richtung und Entwicklung in der Praxis seit der letzten Reform einer sorgfältigen Prüfung unterzogen. Auch wenn die Reform keine einheitliche Agenda hatte, zeigen die neu eingeführten Regelungen zweifelsohne eine Missbrauch einschränkende und Aktionärsrechte stärkende Tendenz.[897] Dabei ist die neu normierte präventive Unterlassungsklage bei regulären Umwandlungsvorhaben nicht als Fußnote zu übergehen; sie schließt nicht nur eine nach den Neuerungen bei Errichtung des Gesellschaftsgesetzes 2005 entstandene Rechtsschutzlücke, sondern balanciert darüber hinaus die gegensätzlichen Interessen im Rahmen von Umwandlungsvorhaben aus. Wo die Minderheitsak-

895 *Nakahigashi*, Jurist 1495 (2016), 63, 68.

896 *Kasahara,* Hôgaku Kyôshitsu 402 (2014), 28, 30; vgl. *Nakahigashi*, Jurist 1495 (2016), 63, 68 (Fn. 45).

897 *Ueda/Sugewara/Matsushima,* Kaisei kaishahô [Das reformierte Gesellschaftsrecht] (2015), S. 10.

tionäre nach der Einführung des frei bestimmbaren Wirksamkeitstags der Umwandlung nur die Wahl zwischen Ausscheiden aus der Gesellschaft gegen Abfindungszahlung oder die Pest-oder-Cholera-Wahl zwischen einer höchst umstrittenen Möglichkeit des Beschlussanfechtungsgrundes als Sicherungsrecht im einstweiligen Rechtsschutzverfahren und der faktisch niemals erfolgreichen Nichtigkeitsklage hatten, besteht nunmehr die Möglichkeit eines rechtzeitig greifenden Rechtsschutzinstruments, das nicht dem Argument der Rechtssicherheit und faktischen Unumkehrbarkeit einer Umwandlung zum Opfer fällt.

Es bleibt zu hoffen, dass nach der ersten Gerichtentscheidung zur umwandlungsrechtlichen präventiven Unterlassungsklage die Hemmschwelle sowohl der Aktionäre als auch ihrer Rechtsberater zur Nutzung dieses Rechtsschutzinstruments gesunken ist. Denn nur durch die künftige gerichtliche Geltendmachung wird die Rechtsprechung in die Lage versetzt, klare Vorgaben und Standards hinsichtlich des Anwendungsbereichs der präventiven Unterlassungsklage bei regulären Umwandlungsmaßnahmen zu formen.[898]

898 *Ôta/Yasui*, Shôji Hômu 1988 (2013), 15, 21.

Vierter Teil Der präventive Rechtsschutz bei Umwandlungsmaßnahmen im Rechtsvergleich

Nach kurzen Vorbemerkungen zum rechtsvergleichenden Ansatz (A.), werden im folgenden Abschnitt die Aspekte der außergerichtlichen Schutzmechanismen (B.I.) sowie des nachträglichen (B.II.) und des präventiven Rechtsschutzes (B.III.) von Aktionären im Rahmen von Umwandlungsmaßnahmen im deutschen und japanischen Recht gegenübergestellt und die Unterschiede herausgestellt. Auf dieser Grundlage erfolgt anschließend die Prüfung, ob sich ein Rechtstransfer hinsichtlich des japanischen umwandlungsrechtlichen präventiven Rechtsschutzes in das deutsche System des umwandlungsrechtlichen Rechtsschutzes anbietet; basierend darauf wird ein Reformvorschlag unterbreitet (C.).

A. Grundlagen des Rechtsvergleichs

Um einen Rechtsvergleich zwischen dem deutschen und dem japanischen präventiven Aktionärsschutz bei Umwandlungsmaßnahmen anzusetzen, ist zunächst die gemeinsame Grundlage beider Jurisdiktionen sowie die für einen Rechtsvergleich mit dem japanischen Rechtskreis erforderliche Methodik zu bestimmen.

I. Grundlagen des rechtsvergleichenden Ansatzes

Dem deutschen Rechtskreis liegt in den meisten Fällen des Rechtsvergleichs ein Blick zu den kontinental-europäischen Nachbarn oder dem Common-Law System, namentlich zum englischen und anglo-amerikanischen Rechtssystem, nahe; ein Blick gen Osten erfolgt in der Vielzahl der Fälle lediglich mit dem Ziel eines Rechtstransfervorschlags aus Deutschland heraus. Diese Praxis mag insbesondere historische Gründe haben und hat sich in den vergangenen Jahrzehnten auch aufgrund der Dominanz der US-amerikanischen Investoren im europäischen Markt durchgesetzt. Diesen inzwischen selbstverständlichen Ansatz des Transfers in eine Richtung gilt es nunmehr zu durchbrechen; hatte sich das japanische Rechtssystem in seiner heutigen Grundform zunächst durch Rechtstransfer kontinental-europäischer Rechtssysteme, und in Folge des Zweiten Weltkrieges zunehmend auch durch Rechtstransplantation US-amerikanischer

Rechtsfiguren geformt, so hat sich in den jüngsten Jahrzehnten aus der Weiterentwicklung dieses Mischsystems ein inhärent eigenständiges japanisches Rechtssystem gebildet[899], welchem als ebenbürtiges System im Rechtsvergleich auf Augenhöhe zu begegnen ist.

Das moderne japanische Gesellschaftsrecht ist nicht nur aufgrund des neuen und eigenständigen Charakters ein interessanter Sparringpartner für einen Rechtsvergleich; es bietet insbesondere für das deutsche Recht auch aufgrund des gemeinsamen historischen Ursprungs[900] eine gemeinsame Grundlage, die einen rechtsvergleichenden Ansatz einfacher gestaltet und somit nahelegt. Die gemeinsame Grundlage reicht dabei über das *civil law* System hinaus und erstreckt sich auf die deutschen Entwürfe zum Handelsrecht und zum Bürgerlichen Gesetzbuch, auf denen das japanische Handelsgesetz und Zivilgesetzbuch basieren.[901] Zudem weist das japanische Umwandlungsrecht mit der Verschmelzung, der Spaltung und dem Formwechsel überwiegend bekannte Umwandlungsfiguren auf und folgt mit der Gesamtrechtsnachfolge demselben Grundprinzip wie das deutsche Umwandlungsrecht.[902]

II. Besonderheiten des Rechtsvergleichs mit dem japanischen Rechtssystem

Im Rahmen des funktionalen Rechtsvergleichs sind bei dem Rechtsvergleich mit dem japanischen Rechtssystem in begrenztem Umfang auch die kulturellen Besonderheiten zu berücksichtigen. Dies soll jedoch nur in dem Maße erfolgen, wie dies ohne die Zugrundelegung vorurteilsbehafteter Stereotype möglich ist.

Zu berücksichtigen ist in diesem Zusammenhang zunächst die Annahme der allgemeinen Konformitätsbereitschaft[903], die sich gesellschaftsrechtlich in der stummen Unterordnung der Minderheitsaktionäre gegenüber dem Mehrheits- oder Managementwillen bei Aktionärsversammlungen äußeren könnte. Allerdings lässt sich die allgemeine Konformitätsbereitschaft von Aktionären nur schwer nachweisen; eine Erhebung von Daten ist bisher nicht erfolgt und praktisch auch kaum durchführbar. Tatsachen, wie beispielsweise die sehr kurze Durchschnittsdauer von Hauptversammlungen japanischer Aktiengesellschaf-

899 Vgl. auch *Rahn*, Rechtsdenken und Rechtsauffassung in Japan (1990), S. 389; *Baum/Bälz*, in: Baum/Bälz, Hdb. Japanisches Handels- und Wirtschaftsrecht (2011), S. 2; *Baum*, RabelsZ 59 (1995), 258, 290.

900 *Kansaku/Bälz*, in: Baum/Bälz, Hdb. Japanisches Handels- und Wirtschaftsrecht (2011), S. 75 f.

901 *Kansaku/Bälz*, in: Baum/Bälz, Hdb. Japanisches Handels- und Wirtschaftsrecht (2011), S. 76.

902 Vgl. oben Erster Teil – A.III.

903 Vgl. allgemein zur geringen Prozessdichte in Japan und möglichen Erklärungsansätzen *Bälz*, Streitbeilegung im japanischen Recht (2019), S. 2 f., S. 5 ff.

ten,[904] können nur Indikatoren sein, bieten jedoch keine hinreichende Grundlage für einen eindeutigen Befund.

Ein ähnliches Vorgehen ist hinsichtlich der Annahme der geringen Prozessbereitschaft in der allgemeinen japanischen Bevölkerung angezeigt. Diese beruht zwar auf tatsächlichen Erhebungen und ist daher bei der rechtsvergleichenden Betrachtung zu berücksichtigen.[905] Diese Zurückhaltung hinsichtlich streitiger Rechtsverfolgung gilt allerdings nicht in allen Bereichen; insbesondere die Aktionärsklage nach US-amerikanischem Vorbild hat Jahrzehnte nach ihrer Einführung in den späten neunziger Jahren erheblichen Anklang gefunden, nachdem insbesondere die Gerichtskosten signifikant gesenkt wurden.[906] Schließlich befindet sich die japanische Rechtskultur im gesellschaftsrechtlichen Kontext in zunehmendem Wandel, auch seit der Zuwachs ausländischer Investoren in den Reihen japanischer Aktionäre zu einem zunehmenden Aktivismus geführt hat, der eine erhöhte Prozessbereitschaft mit sich bringt.[907] Die Annahme der Neigung japanischer Aktionäre zu bestimmten Verhaltensweisen wie Konformitätsbereitschaft und geringe Prozessbereitschaft basiert überwiegend auf einem Stereotyp, der mit äußerster Vorsicht zu handhaben ist.[908]

904 Siehe oben Erster Teil – D.4.a.

905 Vgl. auch *Bälz,* ZJapanR 25 (2008), 153, 160; mit Erklärungsansatz *Baum/Bälz*, in: Baum/Bälz, Hdb. Japanisches Handels- und Wirtschaftsrecht (2011), S. 14 ff.; zur geringen Prozessdichte in Japan und erstmaligem institutionellen Erklärungsansatz *Haley*, Journal of Japanese Studies 4 (1978), 359, 362 ff.; vgl. auch *Kawashima/Sakurai,* Standford Journal of International Law 33, 1 (1997), 9, 17 f.

906 *Puchniak/Nakahigashi*, Vanderbilt Journal of Transnational Law 45 (2012) 1, 6. Als aktuelles Beispiel haben Aktionäre der Tokyo Electric Power Co. (Tepco) gegen die ehemaligen Mitglieder des Managements im Zuge der Aktionärsklage mit Urteil vom 13. Juli 2022 eine Schadenersatzzahlung in Höhe von 13,3 Billionen Yen (ca. 83,7 Millionen Euro) zugunsten der Gesellschaft errungen, *Tanaka*, Former Tepco execs ordered to pay $97 billion to company, The Asahi Shimbun, 13. Juli 2022 (abrufbar unter https://www.asahi.com/ajw/articles/14668939); *Kawashima/Sakurai,* Standford Journal of International Law 33, 1 (1997), 9, 17 f.; *Baum/Bälz*, in: Baum/Bälz, Hdb. Japanisches Handels- und Wirtschaftsrecht (2011), S. 16.

907 *Matsushita*, Mori, Hamada & Matsumoto: In review: recent trends in shareholder activism in Japan, August 2023 (abrufbar unter: https://www.lexology.com/library/detail.aspx?g=1bae780a-8b67-47b2-a6cf-4c1ddaf243d2); *Lewis/Inagaki/Sugiura*, Elliott and other activists shake corporate Japan into action on investor returns, Financial Times, 12.4.2023 (abrufbar unter: https://www.ft.com/content/fc3064ce-a1d3-4f92-91af-ca288f6a4401).

908 Vgl. *Puchniak/Nakahigashi*, Vanderbilt Journal of Transnational Law 45 (2012) 1, 4 f.

B. Rechtsvergleichende Betrachtung deutscher und japanischer Rechtsschutzinstrumente bei Umwandlungsmaßnahmen

Auch im Rahmen der rechtsvergleichenden Betrachtung sind zunächst Eigenheiten der jeweiligen Rechtsordnung hinsichtlich der außergerichtlichen Schutzmechanismen (I.) sowie des nachträglichen Rechtsschutzes (II.) zu betrachten, bevor eine ausführliche rechtsvergleichende Analyse des präventiven Rechtsschutzniveaus durchgeführt werden kann (III.). Denn auch innerhalb der rechtsvergleichenden Analyse ist der Blick allein auf die präventiven Rechtsschutzmechanismen nicht ausreichend, um eine Beurteilung des dabei mittels Rechtsvergleichung festgestellten Rechtsschutzniveaus einer Rechtsordnung vorzunehmen. Die Feststellung eines etwa niedrigeren Rechtsschutzniveaus im präventiven Rechtsschutz einer Rechtsordnung gegenüber der anderen kann nur dann getroffen werden, wenn sich in der betreffenden Jurisdiktion auch unter Berücksichtigung der nachträglichen oder außergerichtlichen Maßnahmen kein Rechtsschutzausgleich feststellen lässt. Dabei sollen im Folgenden die Unterschiede mit ihrer jeweiligen Tragweite im Fokus stehen.

I. Außergerichtliche Schutzmechanismen

1. Die Hürde der qualifizierten Mehrheit

Als primärer Schutzmechanismus bei Umwandlungsmaßnahmen und somit auch Mittelpunkt des außergerichtlichen Rechtsschutzes dient die erhöhte Schwelle der qualifizierten Mehrheit bei Umwandlungsbeschluss. Dies gilt für beide Rechtsordnungen gleichermaßen. Dabei stellt die im japanischen Gesellschaftsrecht erforderliche Zweidrittelmehrheit aller anwesenden Stimmen bei Anwesenheit mindestens der Hälfte der ausgegebenen Aktien jedoch eine deutlich niedrigere Hürde im Vergleich zu ihrem deutschen Gegenstück dar, bei der eine Dreiviertelmehrheit des bei Beschlussfassung vertretenen Grundkapitals und eine einfache Stimmenmehrheit erforderlich ist.

2. Der zeitliche Fokus der Offenlegung

Die Offenlegungsvorschriften unterscheiden sich im deutschen und japanischen Umwandlungs- und Gesellschaftsrecht grundsätzlich nur in begrenztem Ausmaß. Beide Rechtssysteme sehen sowohl Vorabpublizitätspflichten als auch nachträgliche Offenlegungspflichten vor. Der maßgebliche Unterschied ist, dass sich das deutsche Umwandlungsrecht primär auf die Offenlegung im Vorfeld der Hauptversammlung konzentriert. Dieses sieht vor, dass ausführliche schriftliche Berichte neben Umwandlungsvertrags- oder Umwandlungsplanentwürfen mit gesetzlich vorgeschriebenen Mindestangaben zur Verfügung gestellt und im

Handelsregister bekannt gegeben werden müssen. Das japanische Gesellschaftsgesetz hingegen sieht eine Offenlegung für den Zeitpunkt während und vor allem nach der Aktionärsversammlung vor. Diese Unterscheidung ist mit dem jeweiligen System konform. Im deutschen Umwandlungsrecht ist der Zeitrahmen für einen nachträglichen Rechtsschutz bei Umwandlungsmaßnahmen aufgrund des Bestandsschutzes der Eintragung nach § 20 UmwG begrenzt, sodass die relevanten Informationen für die Aktionäre möglichst frühzeitig vor Beschlussfassung vorliegen sollten. Im Gegensatz dazu deckt sich die nachträgliche, sechsmonatige Offenlegungspflicht im japanischen Gesellschaftsgesetz mit der sechsmonatigen Klagefrist nach Beschlussfassung, während dieser eine zumindest theoretische Klagemöglichkeit auch nach Wirksamkeit der Umwandlungsmaßnahme möglich ist.

Die Reform 2014 und die Einführung der umwandlungsrechtlichen präventiven bezweckte im japanischen Umwandlungsrecht eine Schwerpunktverschiebung vom nachträglichen hin zum präventiven Rechtsschutz. Unter diesem Gesichtspunkt ist jedoch die Schwerpunktsetzung der Offenlegungspflichten zugunsten einer verlängerten Nachpublizität nicht mehr vertretbar. Der Aktionär kann das neue Rechtsschutzinstrument der präventiven Unterlassungsklage bei regulären Umwandlungsmaßnahmen nur dann effektiv und effizient nutzen, wenn ihm bereits im Vorfeld der Umwandlungsmaßnahme hinreichend Informationen zur Beurteilung einer eventuellen Rechtsverletzung und als Grundlage für die Vorbereitung einer Klage geboten werden. Dies gilt umso mehr aufgrund des engen zeitlichen Klagefensters.[909] Dabei ist auch zu berücksichtigen, dass das deutsche Aktienrecht eine Ladungsfrist von mindestens 30 Tagen vorschreibt (§ 123 Abs. 1 AktG), im japanischen Recht der *kabushiki kaisha* hingegen zwei Wochen genügen (Art. 299 GesG).

3. Die unabhängige Umwandlungsprüfung

Die wohl größte Diskrepanz im außergerichtlichen Rechtsschutz bei Umwandlungsvorhaben nach deutschem und japanischem Recht besteht hinsichtlich der Frage der gesetzlich zwingenden Bestellung eines unabhängigen Umwandlungsprüfers. Während das deutsche Umwandlungsgesetz nicht nur die Prüfung des Umwandlungsberichts durch einen unabhängigen Sachverständigen vorschreibt, sondern dessen Unabhängigkeit auch zu einem gewissen Grad durch die Bestellung durch das Gericht, und nicht durch die Gesellschaft selbst, gewährt (§ 10 Abs. 1 UmwG), äußert sich das japanische Gesellschaftsgesetz zu einer derartigen unabhängigen Prüfung nicht. Zwar ist die Prüfung durch einen Sachverständigen bei großen und börsennotierten Gesellschaften in der Praxis die Regel; mangels eines gesetzlichen Regelungsrahmens ist die Bestellung und

909 Siehe oben Dritter Teil – C.II.4.b.

Ausgestaltung der Beauftragung jedoch wenig transparent und missbrauchsanfällig.[910]

Auch im deutschen Recht ist die Wirkung der Umwandlungsprüfung in der praktischen Ausgestaltung nicht zu überschätzen; zum einen verbleibt dem beauftragten Sachverständigen ein beträchtlicher Spielraum[911], zum anderen folgen die Gerichte bei der Bestellung regelmäßig den Empfehlungen der Gesellschaft. Nichtsdestotrotz geht von einer gesetzlich vorgeschriebenen Umwandlungsprüfung und der gerichtlichen Bestellung ein erhöhter Rechtsschutz aus, der auch im japanischen Umwandlungsrecht zu begrüßen wäre.

4. Prüfungsmaßstab des Registers bei Eintragung

Auch im Rahmen der Eintragung der beschlossenen Umwandlungsmaßnahme sieht die japanische Rechtsordnung einen geringeren Rechtsschutz für die Minderheitsaktionäre vor. Im deutschen Recht wird vor Eintragung der Umwandlung einer Aktiengesellschaft oder einer GmbH in das Handelsregister der Richter als prüfendes Organ eine sowohl formelle als auch beschränkt materiellrechtliche Prüfung durchführt. Hingegen ist im japanischen Recht die Kompetenz des Registerbeamten auf eine formelle Kontrolle der Eintragungsvoraussetzungen beschränkt. Der Unterschied des Prüfungsmaßstabs lässt sich allerdings anhand der Tatsache erklären, dass sich Umwandlungsmängel im deutschen Recht aufgrund des Bestandsschutzes nach Eintragung nicht mehr auf die Wirksamkeit der Umwandlung auswirken können (§ 20 Abs. 2 UmwG). Dadurch ist im Vorfeld der Eintragung eine strengere Prüfung geboten. Materiell-rechtliche Mängel einer Umwandlungsmaßnahme nach japanischem Recht können hingegen noch nach Eintragung mittels Umwandlungsnichtigkeitsklage geltend gemacht werden können. Es besteht folglich keine Notwendigkeit für eine strengere Prüfung seitens des Registers.

5. Zusammenfassung

Betrachtet man den außergerichtlichen Rechtsschutz beider Rechtsordnungen, ist ersichtlich, dass das Rechtsschutzniveau des außergerichtlichen Rechtsschutzes in Japan in bestimmten Aspekten geringer ist als in Deutschland. Dabei ist jedoch zu berücksichtigen, dass eine Vielzahl der Abweichungen ihre Gründe im Gesamtrechtsschutzsystem des japanischen Gesellschafts- und Umwandlungsrecht haben und das System entsprechend komplementieren. Angesichts der Verschiebung des Schwerpunkts vom nachträglichen zum präventiven Rechtsschutz im japanischen Umwandlungsrecht ist es nunmehr aber angebracht, die bisherigen Systeme zu hinterfragen. Das bedeutet insbesondere, dass

910 Siehe oben Dritter Teil – A.III.
911 Vgl. *Noack*, NZG 2016, 1259.

die Vorabpublizitätspflichten künftig ausgeweitet werden müssen, um einen effektiven präventiven Rechtsschutz gewährleisten zu können.

II. Nachträglicher gerichtlicher Rechtsschutz

1. Fehlende nachträgliche Klagemöglichkeit in beiden Jurisdiktionen

Sowohl dem deutschen als auch dem japanischen Rechtssystem mangelt es faktisch an einem in der Praxis effizienten nachträglichen Rechtsschutzinstrument.

a. Nachträglicher Rechtsschutz im Vergleich

Das deutsche Umwandlungsrecht lässt lediglich vor der Eintragung der Umwandlungsmaßnahme eine gerichtlich einklagbare Überprüfung der formellen und materiell-rechtlichen Fehler des Umwandlungsbeschlusses zu (§ 14 UmwG). In diesem Zusammenhang ist der klagende Aktionär auch der Klagefrist von einem Monat ausgesetzt, ohne dass dabei zwischen einem Anfechtungsgrund und einem tiefgreifenderen Rechtsverstoß, der einen Nichtigkeitsgrund darstellt, unterschieden wird.[912] Erhebt der Aktionär vor Eintragung der Umwandlungsmaßnahme die Unwirksamkeitsklage, ist diese Geltendmachung des Mangels durch die Registersperre gesichert und läuft – zunächst – nicht ins Leere. Erfolgt hingegen die Eintragung der Umwandlungsmaßnahme in das Handelsregister und wird diese folglich wirksam, ist der Aktionär gänzlich ohne gerichtlichen Rechtsschutz; § 20 Abs. 2 UmwG schließt dann jegliche nachträgliche gerichtliche Geltendmachung eines Mangels aus.

Im japanischen Gesellschaftsgesetz steht dem Aktionär ebenfalls ein der Unwirksamkeitsklage vergleichbarer gerichtlicher Rechtsschutz zur Geltendmachung von formellen und materiell-rechtlichen Mängeln bei Umwandlungen zu. Weder die Erhebung der Beschlussanfechtungsklage noch der Nichtigkeitsklage verhindern jedoch, dass die Umwandlungsmaßnahme wirksam wird. Den Aktionären steht damit zwar – zumindest in der Theorie – auch nach Wirksamkeit der Umwandlungsmaßnahme der gerichtliche Rechtsschutz in Form der Nichtigkeitsklage zur Verfügung. In der Praxis hingegen sind auch hier die Durchsetzung des Rechtsschutzes und die Behebung der Mängel nach Wirksamkeitserlangung kaum realisierbar.[913]

b. Rechtsschutzniveau im Vergleich

Bei beiden Rechtsordnungen liegt die Problematik des nachträglichen Rechtsschutzes darin, dass eine Rückabwicklung von Umwandlungsmaßnahmen mit

912 Siehe oben Zweiter Teil – B.II.1.b.
913 Siehe oben Dritter Teil – B.III.5.

erheblichen praktischen Schwierigkeiten verbunden sind, welche der Natur und Komplexität eines jeden Umwandlungsvorhabens geschuldet sind. Im Sinne einer erhöhten Transaktions- sowie Rechtssicherheit ist es wohl jedem umwandlungsrechtlichen Rechtssystem inhärent, eine Rückabwicklung der bereits vollzogenen Umwandlungsmaßnahme so weit wie möglich einzuschränken oder vollständig zu unterbinden.

In der Theorie bietet das japanische Recht einen leicht erhöhten nachträglichen Rechtsschutz für die Aktionäre im Vergleich zum deutschen Umwandlungsgesetz. Dieser ergibt sich daraus, dass die Umwandlungsnichtigkeitsklage nach Art. 828 GesG auch innerhalb von sechs Monaten nach Eintragung und folglich Wirksamkeit der Umwandlungsmaßnahme geltend gemacht werden kann. Dadurch existiert im japanischen Umwandlungsrecht grundsätzlich ein nachträglicher Rechtsschutz mit Rückabwicklungsrechtsfolge. In der Praxis greift dieser nachträgliche Rechtsschutz jedoch faktisch nie. Die mit der Rückabwicklung der Umwandlungsmaßnahme einhergehenden Rechtsfolgen werden von den Gerichten in der Regel als unzumutbar oder praktisch nicht durchführbar erachtet, sodass diese der Umwandlungsnichtigkeitsklage nach Art. 828 GesG nicht in der Form stattgeben, dass es zu einer Rückabwicklung kommen würde. Faktisch fehlt es damit auch in Japan an einem effektiven nachträglichen Rechtsschutz, sodass sich die Rechtslage im Ergebnis nicht vom deutschen Umwandlungsrecht unterscheidet. Letzteres kennt aufgrund des Bestandsschutzes der Eintragung nach § 20 Abs. 2 UmwG keine Rückabwicklungsmöglichkeit der Umwandlung.

Angesichts der wirtschaftlichen Auswirkungen einer Umwandlung und den mit einer potenziellen Rückabwicklung einhergehenden Kosten und rechtlichen Schwierigkeiten ist die gesetzgeberische Intention der (Quasi-)Unmöglichkeit eines nachträglichen Klagerechts gegen die Wirksamkeit der vollzogenen Umwandlungsmaßnahme nicht zu beanstanden; im Gegenteil wird nur so ein effektives Umwandlungsregime ermöglicht.

2. Schutz des Anteilswerts als maßgeblicher nachträglicher Rechtsschutz

Das deutsche als auch das japanische Umwandlungsrecht bieten dem Rechtsschutz suchenden Aktionär jedoch ein Korrektiv als Ausgleich für den unzureichenden nachträglichen Rechtsschutz bei Umwandlungsmaßnahmen. Die Schutzrichtung ist bei diesem Korrektiv in beiden Rechtsordnungen die gleiche: Der Aktionär soll zumindest in der Werthaltigkeit seiner Anteilsinhaberschaft geschützt werden. Das deutsche Spruchverfahren und das japanische Abfindungsrecht unterscheiden sich dennoch weitreichend.

a. Spruchverfahren und Abfindungsrecht im Vergleich

In der Praxis liegt der Schwerpunkt des nachträglichen Rechtsschutzes des deutschen Umwandlungsrechts ausschließlich auf dem Spruchverfahren; im japanischen Umwandlungsrecht liegt der Fokus auf dem Abfindungsverfahren. Beiden Rechtssystemen ist dabei das jeweilige andere System in dieser konkreten Ausgestaltungsform fremd.

Das Spruchverfahren ermöglicht dem Aktionär einen nachträglichen Ausgleich in Form einer baren Zuzahlung oder durch Gewährung zusätzlicher Aktien, wenn das Umtauschverhältnis oder die Gegenleistung für seine Anteile nicht angemessen war. Das Umwandlungsgesetz kennt zwar in §§ 29 Abs. 1, 29 Abs. 1 iVm 125 S. 1 UmwG auch Abfindungsrechte in der Form des Barausgleichs; diese Möglichkeit ist jedoch nur in den dort eng begrenzten Fällen zulässig. Namentlich hat der Aktionär nur dann ein Recht gegenüber dem übernehmenden Rechtsträger, im Rahmen einer Umwandlungsmaßnahme gegen eine Abfindungszahlung auszuscheiden, wenn er durch die konkrete Umwandlungsmaßnahme in der Fungibilität seiner Anteile eingeschränkt wird (§ 29 UmwG).[914]

Im Gegensatz dazu hat jeder Aktionär bei jedem Umwandlungsvorgang im japanischen Recht die Wahl, an der Gesellschaft beteiligt zu bleiben oder gegen eine Barabfindungszahlung aus dieser auszuscheiden (Artt. 785, 797, 806, 816-5 GesG). Voraussetzung hierfür ist, dass der Aktionär spätestens am Tag der Beschlussfassung über den Umwandlungsbeschluss der Gesellschaft mitteilt, dass er von seinem Abfindungsrecht Gebrauch machen wird und gegen den Umwandlungsbeschluss stimmt. Faktisch muss er folglich bereits vor Beschlussfassung durch die Hauptversammlung seine Entscheidung getroffen haben.[915]

b. Rechtsschutzniveau im Vergleich

Ein Vergleich des Rechtsschutzniveaus zwischen dem Spruchverfahren und dem Abfindungsrecht ist aufgrund der unterschiedlichen Schutzwirkung grundsätzlich nur in begrenztem Ausmaß aussagekräftig.

aa. Schutzrichtung

Die Schutzrichtung des Spruchverfahrens und des Abfindungsrechts unterscheiden sich voneinander.

Das deutsche Umwandlungsrecht basiert durch die Ausgestaltung des Spruchverfahrens auf der Prämisse, dass sich jeder Minderheitsaktionär – mit Ausnahme der begrenzten Fälle des § 29 UmwG – der qualifizierten Mehrheitsentscheidung zu fügen hat und so zur Teilnahme an einer Umwandlungsmaßnahme gezwungen werden kann. Sofern der Aktionär durch den Vorgang nicht in der Verfügungsfähigkeit über seine Anteile relevant eingeschränkt wird und er auch nach Durchführung der Umwandlungsmaßnahme seine Anteile in dem zuvor möglichen Umfang veräußern kann, erachtet der deutsche Gesetzgeber

914 Siehe oben Zweiter Teil – B.II.2.a.
915 Siehe oben Dritter Teil – B.IV.

den Aktionär in dieser Hinsicht als nicht schutzwürdig. Im Gegenzug wird jedoch durch die Möglichkeit des Spruchverfahrens gewährleistet, dass der gegebenenfalls aufgezwungene Umtausch der Anteile keine Wertminderung des Aktionärs bedeutet und das Umtauschverhältnis einer ausführlichen gerichtlichen Überprüfung unterzogen werden kann.

Hingegen stellt das japanische Abfindungsrecht bei Umwandlungsmaßnahmen den Minderheitsaktionär stets vor die Wahl, ob er an der Umwandlungsmaßnahme zu den vorgegebenen Konditionen, einschließlich des Umtauschverhältnisses, teilnehmen möchte oder nicht. Theoretisch kann ein Minderheitsaktionär einer japanischen Gesellschaft demnach nicht zur Teilnahme an einer Umwandlungsmaßnahme gezwungen werden. Es ist daher im Einklang mit dem Gesamtsystem, dass der japanische Gesetzgeber die gerichtliche Überprüfbarkeit der Abfindungshöhe der gerichtlichen Überprüfung des Umtauschverhältnisses gegenüber vorgezogen hat. Die Regelung des Abfindungsrechts stellt dabei ein im Gegensatz zum deutschen Spruchverfahren grundsätzlich unkompliziertes Verfahren dar, aus der Gesellschaft auszuscheiden. Ist der Minderheitsaktionär nicht von der geplanten Umwandlungsmaßnahme überzeugt oder hegt er gar Zweifel, ob nicht formelle oder materielle Fehler vorliegen, steht ihm durch das Abfindungsverfahren die Möglichkeit offen, ohne erheblichen Zusatzaufwand den *exit* zu wählen, ohne langwierige und kostspielige Klageverfahren betreiben zu müssen. Die Höhe der Abfindungszahlung unterliegt – wie das Umtauschverhältnis im Rahmen des Spruchverfahrens – der gerichtlichen Überprüfungsmöglichkeit, auch wenn diese im Vergleich vermehrte finanzielle Hürden für den Aktionär birgt, insbesondere aufgrund der Regelung zur Kostentragung und der fehlenden *inter omnes* Wirkung.[916]

Der Schutz der Minderheitsaktionäre ist im japanischen Recht im Vergleich zum deutschen Spruchverfahren folglich in stärkerem Ausmaß auf den rein finanziellen Aspekt der Beteiligung an der Gesellschaft ausgerichtet. In der Theorie erhält der Aktionär der japanischen *kabushiki kaisha* bei Umwandlungen jederzeit den Wert seiner Beteiligung zurück. Hingegen ist es ihm nur sehr eingeschränkt möglich, sicherzustellen, dass seine Position als Minderheitsaktionär in der umgewandelten Gesellschaft in vergleichbarer Form erhalten bleibt. Der Minderheitsaktionär, der in der Gesellschaft verbleiben möchte, muss ein unangemessenes Umtauschverhältnis im Zweifel hinnehmen. Eine Möglichkeit zur gerichtlichen Überprüfung des Umtauschverhältnisses hat er nur in Fällen von Umwandlungen mit besonders hohem Missbrauchsrisiko wegen der Beteiligung eines Aktionärs mit besonderem Interesse.[917]

Hingegen hat der Aktionär im deutschen Umwandlungsrecht nur in wenigen begrenzten Fällen einen Anspruch auf Barabfindung. Stattdessen ist der Aktionär darauf verwiesen, gegebenenfalls den Wert seines Umtauschverhältnisses

916 Siehe oben Dritter Teil – B.IV.2 und unten Vierter Teil – B.II.2.b.bb.

917 Siehe unten Vierter Teil – B.II.3.

überprüfen zu lassen und im Anschluss an die Umwandlung seine Anteile am übernehmenden Rechtsträger im freien Markt zu veräußern.

Damit umfassen die Vorschriften zum Spruchverfahren wie auch das japanische Abfindungsrecht primär den Schutz zur Gewährung des fairen Wertes des Anteils des Minderheitsaktionärs. Durch die Überprüfung des Umtauschverhältnisses und der grundsätzlichen Möglichkeit des Verbleibs des Aktionärs in der Gesellschaft zu fairen Konditionen umfasst der Rechtsschutz im deutschen Umwandlungsrecht mittelbar aber auch die künftige Stellung des Aktionärs im übernehmenden Rechtsträger. Dies wird auch durch die Einführung der Möglichkeit zur Gewährung von Aktien anstelle einer baren Zuzahlung deutlich.

bb. Durchsetzbarkeit

Der Rechtsschutz unterscheidet sich beim Abfindungsrecht und beim Spruchverfahren auch hinsichtlich der Durchsetzbarkeit. Insbesondere für Kleinstaktionäre kann die Möglichkeit eines Abfindungsrechts eine Erleichterung in Bezug darauf darstellen, dass sie ohne zusätzlichen Aufwand und Eigeninitiative ihren Anteil an der Gesellschaft veräußern und aus der Gesellschaft ausscheiden können. Denn gerade Kleinstanleger sind oftmals aus rein finanziellem Interesse an der Gesellschaft beteiligt und weniger am Schutz ihrer Anteilsinhaberstellung interessiert. Dies gilt jedoch nur insoweit, als die Festsetzung der Abfindungshöhe angemessen ist.

Unter dieser Berücksichtigung bietet in Bezug auf die Durchsetzbarkeit das Spruchverfahren einen weiteren Schutzumfang, insbesondere für Kleinst- und Kleinanleger. Denn das Spruchverfahren hat gegenüber dem Abfindungsverfahren den klaren Vorteil, dass Entscheidungen des Gerichts ihre Wirkung *inter omnes* entfalten (§ 13 S. 2 SpruchG). Kleinst- und Kleinanleger profitieren dann ohne eigenes Hinzutun davon, dass ein Aktionär das unangemessene Umtauschverhältnis gerichtlich geltend gemacht hat. Mangels *inter omnes* Wirkung muss im japanischen Umwandlungsrecht jeder Aktionär selbst die gerichtliche Überprüfung bei der Festsetzung des Abfindungswerts initiieren und durchlaufen.[918] Erschwerend kommt bei dem japanischen Abfindungsverfahren das Risiko hinzu, dass die Kosten für ein in der Regel erforderliches Sachverständigengutachten gegebenenfalls vom Antragsteller selbst getragen werden müssen.[919] Das Spruchverfahren sieht hingegen in § 15 Abs. 2 S. 1 SpruchG die Möglichkeit einer Kostenerstattung durch den Antragsgegner vor.

Die deutsche Regelung bietet im Vergleich jedoch nur dann einen erhöhten Rechtsschutz für den Kleinanleger, wenn tatsächlich einer der Aktionäre das Spruchverfahren beantragt; ansonsten erscheint das japanische Abfindungsverfahren einen einfacheren Rechtsschutzzugang für den einzelnen Kleinanleger zu bieten.

918 Siehe oben Dritter Teil – B.IV.2.c.
919 Siehe oben Dritter Teil – B.IV.2.c.

3. Mangelnder Rechtsschutz bei unangemessenem Umtauschverhältnis und fehlerhaftem Umwandlungsbeschluss im japanischen Recht

Das Umtauschverhältnis der Anteile unterliegt im Gegensatz zur Höhe des Abfindungsrechts im japanischen Umwandlungsrecht in den überwiegenden Fällen keiner gerichtlichen Überprüfungsmöglichkeit. Ist das Umtauschverhältnis zwischen den bisherigen und den zu erhaltenden Anteilen unverhältnismäßig und wurde dem Umwandlungsbeschluss in der Hauptversammlung dennoch mit erforderlicher Mehrheit zugestimmt, ist der einzelne Aktionär ohne Rechtsschutz. Ein dem Spruchverfahren vergleichbares Verfahren existiert im japanischen Recht nicht.[920] Ein unangemessenes Umtauschverhältnis stellt nach herrschender Ansicht auch keinen Nichtigkeitsgrund dar.[921] Im Falle der Stimmrechtsausübung eines Aktionärs mit Sonderinteressen kann zwar eine Beschlussanfechtungsmöglichkeit nach Art. 831 Abs. 1 Nr. 3 GesG bestehen; abgesehen von der zeitlichen Anwendbarkeitsproblematik setzt Art. 831 Abs. 1 Nr. 3 GesG aber nicht nur eine besondere Unangemessenheit voraus, sondern spricht dem Gericht auch ein Abwägungsermessen gemäß Art. 831 Abs. 2 GesG zu. Die Anfechtungsmöglichkeit schützt daher allenfalls bei einem an Missbrauch grenzenden Umwandlungsvorhaben eines qualifizierten Mehrheitsaktionärs.

Darüber hinaus ist die Schutzwirkung der gerichtlichen Geltendmachung des Abfindungsrechts von der Schutzwirkung eines Klageverfahren gegen die Wirksamkeit der Umwandlung zu unterscheiden. Ein effektiver Rechtsschutz der Minderheitsaktionäre zur Festsetzung der Abfindungshöhe ist zwar begrüßenswert, ersetzt jedoch nicht den effektiven Schutz der Aktionäre, einen fehlerhaften Umwandlungsbeschluss zu unterbinden und die eigene Aktionärsstellung nicht aufgeben zu müssen. Bietet man den Aktionären im Falle einer fehlerhaften Umwandlungsmaßnahme als effektives Rechtsschutzinstrument allein ein Abfindungsrecht, bewirkt man faktisch die gleiche Wirkung wie bei einem gezielten Ausschluss der Aktionäre, für den jedoch Sonderregelungen gelten.

4. Zusammenfassung

In der grundsätzlichen Ausgestaltung des nachträglichen Rechtsschutzes bei Umwandlungsmaßnahmen sehen beide Rechtsordnungen eine ähnliche Grundstruktur vor. Das gilt insbesondere für die rechtlich oder in der Praxis fehlende Unterbindung einer nachträglich wirkenden Klagemöglichkeit, die sich gegen die Wirksamkeit einer bereits eingetragenen Umwandlungsmaßnahme richtet. Aufgrund dessen setzen beide Rechtsordnungen ihren Schwerpunkt auf eine nachträgliche gerichtliche Überprüfungsmöglichkeit der Abfindung bzw. des

920 *Bälz*, Die Spaltung im japanischen Gesellschaftsrecht (2005), S. 98 f.
921 Siehe oben Dritter Teil – B.III.2.d.

Umtauschverhältnisses. Damit gilt sowohl im deutschen als auch im japanischen Umwandlungsrecht die Gewährleistung des Wertausgleichs für Minderheitsaktionäre als Minimum des Rechtsschutzstandards. Hinsichtlich der Ausgestaltung dieses Rechtsschutzstandards bestehen jedoch erhebliche Unterschiede, die nicht zuletzt auf den tiefgreifenden Unterschieden zwischen dem in der japanischen Praxis dominierenden Abfindungsverfahren und den Vorschriften zum deutschen Spruchverfahren beruhen. Dabei offenbart sich im japanischen Umwandlungsrecht aufgrund der faktisch vollständigen Ermangelung einer gerichtlichen Überprüfbarkeit des Umtauschverhältnisses eine Rechtsschutzlücke, die zu schließen ist.

III. Präventiver gerichtlicher Rechtsschutz

Bei der Betrachtung des präventiven gerichtlichen Rechtsschutzes ist der Vergleich deutscher und japanischer Rechtsschutzmechanismen aufgrund der grundlegend unterschiedlichen Rechtsschutzsysteme primär anhand der Funktionalitäten der jeweiligen Instrumente vorzunehmen.

1. Praktische Notwendigkeit eines effektiven präventiven Rechtsschutzes

Wie zuvor bereits erwähnt, stehen sowohl die deutschen als auch die japanischen umwandlungsrechtlichen Rechtsschutzvorschriften stets im Spannungsfeld zwischen der Gewährleistung eines hinreichenden Minderheitsaktionärsschutzes und der Problematik, dass eine Rückabwicklung von Umwandlungsmaßnahmen aufgrund ihrer Komplexität praktisch kaum umsetzbar ist. Beiden Rechtssystemen ist daher inhärent, dass als einziger effektiver nachträglicher Rechtsschutz die gerichtliche Korrektur der Abfindungs- respektive Barausgleichs- und Umtauschhöhe existiert. Daraus ergibt sich in beiden Systemen – bei einer Betrachtung frei von gesetzgeberischer Intention – die unweigerliche Notwendigkeit eines effektiven präventiven Rechtsschutzes für den Fall einer rechtswidrigen Umwandlung. Während sich dieses Erfordernis im japanischen Recht aus Gründen der Realität des nachträglichen Rechtsschutzes in der praktischen Anwendung ergibt, besteht es im deutschen Umwandlungsrecht wegen der dortigen Eigenart des Bestandsschutzes der Eintragung (§ 20 UmwG), der nach Eintragung keine Geltendmachung von Mängeln der Umwandlung mehr zulässt. Diese unausweichliche Notwendigkeit eines effektiven präventiven Rechtsschutzes ist bei der weiteren rechtsvergleichenden Betrachtung zu berücksichtigen.

2. Die präventive Unterbindung des Umwandlungsvollzugs

Beide umwandlungsrechtlichen Rechtssysteme bieten mittels unterschiedlicher Ansätze die Möglichkeit einer Untersagung der Durchführung des Umwandlungsvollzugs.

a. Registersperre und umwandlungsrechtliche präventive Unterlassungsklage

Die Registersperre gemäß § 16 UmwG ist dabei in der unmittelbaren Effektivität der Unterbindung des Umwandlungsvollzugs unübertrefflich, da allein durch die Klageerhebung jeglicher Vollzug unterbunden wird. Sie leitet in der Praxis jedoch regelmäßig unverzüglich in das Freigabeverfahren nach § 16 Abs. 3 UmwG über. Diese bietet eine effiziente Durchführung und ein hohes Maß an Vollzugssicherheit zugunsten der Gesellschaft respektive des für diese handelnden Vorstands; für den klagenden Aktionär ist die Hürden zur Durchsetzung seiner Rechtsposition im Rahmen des Freigabeverfahrens jedoch besonders hoch.[922] Ausgenommen ist zudem der Kleinstaktionär mit einem Anteil von weniger als 1.000 Euro Anteilsinhaberschaft am Grundkapital, dem das Recht auf (vorläufige) Unterbindung des Umwandlungsvollzugs somit faktisch vollständig entzogen wird. Insbesondere Umwandlungsvorhaben, bei denen börsennotierte Aktiengesellschaften involviert sind, sind dabei aufgrund der anwaltlichen Beratung von Beginn an gezielt so strukturiert, dass bei Durchführung des Umwandlungsvorgangs der Anwendungsbereich des Freigabeverfahren für die Minderheitsaktionäre nicht eröffnet ist oder die Erfolgsaussichten für diese von vornherein sehr gering sind. Eine Möglichkeit der Unterbindung des Umwandlungsvollzugs mittels vorbeugender Unterlassungsklage unterliegt im deutschen Umwandlungsrecht derselben Prämisse wie im japanischen Umwandlungsrecht vor Inkrafttreten der Gesetzesänderung 2015, und ist nur in den seltenen Fällen anwendbar, in denen es an einem Beschluss der Aktionäre mangelt.[923]

Im heutigen japanischen Umwandlungsrecht hingegen ist die präventive Unterlassungsklage das zentrale Mittel zur Unterbindung oder vorläufigen Unterbindung des Umwandlungsvollzugs. Im Mittelpunkt steht dabei insbesondere die neue präventive Unterlassungsklage bei regulären Umwandlungsmaßnahmen, die durch die übrigen präventiven Unterlassungsansprüche komplementiert wird. Auch wenn die tatsächliche endgültige Ausgestaltung der einzelnen Tatbestandsmerkmale der umwandlungsrechtlichen präventiven Unterlassungsklage teilweise noch umstritten ist, können mittels präventiver Unterlassungsklage Umwandlungsvorhaben gestoppt und deren Vollzug unterbunden werden.[924]

Zumindest in der Theorie bietet der japanische Lösungsansatz folglich eine deutlich erhöhte Möglichkeit, den Vollzug der Umwandlungsmaßnahme gerichtlich untersagen zu können. Mangels Mindestquorums oder anderweitiger Beschränkungen der Anspruchsinhaberschaft im japanischen Umwandlungsrecht ist keine der Aktionärsgruppen von der Geltendmachung dieses Rechtsschutzes von vornherein ausgeschlossen. Zudem prüft das Gericht im Rahmen der umwandlungsrechtlichen präventiven Unterlassungsklage, ob die Gesellschaft zur Durchführung der Umwandlungsmaßnahme gegen gesetzliche oder

922 Vgl. ausführlich oben Zweiter Teil – C.V.
923 Siehe oben Zweiter Teil – C.IV.
924 Siehe oben Dritter Teil – C.II.4.a.

satzungsrechtliche Vorschriften, meistens in Form von formellen und materiellen Verstößen im Rahmen der Beschlussfassung oder bei Offenlegung von Informationen, verstoßen hat. Hierdurch wird tatsächlich die Rechtsverletzung des Minderheitsaktionärs geprüft. Das Rechtsschutzniveau ist folglich deutlich höher als bei einer reinen Interessenabwägung, die von der Prüfung der Rechtsverletzung losgelöst ist. Werden im Rahmen eines Umwandlungsvollzugs die Interessen eines einzelnen Aktionärs den Interessen der Gesellschaft gegenübergestellt, werden Letztere in der Regel allein deshalb überwiegen, weil der Gesellschaft bei jeglicher Verzögerung des Vollzugs stets erhebliche Kosten entstehen werden, die bei der Abwägung Berücksichtigung finden.

Die umwandlungsrechtliche präventive Unterlassungsklage bietet daher zunächst einem weit größeren Kreis von rechtsschutzsuchenden Aktionären ein Rechtsschutzinstrument als das deutsche Freigabeverfahren. Gleichzeitig gewährt sie auch ein höheres Rechtsschutzniveau, da eine rechtliche Prüfung des potenziellen Rechtsverstoßes und nicht nur eine Abwägung der Interessen erfolgt.

b. Weitere präventive Unterlassungsklagen

Sowohl im deutschen als auch im japanischen Umwandlungsrecht stehen den Aktionären zudem weitere präventive Unterlassungsklagemöglichkeiten zur Verfügung, die auf spezielle Fälle Anwendung finden können. Dabei entsprechen sich die weiteren präventiven Rechtsschutzmöglichkeiten beider Rechtsordnungen hinsichtlich des Anwendungsbereichs.

Bei Umwandlungsmaßnahmen nach deutschem Recht ist die vorbeugende Unterlassungsklage gegen die Ausgabe neuer Aktien anwendbar, die nur die Ausgabe neuer Aktien, jedoch nicht die gesamte Umwandlungsmaßnahme zu unterbinden vermag.[925] Denkbar ist zudem – wenn auch umstritten – eine vorbeugende Unterlassungsklage gegen jegliches Verwaltungshandeln als Auffangrechtsschutz.[926] Dabei beruhen beide Varianten auf dem Grundsatz des allgemeinen Unterlassungsanspruchs.

Bei Umwandlungsmaßnahmen nach japanischem Recht sind im Gegensatz dazu die weiteren präventiven Unterlassungsklagen ausdrücklich im Gesetz normiert. Demnach können Aktionäre neben der umwandlungsrechtlichen präventiven Unterlassungsklage gegen die Ausgabe neuer Aktien (Art. 210 GesG) sowie gegen rechtswidriges Verwaltungshandeln (Art. 360 GesG) vorbeugenden Rechtsschutz im Zusammenhang mit Umwandlungsmaßnahmen ersuchen.

Die Sonderrechtsschutzmöglichkeiten sowohl im deutschen als auch japanischen Gesellschaftsrecht haben jedoch gemein, dass diese Sonderformen des präventiven Unterlassungsanspruchs bei Umwandlungsmaßnahmen aufgrund speziellerer umwandlungsrechtlicher Regelungen in der Praxis kaum Anwendung finden.

925 Siehe oben – Zweiter Teil C.IV.2.a.
926 Siehe oben – Zweiter Teil C.IV.2.b.

3. Die Effizienz eines ex ante erwirkten Rechtsschutzes

Obgleich die Möglichkeit einer Unterbindung des Vollzugs der Umwandlung in beiden Rechtsordnungen besteht, stellt sich dennoch die Frage, wie effizient der jeweilige präventiv wirkende Rechtsschutz in der Anwendung tatsächlich ist.

a. Effektive Unterbindung des Umwandlungsvollzugs

Hinsichtlich der Unterbindung des Vollzugs der Umwandlungsmaßnahme wäre der Registersperre an sich eine wohl nahezu hundertprozentige Effektivitätsquote zuzusprechen. Die Erhebung einer Klage allein reicht aus, um die Eintragung der Umwandlungsmaßnahme zunächst zu unterbinden. Dabei prüft das Registergericht vor Eintragung das Vorliegen eines Negativattests nach § 16 Abs. 2 UmwG. Das sich daran anschließende Freigabeverfahren bietet für alle beteiligten Parteien eine hohe Effizienz aufgrund der zeitlichen Vorgabe und der Aufhebung der Rechtsmittelinstanz. Die Ausgestaltung der Interessenabwägung sowie das Erfordernis einer besonderen Schwere auf der zweiten Prüfungsstufe erschweren jedoch in erheblichem Maße die Durchsetzung des Rechtsschutzes auf Seiten des Aktionärs und lassen letztlich nur in begrenzten Fällen eine tatsächliche Unterbindung des Umwandlungsvollzugs auch über die Dauer des Freigabeverfahrens zu.[927]

Die Unterbindung der Eintragung der Umwandlung mittels präventiver Unterlassungsklage ist im japanischen Recht ebenfalls nicht unproblematisch. Hierbei mangelt es vor allem an einem gesicherten, ausreichenden Zeitrahmen innerhalb dessen der Unterlassungsanspruch vor Eintragungsvollzug gerichtlich geltend gemacht und zumindest im Rahmen des einstweiligen Verfügungsverfahrens durch das Gericht entschieden werden kann. Da nunmehr eine gesetzliche zeitliche Vorgabe für den Wirksamkeitstag nicht mehr vorgesehen ist, variiert die Möglichkeit des rechtzeitigen präventiven Rechtsschutzes von Umwandlung zu Umwandlung[928]; sie ist jedoch keinesfalls als faktisch unmöglich anzusehen, wie sich in der Praxis auch bereits bewiesen hat.[929]

Konzeptionell erscheint die umwandlungsrechtliche präventive Unterlassungsklage daher einen effektiven Rechtsschutz zur Unterbindung des Vollzugs der Umwandlungsmaßnahmen zu bieten. Wie effektiv dieser Rechtsschutz in der Praxis tatsächlich ist, ist derweil mangels ausreichender (oder bekannter) Anwendungsfälle in der Praxis zum jetzigen Zeitpunkt nur schwer einschätzbar.

927 Siehe oben – Zweiter Teil C.II.4.

928 Als Trost bleibt den Aktionären zumindest die Kenntnis des Wirksamkeitstages, da dieser in den offenzulegenden Unterlagen zur Umwandlung zu nennen ist, vgl. oben Dritter Teil – B.II.2.

929 Siehe oben Dritter Teil – D.I.

b. Barzahlungen als effektiv verbleibender Schutz der Minderheitsaktionäre

Beide Rechtsordnungen bieten folglich im Rahmen ihrer präventiven Rechtsschutzmöglichkeiten Instrumente zum Schutz der Aktionäre, die den Vollzug der Umwandlungsmaßnahme vollständig oder vorläufig unterbinden können. In der praktischen Umsetzung resultiert die Erhebung einer Klage gegen das Umwandlungsvorhaben im deutschen Umwandlungsrecht jedoch zunächst im Freigabeverfahren, das in den meisten Fällen in der Freigabe der Umwandlungseintragung endet. Gemäß § 16 Abs. 3 S. 10 UmwG ist der Aktionär in dem Fall, dass seine ursprüngliche Unwirksamkeitsklage gegen die Umwandlungsmaßnahme berechtigt war, allein zum Schadensersatz berechtigt.[930] Dabei stellt sich in der bisherigen Praxis auch die Frage der effektiven Durchsetzung des Schadensersatzanspruchs, insbesondere die Geltendmachung eines ersatzfähigen Schadens, der über die Gerichtskosten und das aufgrund des separaten Spruchverfahrens ausgeschlossene unangemessene Umtauschverhältnis hinausgeht.

Ist im Rahmen des japanischen präventiven Rechtsschutzes im Vorfeld von Umwandlungsmaßnahmen das Zeitfenster für die Erhebung und Entscheidung eines präventiven Unterlassungsanspruchs zu knapp, wird die Umwandlungsmaßnahme unbeachtlich dessen eingetragen. In diesem Falle hat der Aktionär die Wahl zwischen einer vorab erhobenen Anfechtungsklage, die er im Wege der Klageänderung nach Eintragung als Nichtigkeitsklage weiterverfolgen kann, oder dem Abfindungsrecht. Letzteres ermöglicht zwar weder die Geltendmachung von rechtswidrigen Gesetzesverstößen noch hält es den Umwandlungsvorgang auf, bietet jedoch die sicherste Variante, den durch den Gesetzesverstoß verursachten Nachteil zu umgehen und zumindest eine Barauszahlung mit Prämie zu erhalten. In ersterem Fall ist hingegen fraglich, wie die Rechtsfolge einer geänderten Klage lauten wird. Wenn die Rechtsprechung selbst bei Nichtigkeitsgründen zurückhaltend agiert und in der Regel keine Rückabwicklung anordnet, ist dies erst recht nicht bei Anfechtungsgründen mit geringerer Schwere anzunehmen.

Letztendlich enden die Maßnahmen des präventiven Rechtsschutzes in der Praxis sowohl im deutschen als auch im japanischen Recht regelmäßig allenfalls in der nachträglichen Feststellung der Rechtswidrigkeit und/oder einer Form des Barausgleichs. Jedoch ist im japanischen Umwandlungsrecht die Einschränkung des präventiven Rechtsschutzes zusätzlich davon abhängig, wie viel Zeit zwischen der Beschlussfassung der Aktionärsversammlung und dem festgelegten Wirksamkeitstag liegt; beträgt der Zeitraum mindestens zwei Wochen, so ist eine Erhebung und Bescheidung über einen Antrag auf einstweilige Unterlassungsverfügung, und damit die Nutzung des präventiven Rechtsschutzinstruments, möglich.

930 Vgl. auch oben Zweiter Teil – C.II.3.b.

c. Effektivität in der Gerichtspraxis

Hinsichtlich des effektiven Rechtsschutzes kommt im japanischen Recht erschwerend hinzu, dass Aktionäre bei Nutzung der umwandlungsrechtlichen präventiven Unterlassungsklage im einstweiligen Rechtsschutz dem Risiko ausgesetzt sind, dass die Entscheidungsfindung der japanischen Gerichte mangels Spezialisierung ihrer Richter nicht dem mangels Registersperre bestehenden Zeitdruck entsprechen kann. Diese Risikovermutung hat sich bisher in der Praxis jedoch nicht manifestiert[931], auch wenn die bisher nur einmalig genutzte präventive Unterlassungsklage noch keinen repräsentativen Befund ermöglicht. Auch wenn bei deutschen Gerichten eine Rotation insbesondere in den ersten Berufsjahren ebenfalls üblich sein kann, ist zumindest hinsichtlich der groben fachlichen Ausrichtung aufgrund der strikten Trennung zwischen ordentlicher Gerichtsbarkeit und Fachgerichtsbarkeit in den Bundesländern und der Ernennung zum Richter auf Lebenszeit ein gewisses Maß an Spezialisierung möglich.

4. Zwischenergebnis

Auch wenn die Rechtsinstrumente und das damit einhergehende Rechtskonstrukt des präventiven Rechtsschutzes im deutschen und japanischen Umwandlungsrecht grundlegend verschiedene Ansätze verfolgen, so sind sie in ihrer Funktionalität und Wirkung weitgehend im Gleichlauf. Beide Systeme bieten jedem Aktionär theoretisch die uneingeschränkte Möglichkeit, eine zumindest vorläufige Unterbindung der Umwandlungsmaßnahme zu erreichen, erschweren jedoch die tatsächliche rechtliche Durchsetzung und hemmen damit die tatsächliche Effektivität der präventiven Rechtsschutzmechanismen, sodass in zahlreichen Fällen in der Praxis effektiv nur ein eventueller Barauszahlungsausgleich in Form eines Schadensersatzes gewährt wird. Dabei hinkt die Effektivität des deutschen Rechtsschutzes derjenigen des japanischen Rechtsschutzes in zweifacher Weise hinterher: Zunächst bietet das Umwandlungsgesetz im Rahmen der freigaberechtlichen Regelungen keinerlei Rechtsschutz für Kleinstaktionäre mit weniger als 1.000 Euro Anteilswert. Hiergegen lässt sich jedoch einwenden, dass diese angesichts des geringen Wertes ihres Anteils in der Praxis regelmäßig kein Interesse an einem Rechtsstreit haben werden. Ihnen steht im Gegensatz zum japanischen Recht dann aber auch kein Anspruch auf ein Abfindungsrecht zu. Zudem ist der Minderheitsaktionär im deutschen Recht in grundsätzlich allen Fällen auf das minder effektive Freigabeverfahren verwiesen; ihm wird folglich regelmäßig ein effektiver präventiver Rechtsschutz verwehrt. Im Gegensatz dazu bietet das japanische Recht zumindest dann eine gerichtliche Prüfung des Sachverhalts im Rahmen eines gewöhnlichen vorläufigen Rechtsschutzverfahrens, und damit einen effektiven präventiven Schutz, wenn

931 Siehe oben Dritter Teil – D.I.

der Wirksamkeitstag der Umwandlungsmaßnahme erst auf zwei Wochen nach Aktionärsbeschluss bestimmt ist.

Andererseits bietet das Freigabeverfahren einen maßgeblichen Rechtsschutzvorteil: Der Rechtsschutz ist, unabhängig von der Entscheidung des Managements, wann die Umwandlung ihre Wirksamkeit entfalten soll, in Fällen eines besonders schweren Verstoßes stets gewährleistet und bildet damit eine Art *ultima-ratio*-Sicherung bei besonders krassen Fällen. Diese *ulitma-ratio*-Sicherung besteht zwar auch im japanischen Umwandlungsrecht in Gestalt der nachträglich wirkenden Umwandlungsnichtigkeitsklage; deren praktische Effektivität steht hinter derjenigen des Freigabeverfahrens allerdings weit zurück.

IV. Zusammenfassung der rechtsvergleichenden Betrachtung

Sowohl der deutsche als auch der japanische umwandlungsrechtliche Rechtsschutz stellen im Rahmen der jeweiligen Rechtsordnung ein in sich überwiegend geschlossenes Gesamtgefüge dar, in dem die jeweilige Ausgestaltung der einzelnen Schutzinstrumente sich in das Gesamtsystem einfügen. Dabei unterscheiden sich das deutsche und japanische Umwandlungsrecht hinsichtlich des Rechtsschutzes der Minderheitsaktionäre insbesondere in der Schutzausrichtung: Im Rahmen des deutschen Umwandlungsrechts liegt der Schwerpunkt des Aktionärsschutzes darin, den Werterhalt der Anteilsinhaberschaft des einzelnen Aktionärs durch die Gewährleistung eines angemessenen Umtauschverhältnisses zu schützen. Dies äußert sich vor allem durch die gerichtliche Bestellung eines unabhängigen Prüfers im Vorfeld der Umwandlung nach §§ 9, 10 UmwG und das Spruchverfahren, das insbesondere die nachträgliche gerichtliche Überprüfung des angemessenen Umtauschverhältnisses in einem umfassenden Umfang ermöglicht. Hinsichtlich der Überprüfung des Umtauschverhältnisses hinkt das japanische Umwandlungsrecht dem deutschen Recht weiter hinterher. Der Fokus des Rechtsschutzes im japanischen Umwandlungsrecht basiert hingegen auf dem Recht jedes Aktionärs, anstelle der Teilnahme an der Umwandlung gegen eine angemessene Abfindung aus der Gesellschaft ausscheiden zu können und die Abfindungshöhe nicht nur gerichtlich überprüfen zu lassen, sondern auch durch Berücksichtigung von Synergieeffekten keinen Wertverlust riskieren zu müssen. Das japanische Umwandlungsrecht bietet somit einen umfassenden und einfach zu handhabenden Rechtsschutz für den einzelnen Aktionär, allerdings um den Preis, aus der Gesellschaft ausscheiden zu müssen.

Auch der präventive Rechtsschutz im deutschen und japanischen Umwandlungsrecht basiert grundsätzlich auf zwei verschiedenen Systemen. Unter Berücksichtigung dessen, dass der präventive Rechtsschutz primär der möglichst umfassenden und effektiven Prüfung von Rechtsverstößen im Vorfeld des Umwandlungsvollzugs dienen soll, zeigt sich die Tendenz, dass das deutsche System aus Registersperre und Freigabeverfahren Rechtsschutzlücken aufweist, die so nicht bei der umwandlungsrechtlichen präventiven Unterlassungsklage im japanischen Recht existieren. Insbesondere beschränkt das Freigabeverfahren den Kreis der Aktionäre, die ihren Rechtsverstoß geltend machen können, und verweist diese in der Sache auf eine Interessenabwägung. Die präventive Unterlassungsklage setzt hingegen, gegebenenfalls auch im Rahmen des einstweiligen Rechtsschutzes, auf der Prüfung des im Raum stehenden Rechtsverstoßes auf.

C. Reformansatz für das deutsche System der Freigabe

Ein Rechtsvergleich bietet stets die Möglichkeit, Systeme in der eigenen Rechtsordnung aus einem veränderten Blickwinkel zu betrachten, und einen Anlass dafür, etablierte Systeme zu überdenken.

Wie die rechtsvergleichende Analyse zwischen dem deutschen und japanischen umwandlungsrechtlichen Rechtsschutz zeigt, weist der Schutz der Minderheitsaktionäre bei Umwandlungsmaßnahmen im deutschen Umwandlungsrecht sowohl in den gesetzlichen Vorgaben der außergerichtlichen Rechtsschutzvorschriften als auch im Rahmen des nachträglichen Rechtsschutzes teilweise ein höheres Rechtsschutzniveau auf, wobei letzteres hauptsächlich auf der doppelten Überprüfung des Umtauschverhältnisses beruht. Betrachtet man jedoch die präventiven Rechtsschutzinstrumente, ist eine Überlegenheit des deutschen Aktionärsrechteschutzes nicht mehr gegeben.

Will man nun die rechtsvergleichende Betrachtung nutzen, um den Umfang des Rechtsschutzes im Rahmen des Freigabeverfahrens einer Prüfung zu unterziehen, ob dieser weiter auszubauen ist, ist zunächst festzustellen, welche Schutzrichtung der Schutz der Minderheitsaktionäre bei Umwandlungsmaßnahmen haben soll. Erst dann kann erwogen werden, ob der präventive Rechtsschutz der Minderheitsaktionäre angesichts der umfassenden gerichtlichen Überprüfbarkeit des Umtauschverhältnisses vernachlässigbar ist. Oder ob die Schutzbedürftigkeit des Minderheitsaktionärs im Rahmen von Umwandlungsmaßnahmen auch eine Kontrolle der Verwaltung sowie des Mehrheitsaktionärs erfassen muss, die im Vorfeld der Umwandlungsmaßnahme geltend zu machen wären.

Um einen Reformansatz im deutschen präventiven Rechtsschutz bei Umwandlungsmaßnahmen zu erarbeiten, gilt es daher zunächst festzuhalten, wovor Minderheitsaktionäre im deutschen Umwandlungsrecht zu schützen sind (I.), um im Anschluss die Lücken zu bestimmen, die im deutschen präventiven Rechtsschutz vorhanden sind (II.). Daraufhin ist die Möglichkeit eines zumindest teilweisen Rechtstransfers vom japanischen Recht auf das deutsche Recht zu prüfen (III.), wobei die im japanischen Recht herrschenden Schwierigkeiten möglichst zu beheben sind. Im Anschluss ist der neue Ansatz am Bedarf für ausreichende Transaktionssicherheit im Umwandlungsrecht zu messen (IV.).

I. Inhalt des Minderheitsaktionärsschutzes

Das deutsche Aktienrecht bietet den Aktionären bei Eingriffen in deren Aktionärsstellung durch diverse Strukturierungs- bzw. Umstrukturierungsmaßnahmen der Aktiengesellschaft grundsätzlich keinen Bestandsschutz hinsichtlich ihrer Aktionärsstellung und Anteilsinhaberschaft. Der verfassungsrechtliche Schutz gemäß Art. 14 Abs. 1 GG steht einem Ausschluss oder eine Übertragung der Aktien durch qualifizierten Mehrheitsbeschluss nicht entgegen, solange dem Aktionär der Vermögensschutz durch angemessenen Wertersatz sowie Anspruch auf richterliche Kontrolle gewährt werden.[932] Dieser Schutzumfang der Aktionärsstellung ergibt sich aus höchstrichterlicher Rechtsprechung[933] und wird gesetzlich durch entsprechende Regelungen flankiert.

Das *BVerfG* hatte bereits in seiner *Feldmühlen*-Entscheidung[934] klargestellt, dass eine auf qualifiziertem Mehrheitsbeschluss basierende Umwandlung keinen Verstoß gegen das Eigentumsrecht des Minderheitsaktionärs nach Art. 14 Abs. 1 GG darstellt, soweit die Interessen des Minderheitsaktionärs gewahrt bleiben. Diese umfassten neben einer vollumfänglichen wirtschaftlichen Entschädigung im Falle eines Ausscheidens auch einen wirksamen Rechtsschutz gegen Missbrauch im Wege der Anfechtungs- und Nichtigkeitsklage.[935] In der *Moto Meter*-Entscheidung führte das *BVerfG* im Rahmen der Grundsatzentscheidung aus, dass ein Hinausdrängen von Minderheitsaktionären aus der Aktiengesellschaft nicht gegen die Eigentumsfreiheit nach Art. 14 Abs. 1 GG verstoße.[936] Soweit dem Großaktionär gesetzlich Maßnahmen an die Hand gegeben würden, die ihm das Hinausdrängen von Minderheitsaktionären ermöglichen, seien aber zumindest hinreichende Schutzvorkehrungen für den Minderheitsaktionär zu gewährleisten.[937] Die in den Bundesverfassungsgerichtsentscheidungen aufgestellten Grundprinzipien können als allgemein gültige Eckpfeiler für

932 BVerfG, Beschluss v. 23.8.2000 – 1 BvR 68/95 u. 1 BvR 147/97 = NJW 2001, 279 ff. (Moto-Meter).

933 BVerfG, Beschl. v. 27.4.1999 – 1 BvR 1613/94, NJW 1999, 3769, 3770 f.; BVerfG, Beschl. v. 23.8.2000 – 1 BvR 68/95 u. 1 BvR 147/97 = NJW 2001, 279 ff. (Moto-Meter); BVerfG, Beschl. v. 30.5.2007 – 1 BvR 390/04, NJW 2007, 3268, 3269 ff.; BVerfG, Beschl. v. 16.5.2012 – 1 BvR 96/09, 1 BvR 117/09, 1 BvR 118/09, 1 BvR 128/09, NZG 2012, 907, 909; so angelegt bereits in BVerfG, Urt. v. 7.8.1962 – 1 BvL 16/60, NJW 1962, 1667, 1668 f. (Feldmühle); vgl. auch *Papier/Shirvani*, in: Dürig/Herzog/Scholz, GG, Art. 14 Rn. 311.

934 BVerfG, Urt. v. 7.8.1962 – 1 BvL 16/60, NJW 1962, 1667, 1668 f. (Feldmühle).

935 BVerfG, Urt. v. 7.8.1962 – 1 BvL 16/60, NJW 1962, 1667, 1668 f. (Feldmühle).

936 BVerfG, Beschluss v. 23.8.2000 – 1 BvR 68/95 u. 1 BvR 147/97 = NJW 2001, 279 ff. – Leitsatz 1.

937 BVerfG, Beschluss v. 23.8.2000 – 1 BvR 68/95 u. 1 BvR 147/97 = NJW 2001, 279 ff. – Leitsatz 2; vgl. hierzu auch *Holzborn*, in: beck-online Großkommentar AktG (2023), § 179a Rn. 39; *Stein*, in: MüKo AktG Bd. 4 (2021), § 179a Rn. 8, 77 ff.; *Koch*, AktG (2023), § 179a Rn. 10, 21.

das erforderliche Schutzausmaß der Aktionäre vor besonders nachhaltigen Eingriffen übertragen werden. Entsprechende Regelungsmaßnahmen hat der Gesetzgeber folglich auch für ähnlich gelagerte Fälle, bei denen die Minderheitsaktionäre Gefahr laufen, ihre Anteilsinhaberschaft zu verlieren, vorgesehen. So kann der Mehrheitsaktionär beim Squeeze-out nach §§ 327a ff. AktG und der Mehrheitseingliederung nach § 320 AktG bei einer Beteiligung von 95 % die verbliebenen Minderheitsaktionäre hinausdrängen. Gleiches gilt auch für eine 95 %-Beteiligung durch öffentliche Übernahme nach § 39a WpÜG sowie für eine 90 %-Beteiligung im Falle des umwandlungsrechtlichen Squeeze-outs nach § 62 Abs. 5 UmwG. Bei allen Maßnahmen können sich die betroffenen Minderheitsaktionäre nicht gegen den Verlust ihrer Aktieninhaberschaft wehren. Diese Ausschlussmöglichkeiten sind laut Rechtsprechung auch ausdrücklich im Einklang mit dem verfassungsrechtlichen Rechtsschutz nach Art. 14 Abs. 1 GG.[938] Die geforderte Gewährleistung der Minderheitsrechte äußert sich beim Squeeze-out beispielsweise in § 327b AktG, der die Barabfindung vorschreibt, den Berichts- und Prüfungspflichten in § 327c Abs. 2 AktG, dem Zustimmungserfordernis durch die Hauptversammlung (§ 327a Abs. 1 AktG) und die damit einhergehende grundsätzliche Möglichkeit der Beschlussanfechtung nach §§ 243 ff. AktG sowie der Möglichkeit der Wertkontrolle mittels Spruchverfahren (§ 327f AktG). Auch bei den übrigen Ausschlussmaßnahmen sind Anfechtungs- und Nichtigkeitsklage, Informations- und Prüfungspflichten sowie gerichtliche Kontrollmöglichkeiten mittels Spruchverfahren vorgesehen.[939]

Der Erhalt des Anteilswertes stellt folglich das Minimum des Minderheitsaktionärsschutzes bei Strukturmaßnahme wie auch Umwandlungsvorgänge im deutschen Recht dar.[940] In diesem Zusammenhang muss allen Minderheitsaktionären die Möglichkeit gegeben werden, ihren Anteilswert zum Zeitpunkt der Umwandlungsmaßnahme gerichtlich überprüfen zu lassen. Darüber hinaus muss den Minderheitsaktionären zumindest in einem gewissen Umfang eine Möglichkeit zur gerichtlichen Überprüfung der Beschlüsse der Mehrheitsaktionäre bei Umwandlungsmaßnahmen geboten werden.[941] Die Umwandlungsvorhaben sollen den Mehrheitsaktionären bestimmte Vorgänge erleichtern und die Gesellschaft agiler machen. Sie sollen ihnen aber keinen rechtsfreien Raum bieten. Auch wenn Minderheitsaktionäre oftmals nur ein Interesse an ihrem Investment

938 BVerfG, Beschl. v. 30.5.2007 – 1 BvR 390/04 = NJW 2007, 3268 ff. und BVerfG, Beschl. v. 19.9.2007 – 1 BvR 2984/06 = ZIP 2007, 2121 ff. (beide zum Squeeze-out); BVerfG, Beschl. v. 16.5.2012 – 1 BvR 96/09, 1 BvR 117/09, 1 BvR 118/09, 1 BvR 128/09 = NZG 2012, 907 ff. (übernahmerechtlicher Squeeze-out).

939 Eine Ausnahme stellt der übernahmerechtliche Squeeze-out nach § 39a WpÜG dar, der eine Prüfung der Abfindungshöhe mittels Spruchverfahren nicht vorsieht. Die Minderheitsaktionäre sind in diesem Fall jedoch über die Regelungsvermutung nach § 39a Abs. 3 S. 3 WpÜG abgesichert.

940 Vgl. BVerfG, Beschl. v. 30.5.2007 – 1 BvR 390/04, NJW 2007, 3268, 327.

941 Siehe Diskussion oben Teil 2 – C.II.2.b.

verfolgen, muss es ihnen grundsätzlich möglich sein, gegen widerrechtliche Vorgänge vorgehen zu können. Das Interesse am Investment allein muss auch das Interesse eines Aktionärs erfassen, dieses Investment nicht aufgrund von willkürlichem Verhalten des Mehrheitsaktionärs zu verlieren oder aufgeben zu müssen. Das gilt bei Umwandlungsmaßnahmen erst recht, da der Minderheitsaktionäre im Gegensatz zu anderen Strukturmaßnahmen hier nicht gegen eine Barabfindung ausscheidet, sondern seinen Anteil aktiv veräußern muss. Dies ist nicht nur mit zusätzlichen Kosten verbunden; er trägt dann auch das Risiko, dass die Anteile aufgrund der angekündigten oder bereits vollzogenen Umwandlung auf dem freien Markt an Wert und Attraktivität verlieren.

Wie weitreichend die dem Minderheitsaktionär zustehenden Rechtsmittel sein sollen, kann im Ermessen des Gesetzgebers liegen. Dabei kann der Rechtsschutz beispielsweise auch auf eine Mindestbeteiligung beschränkt werden und der Kleinstanleger allein auf den Erhalt seines Wertanteils verwiesen werden.[942] Der Rechtsschutz von Minderheitsaktionären muss jedoch zur Kontrollmöglichkeit zur Ausübung ihrer Teilnahmerechte in der Hauptversammlung, folglich auch zur ordnungsgemäßen Beschlussfassung, eine gerichtliche Prüfungsmöglichkeit zulassen.[943]

II. Rechtsschutzlücken im deutschen Umwandlungsrecht

Basierend auf der ausführlichen Darstellung des präventiven Rechtsschutzes im deutschen Umwandlungsrecht lassen sich Rechtsschutzlücken identifizieren. Die relevanten Lücken liegen dabei insbesondere in der Ausgestaltung des Freigabeverfahrens. Betrachtet man das System völlig frei von gesetzgeberischen Intentionen und der Frage der Missbrauchsgefahr, dann mangelt es insbesondere an einem Rechtsschutz für Kleinstaktionäre, die von vornherein allein auf eine Schadensersatzmöglichkeit verwiesen sind (§ 16 Abs. 3 S. 3 Nr. 2 iVm Abs. 3 S. 10 UmwG). Ein Absenken der Schwellenwerte im Rahmen des Freigabeverfahrens allein mindert dieses Problem zwar, hilft diesem aber nicht vollständig ab; auch bei einem geringeren Schwellenwert verbleibt stets ein Anteil von Kleinstaktionären ohne Rechtsschutz. Die Frage zum Schutz der Kleinstaktionäre kann jedoch im Ermessen des Gesetzgebers liegen[944] und ist im deutschen Umwandlungsrecht zugunsten der Missbrauchseindämmung und Effizient des Vollzugs der Umwandlungsmaßnahme entschieden.

Darüber hinaus ist auch für die übrigen Aktionäre der Rechtsschutz erheblich eingeschränkt. Im Rahmen des Freigabeverfahrens beruht eine Entscheidung in den ganz überwiegenden Fällen auf der dortigen Interessenabwägung. Da diese

942 Siehe oben Teil 2 – C.II.2.b.
943 Siehe Diskussion oben Teil 2 – C.II.2.b. (Fn. 301, 302, 303).
944 Siehe oben Vierter Teil – C.I.

Interessenabwägung bewusst zugunsten der Umwandlungsdurchführung ausgestaltet ist, führt das Freigabeverfahren regelmäßig zu Freigabe der Maßnahme.[945] Das äußerst sich zum einen in den ausufernd weit gefassten Gründen, die die Gesellschaft im Rahmen der Interessenabwägung für ihr Vollzugsinteresse anbringen kann. Zwar könnte der Umfang dessen, welche Abwägungsgründe im Rahmen der Interessenabwägung berücksichtigt werden können, durch die Festsetzung klarer Grenzen zum Teil eingeschränkt oder gar zugunsten der Aktionäre ausgestaltet werden. Abgesehen von der praktischen Umsetzungsfrage, wie die ausgewogene Mitte bei der Berücksichtigung widerstreitender Interessen zu bestimmen ist, behebt dieser Lösungsansatz nicht die damit einhergehende, äußerst problematische Tatsache, dass Erfolgsaussichten im Hauptsacheverfahren nicht berücksichtigt werden. Letzteres ist in der Praxis besonders schwerwiegend, da in § 16 Abs. 3 S. 3 Nr. 1 UmwG das Vorbringen des Aktionärs auf zumindest offensichtliche Unbegründetheit geprüft werden kann, nicht aber auf offensichtliche Begründetheit. In der Missachtung möglicher oder naheliegender Erfolgsaussichten der Hauptsache bricht das Freigabeverfahren vollständig mit den Grundsätzen des Prozessrechts.[946]

Praktisch kann der Aktionär somit nur in Fällen einer besonderen Schwere bei der Verletzung seiner Aktionärsrechte die Eintragung abwenden und eine auf rechtlichen Gegebenheiten basierende gerichtliche Entscheidung erlangen. Die dadurch erheblich eingeschränkten Erfolgsaussichten bei Erhebung einer Anfechtungsklage werden den Aktionär regelmäßig von einer Geltendmachung seiner Rechte abhalten. Damit fehlt im Rahmen von Umwandlungsverfahren in den weit überwiegenden Fällen jegliche Möglichkeit zur Geltendmachung von für die Umwandlung relevanten Rechtsverstößen, mittels der die betroffene Gesellschaft sowie die für sie Handelnden effektiv zur Verantwortung gezogen werden könnten.

III. Der japanische Ansatz für das deutsche Umwandlungsrecht?

Angesichts der rechtlichen und tatsächlichen Kritik am Freigabeverfahren[947] und der mehrmals angesetzten Suche nach einer Alternative, lohnt sich ein Blick auf das japanische präventive Rechtsschutzsystem und die Frage, ob und mit welchen Vorteilen die Implementierung des japanischen Systems der präventiven Unterlassungsklage in das deutsche Umwandlungsrecht möglich ist.

945 Vgl. oben Zweiter Teil – C.II.2.c.
946 Siehe ausführlich oben Zweiter Teil – C.II.2.c.cc. und C.II.2.e.
947 Siehe auch die Reformvorschläge oben Zweiter Teil – D.

1. Rechtliche Möglichkeit der Implementierung

a. Verfahrensrechtliche Implementierung

Verfahrensrechtlich steht der Einführung einer präventiven Unterlassungsklage im deutschen Umwandlungsrecht nichts entgegen. Das deutsche Gesellschafts- und Prozessrecht kennt bereits die Möglichkeit einer vorbeugenden Unterlassungsklage.[948] Beide Klagemöglichkeiten entsprechen einander in den entscheidenden drei Aspekten: Prozessparteien, Wirkung und Geltendmachung im einstweiligen Rechtsschutzverfahren.

Sowohl die *actio negatioria* als auch die umwandlungsrechtliche präventive Unterlassungsklage bieten dem Aktionär eine Rechtsschutzmöglichkeit, die sich gegen die Gesellschaft als Klagegegnerin richtet.[949] Bei beiden Varianten handelt es sich hingegen gerade nicht um eine Art *actio pro socio*, bei der sich die Aktionäre im Namen der Gesellschaft gegen das Management direkt richten.

Betrachtet man die Wirkung der präventiven Klagevarianten unbeachtet des Zusammenspiels innerhalb des jeweiligen Gesamtsystems, dann richten sich beide auf eine Unterlassungspflicht der Vornahme der Handlungen, die die Umwandlung in der konkreten rechtswidrigen Form zur Wirksamkeit bringen. Im deutschen Umwandlungsrecht wird das zumindest die Vornahme der Anmeldung zur Eintragung ins Handelsregister betreffen. Ebenfalls ist als weitere entscheidende Gemeinsamkeit für beide Unterlassungsklagen deren Geltendmachung im einstweiligen Rechtsschutzverfahren unbestritten anerkannt. Dies ist insbesondere im umwandlungsrechtlichen Kontext nicht zu vernachlässigen. Letztlich besteht aus verfahrensrechtlicher Perspektive kein signifikanter Unterschied zwischen der präventiven und der vorbeugenden Unterlassungsklage. Angesichts der höchstrichterlichen Anerkennung der vorbeugenden Unterlassungsklage im deutschen Gesellschaftsrecht ist hinsichtlich des Verfahrensrechts weder ein Rechtstransfer noch die Implementierung einer neuen Klagevariante erforderlich.

Als alleiniger Unterschied im prozessrechtlichen Kontext bleibt zu berücksichtigen, dass die vorbeugende Unterlassungsklage im deutschen Umwandlungsrecht dem Spezialitätsgrundsatz unterliegt und daher nach derzeitiger Rechtslage, sofern es um die Überprüfung von Hauptversammlungsbeschlüssen geht, der Unwirksamkeitsklage nach § 14 Abs. 1 UmwG in Form einer Anfechtungsklage der Anwendungsvorrang gebührt.

b. Inhaltliche Implementierung

Inhaltlich bestehen hinsichtlich der Implementierung eines präventiven Unterlassungsanspruchs ebenfalls keine Bedenken. Nach dem Vorbild der bereits

948 Siehe oben Zweiter Teil – C.IV.
949 Siehe für die *actio negatoria* oben Zweiter Teil – C.IV.1.

anerkannten vorbeugenden Unterlassungsklage ist der Anspruch auf Unterlassen einer rechtswidrigen Handlungsvornahme grundsätzlich anerkannt.[950] Dies gilt auch für Fälle des Umwandlungsvollzugs, auch wenn in diesem Fall bei Vorliegen eines Hauptversammlungsbeschlusses die Anfechtungs- oder Nichtigkeitsklage Vorrang haben.[951] Wie auch bei der präventiven Unterlassungsklage im japanischen Umwandlungsrecht ist eine vorbeugende Unterlassungsklage nach deutschem Recht in der inhaltlichen Reichweite hinsichtlich der Geltendmachung bestimmter Verstöße des Vorstands begrenzt. Allerdings geht die vorbeugende Unterlassungsklage im deutschen Recht in der Einschränkung weiter, da letztlich nur Eingriffe in ausdrückliche oder konkretisierte Aktionärsrechte Gegenstand der Unterlassungsklage sind[952], jedoch nicht jegliche Verletzung von Gesetz oder Satzung. Einer inhaltlichen Anpassung an die japanische präventive Unterlassungsklage bei Umwandlungsmaßnahmen bei gesetzlicher Verankerung einer Unterlassungsklage im Umwandlungsgesetz steht jedoch nichts entgegen. Das äußert sich vor allem darin, dass die Tatbestandsmerkmale der umwandlungsrechtlichen präventiven Unterlassungsklage gemäß Artt. 784-2, 796-2, 805-2, 816-5 GesG denen der sowohl für aktien- als auch GmbH-rechtliche Umwandlungen geltenden Anfechtungsklage nach § 243 AktG respektive § 243 AktG analog weitgehend entsprechen.[953]

Können die Verstöße gegen Gesetz und Satzung demnach ohnehin bereits im Rahmen der Anfechtungsklage geltend gemacht werden, dann ist eine entsprechende Regelung einer vorbeugenden Unterlassungsklage nicht zu beanstanden, insbesondere da nach derzeitigem Stand die vorbeugende Unterlassungsklage mit ihrem begrenzten Schutzumfang nur eine die Anfechtungsklage ergänzende Funktion einnimmt.

2. Rechtliche Notwendigkeit der Implementierung

Decken sich die Tatbestandsmerkmale der Anfechtungsklage im Sinne des § 243 AktG in hohem Maße mit denjenigen der umwandlungsrechtlichen präventiven Unterlassungsklage nach japanischem Recht, stellt sich die Frage, ob eine Implementierung einer Unterlassungsklage nach japanischem Vorbild auch erforderlich ist oder die Beseitigung der spezielleren Normen ausreicht.

a. Gleichlauf mit der deutschen Anfechtungsklage?

Folgt man dem Ansatz, dass das System der Registersperre und des Freigabeverfahrens nicht nur eine unnötige Verkomplizierung des präventiven Rechtsschutzes bedeutet, sondern auch Rechtsschutzlücken aufweist, und würde man

950 Vgl. oben Zweiter Teil – C.IV.1.
951 Siehe oben Zweiter Teil – C.IV.2.b.bb.
952 Vgl. oben Zweiter Teil – C.IV.2.b.aa.
953 Siehe ausführlicher unten Vierter Teil – C.II.2.

deswegen die Registersperre und das Freigabeverfahren aufheben, verbliebe zunächst nur die Unwirksamkeitsklage gemäß § 14 Abs. 1 UmwG in Form der Anfechtungs- oder Nichtigkeitsklage (§§ 241 ff. AktG).

Die Anfechtungsklage bietet einen weitgehend ähnlichen Schutz wie die umwandlungsrechtliche präventive Unterlassungsklage nach japanischem Vorbild, die Nichtigkeitsklage aufgrund der besonderen Fälle des § 241 AktG ausgenommen. Sie erfasst, wie auch die umwandlungsrechtliche präventive Unterlassungsklage, Verstöße gegen Gesetz und Satzung (§ 243 Abs. 1 AktG). Zwar bezieht sich das deutsche Aktienrecht hinsichtlich der Gesetzes- oder Satzungsverstöße ausschließlich auf solche, die dem Beschluss selbst innewohnen; auch die umwandlungsrechtliche präventive Unterlassungsklage im japanischen Recht umfasst im Rahmen des Tatbestandsmerkmals vor allem den fehlerhaften Aktionärsversammlungsbeschluss.[954]

Die neben dem fehlerhaften Umwandlungsbeschluss erfassten Verstöße der umwandlungsrechtlichen präventiven Unterlassungsklage werden jedoch in § 243 AktG in den übrigen Absätzen aufgefangen: Nach § 243 Abs. 2 AktG kann die Anfechtungsklage ebenfalls auf die Gefahr eines Nachteils bei Stimmrechtsausübung eines Aktionärs gestützt werden, der damit einen Sondervorteil verfolgt; damit schützt Absatz 2 den Minderheitsaktionär wie auch im japanischen Recht davor, der willkürlichen Entscheidung eines Aktionärs mit hinreichenden Stimmrechten hilflos ausgesetzt zu sein (vgl. Artt. 784-2 Nr. 1, 796-2 Nr. 1, 805-2, 816-5 iVm Artt. 831 Abs. 1 Nr. 3 GesG).[955] Weiterhin sind nach § 243 Abs. 4 S. 1 AktG auch Verstöße gegen Offenlegungspflichten erfasst, soweit ein objektiv urteilender Aktionär diese Information als wesentlich für die sachgerechte Ausübung seines Mitglieds- und Stimmrechts erachten würde. Auch wenn im Rahmen des japanischen Umwandlungsrechts die konkrete Anwendbarkeit der umwandlungsrechtlichen präventiven Unterlassungsklage bei Verstößen gegen Offenlegungspflichten noch zahlreiche Fragen aufwirft, so ist die Anwendbarkeit an sich bei Verstoß gegen grundsätzliche Offenlegungspflichten zumindest nicht umstritten.[956]

Beiden Klagearten ist zudem gemein, dass die Frage des angemessenen Umtauschverhältnisses aus dem Anwendungsbereich ausgenommen ist.[957] Das deutsche Aktien- und Umwandlungsrecht nimmt dabei jegliche mit der Berechnung der Abfindungs- oder Umtauschhöhe in Verbindung stehende, fehlerhafte Offenlegung aus dem Anwendungsbereich heraus, § 243 Abs. 4 S. 2 AktG. Das japanische Umwandlungsrecht hingegen sieht eine ausdrückliche Regelung zur Offenlegung der Berechnungsgrundlage vor (Art. 782 Abs. 1 GesG). Wie der

954 Siehe oben Dritter Teil – C.II.3.a.aa.(1).
955 So zumindest nach der in dieser Arbeit vertretenen Ansicht, siehe Meinungsstreit oben Dritter Teil – C.II.3.a.aa.(2).
956 Siehe oben Dritter Teil – C.II.3.a.aa.(5).
957 Bei der deutschen Anfechtungsklage siehe § 243 Abs. 4 S. 2 AktG, für die japanische präventive Unterlassungsklage siehe oben Dritter Teil – C.II.3.a.aa.(3).

Anwendungsbereich der neuen umwandlungsrechtlichen, präventiven Unterlassungsklage hierbei zu verstehen ist, ist allerdings umstritten und muss in der Praxis durch die Gerichte präzisiert werden.[958]

Da bei der umwandlungsrechtlichen präventiven Unterlassungsklage im japanischen Recht – zumindest nach derzeitiger Rechtslage – Verstöße des Verwaltungsrats in Form von reinen Sorgfalts- und Treuepflichtverstößen, die sich nicht auf den Umwandlungsbeschluss oder die Offenlegungspflicht auswirken, nicht erfasst sind[959], bietet die Anfechtungsklage nach § 243 Abs. 1 AktG allerdings in dieser Hinsicht einen erweiterten Rechtsschutz. Zwar gelten im deutschen Gesellschaftsrecht nicht die sog. *fiduciary duties* nach anglo-amerikanischem Vorbild, welche Sorgfalts- (*duty of care*) und Treuepflichten (*duty of loyalty*) des Managements gegenüber der Gesellschaft im japanischen Recht vorschreiben; stattdessen kommt aber eine gesellschaftsrechtliche Treuepflicht zwischen den Aktionären, namentlich dem Mehrheitsaktionär und den Minderheitsaktionären, zum Tragen.[960] Diese ist neben etwaigen Verstößen gegen die Gleichbehandlungspflicht aus § 53a AktG ebenfalls per Anfechtungsklage geltend zu machen;[961] damit ermöglicht die Anfechtungsklage eine mittelbare Kontrolle des Handelns des Vorstands, der im deutschen Rechtsverständnis nicht nur als Organ für die Gesellschaft handelt, sondern auch regelmäßig den Willen des Mehrheitsaktionärs umsetzt.

Im Gegensatz zur japanischen präventiven Unterlassungsklage setzt die Anfechtungsklage in § 243 Abs. 1 AktG nicht die zusätzliche Bedingung eines Nachteils des klagenden Aktionärs voraus; dieser Bedingung entsprechende Voraussetzungen sind jedoch in den Absätzen 2 und 4 zu finden.

Der Schutzumfang der präventiven Unterlassungsklage im japanischen Umwandlungsrecht entspricht somit überwiegend dem Schutzumfang der Anfechtungsklage nach § 243 AktG.

b. Gleichlauf der Wirkung?

Ist der Schutzumfang der beiden hier in Rede stehenden Klageinstrumente, die präventive Unterlassungsklage und die Anfechtungsklage, weitgehend identisch, stellt sich die Frage, ob ihre Wirkung unter der Annahme eines deutschen Umwandlungsrechts ohne Registersperre und ohne Freigabeverfahren ebenfalls die gleiche wäre.

958 Vgl. Darstellung oben Dritter Teil – C.II.3.a.aa.(5).

959 Siehe die in dieser Arbeit vertretene andere Meinung oben Dritter Teil – C.II.3.a.aa.(4)(e).

960 Statt aller: *Drescher*, in: beck-online Großkommentar AktG (2023), § 243 Rn. 164, 166.

961 *Drescher*, in: beck-online Großkommentar AktG (2023), § 243 Rn. 162; *Koch*, AktG (2023), § 243 Rn. 21 ff.; *Schäfer*, in: MüKo AktG, Bd. 4 (2021), § 243 Rn. 44.

Entscheidende Frage ist hierbei, ob die Anfechtungsklage im deutschen Recht in der Form der Unwirksamkeitsklage nach § 14 Abs. 1 UmwG auch als einstweiliges Rechtsschutzverfahren geltend gemacht werden kann. Denn die Anfechtungsklage im Hauptsacheverfahren wird bei positiver gerichtlicher Entscheidung zur Nichtigkeit des Umwandlungsbeschlusses und damit zu einer Nichtvollziehbarkeit der Eintragung der Umwandlung und damit der Umwandlungsmaßnahme selbst. Entscheidender Unterschied dabei ist die zeitliche Komponente, wenn die Anfechtungsklage keine Registersperre mehr auslösen soll. Schrifttum und Rechtsprechung sind sich einig, dass eine einstweilige Verfügung gegen die Durchführung eines Hauptversammlungsbeschlusses, basierend auf der Anfechtungsklage im Hauptsacheverfahren, zulässig sein kann.[962] Im Gegensatz zum japanischen Recht[963] herrscht somit im deutschen Gesellschaftsrecht keine Unsicherheit im einstweiligen Rechtsschutz bei Hauptversammlungsbeschlüssen. Mit Erlass einer einstweiligen Verfügung, die auf einer summarischen Prüfung der Anfechtungsklage beruht, erhält der klagende Aktionär damit eine vollstreckbare Entscheidung, deren Vorliegen das Registergericht entsprechend der Regelung des § 16 Abs. 2 HGB abfragen kann und mittels welcher die Eintragung der Umwandlung vorläufig unterbunden werden kann.[964]

Folglich kann im Rahmen des einstweiligen Rechtsschutzes sowohl mit der umwandlungsrechtlichen präventiven Unterlassungsklage als auch mit der Anfechtungsklage zeitnah dieselbe Unterlassungswirkung erreicht werden. Im Hauptsacheverfahren besteht mit Unterlassungspflicht und Nichtigkeitserklärung des Umwandlungsbeschlusses nach § 248 Abs. 1 S. 1 AktG zwar ein Unterschied hinsichtlich des jeweils erzielbaren Resultats; geht es aber allein um die Unterbindung des Umwandlungsvollzugs, erreichen beide Endurteile praktisch dieselbe Wirkung. Das Anfechtungsurteil geht sogar weiter[965], indem regelmäßig ein neuer Umwandlungsbeschluss mit erneuter Zustimmungseinholung der Aktionärsversammlung durchgeführt werden muss.

3. Zwischenergebnis

Das Konzept einer präventiven respektive vorbeugenden Unterlassungsklage nach japanischem Vorbild ist dem deutschen Umwandlungsrecht nicht fremd, wenngleich es ein Rechtsinstrument mit dieser konkreten Ausgestaltung im umwandlungsrechtlichen Kontext nicht kennt. Eine Implementierung der japanischen präventiven Unterlassungsklage ins deutsche Umwandlungsrecht wäre

962 Siehe oben Zweiter Teil – C.III; so auch *Schäfer*, in: MüKo AktG, Bd. 4 (2021), § 243 Rn. 154.
963 Vgl. oben zum Meinungsstreit Dritter Teil – C.II.1.b.bb.
964 Vgl. oben Zweiter Teil – C.III.2.
965 Vgl. *Koch*, AktG (2023), § 246 Rn. 15; *Schäfer*, in: MüKo AktG, Bd. 4 (2021), § 243 Rn. 6.

demnach ohne erhebliche Schwierigkeiten möglich. Der durch eine Implementierung der umwandlungsrechtlichen präventiven Unterlassungsklage gebotene Rechtsschutz entspräche in Inhalt und Wirkung im Wesentlichen dem Rechtsschutz einer Anfechtungsklage nach deutschem Recht, vorausgesetzt Registersperre und Freigabeverfahren würden aufgehoben.

IV. Reformvorschlag

1. Vorschlag

Welcher Vorschlag ergibt sich aus dieser Untersuchung? Nicht die Implementierung des neuen japanischen Rechtsinstruments ist erforderlich, sondern das System des Freigabeverfahrens und konsequenterweise damit auch der Registersperre ist vollumfänglich aufzuheben[966]; das deutsche Gesellschafts- und Umwandlungsrecht würde in einer so bereinigten Struktur bereits dem japanischen System vergleichbaren, und folglich einen stärkeren präventiven Rechtsschutz bieten.

Im deutschen präventiven Rechtsschutz bei Umwandlungsmaßnahmen mangelt es bisher an einem hinreichend effektiven Rechtsschutz zugunsten der Aktionäre. Das derzeitige präventive Rechtsschutzniveau im Umwandlungsrecht hinkt dabei demjenigen des japanischen Umwandlungsrechts hinterher. Das gilt auch in der Gesamtschau des umwandlungsrechtlichen Rechtsschutzes. Auch wenn das deutsche Umwandlungssystem als Gesamtsystem einen umfassenden präventiven und nachträglichen Rechtsschutz für alle Beteiligten bietet, steht dem Minderheitsaktionär in der Praxis letztendlich in der Regel nur ein Wertausgleich im Rahmen des Spruchverfahrens oder durch Schadensersatz bei Weiterverfolgung der Anfechtungsklage nach Eintragung nach § 16 Abs. 3 S. 10 UmwG zur Verfügung. Dabei handelt es sich jedoch um eine rein gesetzgeberische Wertung, dass der umwandlungsrechtliche Rechtsschutz sich zugunsten der Effektivität der Umwandlungsmaßnahme auf den Wertausgleich beschränken soll. Eine grundsätzliche Möglichkeit, eine Rechtsverletzung vor Umwandlungsvollzug prüfen zu lassen und diesen bei Rechtsverletzung zu unterbinden, ist dem Aktionär nur in Ausnahmefällen eröffnet. Das liegt insbesondere an dem Rechts(um)weg über das Freigabeverfahren, der starken Neigung zugunsten der Transaktionssicherheit bei der Interessenabwägung im Freigabeverfahren und der Missachtung möglicher Erfolgsaussichten im Hauptsacheverfahren. Das Freigabeverfahren schützt effektiv nur in Fällen, in denen eine besondere Schwere zulasten des Aktionärs besteht. Diese muss der Aktionär darlegen. Im Übrigen ist es jedoch ein Umweg, der den Aktionär schließlich regelmäßig zu einem Verfahren führt, bei dem nur noch der Schadenersatzanspruch im Raum steht.

966 Vgl. auch den von *Assmann* verfolgten Ansatz, siehe oben Zweiter Teil – D.II.2.b; *Assmann*, AG 2008, 208, 212.

Führt die klageweise Geltendmachung eines Rechtsverstoßes der Umwandlung aber letztendlich in den meisten Fällen ohnehin nur zu einer Abweisung des Rechtsschutzbegehrens im Zuge der Interessenabwägung, dann ist es transparenter und rechtssicherer, den Umweg über das Freigabeverfahren im Umwandlungsrecht zu meiden und das System im Sinne einer erhöhten Rechtssicherheit zu entschlacken. Hebt man das umwandlungsrechtliche Freigabeverfahren und damit § 16 Abs. 3 UmwG auf, muss man konsequenterweise auch die Wirkung der Registersperre aufheben. Was zunächst wie eine radikale Änderung des gesamten umwandlungsrechtlichen Rechtsschutzsystems und aller umwandlungsrechtlichen Grundprinzipien erscheint, ist tatsächlich nach Aufhebung des Freigabeverfahrens und der Registersperre in der praktischen Wirkung nicht weit von dem vorher bestehenden Zustand entfernt. In der praktischen Konsequenz könnte der Aktionär einen echten Rechtsschutz mit zumindest summarischer Prüfung des Anspruchs in der Hauptsache wahrnehmen, indem er die Anfechtungsklage im Rahmen des einstweiligen Rechtsschutzes geltend macht. Die inhaltliche und wirkungstechnische Parallelität mit der japanischen präventiven Unterlassungsklage bei Umwandlungsmaßnahmen hat gezeigt, dass der Rechtsschutz insoweit hinreichend ist. Sieht das Gericht im Rahmen der summarischen Prüfung einen möglichen Rechtsverstoß mit erheblicher Schwere für den Aktionär, wird es in den Fällen des § 243 Abs. 2 und § 243 Abs. 4 AktG, bei denen ein Nachteil des Aktionärs Bestandteil der Prüfung ist, die Erfolgsaussichten im Hauptsacheverfahren als umso offensichtlicher bejahen können.

Hinsichtlich der Frage der Durchführbarkeit eines einstweiligen Rechtsschutzverfahrens trotz der enormen Komplexität der im Rahmen einer umwandlungsrechtlichen Anfechtungsklage aufgeworfenen Fragen ist darauf hinzuweisen, dass bereits § 243 Abs. 4 S. 2 AktG und § 14 Abs. 2 UmwG jegliche Fragen zur und um die Berechnung der Höhe des Umtauschverhältnisses oder der Barabfindung weiterhin aus dem Anwendungsbereich der Anfechtungsklage herausnehmen. Diese Fragen zur Höhe des Umtauschverhältnisses sind weiterhin in das nachträgliche Spruchverfahren zu verlagern.

Eine summarische Prüfung möglicher Rechtsverletzungen ausgenommen der Berechnungsfragen wird zwar nicht einfach, aber auch im Vergleich mit den Erwartungen an die japanischen Gerichte, innerhalb von wenigen Wochen realisierbar sein. Selbst wenn man den Gerichten eine Prüfungszeit von ein oder zwei Monaten zuschreibt, beinhaltet dies dennoch gegenüber dem dreimonatigen Freigabeverfahren eine zeitliche Verkürzung.

Wird die Anfechtungsklage nicht rechtzeitig erhoben oder rechtzeitig beschieden, dann wird sie – ähnlich dem japanischen Umwandlungsrecht – nach Eintragung der Umwandlung im Handelsregister in der Form der Fortsetzungsfeststellungsklage weiterzuverfolgen sein. Wird eine Rechtsverletzung nachträglich festgestellt, muss dem Aktionär damit die Möglichkeit eines Schadensersatzanspruchs geboten werden. Damit ist der rechtsschutzsuchende Aktionär auch nicht in erheblichem Ausmaß in seinen Rechten beschnitten, da das derzeitige System des Freigabeverfahrens auch regelmäßig in demselben Schadensersatzanspruch endet. Der entscheidende Unterschied zum bisherigen System hingegen ist, dass jeder Aktionär unabhängig von der Größe seiner Beteiligung an der Gesellschaft die Chance einer tatsächlichen Rechtsprüfung erhält und auch die Gesellschaft profitiert, da die Eintragung früher als bisher erfolgen kann.

2. Erkenntnisse für die Implementierung einer deutschen präventiven Unterlassungsklage

Auch wenn, oder gerade weil, das deutsche System allein mit der Aufhebung des Freigabeverfahrens und der Registersperre ohne Implementierung des neuen japanischen Instruments dieselbe Wirkung zu erzielen vermag, sind aus der rechtsvergleichenden Betrachtung und der ausführlichen Untersuchung der präventiven Unterlassungsklage im japanischen Recht für den hier vertretenen Reformvorschlag Lehren zu ziehen und die aufgedeckten Rechtsschutzlücken bei der umwandlungsrechtlichen präventiven Unterlassungsklage im deutschen Äquivalent zu vermeiden.

a. Zeitliche Problematik

Die Effizienz der präventiven Unterlassungsklage bei Umwandlungsmaßnahmen hängt im japanischen Recht weitgehend vom Zufall ab und richtet sich danach, auf welches Datum der Wirksamkeitstag gelegt wird. Da das Gesetz keinen zwingenden Mindestzeitraum mehr vorschreibt, der bis zum Wirksamkeitstag zu vergehen hat, kann dies theoretisch auch unmittelbar der Tag nach Beschlussfassung sein; in diesem Fall wird der Minderheitsaktionär ohne wirksamen Rechtsschutz gelassen.

Diese Zufallsabhängigkeit eines effektiven Rechtsschutzes gilt es im deutschen Recht zu vermeiden. Angesichts der Tatsache, dass das Umwandlungsrecht in § 14 Abs. 1 UmwG ohnehin eine Klagefrist von einem Monat vorsieht und das Freigabeverfahren bisher nach der Soll-Vorschrift in der Dauer auf drei Monate begrenzt werden sollte, ist dem deutschen Umwandlungsrecht eine gewisse »Wartezeit« zwischen Beschlussfassung und Eintragung der Umwandlung im Handelsregister nicht fremd. Ist die Gesellschaft demnach grundsätzlich ohnehin an eine Mindestwartezeit von einem Monat ab Beschlussfassung, und bei Klageerhebung von nochmals zusätzlich drei Monaten, gewohnt, dann kann der Gesellschaft auch ohne Freigabeverfahren bei Antragserhebung eine Wartefrist von einem oder zwei Monaten zugemutet werden, ohne dass sich ihre Rechtsposition verschlechtern würde. Nun könnte man anführen, diese Sperrfrist hätte einen der Registersperre vergleichbaren Effekt; tatsächlich ist dem jedoch nicht so, da die bisherige Registersperre zu weit vorgreift, da sie zeitlich unbegrenzte Wirkung entfaltet. Damit fehlt auf Klägerseite der Anreiz zur Wahrnehmung des einstweiligen Rechtsschutzes. Daher sollte gleichzeitig, ähnlich dem japanischen Recht, nach Ablauf einer bestimmten Wartefrist und ohne Beachtung der erhobenen Klage die Eintragung der Umwandlung in Erwägung gezogen werden. Ein Verweis auf Fortsetzungsfeststellungsklage und Schadenersatz ist nicht unverhältnismäßig und gewährt die erforderliche Transaktionssicherheit.

b. Überprüfungsmöglichkeit des Umtauschverhältnisses im Spruchverfahren

Wie auch im japanischen präventiven Rechtsschutz enthält die Unwirksamkeitsklage nach § 14 Abs. 1 UmwG nicht die Möglichkeit einer gerichtlichen Überprüfung des Umtauschverhältnisses; anders als im japanischen Umwandlungsrecht beinhaltet § 14 Abs. 2 UmwG allerdings einen Verweis auf das Spruchverfahren und schließt eine gerichtliche Prüfung nicht vollständig aus. Daran ist auch in Zukunft festzuhalten. Ein Ausschluss jeglicher Überprüfung des Umtauschverhältnisses wäre eine deutliche Absenkung des derzeitigen Rechtsschutzniveaus. Da nunmehr seit Inkrafttreten des UmRUG die Klagen zum Umtauschverhältnis sowohl der Anteilsinhaber übernehmender und übertragender Gesellschaften auf das Spruchverfahren verwiesen sind, bestünde hier auch keine Problematik, dass dem Gericht aufgezwungene Überprüfung des Umtauschverhältnisses auf Seiten des übernehmenden Rechtsträgers innerhalb des begrenzten Zeitrahmens von bis zu zwei Monaten aufgezwungen werden würde.

c. Fälle der Nichtigkeit

Die Fälle der Nichtigkeit nach § 241 AktG, die ebenfalls im Zuge der Unwirksamkeitsklage nach § 14 Abs. 1 UmwG geltend gemacht werden können, sind wie die Anfechtungsgründe im Rahmen der Unwirksamkeitsklage zu behandeln. Damit wird der Rechtsschutz bei Nichtigkeitsgründen nicht verringert, da diese bisher im Rahmen des § 14 Abs. 1 UmwG sowie des Freigabeverfahrens bereits ohne Unterscheidung zu den Anfechtungsgründen behandelt wurden. Damit ist auch eine eventuelle Verweisung auf Schadensersatz bei nachträglich festgestellter Nichtigkeit keine wesentliche Abweichung zum *status quo*. Am Bestandschutz der Umwandlung nach § 20 Abs. 2 UmwG ist somit weiter festzuhalten.

d. Kostenfrage beim einstweiligen Rechtsschutz

Die wohl relevanteste Frage im vorgeschlagenen System ohne Freigabeverfahren und Registersperre ist die Frage des Kostenrisikos im einstweiligen Rechtsschutzverfahren. Im Gegensatz zum Freigabeverfahren gilt im Rahmen der vorläufigen Verfügungsvorschriften § 945 ZPO, der dem Antragsteller eine Schadensersatzpflicht aufbürdet, sofern sich der Antrag als von Anfang an ungerechtfertigt erweist. Der rechtsschutzsuchende Aktionär wird folglich regelmäßig zwischen dem Nutzen einer Antragstellung auf Erlass einer einstweiligen Verfügung und dem damit einhergehenden Kostenrisiko abwägen müssen.[967] Dabei ist zu berück-

967 Statt aller: *Schäfer*, in: MüKo AktG, Bd. 4 (2021), § 243 Rn. 155.

sichtigen, dass aufgrund der mit einem Umwandlungsvorhaben und aus deren Verzögerung einhergehenden immensen Kosten ein enormes Kostenrisiko auf den einzelnen Minderheitsaktionär zukommen kann. Diesem Problem sieht sich auch der japanische Minderheitsaktionär in vergleichbarer Weise ausgeliefert.[968] Dem deutschen Zivilprozessrecht sind hierbei allerdings zwei entscheidende Aspekte zu eigen, die es beizubehalten gilt: Zum einen setzt der Schadensersatzanspruch einen »von Anfang an ungerechtfertigten Antrag« voraus, sodass primär missbräuchlich erhobene, offensichtlich unbegründete Anträge erfasst werden; zum anderen kann das Gericht nach herrschender Ansicht die Schadensersatzpflicht zumindest unter den Voraussetzungen des § 254 BGB abmildern.[969]

3. Abwägung mit gesetzgeberischem Interesse an erhöhter Transaktionssicherheit

Das Kostenrisiko des § 945 ZPO ist folglich eine Möglichkeit der Missbrauchseindämmung, ohne dass es des Freigabeverfahrens bedarf. Indem nicht nur das Freigabeverfahren, sondern auch die Registersperre in ihrer derzeitigen Form aufgehoben werden, wird den bisherigen Berufsklägern und räuberischen Aktionären gleichzeitig ihr schärfstes Erpressungspotential genommen. Sie können nunmehr nicht mehr mit einer Verschleppung des Umwandlungsverfahrens drohen und eine Auszahlung seitens der Gesellschaft erpressen. Dies gilt auch für eine hier vorgeschlagene ein- bis zweimonatige Sperrfrist nach Beschlussfassung, die auch bei Klage- oder Antragserhebung ablaufen kann. Indem der Bestandsschutz der Umwandlung nach § 20 Abs. 2 UmwG jedoch gewahrt bleibt, können die räuberischen Aktionäre auch nicht mit einer Rechtsverfolgung über die Eintragung hinaus und daraus resultierender Rückabwicklungsgefahr drohen.

Damit gewährt das vorgeschlagene System auch keine Verschlechterung des *status quo* hinsichtlich der Transaktionssicherheit.

V. Ergebnis

Der Reformvorschlag für das deutsche Umwandlungsrecht lässt sich demnach in den folgenden Aspekten zusammenfassen:

1. Abschaffung des Freigabeverfahrens;
2. Abschaffung der derzeitigen Registersperre;
3. Beibehaltung der Auslagerung der Bewertungsfrage in ein Spruchverfahren;
4. Zeitlich beschränkte Registersperre von bis zu drei Monaten nach Beschlussfassung inklusive Klagefrist, innerhalb welcher ein Antrag auf einstweilige Verfügung gestellt und vom Gericht beschieden werden kann.

968 Siehe oben Dritter Teil – C.II.4.c.bb.

969 *Schäfer*, in: MüKo AktG, Bd. 4 (2021), § 243 Rn. 155 mwN.

Schlussbetrachtungen

A. Zusammenfassung der Ergebnisse

Die Untersuchung der Frage, wie sich die neu eingeführte präventive Unterlassungsklage bei regulären Umwandlungsmaßnahmen auf den Aktionärsrechteschutz des japanischen Umwandlungsrechts auswirkt und welche Schlussfolgerungen aus dem neuen Rechtsinstrument für den präventiven Rechtsschutz im deutschen Umwandlungsrecht gezogen werden können, hat zu folgenden Ergebnissen geführt:

Die umwandlungsrechtliche präventive Unterlassungsklage schließt mit Einführung in das japanische Gesellschaftsgesetz 2015 eine Rechtsschutzlücke, die sich nach Inkrafttreten des Gesellschaftsgesetzes 2006 insbesondere aufgrund der freien Wählbarkeit des Wirksamkeitstags der Umwandlungsmaßnahme aufgetan hatte und aus dem Gesamtsystem der Rechtsschutzinstrumente resultiert:

1. Mit der freien Festsetzung des Wirksamkeitstags der Umwandlung durch die Gesellschaft selbst entfällt die zuvor zwingende Wartezeit von einem Monat, die bisher für die Durchführung des Gläubigerschutzverfahrens erforderlich war. Damit wurde der Anwendungsbereich nachträglicher Rechtsschutzinstrumente, namentlich der Anfechtungsklage, faktisch auf null reduziert, da das japanische Umwandlungsrecht keine Registersperre kennt.
2. Abgesehen von der zeitlichen Komponente ist die Beschlussanfechtungsklage nach Art. 831 GesG auch in ihrer inhaltlichen Reichweite beschränkt, da sie nur Verfahrens- und Satzungsverstöße besonderen Ausmaßes sowie eine Stimmrechtsausübung eines Aktionärs, der ein besonderes Interessenverhältnis zur Gesellschaft hat, als Anfechtungsgründe erachtet.
3. Die Zulässigkeit der Beschlussanfechtungsklage im Rahmen des einstweiligen Rechtsschutzverfahrens ist im japanischen Schrifttum und der Rechtsprechung in einem so erheblichen Ausmaß umstritten, dass sich hieraus ebenfalls kein effektiver Rechtsschutz ergibt.
4. Die Umwandlungsnichtigkeitsklage gemäß Art. 830 GesG bietet aufgrund der japanischen Gerichtspraxis, die angesichts der erheblichen rechtlichen und tatsächlichen Schwierigkeiten einer potentiellen Rückabwicklung faktisch nie einen Nichtigkeitsgrund bejaht, ebenfalls keinen effektiven Rechtsschutz für den Minderheitsaktionär im Rahmen einer Umwandlung.

Bereits im Vorfeld der Reform, die auch die Einführung der umwandlungsrechtlichen präventiven Unterlassungsklage umfasste, waren zahlreiche Fragen hinsichtlich der konkreten Ausgestaltung der Norm umstritten. Auch nach der

Normierung sind Fragen hinsichtlich des Anwendungsbereichs ungeklärt. Die ausdrückliche Intention des Gesetzgebers, Verstöße des Verwaltungsrats gegen deren Sorgfalts- und Treuepflichten nicht als Unterlassungsgrund zuzulassen, ist hingegen voreilig und kritikwürdig:

5. Der Tatbestand der umwandlungsrechtlichen präventiven Unterlassungsklage erfasst neben den regulären Gesetzes- und Satzungsverstößen auch den Anfechtungsgrund gemäß Art. 831 Abs. 1 Nr. 3 GesG, sodass ein Unterlassungsgrund auch dann vorliegt, wenn ein Aktionär mit Sonderinteressen seine Stimmrechte dazu nutzt, einen für die übrigen Aktionäre besonders unangemessenen Beschluss zu erwirken.
6. In welchem Ausmaß und Umfang welche Offenlegungspflichten vom Anwendungsbereich der umwandlungsrechtlichen präventiven Unterlassungsklage erfasst sind, ist weiterhin unsicher und bedarf gerichtlicher oder gesetzgeberischer Klärung.
7. Ebenfalls unklar ist, inwiefern sich der Nachteil des Aktionärs als zweite Voraussetzung äußern soll, insbesondere da ein unangemessener Umwandlungsgegenwert keinen Unterlassungsgrund darstellt und folglich auch als Nachteil keine Berücksichtigung findet.
8. Der Gesetzesverstoß als Unterlassungsgrund bezieht sich nach ausdrücklicher Äußerung des Gesetzgebers nicht auf einen Verstoß des Verwaltungsrats gegen dessen Sorgfalts- oder Treuepflichten. Damit wird ein relevanter Anwendungsbereich ausgeschlossen und der Rechtsschutzumfang der umwandlungsrechtlichen präventiven Unterlassungsklage gegenüber den präventiven Unterlassungsklagen bei verkürzter Umwandlung sowie bei Ausgabe neuer Aktien grundlos verkürzt. Eine Differenzierung aufgrund der Adressaten ist angesichts der Tatsache, dass die Gesellschaft durch ihren Verwaltungsrat handelt, nicht zu dulden.

Die umwandlungsrechtliche präventive Unterlassungsklage beruht auf dem der Vorschrift inhärenten materiell-rechtlichen Unterlassungsanspruch. Dieser kann sowohl als Hauptsacheverfahren als auch im Wege des einstweiligen Rechtsschutzverfahrens gerichtlich geltend gemacht werden, wobei letzteres in der Praxis aufgrund der hohen zeitlichen Sensibilität die Regel sein wird:

9. Ein erfolgreiches präventives Unterlassungsurteil legt der beklagten Gesellschaft die Pflicht zur Unterlassung der Umwandlungsvollziehung auf. Damit wird der betreffende Verwaltungsrat jegliche Handlung zu unterlassen haben, die unmittelbar zu einer Eintragung der Umwandlungsmaßnahme und folglich deren Wirksamkeitsentfaltung führt.
10. Missachtet der Verwaltungsrat ein ergangenes Unterlassungsurteil respektive eine Unterlassungsverfügung und vollzieht die Umwandlung dennoch, so ist diese zwar wirksam. Die Gesellschaft kann aber mittels Nichtigkeitsklage zur Rückabwicklung gezwungen werden.

11. Auch bei Geltendmachung des präventiven Unterlassungsanspruchs mittels einstweiligen Rechtsschutzes ist der praktische Nutzen des neuen Unterlassungsanspruchs davon abhängig, wann die jeweilige Umwandlung gemäß dem Willen der Gesellschaft ihre Wirksamkeit entfalten soll. Setzt die Gesellschaft den Wirksamkeitstag auf den Tag nach der beschlussfassenden Aktionärsversammlung fest, verbleibt kein Spielraum für ein einstweiliges Rechtsschutzverfahren. Den rechtsschutzsuchenden Aktionären sollte folglich vom Gesetzgeber ein gesetzlich gesicherter Zeitraum zwischen Beschlussfassung und Vollzug zugesichert werden.
12. Klagende Aktionäre können im Falle des Erlasses einer einstweiligen Unterlassungsverfügung nach Art. 14 Abs. 1 ZG einer Verpflichtung zur Sicherheitsleistung unterliegen, die angesichts der zu besichernden hohen Verzögerungskosten des Umwandlungsvollzugs abschreckende Wirkung haben könnte. Eine gesetzliche Begrenzungsmöglichkeit der Höhe der Sicherheitsleistung ist zu befürworten.
13. Basierend auf den bisher sehr begrenzten praktischen Erfahrungswerten erscheint die umwandlungsrechtliche präventive Unterlassungsklage zumindest konzeptionell einen effektiven Rechtsschutz für Aktionäre zu bieten. Für den bisher einzigen in der Praxis bekannten Fall der umwandlungsrechtlichen präventiven Unterlassungsklage wurde zunächst das einstweilige Rechtsschutzverfahren genutzt. Auch wenn die Klage im Berufungsverfahren zurückgewiesen wurde, so hat sie zumindest bewirkt, dass der Vollzug der Umwandlung zunächst unterlassen wurde, bis die Frage zur ordnungsgemäßen Stimmrechtsausübung in drei Instanzen ausdiskutiert war.

Das deutsche Freigabeverfahren weist in seiner derzeitigen Ausgestaltung nicht nur einen Widerspruch zu prozessrechtlichen Grundsätzen auf, sondern gewährt gleichzeitig auch keinen ausgeglichenen Rechtsschutz zwischen den beteiligten Parteien. Der präventive Rechtsschutz im deutschen Umwandlungsrecht bedarf deshalb dringend einer Überarbeitung:

14. Das Freigabeverfahren stellt einen Umweg dar, der dem Gericht die Notwendigkeit einer rechtlichen Prüfung abnimmt und durch vereinfachte Abwägung der Gesellschaft eine verhältnismäßig gesicherte Transaktion bietet. Berechtigterweise mag man hier die Frage stellen, ob dem Minderheitsaktionär im Rahmen einer von der Mehrheit beschlossenen Maßnahme, die mit erheblichem Kosten- und Zeitaufwand verbunden ist, überhaupt die Möglichkeit eines Individualrechtsschutzes geboten werden muss oder ob sich dieser nicht schlicht dem Mehrheitswillen zu beugen hat. Das Bundesverfassungsgericht hat hierzu in mehreren Entscheidungen festgestellt, dass der unerschütterliche Grundpfeiler des Aktionärsrechteschutzes nicht nur in einer gerichtlichen Wertekontrolle, sondern auch in einer rechtlichen Über-

prüfungsmöglichkeit der Maßnahme selbst, in der Regel durch Anfechtbarkeit des Hauptversammlungsbeschlusses, besteht.[970]

15. Die Mängel im Freigabeverfahren bedeuten indes nicht, dass es einer Rechtstransplantation der präventiven Unterlassungsklage aus dem japanischen Umwandlungsrecht ins deutsche Umwandlungsgesetz bedarf, auch wenn ein solcher Transfer rechtlich möglich wäre, da dem deutschen Gesellschafts- und Prozessrecht die Konstruktion einer vorbeugenden Unterlassungsklage nicht systemfremd ist.
16. Würde man das Freigabeverfahren und die Registersperre in ihrer derzeitigen Form aufheben, würde die Anfechtungsklage und ihre Geltendmachung im Rahmen des einstweiligen Verfügungsverfahrens ein ähnliches, hinreichendes Rechtsschutzniveau wie die umwandlungsrechtliche präventive Unterlassungsklage im japanischen Recht bieten. Da folglich keine Implementierung eines neuen Instruments erforderlich wäre, sondern lediglich eine entsprechende Anpassung der derzeitig geltenden gesetzlichen Vorschriften, wäre dieser Reformansatz auch mit deutlich weniger Aufwand umsetzbar. Beinhaltet die Demontage der Grundpfeiler des umwandlungsrechtlichen präventiven Rechtsschutzes nicht die Einführung eines Instruments aus einer fremden Rechtsordnung, sondern die Besinnung auf die ursprüngliche Reinform, hat das neue System eine höhere Akzeptanzchance innerhalb der Rechtswissenschaft und Rechtspraxis.
17. Der Vergleich mit der japanischen Erweiterung der präventiven Unterlassungsklage zu einem allgemeinen umwandlungsrechtlichen Rechtsschutzinstrument zeigt, dass ein einstweiliger Unterlassungsanspruch genügt, um einen ausreichenden Rechtsschutz zugunsten der Minderheitsaktionäre im Rahmen der Umwandlung zu gewährleisten, ohne den Umwandlungsvollzug und die Transaktionssicherheit zu weit einzuschränken und einem Missbrauch Tür und Tor zu öffnen. Der Aktionär muss nicht sein Recht auf rechtliche Überprüfung des Sachverhalts zugunsten einer reinen Interessenabwägung abgeben, nur weil es sich um eine bedeutende Maßnahme wie die Umwandlung einer Gesellschaft handelt.

B. Ausblick

Betrachtet man beide präventive Rechtsschutzsysteme, so ergibt sich die Gemeinsamkeit, dass sowohl das deutsche Freigabeverfahren als auch die japanische präventive Unterlassungsklage bei regulären Umwandlungsmaßnahmen in

970 BVerfG, Urt. v. 7.8.1962 – 1 BvL 16/60, NJW 1962, 1667, 1668 f. (Feldmühle); vgl. auch BVerfG, Beschl. v. 23.8.2000 – 1 BvR 68/95 u. 1 BvR 147/97, NJW 2001, 279 ff (Moto Meter).

ihrer jeweiligen Ausgestaltung maßgeblich von Ängsten diktiert sind. Das Freigabeverfahren ist eine Konstruktion, die insbesondere in der Vermeidung von Blockadepositionen und Missbrauch durch Berufskläger ihren Ursprung hat und als logische Konsequenz einer Kette von Rechtskonstruktionen erscheint: Weil die Rückabwicklung einer Umwandlung aufgrund ihrer Komplexität und Vielzahl involvierter Parteien problematisch wäre, ist der Bestandsschutz nach Eintragung notwendig; aufgrund des Bestandsschutzes muss die Registersperre die Rechtsschutzmöglichkeit der Aktionäre sichern. Indem aber die Registersperre existiert, entsteht eine Missbrauchsmöglichkeit, weshalb es eines Freigabeverfahrens zur Eindämmung des effektiven Rechtsschutzes zugunsten des Vollzugsinteresses bedurfte. Die Gefahr, die von missbräuchlichen Klagen durch Berufskläger ausgeht, ist hierbei nicht zu vernachlässigen; deren Drohpotential wird aber durch eine Aufhebung der Registersperre effektiver begegnet als durch Verschärfung der Freigabevorschriften. Die Erfahrungen in den 1980ger Jahren sollten den Gesetzgeber nicht in der Hinsicht lähmen, dass er nicht in Ruhe einen Schritt zurücktreten und das Gesamtsystem hinterfragen kann.

In ähnlicher Weise hat sich der japanische Gesetzgeber bei der Ausgestaltung der neuen umwandlungsrechtlichen präventiven Unterlassungsklage von Ängsten leiten lassen, dass sich die Ausweitung der präventiven Unterlassungsklage auf sämtliche Umwandlungsmaßnahmen negativ auf die Umwandlungspraxis auswirken könnte. Die tatsächliche Nutzbarkeit des neuen Rechtsinstruments wurde bewusst dem Willen der Gesellschaft überlassen, da kein Zeitfenster für die Antragstellung garantiert wird. Würde man wie auch schon vor der Gesellschaftsgesetzreform 2006 eine vorgeschriebene Wartezeit bis zum Wirksamkeitstag von beispielsweise einem Monat festsetzen, wäre die umwandlungsrechtliche präventive Unterlassungsklage ein rundum effektives, präventives Rechtsinstrument.

Seit Einführung des Freigabeverfahrens sind nunmehr mehr als zwei Jahrzehnte vergangen. Zahlreiche Reformen haben seither vor allem dafür gesorgt, die Vorschriften des Freigabeverfahrens zugunsten der Transaktionssicherheit zu verschärfen, um die Zahl der missbräuchlichen Klagen zu senken. Der Berufskläger ist kein neues Schreckensphänomen mehr, das eines Mittels zur Bekämpfung bedarf, welches unmittelbar Wirkung entfaltet und den Klagetrend rechtzeitig wieder in seine Schranken weist, bevor es als Epidemie das wirtschaftliche Handeln lähmt. Mit der nunmehr gegebenen zeitlichen Distanz ist es jedoch angebracht, das Spannungsverhältnis zwischen effektivem, präventivem Rechtsschutz und Transaktionssicherheit in Ruhe einer grundlegenden Beurteilung zu unterziehen, mit der Bereitschaft, auch das Fundament des umwandlungsrechtlichen präventiven Rechtsschutzmechanismus in Frage zu stellen. Nun, da sich der Nebel des anfänglichen Panikreflexes gelichtet hat, ist der Gedanke der Abwendung vom bisherigen System hin zu einem gewöhnlichen einstweiligen Rechtsschutz bei rationaler Betrachtung nicht abwegig. Das gilt erst recht, wenn man die internationale Entwicklung betrachtet, in der sich ein globaler Trend hin zur präventiven Unterlassungsklage respektive *injunction* abzeichnet. So ist die präventive Unterlassungsklage nicht nur ein den *common law* Rechtsordnungen inhärentes Instrument, das in Japan Fuß gefasst hat, sondern findet sich auch in weiteren ausländischen Rechtsordnungen wieder.[971] Zuletzt hatte die Schweiz die Registersperre für Handelsregistereintragungen zum 1. Januar 2021 wieder abgeschafft.[972]

Auch wenn sich diese Arbeit nicht für die Implementierung einer expliziten präventiven Unterlassungsklage ausspricht, so hat die Anfechtungsklage im einstweiligen Rechtsschutz im deutschen Recht mit allen Systemen der präventiven Unterlassungsklage gemein, dass der Rechtsschutz auf einer gerichtlichen (summarischen) Prüfung eines Gesetzesverstoßes beruht, bei der der Aktionär entsprechend den prozessualen Grundsätzen als Rechtsschutzsuchender seinen Antrag auf Erlass einer einstweiligen Verfügung zumindest glaubhaft machen muss, um einen vorläufigen Rechtsschutz zu erlangen. Dass sich das deutsche System des Freigabeverfahrens auch global nicht durchgesetzt hat, obwohl das System erpresserischer Klagen bei Umwandlungsmaßnahmen ein universelles Problem ist, untermauert diese Ansicht. Das deutsche Recht steht sich letztendlich selbst im Weg.

Die umwandlungsrechtliche präventive Unterlassungsklage im japanischen Recht schließt mit ihrer Implementierung im japanischen Rechtsschutzsystem eine notwendige Lücke und eröffnet Aktionären auf allen Seiten damit zum ersten Mal seit Einführung des Gesellschaftsgesetzes ein effektives Rechtsinstrument *ex ante* bei regulären Umwandlungsmaßnahmen. Dem japanischen Gesetzgeber ist bei seiner ersten, ausführlichen Überprüfung des neuen Gesellschaftsgesetzes folglich der richtige Wurf gelungen. Dieser bedarf zwar weiterer Korrekturen und Konkretisierungen bezüglich der Unsicherheiten der praktischen Umsetzung – er ist aber als richtiger Ansatz zu begrüßen und greift den Charakter des japanischen Gesellschaftsgesetzes sowie dessen Selbstverständnis präventiver Unterlassungsklagerechte auf.

Inwiefern sich die Anwendung der präventiven Unterlassungsklage bei regulären Umwandlungsmaßnahmen in der Praxis tatsächlich als effektiv erweist, wird sich in der Zukunft noch zeigen müssen. Dabei werden die ersten veröffentlichten Gerichtsentscheidungen wegweisend sein. Dass sich eine nennenswerte Anzahl von Klägern in einer Rechtsordnung, welche ohnehin eine verhältnismäßig geringe Prozessbereitschaft aufweist und die zumindest bisher den Primärrechtsschutz in der sog. Exit-und-Payout-Strategie sah, nicht so schnell findet, lässt nicht zwingend einen Schluss auf die Ineffizienz und die fehlende Notwendigkeit der neuen umwandlungsrechtlichen präventiven Unterlassungs-

971 Vgl. *Niemeier*, ZIP 2008, 1148, 1150.

972 *Amstutz*, Revision des Handelsregisterrechts, KPMG Switzerland Blog, 11.2.2021 (abrufbar unter: https://home.kpmg/ch/de/blogs/home/posts/2021/02/revision-handelsregisterrecht.html); *Lenz & Staehlin Newsletter,* Keine Handelsregistersperre mehr ab dem 1. Januar 2021, Dezember 2020 (abrufbar unter: https://www.lenzstaehelin.com/fileadmin/user_upload/newsflash/201223_Registersperre_DE.pdf).

klage zu. Hinzukommt, dass Umwandlungsmaßnahmen regelmäßig Sondersituationen darstellen, die nicht turnusmäßig oder häufig auftreten.

Der Erfolg dieses neuen Rechtsschutzinstruments liegt dabei bereits in der Komplettierung des Gesamtsystems. Rechtsschutzlücken sind schließlich nicht immer erst dann zu schließen, wenn ein konkreter Bedarf besteht, der dies als zwingend erforderlich erscheinen lässt.

Schwerer nachweisbar, aber ebenfalls nicht von der Hand zu weisen, ist der Disziplinierungseffekt, den die umwandlungsrechtliche präventive Unterlassungsklage auf das verantwortliche Management haben dürfte, nun da die schiere Möglichkeit einer Klage wie ein Damoklesschwert über dem zügigen Vollzug der Umwandlung schwebt. Um dieses Drohpotential der umwandlungsrechtlichen präventiven Unterlassungsklage aufrecht zu erhalten, bleibt nur zu hoffen, dass sich nun, da der erste Versuch getätigt wurde, zeitnah weitere Pioniere für die gerichtliche Geltendmachung der Klage finden, bevor diese Wirkung (endgültig) verfliegt.

Anhang Übersetzung einschlägiger Vorschriften

Auszug aus dem GesG idF des Gesetzes Nr. 63/2015 (basierend auf der amtlichen Übersetzung des GesG vom 5. Juli 2022, veröffentlicht am 12. Dezember 2023[973]):

Part II Stock Companies

Chapter II Shares

Section 8 Issuing Shares for Subscription

Subsection 5 Demanding Cessation of Issuing Shares for Subscription

Article 210

In the following cases, if shareholders are likely to suffer disadvantage, shareholders may demand that the Stock Company cease a share issue or disposition of Treasury Shares relating to solicitations under Article 199, paragraph (1):

(i) if relevant share issue or disposition of treasury shares violates laws and regulations or the articles of incorporation; or
(ii) if relevant share issue or disposition of treasury shares is effected by using a method which is extremely unfair.

Chapter IV Organs

Section 4 Directors

Article 360 (Enjoinment of Acts of Directors by Shareholders)

(1) If a director engages, or is likely to engage, in an act outside the scope of the purpose of a stock company, or other acts in violation of laws and regulations or the articles of incorporation, if the act is likely to cause substantial detriment to relevant stock company, shareholders having the shares consecutively for the preceding six months or more (or, if a shorter period is prescribed in the articles of incorporation, that period or more) may demand that relevant director cease relevant act.
(2) For the purpose of the application of the provisions of the preceding paragraph to a stock company which is not a public company, the phrase "shareholders having the shares consecutively for the preceding six months or more (or, if shorter period is prescribed in the articles of incorporation, that period or more)" in that paragraph is deemed to be replaced with "shareholders".

973 Abrufbar unter https://www.japaneselawtranslation.go.jp/en/laws/view/3206 (Teil 1 bis 4) sowie https://www.japaneselawtranslation.go.jp/en/laws/view/3207 (Teil 5 bis 8).

(3) For the purpose of the application of the provisions of paragraph (1) to a company with company auditor or a company with audit and supervisory committee or a company with nominating committee, etc., the term "substantial detriment" in that paragraph is deemed to be replaced with "irreparable damage".

Part V Entity Conversion, Merger, Company Split, Share Exchange, Share Transfer and Partial Share Exchange

Chapter V Procedures of Entity Conversion, Merger, Company Split, Share Exchange, Share Transfer and Partial Share Exchange

Section 2 Procedures of an Absorption-Type Merger

Subsection 1 Procedures for a Company Disappearing in an Absorption-Type Merger, a Company Splitting in an Absorption-Type Split, and a Wholly Owned Subsidiary Company Resulting from a Share Exchange

Division 1 Procedures for a Stock Company

Article 783 (Approval of the Absorption-Type Merger Agreement)

(1) A disappearing stock company, etc. must obtain the approval of the absorption-type merger agreement, etc. by a resolution at a shareholders meeting by the day immediately preceding the effective day.

□…□

Article 784 (Cases Where Approval of the Absorption-Type Merger Agreement Is Not Required)

(1) The provisions of paragraph (1) of the preceding Article do not apply if the company surviving the absorption-type merger, the company succeeding in the absorption-type split or the wholly owning parent company resulting from the share exchange (hereinafter referred to as the "surviving company, etc." in this division) is the special controlling company of the disappearing stock company, etc.; provided, however, that this does not apply if all or part of the value of the merger, etc. in the absorption-type merger or share exchange is shares with a restriction on transfer, etc., and the disappearing stock company, etc. is a public company and not a company with class shares.

(2) The provisions of the preceding Article do not apply if the sum of the book value of the assets that the company succeeding in the absorption-type split succeeds to through the absorption-type company split does not exceed one-fifth (or, if a lesser proportion is prescribed in the articles of incorporation of the stock company splitting in the absorption-type split, that proportion) of the amount calculated by the method specified by Ministry of Justice Order as the total assets of the stock company splitting in the absorption-type split.

Article 784-2 (Demanding Cessation of Absorption-Type Merger)

In the following cases, if shareholders of a disappearing stock company, etc. are likely to suffer disadvantages, shareholders of a disappearing stock company, etc. may demand the disappearing stock company, etc. to cease an absorption-type merger, etc.; provided, however, that this does not apply to cases prescribed in paragraph (2) of the preceding Article:

(i) if the absorption-type merger, etc. violates laws and regulations or the articles of incorporation; or
(ii) in the cases prescribed in the main clause of paragraph (1) of the preceding Article, when the matters set forth in Article 749, paragraph (1), item (ii) or (iii), Article 751, paragraph (1), item (iii) or (iv), Article 758, item (iv), Article 760, item (iv) or (v), Article 768, paragraph (1), item (ii) or (iii), or Article 770, paragraph (1), item (iii) or (iv) are extremely improper in light of the financial status of the disappearing stock company, etc. or surviving company, etc.

Article 785 (Dissenting Shareholders' Appraisal Rights)

(1) In cases of effecting an absorption-type merger, etc. (excluding the following cases), dissenting shareholders may demand that the disappearing stock company, etc. purchase, at a fair price, the shares that they hold:
(i) in cases prescribed in Article 783, paragraph (2); or
(ii) in cases prescribed in Article 784, paragraph (2).
(2) The "dissenting shareholders" provided for in the preceding paragraph means the shareholders provided for in the following items in the cases set forth in the same items (excluding shareholders entitled to allotment of equity interests, etc. prescribed in Article 783, paragraph (4) in the cases prescribed in that paragraph):
(i) if a resolution at a shareholders meeting (including a general meeting of class shareholders) is required to effect the absorption-type merger, etc.: the following shareholders:
a) shareholders who gave notice to relevant disappearing stock company, etc. to the effect that they dissented from relevant absorption-type merger, etc. prior to relevant shareholders meeting and who dissented from relevant absorption-type merger, etc. at relevant shareholders meeting (limited to those who can exercise voting rights at relevant shareholders meeting);
b) shareholders who are unable to exercise voting rights at relevant shareholders meeting; and
(ii) in cases other than those prescribed in the preceding item: all shareholders (excluding the special controlling company in the cases prescribed in the main clause of Article 784, paragraph (1)).
(3) A disappearing stock company, etc. must notify its shareholders (excluding shareholders entitled to allotment of equity interests, etc. prescribed in Article 783, paragraph (4) in the cases prescribed in that paragraph and the special controlling company in the cases prescribed in the main clause of Article 784,

paragraph (1)) that it will effect an absorption-type merger, etc. and the trade name and address of the surviving company, etc., by twenty days prior to the effective day; provided, however, that this does not apply in the cases set forth in the items of paragraph (1).

(4) In the following cases, a public notice may be substituted for the notice under the provisions of the preceding paragraph:
   (i) if the disappearing stock company, etc. is a public company; or
   (ii) if the disappearing stock company, etc. obtains the approval of the absorption-type merger agreement, etc. by the resolution at a shareholders meeting set forth in Article 783, paragraph (1).

(5) To make a demand under the provisions of paragraph (1) (hereinafter referred to as the "exercise of appraisal rights" in this division), a dissenting shareholder must indicate the number of shares with regard to which the shareholder is exercising appraisal rights (or, for a company with classes shares, the classes of the shares and the number of shares for each class), between twenty days prior to the effective day and the day immediately preceding the effective day.

(6) When intending to exercise appraisal rights on shares for which share certificates have been issued, shareholders of those shares must submit the share certificates representing those shares to the disappearing stock company, etc.; provided, however, that this does not apply to a person who makes a demand pursuant to the provisions of Article 223 with respect to those share certificates.

(7) Shareholders exercising appraisal rights may withdraw their demands for appraisal only with the approval of the disappearing stock company, etc.

□…□

Article 786 (Determination of the Price of Shares)

(1) If a shareholder exercises appraisal rights and an agreement determining the price of the shares is reached between the shareholder and the disappearing stock company, etc. (or between the shareholder and the company surviving the absorption-type merger, if an absorption-type merger is effected and it is after the effective day; hereinafter the same applies in this Article), the disappearing stock company, etc. must pay that price within sixty days from the effective day.

(2) If no agreement on the determination of the price of the shares is reached within thirty days from the effective day, shareholders or the disappearing stock company, etc. may file a petition for the court to determine the price within thirty days after the expiration of that period.

(3) Notwithstanding the provisions of paragraph (7) of the preceding Article, in the cases prescribed in the preceding paragraph, if the petition under that paragraph is not filed within sixty days from the effective day, shareholders exercising appraisal rights may withdraw their demands for appraisal at any time after the expiration of that period.

(4) A disappearing stock company, etc. must also pay interest on the price determined by the court at the statutory rate from and including the day of the expiration of the period referred to in paragraph (1).

(5) A disappearing stock company, etc. may pay the amount that the disappearing stock company, etc. considers to be a fair price to shareholders until the determination of the price of shares.
(6) A share purchase connected with the exercise of appraisal rights becomes effective on the effective day.
(7) If a shareholder exercises appraisal rights with respect to shares for which share certificates are issued, the share certificate-issuing company must pay the price of the shares relating to the exercise of the appraisal rights in exchange for the share certificates.

Article 795 (Approval of the Absorption-Type Merger Agreement)

(1) A surviving stock company, etc. must obtain the approval of the absorption-type merger agreement, etc. by a resolution at a shareholders meeting by the day immediately preceding the effective day.

□...□

Article 796 (Cases Where Approval of the Absorption-Type Merger Agreement Is Not Required)

(1) The provisions of paragraphs (1) through (3) of the preceding Article do not apply if a company disappearing in an absorption-type merger, the company splitting in an absorption-type split or the wholly owned subsidiary company resulting from a share exchange (hereinafter referred to as the "disappearing company, etc." in this division) is the special controlling company of the surviving stock company, etc.; provided, however, that this does not apply if all or part of the monies, etc. to be delivered to shareholders of the stock company disappearing in the absorption-type merger or the wholly owned subsidiary company resulting from the share exchange, to members of the membership company disappearing in the absorption-type merger or to the company splitting in the absorption-type split are shares with a restriction on transfer, etc. of the surviving stock company, etc., and the surviving stock company, etc. is not a public company.
(2) The provisions of paragraphs (1) through (3) of the preceding Article do not apply if the amount set forth in item (i) does not exceed one-fifth (or, if a lesser proportion is prescribed in the articles of incorporation of the surviving stock company, etc., the proportion) of the amount set forth in item (ii); provided, however, that this does not apply in the cases set forth in the items of paragraph (2) of that Article or the cases prescribed in the proviso to the preceding paragraph:
(i) the total amount of the amounts set forth below:
   a) the amount obtained by multiplying the number of shares of the surviving stock company, etc. to be delivered to shareholders of the stock company disappearing in an absorption-type merger or the wholly owned subsidiary company resulting from a share exchange, to members of the membership company disappearing in the absorp-

tion-type merger or to the company splitting in the absorption-type split (hereinafter referred to as "shareholders, etc. of the disappearing company, etc." in this item) by the amount of net assets per share;

b) the total amount of the book value of bonds, share options or bonds with share options of the surviving stock company, etc. to be delivered to shareholders, etc. of the disappearing company, etc.; and

c) the total amount of the book value of property other than shares, etc. of the surviving stock company, etc. to be delivered to shareholders, etc. of the disappearing company, etc.; and

(ii) the amount calculated by the method specified by Ministry of Justice Order as the total assets of the surviving stock company, etc.

(3) In the cases prescribed in the main clause of the preceding paragraph, if shareholders that hold the shares (limited to those that entitle the shareholders to exercise voting rights at a shareholders meeting under paragraph (1) of the preceding Article) in the number prescribed by Ministry of Justice Order notify the surviving stock company, etc. to the effect that relevant shareholders dissent from the absorption-type merger, etc., within two weeks from the day of the notice under the provisions of Article 797, paragraph (3) or the public notice under paragraph (4) of that Article, the relevant surviving stock company, etc. must obtain the approval of the absorption-type merger agreement, etc. by a resolution at a shareholders meeting no later than the day immediately preceding the effective day.

Article 796-2 (Demanding Cessation of Absorption-Type Merger)

In the following cases, if shareholders of the surviving stock company, etc. are likely to suffer disadvantages, shareholders of the surviving stock company, etc. may demand the surviving stock company, etc. to cease an absorption-type merger, etc.; provided, however, that this does not apply to cases prescribed in the main clause of paragraph (2) of the preceding Article (excluding the cases set forth in the items of Article 795, paragraph (2) and the cases prescribed in the proviso to paragraph (1) or paragraph (3) of the preceding Article):

(i) if the absorption-type merger, etc. violates laws and regulations or the articles of incorporation; or

(ii) if prescribed in the main clause of paragraph (1) of the preceding Article, when the matters set forth in Article 749, paragraph (1), item (ii) or (iii), Article 758, item (iv), or Article 768, paragraph (1), item (ii) or (iii) are extremely improper in light of the financial status of the surviving stock company, etc. or disappearing company, etc.

Article 797 (Dissenting Shareholders' Appraisal Rights)

(1) In cases of effecting an absorption-type merger, etc., dissenting shareholders may demand that the surviving stock company, etc. purchase, at a fair price, the shares that they hold; provided, however, that this does not apply to the cases prescribed in the main clause of Article 796, paragraph (2) (excluding

the cases set forth in the items of Article 795, paragraph (2) and the cases prescribed in the proviso to Article 796, paragraph (1), or (3)).

(2) The "dissenting shareholders" provided for in the preceding paragraph means the shareholders provided for in the following items in the cases set forth in the same items:
  (i) if a resolution at a shareholders meeting (including a general meeting of class shareholders) is required to effect the absorption-type merger, etc.: the following shareholders:
    a) shareholders who gave notice to relevant surviving stock company, etc. to the effect that they dissented from relevant absorption-type merger, etc. prior to relevant shareholders meeting and who dissented from relevant absorption-type merger, etc. at relevant shareholders meeting (limited to those who can exercise voting rights at relevant shareholders meeting);
    b) shareholders who are unable to exercise voting rights at relevant shareholders meeting; and
  (ii) in cases other than those prescribed in the preceding item: all shareholders (excluding the special controlling company in the cases prescribed in the main clause of Article 796, paragraph (1)).

(3) A surviving stock company, etc. must notify its shareholders (excluding the special controlling company in the cases prescribed in the main clause of Article 796, paragraph (1)) that it will effect an absorption-type merger, etc. and the trade name and address of the disappearing company, etc. (or, in the cases prescribed in Article 795, paragraph (3), the fact that it will effect an absorption-type merger, etc., the trade name and address of the disappearing company, etc. and the matters concerning shares set forth in that paragraph), by twenty days prior to the effective day.

(4) In the following cases, a public notice may be substituted for the notice under the provisions of the preceding paragraph:
  (i) if the surviving stock company, etc. is a public company; or
  (ii) if the surviving stock company, etc. obtains the approval of the absorption-type merger agreement, etc. by the resolution at a shareholders meeting set forth in Article 795, paragraph (1).

(5) To make a demand under the provisions of paragraph (1) (hereinafter referred to as the "exercise of appraisal rights" in this Division) a dissenting shareholder must indicate the number of shares with regard to which the shareholder is exercising those appraisal rights (or, for a company with classes shares, the classes of the shares and the number of shares for each class), between twenty days prior to the effective day and the day immediately preceding the effective day.

(6) When intending to exercise appraisal rights on shares for which share certificates have been issued, shareholders of those shares must submit the share certificates representing those shares to the surviving company, etc.; provided, however, that this does not apply to a person who makes a demand pursuant to the provisions of Article 223 with respect to those share certificates.

(7) Shareholders exercising appraisal rights may withdraw their demands for appraisal only with the approval of the surviving stock company, etc.

□…□

Article 798 (Determination of the Price of Shares)

(1) If a shareholder exercises appraisal rights and an agreement determining the price of the shares is reached between the shareholder and the surviving stock company, etc., the surviving stock company, etc. must pay that price within sixty days from the effective day.

(2) If no agreement on the determination of the price of the shares is reached within thirty days from the effective day, shareholders or the surviving stock company, etc. may file a petition for the court to determine the price within thirty days after the expiration of that period.

(3) Notwithstanding the provisions of paragraph (7) of the preceding Article, in the cases prescribed in the preceding paragraph, if the petition under that paragraph is not filed within sixty days from the effective day, shareholders exercising appraisal rights may withdraw their demands for appraisal at any time after the expiration of the period.

(4) The surviving stock company, etc. must also pay interest on the price determined by the court at the statutory rate from and including the day of the expiration of the period referred to in paragraph (1).

(5) The surviving stock company, etc. may pay the amount that the surviving company, etc. considers as fair price to shareholders until the determination of the price of shares.

(6) A share purchase connected with the exercise of appraisal rights becomes effective on the effective day.

(7) If a shareholder exercises appraisal rights with respect to shares for which share certificates are issued, the share certificate-issuing company must pay the price of the shares relating to the exercise of the appraisal rights in exchange for the share certificates.

Article 804 (Approval of the Consolidation-Type Merger Agreement)

(1) A disappearing stock company, etc. must obtain the approval of the consolidation-type merger agreement, etc. by a resolution at a shareholders meeting.

□…□

Article 805 (Cases Where Approval of the Incorporation-Type Company Split Plan Is Not Required)

The provisions of paragraph (1) of the preceding Article do not apply if the sum of the book value of the assets that the company incorporated in an incorporation-type split succeeds to through the incorporation-type company split does not exceed one-fifth (or, if a lesser proportion is prescribed in the articles of incorporation of the stock company splitting in the incorporation-type split, relevant proportion) of the amount calculated by the method specified by Ministry of Justice Order as the total assets of the stock company splitting in the incorporation-type split.

Article 805-2 (Demanding Cessation of a Consolidation-Type Merger)

If a consolidation-type merger, etc. violates laws and regulations or the articles of incorporations, if shareholders of a disappearing stock company, etc. are likely to suffer disadvantages, shareholders of the disappearing stock company, etc. may demand the disappearing stock company, etc. to cease the consolidation-type merger, etc.; provided, however, that this does not apply to cases prescribed in the preceding Article.

Article 806 (Dissenting Shareholders' Appraisal Rights)

(1) In cases of effecting a consolidation-type merger, etc. (excluding the following cases), dissenting shareholders may demand that the disappearing stock company, etc. purchase, at a fair price, the shares that they hold:
(i) in cases prescribed in Article 804, paragraph (2); and
(ii) in cases prescribed in Article 805.

(2) The "dissenting shareholders" provided for in the preceding paragraph means the shareholders provided for in the following items:
(i) shareholders who gave notice to relevant disappearing stock company, etc. to the effect that they dissented from relevant consolidation-type merger, etc. prior to the shareholders meeting set forth in Article 804, paragraph (1) (if a resolution at a general meeting of class shareholders is required to effect the consolidation-type merger, etc., including relevant general meeting of class shareholders) and who dissented from relevant consolidation-type merger, etc. at the relevant shareholders meeting (limited to those who can exercise voting rights at relevant shareholders meeting); and
(ii) shareholders who are unable to exercise voting rights at the relevant shareholders meeting.

(3) A disappearing stock company, etc. must notify its shareholders that it will effect a consolidation-type merger, etc. and the trade names and addresses of the companies disappearing in the consolidation-type merger, the company splitting in the incorporation-type split, or the wholly owned subsidiary company resulting from a share transfer (hereinafter referred to as the "disappearing company, etc." in this Section) and the incorporated company, within two weeks from the day of the resolution at the shareholders meeting referred to in Article 804, paragraph (1); provided, however, that this does not apply in the cases set forth in the items of paragraph (1).

(4) A public notice may be substituted for the notice under the provisions of the preceding paragraph.

(5) To make a demand under the provisions of paragraph (1) (hereinafter referred to as the "exercise of appraisal rights" in this division) a dissenting shareholder must indicate the number of shares with regard to which the shareholder is exercising the appraisal rights (or, for a company with classes shares, the classes of the shares and the number of shares for each class), within twenty days from the day of the notice under the provisions of paragraph (3) or the public notice under the preceding paragraph.

(6) When intending to exercise appraisal rights on shares for which share certificates have been issued, shareholders of those shares must submit the share certificates representing those shares to the disappearing stock company, etc.; provided, however, that this does not apply to a person who makes a demand pursuant to the provisions of Article 223 with respect to those share certificates.

(7) Shareholders exercising appraisal rights may withdraw their demands for appraisal only with the approval of the disappearing stock company, etc.

□…□

Article 807 (Determination of the Price of Shares)

(1) If a shareholder exercises appraisal rights and an agreement determining the price of the shares is reached between the shareholder and the disappearing stock company, etc. (or between the shareholder and the company incorporated in the consolidation-type merger, if a consolidation-type merger is effected and it is after the day of formation of the company incorporated in the consolidation-type merger; hereinafter the same applies in this Article), the disappearing stock company, etc. must pay that price within sixty days from the day of formation of the incorporated company.

(2) If no agreement on the determination of the price of the shares is reached within thirty days from the day of formation of the incorporated company, shareholders or the disappearing stock company, etc. may file a petition for the court to determine the price within thirty days after the expiration of that period.

(3) Notwithstanding the provisions of paragraph (7) of the preceding Article, in the cases prescribed in the preceding paragraph, if the petition under that paragraph is not filed within sixty days from the day of formation of the incorporated company, shareholders exercising appraisal rights may withdraw their demands for appraisal at any time after the expiration of the period.

(4) The disappearing stock company, etc. must also pay interest on the price determined by the court at the statutory rate from and including the day of the expiration of the period referred to in paragraph (1).

(5) A disappearing stock company, etc. may pay the amount that the disappearing stock company, etc. considers to be a fair price to shareholders until determination of the price of shares.

(6) A share purchase connected with the exercise of appraisal rights becomes effective on the day of formation of the incorporated company.

(7) If a shareholder exercises appraisal rights with respect to shares for which share certificates are issued, the share certificate-issuing company must pay the price of the shares relating to the exercise of the appraisal rights in exchange for the share certificates.

Section 4 Proceedings for Partial Share Exchange

Article 816-3 (Approval of Partial Share Exchange Plans)

(1) A parent company resulting from a partial share exchange must receive approval for the partial share exchange plan by resolution at a general meeting of members by the day immediately prior to the effective day.

□...□

Article 816-5 (Demand to Cease Partial Share Exchange)

If a partial share exchange violates laws and regulations or the articles of incorporation, when shareholders of the parent company resulting from a partial share exchange are likely to suffer disadvantage, the shareholders of the parent company resulting from a partial share exchange may demand that the parent company resulting from a partial share exchange cease the partial share exchange; provided, however, that this does not apply in the cases prescribed in the main clause of paragraph (1) of the preceding Article (excluding the cases prescribed in the proviso to the same paragraph or the provisions of paragraph (2) of that Article).

Article 816-6 (Dissenting Shareholders' Appraisal Rights)

(1) In the case of a partial share exchange, dissenting shareholders may demand that the parent company resulting from a partial share exchange purchase, at a fair price, the shares that they hold; provided, however, that this does not apply in the cases prescribed in the main clause of Article 816-4, paragraph (1) (excluding the cases prescribed in the proviso to the same paragraph or the provisions of paragraph (2) of that Article).

(2) The dissenting shareholders provided for in the preceding paragraph means the shareholders provided for in each of the following items in the cases set forth in the same items:
   (i) if a resolution at a shareholders meeting (including a general meeting of class shareholders) is required to effect the partial share exchange: the following shareholders:
      a) shareholders who gave notice to relevant parent company resulting from a partial share exchange to the effect that they dissented from relevant partial share exchange prior to relevant shareholders meeting and who dissented from relevant partial share exchange at relevant shareholders meeting (limited to those who can exercise voting rights at relevant shareholders meetings);
      b) shareholders who cannot exercise voting rights at relevant shareholders meetings.
   (ii) cases other than the one set forth in the preceding item: all shareholders.

(3) A parent company resulting from a partial share exchange must notify shareholders that it will effect a partial share exchange and the trade name and address of the subsidiary company resulting from a partial share exchange by twenty days before the effective day.

(4) A public notice may be substituted for the notice pursuant to the provisions of the preceding paragraph in the following cases:
   (i) if the parent company resulting from a partial share exchange is a public company; or
   (ii) if the parent company resulting from a partial share exchange receives approval for the partial share exchange by resolution at a shareholders meeting under Article 816-3, paragraph (1).

(5) To make a demand under the provisions of paragraph (1) (hereinafter in this Section referred to as the "exercise of appraisal rights"), a dissenting shareholder must indicate the number of shares with regard to which the shareholder is exercising appraisal rights (or, for a company with class shares, the classes of the shares and the number of shares for each class), between twenty days prior to the effective day and the day immediately preceding the effective day.

(6) When intending to exercise appraisal rights related to the shares for which share certificates have been issued, a shareholder of relevant shares must submit the share certificates representing those shares to the parent company resulting from a partial share exchange; provided, however, that this does not apply to a person who makes a request pursuant to the provisions of Article 223 concerning relevant share certificates.

(7) Shareholders exercising appraisal rights may withdraw their demands for appraisal only with the approval of the parent company resulting from a partial share exchange.

□…□

Article 816-7 (Determination of Price of Share)

(1) If a shareholder exercises appraisal rights and an agreement determining the price of the shares is reached between the shareholder and parent company resulting from a partial share exchange, the parent company resulting from a partial share exchange must pay that price within sixty days from the effective day.

(2) If no agreement deciding the price of shares is reached within thirty days from the effective day, the shareholders or the parent company resulting from a partial share exchange may file a petition for the court to determine the price within thirty days after the expiration of that period.

(3) Notwithstanding the provisions of paragraph (7) of the preceding Article, in the cases provided for in the preceding paragraph, if the petition under that paragraph is not made within sixty days after the effective day, shareholders exercising appraisal rights may withdraw their demands for appraisal at any time after the expiration of that period.

(4) The parent company resulting from a partial share exchange must also pay interest on the price determined by the court at the statutory rate from and including the day of the expiration of the period referred to in paragraph (1).

(5) The parent company resulting from a partial share exchange may pay to shareholders the amount that the parent company resulting from a partial share exchange considers to be a fair price until the determination of the share price.

(6) A share purchase connected with the exercise of appraisal rights becomes effective on the effective day.

(7) If a shareholder exercises appraisal rights with respect to shares for which share certificates are issued, the share certificate-issuing company must pay the price of the shares relating to the exercise of the appraisal rights in exchange for the share certificates.

Part VII Miscellaneous Provisions

Chapter II Suits

Section 1 Action Concerning the Organization of a Company

Article 828 (Actions Seeking Invalidation of Acts Concerning the Organization of a Company)

(1) Invalidation of the acts set forth in the following items may only be asserted by filing an action during the periods specified respectively in those items:
(i) incorporation of a company: within two years from the day of formation of the company;
(ii) share issue after the formation of a stock company: within six months from the day on which the share issue became effective (or, for a stock company which is not a public company, within one year from the day on which the share issue became effective);
(iii) disposition of treasury shares: within six months from the day on which the disposition of treasury shares became effective (or, for a stock company which is not a public company, within one year from the day on which the disposition of treasury shares became effective);
(iv) share option (if the share options are those attached to bonds with share options, it includes the bonds concerning bonds with share options; hereinafter the same applies in this Chapter) issue: within six months from the day on which the issuance of share options came into effect (or, for a stock company which is not a public company, within one year from the day on which the issuance of share options came into effect);
(v) reduction in the amount of stated capital of a stock company: within six months from the day on which the reduction in the amount of stated capital became effective;
(vi) entity conversion of a company: within six months from the day on which the entity conversion became effective;
(vii) absorption-type merger of a company: within six months from the day on which the absorption-type merger became effective;
(viii) consolidation-type merger of a company: within six months from the day on which the consolidation-type merger became effective;

(ix) absorption-type company split: within six months from the day on which the absorption-type company split became effective;
(x) incorporation-type company split: within six months from the day on which the incorporation-type company split became effective;
(xi) share exchange of a stock company: within six months from the day on which the share exchange became effective;
(xii) share transfer of a stock company: within six months from the day on which the share transfer became effective; and
(xiii) partial share exchange of a stock company: within six months from the day in which the partial share exchange became effective.

(2) An action seeking invalidation of the acts set forth in the following items may be filed only by the persons specified in each of those items:
(i) the act set forth in item (i) of the preceding paragraph: a shareholder, etc. (meaning a shareholder, director or liquidator (or, for a company with company auditor(s), it means a shareholder, director, company auditor or liquidator, and for a company with nominating committee, etc., it means a shareholder, director, executive officer or liquidator); hereinafter the same applies in this Section) of the incorporated stock company or a member, etc. (meaning a member or liquidator; hereinafter the same applies in this paragraph) of the incorporated membership company;
(ii) the act set forth in item (ii) of the preceding paragraph: a shareholder, etc. of the relevant stock company;
(iii) the act set forth in item (iii) of the preceding paragraph: a shareholder, etc. of the relevant stock company;
(iv) the act set forth in item (iv) of the preceding paragraph: a shareholder, etc. or a share option holder of the relevant stock company;
(v) the act set forth in item (v) of the preceding paragraph: a shareholder, etc., the trustee in bankruptcy or a creditor, who did not give approval to the reduction in the amount of stated capital, of the relevant stock company;
(vi) the act set forth in item (vi) of the preceding paragraph: a person who was a shareholder, etc. or a member, etc. of the company effecting the entity conversion as of the day on which relevant act became effective or a shareholder, etc., a member, etc., the trustee in bankruptcy or a creditor, who did not give approval to the entity conversion, of the company after the entity conversion;
(vii) the act set forth in item (vii) of the preceding paragraph: a person who was a shareholder, etc. or a member, etc. of the company effecting the absorption-type merger as of the day on which relevant act became effective or a shareholder, etc., a member, etc., the trustee in bankruptcy or a creditor, who did not give approval to the absorption-type merger of the company surviving the absorption-type merger;
(viii) the act set forth in item (viii) of the preceding paragraph: a person who was a shareholder, etc. or a member, etc. of the company effecting the consolidation-type merger as of the day on which relevant act became effective or a shareholder, etc., a member, etc., the trustee in bankruptcy or a creditor, who did not give approval to the consolidation-type merger, of the company that is incorporated in the consolidation-type merger

(ix) the act set forth in item (ix) of the preceding paragraph: a person who was a shareholder, etc. or a member, etc. of the company that has concluded the absorption-type company split agreement as of the day on which relevant act became effective or a shareholder, etc., a member, etc., the trustee in bankruptcy or a creditor, who did not give approval to the absorption-type company split, of the company that has concluded the absorption-type company split agreement;
(x) the act set forth in item (x) of the preceding paragraph: a person who was a shareholder, etc. or a member, etc. of the company effecting the incorporation-type company split as of the day on which relevant act became effective or a shareholder, etc., a member, etc., the trustee in bankruptcy or a creditor, who did not give approval to the incorporation-type company split, of the company effecting the incorporation-type company split or the company that is incorporated in the incorporation-type company split;
(xi) the act set forth in item (xi) of the preceding paragraph: a person who was a shareholder, etc. or a member, etc. of the company that has concluded the share exchange agreement as of the day on which relevant act became effective or a shareholder, etc., a member, etc., the trustee in bankruptcy or a creditor, who did not give approval to the share exchange, of the company that has concluded the share exchange agreement; and
(xii) the act set forth in item (xii) of the preceding paragraph: a person who was a shareholder, etc. of the stock company transferring the shares as of the day on which relevant act became effective; a shareholder, etc. or the trustee in bankruptcy of the stock company incorporated in the share transfer; or a creditor of the stock company incorporated in the share transfer who did not give approval to the share transfer.
(xiii) the act set forth in item (xiii) of the preceding paragraph: a person who was a shareholder, etc. of the parent company resulting from a partial share exchange as of the day on which relevant act became effective; a person who delivered shares or share options, etc. of the subsidiary company resulting from a partial share exchange when the partial share exchange is effected; or a shareholder, etc. of the parent company resulting from a partial share exchange or a trustee in bankruptcy or creditor who did not approve the partial share exchange.

Article 831 (Action Seeking Revocation of a Resolution at a Shareholders Meeting)

(1) In the cases set forth in the following items, a shareholder, etc. (or, if the shareholders meeting, etc. set forth respectively in each the item is an organizational meeting or an organizational meeting of class shareholders, a shareholder, etc., a shareholder at incorporation, a director at incorporation or a company auditor at incorporation) may, within three months from the day of resolution at the shareholders meeting, etc., claim revocation of the resolution by filing an action. The same applies to a person who becomes a shareholder (or, if that resolution is the resolution at an organizational meeting, shareholders at incorporation) or director (or, in cases of a company with audit and supervisory committee, directors who are audit and supervisory committee members or

other directors; hereinafter the same applies in this paragraph), company auditor or liquidator (or, if relevant resolution is a resolution at a shareholders meeting or general meeting of class shareholders, it includes a person who has the rights and obligations of a director, company auditor or liquidator pursuant to the provisions of Article 346, paragraph (1) (including cases where it is applied mutatis mutandis pursuant to Article 479, paragraph (4)), and if relevant resolution is a resolution at an organizational meeting or organizational meeting of class shareholders, a director at incorporation (if a stock company to be incorporated is a company with audit and supervisory committee, directors at incorporation who are audit and supervisory committee members at incorporation or other directors at incorporation) or company auditor at incorporation) by rescission of relevant resolution:

(i) when the calling procedures or the methods of a resolution at the shareholders meeting, etc. violate laws and regulations or the articles of incorporation or are grossly improper;

(ii) when the contents of the resolution at the shareholders meeting, etc. violate the articles of incorporation; or

(iii) when a grossly improper resolution is passed as a result of a person with a special interest in the resolution at the shareholders meeting, etc. exercising a voting right.

(2) If an action referred to in the preceding paragraph is filed, even if the calling procedures or the methods of a resolution at the shareholders meeting, etc. are in violation of laws and regulations or the articles of incorporation, the court may dismiss the claim prescribed in that paragraph if it finds that the facts in violation are not serious and will not affect the resolution.

Abkürzungen

2. UmwÄG	Zweites Gesetz zur Änderung des Umwandlungsgesetzes
a.A.	anderer Ansicht
a.F.	alte Fassung
Abs.	Absatz
AcP	Archiv für civilistische Praxis
AG	Aktiengesellschaft
AO	Abgabenordnung
Art. / Artt.	Artikel
ARUG	Gesetz zur Umsetzung der Aktionärsrechterichtlinie
Bd.	Band
Beschl.	Beschluss
BGBl.	Bundesgesetzblatt
BGH	Bundesgerichtshof
BT-Drs.	Bundestagsdrucksache
BVerfG	Bundesverfassungsgericht
DB	Der Betrieb
ders./dies.	derselbe/dieselbe(n)
DG	Distriktsgericht (*chihô saiban-shô*)
DJT	Deutscher Juristentag
DStR	Deutsches Steuerrecht
DVO	Durchführungsverordnung
Einl.	Einleitung
f./ff.	folgende
FamFG	Gesetz über das Verfahren in Familiensachen und in den Angelegenheiten der freiwilligen Gerichtsbarkeit
FS	Festschrift
GesG	Gesellschaftsgesetz
GG	Grundgesetz
GmbH	Gesellschaft mit beschränkter Haftung
Hdb.	Handbuch
Hrsg.	Herausgeber
Hs.	Halbsatz
idF.	in der Fassung
iE	im Ergebnis
iVm	in Verbindung mit
KGaA	Kommanditgesellschaft auf Aktien

Kölner Komm.	Kölner Kommentar
LG	Landesgericht
lit.	litera
Mio.	Millionen
Mrd.	Milliarden
MüKo	Münchner Kommentar
mwN.	mit weiteren Nachweisen
n.F.	neue Fassung
NJW	Neue Juristische Wochenschrift
NK	Nomos Kommentar
Nr.	Nummer(n)
NZG	Neue Zeitschrift für Gesellschaftsrecht
OG	Obergericht (*kôtô saiban-shô*)
OGH	Oberster Gerichtshof (*saikô saiban-shô*)
OLG	Oberlandesgericht
RegBegr.	Regierungsbegründung
RegE Begr.	Regierungsentwurf Begründung
S.	Seite
sog.	sogenannte(r/s)
SpruchG	Gesetz über das gesellschaftsrechtliche Spruchverfahren
u.a.	unter anderem / und andere
UMAG	Gesetz zur Unternehmensintegrität und Modernisierung des Anfechtungsrechts
UmRUG	Gesetz zur Umsetzung der Umwandlungsrichtlinie und zur Änderung weiterer Gesetze
UmwG	Umwandlungsgesetz
Urt.	Urteil
vgl.	vergleiche
WM	Zeitschrift für Wirtschafts- und Bankrecht
WpÜG	Wertpapiererwerbs- und Übernahmegesetz
z.B.	zum Beispiel
ZG	Zivilgesetz (*Minpô*)
ZGR	Zeitschrift für Unternehmens- und Gesellschaftsrecht
ZHR	Zeitschrift für das gesamte Handelsrecht und Wirtschaftsrecht
ZIP	Zeitschrift für Wirtschaftsrecht
ZJapanR	Zeitschrift für japanisches Recht
ZPO	Zivilprozessordnung
ZSG	Gesetz über die zivile Sicherung

Literatur

Adolff, Johannes — Zur Reichweite des verbandsrechtlichen Abwehranspruchs des Aktionärs gegen rechtswidriges Verwaltungshandeln, ZHR 169 (2005), S. 310–328.

Aizawa, Tetsu — Ichimon ittô. Shin kaisha-hô [Eine Frage eine Antwort. Das neue Gesellschaftsrecht], Tokyo 2005.

Aizawa, Tetsu/ Hosokawa, Mitsuru — Soshiki saihen kôi [Umwandlungsmaßnahmen], in: Bessatsu Shôhi Hômu 295 (2006), S. 180–207.

Aizawa, Tetsu/ Matsumoto, Shin/ Shimizu, Tsuyoshi/ Hosokawa, Mitsuru/ Komatsu, Takeshi — Gappei nado taika no jûnanka no shikkô ni tomonau »kaisha-hô shikkô kisoku no ichibu wo kaisei suru shôrei« [Der mit der Flexibilisierung des Gegenwerts bei Verschmelzungen etc. einhergehende »Ministerialerlass zur Reform eines Teils der Durchführungsverordnung zum Gesellschaftsgesetz«], in: Shôji Hômu 1800 (2007), S. 4–14.

Akiyama, Mikio/ Itô, Makoto/ Kakiuchi, Shûsuke/ Katô, Shintarô/ Takata, Hiroshige/ Fukuda, Takahisa/ Yamamoto, Kazuhiko — Komentâru Minjisoshô-hô II [Kommentar Zivilprozessgesetz II] Art. 61–Art. 132-10, 3. Aufl., Tokyo 2022.

Arbeitskreis Beschlussmängelrecht — Vorschlag zur Neufassung der Vorschriften des Aktiengesetzes über Beschlussmängel, in: AG 2008, S. 617–626.

Arbeitskreis Umwandlungsrecht (Bork, Reinhard/ Hommelhoff, Peter/ Lutter, Marcus/ Schmidt, Karsten/ Schulze-Osterloh, Joachim/ Teichmann, Arndt/ Zöllner, Wolfgang) — Vorschläge zum Referentenentwurf eines Umwandlungsgesetzes, in: ZGR 1993, S. 321–333.

Assmann, Heinz-Dieter — Trojaner (*vulgo*: Räuberische Aktionäre) ohne Ende?, in: AG 2008, S. 208–212.

Bälz, Moritz — Appraisal Rights in Japanese Corporate Law, in: ZJapanR 13 (2002), S. 152–172.

Bälz, Moritz — Die Spaltung im japanischen Gesellschaftsrecht, Tübingen 2005.

Bälz, Moritz — Liberalized Rules for the Restructuring of Japanese Companies:
Mergers, Demergers, and Share Exchanges under the New Company Law, in: ZJapanR 21 (2006), S. 19–35.

Bälz, Moritz — Wider dem Exotismus? Zur Bedeutung der Kultur für das Verständnis des modernen japanischen Rechts, in: ZJapanR 25 (2008), S. 153–164.

Bälz, Moritz — Streitbeilegung im japanischen Recht, Stuttgart 2019.

Baum, Harald — Rechtsdenken, Rechtssystem und Rechtwirklichkeit in Japan – Rechtvergleichung mit Japan –, in: Rabels Zeitschrift für ausländisches und internationales Privatrecht, 59 (1995), S. 258–292.

Baum, Harald/ Bälz, Moritz — Handbuch des Japanischen Handels- und Wirtschaftsrechts, Köln 2011.

Baum, Harald/ Takahashi, Eiji — Klage gegen fehlerhafte Hauptversammlungsbeschlüsse im japanischen Aktienrecht, in: ZJapanR 32 (2011), S. 153–183.

Baums, Theodor — Empfiehlt sich eine Neuregelung des aktienrechtlichen Anfechtungs- und Organhaftungsrechts, insbesondere der Klagemöglichkeiten von Aktionären? Gutachten F für den 63. Deutschen Juristentag, München 2000 (in: Verhandlungen des dreiundsechzigsten Deutschen Juristentages, Bd. I (Gutachten), herausgegeben von der Ständigen Deputation des Deutschen Juristentages, München 2000).

Baums, Theodor/ Drinhausen, Florian — Weitere Reform des Rechts der Anfechtung von Hauptversammlungsbeschlüssen, in: ZIP 2008, S. 145–156.

Baums, Theodor/ Drinhausen, Florian/ Keinath, Astrid — Anfechtungsklagen und Freigabeverfahren. Eine empirische Studie, in: ZIP 2011, S. 2329–2352.

Baums, Theodor/ Keinath, Astrid/ Gajek, Daniel — Fortschritte bei Klagen gegen Hauptversammlungsbeschlüsse? Eine empirische Studie, in: ZIP 2007, S. 1629–1650.

Bayer, Walter — Fehlerhafte Bewertung: Aktien als Ausgleich bei Sachkapitalerhöhung und Verschmelzung?, in: ZHR 172 (2008), S. 24–41.

Bayer, Walter — Das Freigabeverfahren gem. § 246a AktG idF des ARUG als Instrument zur Bekämpfung räuberischer Aktionäre. Rechtsdogmatik, Rechtstatsachen, Rechtspolitik, in: Festschrift für Michael Hoffmann-Becking zum 70. Geburtstag, München 2013, S. 91–123.

Bayer, Walter — Aktionärsklagen de lege lata und de lege ferenda, in: NJW 2000, S. 2609-2696.

Bayer, Walter/ Fiebelkorn, Timo — Vorschläge für eine Reform des Beschlussmängelrechts der Aktiengesellschaft, in: ZIP 2012, S. 2181–2193.

Bayer, Walter/ Hoffmann, Thomas — »Berufskläger« in der rechtspolitischen Diskussion, in: ZIP 2013, S. 1193–1204.

Bayer, Walter/ Hoffmann, Thomas — Beschlussmängelklagen-Monitor 2016, in: AG 2017, R 155–R 159.

Bayer, Walter/ Hoffmann, Thomas/ Sawada, Tobias — Beschlussmängelklagen, Freigabeverfahren und Berufskläger, in: ZIP 2012, S. 897–911.

Bayer, Walter/ Möller, Sven — Beschlussmängelklagen de lege lata und de lege ferenda, NZG 2018, 801–811.

Becker, Michael — Verwaltungskontrolle durch Gesellschafterrechte, Tübingen 1997.

Bork, Reinhard — Beschlußverfahren und Beschlußkontrolle nach dem Referentenentwurf eines Gesetzes zur Bereinigung des Umwandlungsrechts, in: ZGR 1993, S. 343–365.

Bork, Reinhard — Das Unbedenklichkeitsverfahren nach § 16 Abs. 3 UmwG, in: Lutter, Kölner Umwandlungsrechtstage. Verschmelzung Spaltung Formwechsel nach neuem Umwandlungsrecht und Umwandlungssteuerrecht, Köln 1995, S. 261–274.

Böttcher, Lars/ Habighorst, Oliver/ Schulte, Christian (Hrsg.) — Nomos Kommentar. Umwandlungsrecht, 2. Aufl., Baden-Baden 2019.

Büchel, Helmut — Voreilige Eintragung von Verschmelzung oder Formwechsel und die Folgen. Zugleich Besprechung BGH v. 5.10.2006 – III ZR 283/05, und OLG Hamm v. 9.11.2005 – 11 U 70/04, in: ZIP 2006, S. 2289-2295.

Busch, Torsten — Mangusta/Commerzbank – Rechtsschutz nach Ausnutzung eines genehmigten Kapitals, in: NZG 2006, S. 81–88.

Cahn, Andreas — Ansprüche und Klagemöglichkeiten der Aktionäre wegen Pflichtverletzungen der Verwaltung beim genehmigten Kapital, in: ZHR 164 (2000), S. 113–154.

Chagall, Tomislav — Änderung im Recht der Verschmelzung. Beabsichtigte Marktdynamisierung auf Kosten der Rechte von Aktionären, in: Kalden, Wolf Hannes (Hrsg.)/Deutsch-Japanische Gesellschaft Wetter e.V. (Hrsg.), Japan im internationalen Kontext Bd. I, Marburg 2007, S. 279–297.

Dauner-Lieb, Barbara/ Simon, Stefan — Kölner Kommentar zum UmwG, Köln 2009.

Davies, Paul L./ Worthington, Sarah — Principles of Modern Company Law, 11. Aufl., London 2021.

Decher, Christian — Anfechtungsklage und Freigabeverfahren – das ARUG in der Bewährungsprobe, in: Veil, Unternehmensrecht in der Reformdiskussion, Tübingen 2013, S. 115–134.

Decher, Christian — Die Bedeutung des Börsenkurses für die Unternehmensbewertung bei Strukturmaßnahmen, AG 2023, S. 106–117.

Dürig, Günter/ Herzog, Roman/ Scholz, Rupert — Grundgesetz, 102. Lfg., München 2023.

Egashira, Kenjirô — Kabushiki kaishahô [Das Recht der Aktiengesellschaft], 8. Aufl., Tokyo 2021.

Egashira, Kenjirô — Kabushiki kaishahô [Das Recht der Aktiengesellschaft], 4. Aufl., Tokyo 2011.

Egashira, Kenjirô — Ketsugô kigyôhô no rippô to kaishaku [Gesetzgebung und Verständnis des Rechts der verbundenen Unternehmen], Tokyo 1995.

Egashira, Kenjirô/ Monguchi, Masahito — Kaisha-hô taikei (4) [Überblick Gesellschaftsrecht Bd. 4], Tokyo 2008.

Egashira, Kenjiro/ Nakamura, Naoto — Kaisha-hô (3). [Gesellschaftsrecht Bd. 3], 2. Aufl., Tokyo 2021.

Egashira, Kenjiro/ Nakamura, Naoto — Kaisha-hô (5). [Gesellschaftsrecht Bd. 5], 2. Aufl., Tokyo 2021.

Egashira, Kenjiro/ Nakamura, Naoto — Kaisha-hô (6). [Gesellschaftsrecht Bd. 6], 2. Aufl., Tokyo 2021.

Egashira, Kenjiro/ Nakamura, Naoto — Kaisha-hô. Hokan. Heisei 26nen kaisei [Gesellschaftsrecht. Ergänzungsband. Reform 2014], Tokyo 2015.

Eisele, Ursula Shibumi — Die neuen Vorschriften des Aktientausches und der Aktienübertragung: Einführung und Gesetzesübersetzung, in: ZJapanR 11 (2001), S. 223–239.

Eisele, Ursula Shibumi — Holdinggesellschaften in Japan, Tübingen 2004.

Emmerich, Volker/ Habersack, Mathias/ Schürnbrand, Jan — Aktien- und GmbH-Konzernrecht, 10. Aufl., München 2022.

Fiebelkorn, Timo — Die Reform der aktienrechtlichen Beschlussmängelklagen, Jena 2013.

Foote, Daniel H. — Diversification of the Japanese Judiciary, in: Washington International Law Journal, Vol. 27 No. 1 (2017), 7–71.

Fujita, Tomotaka — Shin-kaisha-hô ni okeru kabushiki kaitori seikyûken seido [Das System des Abfindungsanspruchs im neuen Gesellschaftsgesetz], in: Kigyôhô no riron. Egashira Kenjirô sensei – Tôreki kinen. Jyôkan [Die Theorie des Unternehmensrechts. Festschrift für Prof. Kenjirô Egashira, Bd. 1], 2007, S. 261–310.

Ganske, Joachim — Umwandlungsrecht, 2. Aufl., Düsseldorf 1995.

Goette, Wulf — Leitung, Aufsicht, Haftung – zur Rolle der Rechtsprechung bei der Sicherung einer modernen Unternehmensführung, in: Festschrift aus Anlaß des fünfzigjährigen Bestehens von Bundesgerichtshof, Bundesanwaltschaft und Rechtsanwaltschaft beim Bundesgerichtshof, Köln 2000, S. 123–142.

Goette, Wulf/ Habersack, Mathias/ Kalss, Susanne — Münchener Kommentar zum Aktiengesetz Band 4, 5. Aufl., München 2021.

Goette, Wulf/ Habersack, Mathias/ Kalss, Susanne — Münchener Kommentar zum Aktiengesetz Band 5, 6. Aufl., München 2022.

Grigoleit, Hans Christoph — Aktiengesetz, 2. Aufl., München 2020.

Günal, Deniz — Die Verschmelzung im japanischen Gesellschaftsrecht, Köln 2014.

Habersack, Mathias — Die Aktionärsklage – Grundlagen, Grenzen und Anwendungsfälle, in: DStR 1998, S. 533–537.

Habersack, Mathias/ Stilz, Eberhard — Zur Reform des Beschlussmängelrechts – Bestandsaufnahme nach ARUG und Perspektiven –, in: ZGR 2010, S. 710–732.

Habersack, Mathias/ Wicke, Hartmut — beck-online Großkommentar UmwG, München 2024.

Haley, John Owen — The Myth of the Reluctant Litigant, in: The Journal of Japanese Studies 4 (1978), S. 359–390.

Halfmeier, Axel — Sind die Erfolgsaussichten der Anfechtungsklage bei der Interessenabwägung im Freigabeverfahren der §§ 16 Abs. 3 UmwG, 246a AktG zu berücksichtigen?, in: WM 2006, S. 1465–1470.

Handelsrechtsausschuss des DAV — Stellungnahme zu dem Regierungsentwurf eines Gesetzes zur Unternehmensintegrität und Modernisierung des Anfechtungsrechts (UMAG), in: NZG 2005, S. 388–393.

Handelsrechtsausschuss des DAV — Gesetzgebungsvorschlag zum Spruchverfahren bei Umwandlung und Sachkapitalerhöhung und zur Erfüllung des Ausgleichsanspruchs durch Aktien, in: NZG 2007, S. 497–505.

Handelsrechtsausschuss des DAV Vorschläge des Handelsrechtsausschusses des Deutschen Anwaltvereins e.V. zur Änderung des UmwG, in: NZG 2000, S. 802–808.

Handelsrechtsausschuss des DAV Stellungnahme zu Ergänzungen des Entwurfs der Aktienrechtsnovelle 2012, in: NZG 2013, S. 694–703.

Hayakawa, Masaru Neue Regeln für die Gesellschaftsspaltung: Die Reform des Handelsgesetzes vom Mai 2000, in: ZJapanR 11 (2001), S. 37–63.

Hayakawa, Masaru Erleichterung der Konzernierung durch Aktientausch und Aktienübertragung: die Teilreform des Handelsgesetzes vom Oktober 1999, in: ZJapanR 9 (2000), S. 5–22.

Hayakawa, Masaru Kigyô ketsugô/Kigyô saihen ni kan suru hôsokusei no genjyô to mondai [Der gegenwärtige Zustand und die Probleme des gesetzlichen Systems hinsichtlich des Unternehmenszusammenschluss/Unternehmensreorganisation], in: Dôshisha Hôgaku 294 (2003), S. 631–684.

Heckschen, Heribert Die Entwicklung des Umwandlungsrechts aus der Sicht der Rechtsprechung und Praxis, in: DB 1998, S. 1385–1399.

Heermann, Peter Auswirkungen einer Behebbarkeit oder nachträglichen Korrektur von gerügten Verfahrensmängeln auf das Unbedenklichkeitsverfahren nach § 16 Abs. 3 UmwG, in: ZIP 1999, S. 1861–1873.

Helm, Thorsten/ Manthey, Nikolaus Vincent Missbräuchliches Anfechtungsrecht im Aktienrecht – Rechtsvergleich und Lösungsansätze, in: NZG 2010, S. 415–418.

Henssler, Martin/ Strohn, Lutz Gesellschaftsrecht, 5. Aufl., München 2021.

Hess, Burkhard/ Leser, Christoph »Räuberische« Aktionäre – Ist das Prozessrecht hilflos?, in: Festschrift für Uwe H. Schneider zum 70. Geburtstag, Köln 2011, S. 519–531.

Hölters, Wolfang/ Weber, Markus Aktiengesetz, 4. Aufl., München 2022.

Hoffmann-Becking, Michael Grenzenlose Abwehrklagen für Aktionäre?, in: ZHR 167 (2003), S. 357–364.

Hoffmann-Becking, Michael (Hrsg.) Münchener Handbuch des Gesellschaftsrechts, Band 4. Aktiengesellschaft, 5. Aufl., München 2020.

Hoger, Andreas Kapitalschutz als Durchsetzungsschranke umwandlungsrechtlicher Ausgleichsansprüche von Gesellschaftern, in: AG 2008, S. 149–160.

Hommelhoff, Peter Minderheitenschutz bei Umstrukturierungen, in: ZGR 1993, S. 452–473.

Hommelhoff, Peter — Die Konzernleitungspflicht, Köln 1982.

Hômusho minji kyoku sanji-kan-shitsu [Büro des Regierungsrats der Abteilung für Zivilsachen des Justizministeriums] — Kaishahôsei no gendaika ni kan suru yôkôshian hosoku setsumei [Zusätzliche Erläuterung zum Programmentwurf zur Modernisierung des Gesellschaftsrechtssystems], in: Shôji Hômu 1678 (2003), S. 36–153.

Hômushô minji kyoku sanji-kanshitsu [Regierungsratsreferat der Abteilung für Zivilsachen des japanischen Justizministeriums] — Kaisha seido no minaoshi ni kan suru chûkan shian no hosoku setsumei [Die ergänzende Erläuterung zum Zwischenentwurf der Überarbeitung des gesellschaftsrechtlichen Systems], in: Shôji Hômu 1952 (2011), S. 19–157.

Hüffer, Uwe — Ausgleichsanspruch und Spruchverfahren statt Anfechtungsklage beim Verschmelzung- oder Kapitalerhöhungsbeschluss des erwerbenden Rechtsträgers, in: ZHR 172 (2008), S. 8–23.

Iida, Hidefusa — Soshiki saihen nado no sashitome seikyû kitei ni tai suru fuman to kitai [Unmut und Hoffnung gegenüber der Vorschrift der präventiven Unterlassungsklage bei Umwandlungsmaßnahmen etc.], in: Business Hômu 12 (2012), S. 76–81.

Iida, Hidefusa — The Fiduciary Duties of Directors of the Companies Facing M&As in Delaware and Japan, in: Public Policy Review, Ministry of Finance, Japan, Vol. 11 No. 3 (2015), S. 485–503 (abrufbar unter: https://www.mof.go.jp/english/pri/publication/pp_review/ppr029/ppr029g.pdf).

Iida, Hidefusa/Sekiguchi, Kenichi — Reappraising the role of the appraisal remedy, in: Enterprise Law. Contracts, Markets, and Laws in the US and Japan, Cheltenham 2014, S. 222–236.

Itô, Yasushi/Ôsugi, Kenichi/Tanaka, Wataru/Matsui, Hideyuki — Kaisha-hô [Gesellschaftsrecht], 5. Aufl., Tokyo 2021.

Iwahara, Shinsaku — Kaisha-hô kommentâru (7) [Gesellschaftsrecht Kommentar Band 7], Tokyo 2013.

Iwahara, Shinsaku — Kaisha hôsei no minaoshi ni kan suru yôkôan no kaisetsu (V) [Erläuterung zum Entwurf für die Überarbeitung des gesellschaftsrechtlichen Systems (V)], Shôji Hômu Nr. 1979 (2012), S. 4–15.

Iwahara, Shinsaku — Kaisha hôsei no minaoshi ni kan suru yôkôan no kaisetsu (IV) [Erläuterung zum Entwurf für die Überarbeitung des gesellschaftsrechtlichen Systems (IV)], Shôji Hômu Nr. 1978 (2012), S. 39–55.

Iwahara, Shinsaku/ Kanda, Hideki/ Nomura, Hidetoshi	Heisei 26nen kaishahô kaisei [Gesellschaftsrechtsreform 2014], Tokyo 2015.
Janssen, Markus/ Kliesow, Olaf	Verabschiedete Gesetze: Bericht über die 144. bis 145. Sitzungsperiode des Japanischen Parlaments, in: ZJapanR 8 (1999), S. 127–147.
Kallmeyer, Harald	Umwandlungsgesetz, 7. Aufl., Köln 2020.
Kamerling, Tobias Nogami	Der Squeeze-out im Japanischen Gesellschaftsrecht, Tübingen 2020.
Kamiyanagi, Katsurô/ Ôtori, Tsuneo/ Takeuchi, Akio	Shinpan chûshaku kaisha-hô (6). Kabushiki kaisha no kikan (2) [Neuauflage Kommentar zum Gesellschaftsrecht (6). Das System der Aktiengesellschaft (2)], Tokyo 1987.
Kanda, Hideki	Western versus Asian Laws on Corporate Governance. The Role of Enforcement in International Convergence, in: Gordon/Ringe, The Oxford Handbook of Corporate Law and Governance, Oxford 2018, S. 721–734.
Kanda, Hideki	Heisei 26nen. Kaisei Kaisha-hô [Gesellschaftsrechtsreform 2014], Tokyo 2015.
Kanda, Hideki	Kaisha-hô kommentâru [Kommentar zum Gesellschaftsrecht], Bd. 5-3, Tokyo 2013.
Kanda, Hideki	Kaisha-hô [Gesellschaftsrecht], 25. Aufl., Tokyo 2023.
Kanda, Hideki	Kabushiki kaitori seikyû-ken no kôzô [Die Struktur des Abfindungsrechts], in: Shôji Hômu 1879 (2009) S. 4–15.
Kasahara, Shigeru	Soshiki saihen kôi no mukô genin. Sashitome kitei no shinsetsu wo fumaete [Unwirksamkeitsgründe von Umwandlungsmaßnahmen. Basierend auf der neuen Einführung der Norm zur präventiven Unterlassungsklage], in: Ochiai Seiichi sensei no koki kinen. Shôjihô no atarashii soseki [Festschrift zum 70. Geburtstag von Professor Seiichi Ochiai. Das neue Fundament des Handelsrechts], Tokyo 2014, S. 309–341.
Kasahara, Takeaki	Soshiki saihen – Kabushiki kaitori seikyû kankei to ranyô-teki kaisha bunkatsu wo chûshin ni [Umwandlungen – Das Antragsrecht auf Abfindung und die missbräuchliche Spaltung im Mittelpunkt], in: Hôgaku Kyôshitsu 402 (2014), S. 28–33.
Kawashima, Shiro/ Sakurai, Susumu	Shareholder Derivative Litigation in Japan: Law, Practice, and Suggested Reforms, Stanford Journal of International Law Vol. 33 Issue 1 (1997). S. 9–60.
Kindl, Johann/ Meller-Hannich, Caroline	Gesamtes Recht der Zwangsvollstreckung, 4. Aufl., Baden-Baden 2021.

Kitagawa, Zentaro — Development of Comparative Law in East Asia, in: Reimann, Mathias/Zimmermann, Reinhard (Hrsg.), The Oxford Handbook of Comparative Law, Oxford 2019, S. 237-259.

Kitagawa, Zentaro/ Riesenhuber, Karl — The Identity of German and Japanese Civil Law in Comparative Perspectives/Die Identität des deutschen und des japanischen Zivilrechts in vergleichender Betrachtung, Berlin 2011.

Kliesow, Olaf — Aktionärsklage und Aktionärsrechte in Japan. Gesetzliche Regelungen und soziale Wirklichkeit, Tübingen 2001.

Knobbe-Keuk, Brigitte — Das Klagerecht des Gesellschafters einer Kapitalgesellschaft wegen gesetz- und satzungswidriger Maßnahmen der Geschäftsführung, in: Flume/Raisch/Steindorff, Beiträge zum Zivil- und Wirtschaftsrecht. Festschrift für Kurt Ballerstedt, Berlin 1975, S. 239–255.

Koch, Jens — Aktiengesetz, 17. Aufl., München 2023.

Koch, Jens — Empfiehlt sich eine Reform des Beschlussmängelrechts im Gesellschaftsrecht? Gutachten F für den 72. Deutschen Juristentag, München 2018 (in: Verhandlungen des zweiundsiebzigsten Deutschen Juristentages, Bd. I (Gutachten), herausgegeben von der Ständigen Deputation des Deutschen Juristentages, München 2018).

Koh, Alan — Appraising Japan's Appraisal Remedy, in: The American Journal of Comparative Law, Vol. 62 No. 2 (2014), S. 417–459.

Kort, Michael — Bedeutung und Reichweite des Bestandsschutzes von Umwandlungen, in: AG 2010, S. 230–237.

Kort, Michael — Einstweiliger Rechtsschutz bei eintragungspflichtigen Hauptversammlungsbeschlüssen, in: NZG 2007, S. 169–171.

Krafka, Alexander — Registerrecht, 12. Aufl., München 2024.

Kremer, Thomas/ Bachmann, Georg/ Lutter, Marcus/ v. Werder, Axel — Deutscher Corporate Governance Kodex, 9. Aufl., München 2023.

Krieger, Gerd — Aktionärsklage zur Kontrolle des Vorstands- und Aufsichtsratshandelns, in: ZHR 163 (1999), S. 343–363.

Lascelles, Greg/ Steinhardt, Julia — International Comparative Legal Guide to Litigation & Dispute Resolution 2019, 12. Aufl., London 2019 (abrufbar unter https://iclg.com/practice-areas/litigation-and-dispute-resolution-laws-and-regulations/japan).

Legal and General Investment Management Japan Corporate Governance and Responsible Investment Policy 2023, London March 2023 (abrufbar unter https://www.lgim.com/landg-assets/lgim/_document-library/capabilities/japan-policy.pdf)

Lieder, Jan/ Wilk, Cornelius/ Ghassemi-Tabar, Nima Münchener Handbuch des Gesellschaftsrechts, Band 8. Umwandlungsrecht, Gesellschaftsrecht, Insolvenzrecht, Steuerrecht, Bilanzrecht, Arbeitsrecht, Kartellrecht, Öffentliches Recht, 5. Aufl., München 2018.

Lutter, Marcus Zur Abwehr räuberischer Aktionäre, in: 40 Jahre Der Betrieb, Stuttgart 1988, S. 193–210.

Lutter, Marcus Aktionärsklagerechte, in: JZ 2000, S. 837–842.

Lutter, Marcus Umwandlungsgesetz, 1. Aufl., Köln 1996.

Lutter, Marcus (Begr.)/ Bayer, Walter (Hrsg.)/ Vetter, Jochen (Hrsg.) Umwandlungsgesetz, 7. Aufl., Köln 2024.

Maeda, Aiko Kaisha-hô nyûmon [Einführung Gesellschaftsrecht], 13. Aufl., Tokyo 2018.

Markwardt, Karsten »Holzmüller« im vorläufigen Rechtsschutz, in: WM 2004, S. 211-219.

Marsch-Barner, Reinhard/ Schäfer, Frank A. (Hrsg.) Handbuch börsennotierte AG. Aktien- und Kapitalmarktrecht, 5. Aufl., Köln 2022.

Martens, Klaus-Peter Die GmbH und der Minderheitsschutz, in: GmbHR 1984, S. 265–272.

Martens, Klaus-Peter Verschmelzung, Spruchverfahren und Anfechtungsklage in Fällen eines unrichtigen Umtauschverhältnisses, in: AG 2000, S. 301–308.

Matsumura, Yuto/ Umetsu, Hideaki Roy M&A Trends and Developments in Japan, in: Japan Lawyers Guide 2018/19, S. 36-43 (abrufbar unter: http://www.lexisnexis.co.jp/lawyersguide/2018/html5.html#page=36).

Matsunaka, Manabu Kogaisha kabushiki no jyôto – soshiki saihen no sashitome [Betriebsübergang bei Tochtergesellschaften und präventive Unterlassungsklage bei Umwandlungen], in: Shôji Hômu 2064 (2015), S. 14–23.

Matsushita, Akira Mori, Hamada & Matsumoto: In review: recent trends in shareholder activism in Japan, August 2023 (abrufbar unter: https://www.lexology.com/library/detail.aspx?g=1bae780a-8b67-47b2-a6cf-4c1ddaf243d2).

Mayrhofer, Thomas/ Sidhu, Karl Der Schutz von Anfechtungstrojanern – quo vadis?, in: Festschrift für Sebastian Spiegelberger zum 70. Geburtstag, Bonn 2009, S. 845–853.

Meckel, Verena Die Corporate Governance im neuen japanischen Gesellschaftsrecht, Tübingen 2010.

Michaels, Ralf The Functional Method of Comparative Law, in: Reimann, Mathias/Zimmermann, Reinhard (Hrsg.), The Oxford Handbook of Comparative Law, 2. Aufl., Oxford 2019, S. 339–382.

Milhaupt, Curtis J. A Relational Theory of Japanese Corporate Governance: Contract, Culture, and the Rule of Law, in: Harvard International Law Journal 37 (1996), S. 3–64.

Miyajima, Hideaki Comments on Part III: the diversification on corporate governance arrangements: ownership structure and the board of directors, in: Enterprise Law. Contracts, Markets, and Laws in the US and Japan, Cheltenham 2014, S. 267–274.

Mizushima, Osamu Keiei fushin ni ochitteiru gurûpu kigyô wo shien suru tame ni dôsha no yûsenkabu wo hikiukeru mune wo kettei shita koto ga torishimariyaku no zenkanchûi gimu ni ihan suru toha ienai to sareta jirei [Der Fall, bei dem entschieden wurde, dass der Beschluss zur Übernahme von Vorzugsaktien einer Gruppengesellschaft in finanziellen Schwierigkeiten keinen Verstoß gegen die Sorgfaltspflicht des Verwaltungsrats darstellt], in: Kinyû Shôji Hanrei 1226 (2005), S. 59–64.

Morimoto, Shigeru Kaisha-hô kommentâru (17) [Gesellschaftsrecht Kommentar Band 17], Tokyo 2010.

Morimoto, Shigeru Kaisha-hô kommentâru (18) [Gesellschaftsrecht Kommentar Band 18], Tokyo 2010.

Mülbert, Peter O. Reform des aktienrechtlichen Beschlussmängelrechts – jetzt endlich?, in: ZHR 2024, 325–335.

Mülbert, Peter O. Aktiengesellschaft, Unternehmensgruppe und Kapitalmarkt, 2. Aufl., München 1996.

Nakagawa, Kosuke/ Horiki, Junya Share Delivery – Procedure and Tax Implications, in: TMI Associates – Japan Corporate & Finance Insights May 2021, 27. Mai 2021, (abrufbar unter https://www.tmi.gr.jp/uploads/2021/05/26/JapanCorporate_Finance Insights_May2021.pdf).

Nakahigashi, Masafumi Kanebô kaitori seikyû-ken kakaku kettei môshitate jiken [Der Antrag auf Abfindung im Fall Kanebo], in: Kinyû Shôji Hanrei 1290 (2008) S. 22–31.

Nakahigashi, Masafumi Soshiki saihen hôsei. Tokushû kaishahô shikô 10nen no jitsujyô to mondai [Gesetzgebung im Umwandlungsrecht. Sonderausgabe: Tatsächliche Umstände und Probleme 10 Jahre nach Inkrafttreten des Gesellschaftsgesetzes], Jurist 1495 (2016), S. 63–68.

Nakahigashi, Masafumi Kaisha-hô jyô no sashitome seikyû ni kan suru kiritsu no seigôsei. Ôta/Noda/Yasui ronbun he no komento [Die Stimmigkeit der Vorschrift zum gesellschaftsrechtlichen Unterlassungsanspruch. Eine Anmerkung zum Beitrag von Ôta/Noda/Yasui], in: Kinyû Shôji Hanrei 1472 (2015), S. 12–14.

Nakahigashi, Masafumi Kigyô ketsugô [Unternehmenszusammenschluss], in: Shôji Hômu 1940 (2011), S. 31–42.

Nakahigashi, Masafumi Soshiki saihen nado [Umwandlungen etc.], in: Jurist 1472 (2014), S. 46–51.

Nakahigashi, Masafumi Kabushiki kaitori seikyû-ken to hishô jiken tetsuzuki [Das Abfindungsrecht und das nicht-streitige Gerichtsverfahren] in: Nagoya Daigaku Hôsei Ronshû 223 (2008), S. 233–255.

Nakamura, Naoto Kaisha soshô handobukku [Handbuch zu gesellschaftsrechtlichen Klagen], Tokyo 2017.

Nemoto, Shinichi Share Delivery as a Partial Takeover, in: Meiji Law Journal 28 (2021), S. 13–34.

Niemeier, Wilhelm Im zweiten Anlauf ein Ende der missbräuchlichen Anfechtungsklagen?, in: ZIP 2008, S. 1148–1151.

Nietsch, Michael Freigabeverfahren. Beschlusskontrolle bei Strukturveränderungen, Tübingen 2013.

Nietsch, Michael Aktienrechtliches Freigabeverfahren und Reform des Beschlussmangelrechts, in: NZG 2018, S. 1334–1341.

Nishimura, Kinya Osaka chisai ni okeru shôji jiken no gaikyô [Die allgemeine Lage der handelsrechtlichen Fälle vor dem Distriktgericht Osaka], in: Shôji Hômu 2144 (2017), S. 4–14.

Noack, Max Zur Weisungs- und Leitungsbefugnis des Gerichts gegenüber dem von ihm bestellten sachverständigen Prüfer, in: NZG 2016, S. 1259–1262.

Noack, Ulrich Das Freigabeverfahren bei Umwandlungsbeschlüssen – Bewährung und Modell, in: ZHR 164 (2000), S. 274–294.

Nomura, Hidetoshi Soshiki saihen nado ni kan suru sashitome seikyûken no kakujyû [Die Ausweitung des präventiven Unterlassungsanspruchs bei Umwandlungen etc.], in: Kawasaki/Nakahigashi, Kaisha jiken tetsuzukihô no gendai teki tenkai [Die gegenwärtige Entwicklung des Prozessrechts bei Gesellschaftsrechtsstreitigkeiten], Tokyo 2013, S. 223–244.

Nomura, Hidetoshi/ Sano, Hiroyuki/ Itô, Toshiaki/ Saitô, Yoshihito/ Yanagisawa, Yûji/ Ôuchi, Yoshizô Minji soshô-hô [Zivilprozessrecht], Tokyo 2018.

Ochiai, Seiichi Kaisha-hô kommentâru (8) [Gesellschaftsrecht Kommentar Band 8], Tokyo 2009.

Oda, Hiroshi Corporate Law Reform in Japan 2001/2002 – Deregulation of Company Law?, in: ZJapanR 14 (2002), S. 5–30.

Okuyama, Takeshi/ Wakabayashi, Noriaki Soshiki saihen ni okeru kabunushi - saikensha hogo ni kansuru kiritsu no minaoshi [Die Überprüfung der Vorschriften zum Schutz von Aktionären und Gläubigern bei Umwandlungen], in: Shôji Hômu 1960 (2012), S. 16–27.

Ono, Yoshinori/ Furusumi, Kazuyoshi/ Yamada, Hiroki Nishimura Asahi hôritsu jimusho. Cross border newsletter, November 2009, abrufbar unter https://www.jurists.co.jp/sites/default/files/tractate_pdf/ja/newsletter_200911_cbt_en.pdf.

Ôsuma, Kenichiro/ Imai, Hiroshi Kaisha-hô ron. [Erörterung Gesellschaftsrecht], 3. Aufl., Tokyo 1992.

Ôta, Yô Nikkô Kôdiaru Gurûpu kabushiki kaitori kakaku kettei môshitate jiken Toky Chisai kettei no kentô [Überlegungen zur Entscheidung des DG Tokyo zur Bestimmung des Abfindungspreises im Fall der Nikko Cordial Group], in: Shôji Hômu 1869 (2009), S. 4–16.

Ôta, Yô/ Morimoto, Daisuke Nissan shatai kabunushi daihyô soshô Yokohama chisai hanketsu no kentô (jyô) [Die Untersuchung des Urteils vom Distriktgericht Yokohama über die Aktionärsklage zu Nissan Shatai (Teil 1)], in: Shôji Hômu 1977 (2012), S. 16–23.

Ôta, Yô/ Morimoto, Daisuke Nissan shatai kabunushi daihyô soshô Yokohama chisai hanketsu no kentô (ge) [Die Untersuchung des Urteils vom Distriktgericht Yokohama über die Aktionärsklage zu Nissan Shatai (Teil 2)], in: Shôji Hômu 1978 (2012), S. 73–81.

Ôta, Yô/ Noda, Masaki/ Yasui, Keita Soshiki saihen no sashitome seikyû oyobi Cash-Out no sashitome seikyû ni kan suru jitsumujyô no ronten (jyô) [Ungeklärte Aspekte der präventiven Unterlassungsklage bei Umwandlungen und der präventiven Unterlassungsklage bei Cash-Out in der Praxis (Teil 1)], in: Kinyû Shôji Hanrei 1471 (2015), S. 2–11.

Ôta, Yô/ Noda, Masaki/ Yasui, Keita Soshiki saihen no sashitome seikyû oyobi Cash-Out no sashitome seikyû ni kan suru jitsumujyô no ronten (jyô) [Ungeklärte Aspekte der präventiven Unterlassungsklage bei Umwandlungen und der präventiven Unterlassungsklage bei Cash-Out in der Praxis (Teil 2)], in: Kinyû Shôji Hanrei 1472 (2015), S. 2–11.

Ôta, Yô/ Takagi, Hiroaki Heisei 26nen. Kaishahô kaisei to jitsumu taiô [2014. Die Gesellschaftsgesetzreform und die Kompatibilität in der Praxis], Tokyo 2014.

Ôta, Yo/ Yasui, Keita — Soshiki saihen nado no sashitome seikyû-ken seido to sono ronten [Das Wesen der präventiven Unterlassungsklage und die Streitpunkte dazu], in Shôji Hômu No 1988 (2013), S. 15–25.

Paefgen, Walter — Unternehmerische Entscheidungen und Rechtsbindung der Organe in der AG, Köln 2002.

Paefgen, Walter G. — Justizibialität des Verwaltungshandelns beim genehmigten Kapital, in: ZIP 2004, S. 145–156.

Poelzig, Dörte — Der Referentenentwurf eines Gesetzes zur Umsetzung der Aktionärsrechterichtlinie im Kampf gegen »räuberische Aktionäre«, in: DStR 2008, S. 1538–1541.

Poelzig, Dörte/ Meixner, Philipp — Die Bekämpfung missbräuchlicher Anfechtungsklagen gegen börsennotierte Gesellschaften, in: AG 2008, S. 196–208.

Puchniak, Dan W./ Baum, Harald/ Ewing-Chow, Michael — The Derivative Action in Asia. A Comparative and Functional Approach, Cambridge 2012.

Puchniak, Dan W./ Nakahigashi, Masafumi — Japan's Love for Derivative Actions, in: Vanderbilt Journal of Transnational Law 45 (2012), S. 1–82.

Puchniak, Dan W./ Nakahigashi, Masafumi — A New Era for the Business Judgement Rule in Japan? Domestic and Comparativ Lessons from the Apamanshop Case, SSRN Electronic Journal, Januar 2012, abrufbar unter: https://papers.ssrn.com/sol3/papers.cfm?abstract_id=2257827.

Rahn, Guntram — Rechtsdenken und Rechtsauffassung in Japan, München 1990.

Raiser, Thomas/ Veil, Rüdiger — Recht der Kapitalgesellschaften, 6. Aufl., München 2015.

Rauscher, Thomas/ Krüger, Wolfgang — Münchener Kommentar zur Zivilprozessordnung mit Gerichtsverfassungsgesetz und Nebengesetzen, 6. Aufl., München 2020.

Rubner, Daniel/ Leuering, Dieter — Das aktienrechtliche Freigabeverfahren, NJW-Spezial 2019, 527–528.

Sagasser, Bernd/ Bula, Thomas/ Brünger, Thomas — Umwandlungen, 5. Aufl., München 2017.

Saitô, Maki — Squeeze-out and Appraisal Rights in Japanese Company Law, in: Festschrift für Klaus J. Hopt zum 70. Geburtstag. Unternehmen, Markt und Verantwortung, Berlin 2010, S. 3305–3319.

Saitô, Maki Fukôsei na gappei ni taisuru kyûsai to shiteno sashitome no karishobun [Die einstweilige Verfügung der präventiven Unterlassungsklage als Schutz gegen eine ungerechte Verschmelzung], in: Kansaku u.a., Kaisha saiban ni kakaru riron no tôtatsuten [Das dogmatische Ziel der gesellschaftsrechtlichen Gerichtsverfahren], Tokyo 2014, S. 87–140.

Sakamoto, Saburo Ichimon ittô. Heisei 26nen kaisei kaishahô [Eine Frage eine Antwort. Gesellschaftsgesetzänderungsgesetz 2014], 2. Aufl., Tokyo 2015.

Sakamoto, Saburo/ Takagi, Hiroaki/ Horikoshi, Kenji/ Honjô, Yutaka/ Miyazaki, Masayuki/ Uchida, Shôhei/ Tsukamoto, Hideo/ Tatsumi, Kaoru / Watanabe, Kunihiro Heisei 26nen kaisei kaishahô no kaisetsu (IX – kan) [Erläuterung zum Gesellschaftsgesetzänderungsgesetz 2014 (IX – Ende)], in: Shôji Hômu 2049 (2014), S. 20–33.

Sauter, Maike Offene Fragen zum Referentenentwurf eines Gesetzes zur Umsetzung der Aktionärsrechterichtlinie (ARUG), in: ZIP 2008, S. 1706–1714.

Schäfer, Carsten Was ist getan, was wäre zu tun bei der Reform des Beschlussmängelrechts? in: Veil, Unternehmensrecht in der Reformdiskussion, Tübingen 2013, S. 97–113.

Schall, Aleander/ Habbe, Julia Sophia/ Wiegand, Christoph Anfechtungsmissbrauch – Gibt es einen überzeugenderen Ansatz als das ARUG?, in: NJW 2010, S. 1789–1792.

Schatz, Matthias Der Missbrauch der Anfechtungsbefugnis durch den Aktionär und die Reform des aktienrechtlichen Beschlussmängelrechts, Köln 2012.

Schlitt, Michael/ Seiler, Oliver Einstweiliger Rechtsschutz im Recht der börsennotierten Aktiengesellschaft, in: ZHR 166 (2002), S. 544–584.

Schmidt, Karsten Universalsukzession kraft Rechtsgeschäft. Bewährungsproben eines zivilrechtsdogmatischen Rechtsinstituts im Unternehmensrecht, in: AcP 191 (1991), S. 495–525.

Schmidt, Karsten Gesellschaftsrecht, 4. Aufl., Köln u.a. 2002.

Schmidt, Karsten Zur gesetzlichen Befristung der Nichtigkeitsklage gegen Verschmelzungs- und Umwandlungsbeschlüsse – Eine Ehrenrettung der §§ 14 Abs. 1, 195 Abs. 1 UmwG –, in: DB 1995, S. 1849–1851.

Schmidt, Karsten Reflexionen über das Beschlussmängelrecht – Dogmatik und Rechtspolitik der Anfechtungsklagen für Heute und Morgen –, in: AG 2009, S. 248–259.

Schmidt, Karsten/ Lutter, Marcus (Hrsg.) Aktiengesetz, 4. Aufl., Köln 2020.

Schmitt, Joachim/ Hörtnagl, Robert Umwandlungsgesetz, Umwandlungssteuergesetz, 9. Aufl., München 2020.

Schnorbus, York Analogieverbot und Rechtsfortbildung im Umwandlungsrecht. Ein Beitrag zum Verständnis des § 1 Abs. 2 UmwG, in: DB 2001, S. 1654–1660.

Schockenhoff, Martin Die nachgeschobene Nichtigkeitsklage gegen den Hauptversammlungsbeschluss einer AG, in: ZIP 2008, S. 1945–1951.

Schöne, Torsten Die Klagefrist des § 14 Abs. 1 UmwG: Teils Rechtsfortschritt, teils »Aufforderung« zu sanktionslosen Geheimbeschlüssen?, in: DB 1995, S. 1317–1321.

Schüppen, Matthias/ Schaub, Bernhard Münchener Anwalts Handbuch Aktienrecht, 3. Aufl., München 2018.

Schwarz, Hans-Detlef Das neue Umwandlungsrecht, in: DStR 1994, S. 1694–1702.

Segi, Hiroshi Minji hozen no môshitate to shinri ni kan suru rironjyô, jitsumu jyô no shomondai [Verschiedene Probleme des Antrags und Verfahrens des Zivilsicherungsrechts in der Theorie und in der Praxis], in: Tokyo chisai hozen kenkyûkai [Forschungsgruppe Sicherungsrecht des Distriktgerichts Tokyo], Minji hozen no riron to jitsumu [Theorie und Praxis der Zivilsicherung], Tokyo 1998, S. 103–140.

Seibert, Ulrich Berufsopponenten – Anfechtungsklage – Freigabeverfahren – Haftungsklage: Das UMAG, eine Rechtsfolgenanalyse, in: NZG 2007, S. 841–846.

Seibert, Ulrich/ Schütz, Carsten Der Referentenentwurf eines Gesetzes zur Unternehmensintegrität und Modernisierung des Anfechtungsrechts – UMAG, in: ZIP 2004, S. 252–258.

Semler, Johannes/ Stengel, Arndt/ Leonard, Nina Umwandlungsgesetz, 5. Aufl., München 2021.

Shindô, Kôji Kenri jikkô hô no kiso [Fundament des Rechts zur Anspruchsdurchsetzung], Tokyo 2001.

Shintani, Masaru Kaisha-hô soshô – karishobun no riron to jitsumu [Theorie und Praxis gesellschaftsrechtlicher Klagen und vorläufigen Rechtsschutzes], 2. Aufl., Tokyo 2011

Shirai, Masakazu Soshiki saihen nado ni kan suru sashitome seikyû-ken no kakujyû [Die Ausdehnung des präventiven Unterlassungsanspruchs bei Umwandlungsmaßnahmen etc.] in: Kawasaki/Nakahigashi, Kaisha jiken tetsuzukihô no gendai teki tenkai [Die gegenwärtige Entwicklung des Prozessrechts bei Gesellschaftsrechtsstreitigkeiten], Tokyo 2013, S. 205–222.

Spiegel, Torsten Independent Directors in Japan, in: ZJapanR 46 (2018), S. 85–129.

Spiegel, Torsten Independent Directors in Japan. Die japanische Corporate Governance und effektives Monitoring aus rechtsvergleichender Sicht, Tübingen 2017.

Spindler, Gerhard/ Stilz, Eberhard beck-online Großkommentar AktG, München 2023.

Ständige Deputation des Deutschen Juristentages Verhandlungen des dreiundsechzigsten Deutschen Juristentages, Bd. II/1 (Sitzungsberichte – Referate und Beschlüsse), München 2000.

Ständige Deputation des Deutschen Juristentages Verhandlungen des siebenundsechzigsten Deutschen Juristentages, Bd. II/1 (Sitzungsberichte – Referate und Beschlüsse), München 2008.

Takahashi, Eiji Konzern und Unternehmensgruppe in Japan – Regelung nach dem deutschen Modell? Eine vergleichende Untersuchung nach japanischem und deutschem Konzernrecht, Tübingen 1994.

Takahashi, Eiji/ Fleischer, Holger/ Baum, Harald Unternehmensbewertung im Recht der Aktiengesellschaft: Ein deutsch-japanischer Rechtsvergleich, in: ZJapanR 36 (2013), S. 1–52.

Takahashi, Eiji/ Sakamoto, Tatsuya Practical Experiences with the New Japanese Company Code in 2005/2006, in: ZJapanR 23 (2007), S. 41–50.

Takahashi, Eiji/ Shintsu, Kazunori Einführung des Konzernrechts in Japan: Der Zwischenentwurf und die ergänzenden Erläuterungen, in: ZJapanR 33 (2012), S. 13–19.

Tanahashi, Hajime/ Kihira, Takayuki/ Sekigura, Kenichi/ Matsushita, Akira Corporate M&A. Law and Practice Japan, 2017, abrufbar unter http://www.mhmjapan.com/content/files/00023946/JAPAN%20.pdf.

Takahashi, Hiroshi Career Judiciary, Judicial Reform, and Practicing Attorneys, in: ZJapanR 27 (2009), S. 39–57.

Tanaka, Wataru Kaisha-hô [Gesellschaftsrecht], 3. Aufl. Tokyo 2021.

Tanaka, Wataru Kakushû sashitome seikyû-ken no seishitsu, yôken oyobi kôka [Die Eigenschaften, notwendigen Voraussetzungen und Wirkung verschiedener präventiver Unterlassungsklagen], in: Kansaku u.a., Kaisha saiban ni kakaru riron no tôtatsuten [Das dogmatische Ziel der gesellschaftsrechtlichen Gerichtsverfahren], Tokyo 2014, S. 2–32.

Tanaka, Wataru Soshiki saihen to taika jyûnanka [Die Umwandlung und die Flexibilisierung des Umtauschwerts], in: Hôgaku Kyôshitsu 304 (2006) 75–83.

Timm, Wolfram Minderheitenschutz im GmbH-Verschmelzungsrecht, in: AG 1982, S. 93–108.

Tokutsu, Akira Minjihozenhô idede te kaishahô horobu? Kaishahô ni meibun naki soshiki saihen sashitome seido no kanôsei [Das im Zivilsicherungsgesetz auftretende Gesellschaftsrecht beseitigen? Die Wahrscheinlichkeit einer nicht im Gesellschaftsgesetz ausdrücklich normierten präventiven Unterlassungsklage], in: Hôritsu Jihô 82 (2010), S. 28–36.

Tokyo chihô saibansho shôji kenkyû-kai [Handelsrechtliche Forschungsgruppe des Distriktgerichts Tokyo] Ruikei betsu kaisha soshô II [Gesellschaftsrechtliche Klagen nach Typus unterteilt II], 3. Aufl., Tokyo 2011.

Tokyo Stock Exchange kabushiki gaisha TSE-Listed Companies. White Paper on Corporate Governance 2023, Tokyo März 2023, abrufbar unter https://www.jpx.co.jp/english/equities/listing/cg/tvdivq0000008jb0-att/uorii50000003gfb.pdf.

Uchida, Takashi Minpô III [Zivilrecht III], 3. Aufl., Tokyo 2005.

Ueda, Jyunnko/ Sugewara, Kiyoshi/ Matsushima, Takahiro Kaisei kaishahô. Kaishaku to jitsumu no eikyô [Das reformierte Gesellschaftsrecht. Die Auswirkungen auf Auslegung und Praxis], 2015.

Ukegawa, Kandai Soshiki saihen ni okeru sashitome jiyû no kentô [Eine Untersuchung des Unterlassungsgrunds im Rahmen von Umwandlungen], Business Hômu Vol. 14 No. 11 (2014), S. 95–103.

Upham, Frank K. Political Lackeys or Faithful Public Servants? Two Views of the Japanese Judiciary, in: Law&Social Inquiry, Vol. 30 No. 2 (2005), 421–455.

Vanoverbeke, Dimitri/ Maesschalck, Jeroen/ Nelken, David/ Parmentier, Stephan The Changing Role of Law in Japan: Empirical Studies in Culture, Society and Policy Making, Cheltenham 2014.

Verse, Dirk A. Das Beschlussmängelrecht nach dem ARUG, in: NZG 2009, S. 1127-1132.

Vetter, Jochen Ausweitung des Spruchverfahrens. Überlegungen de lege lata und de lege ferenda, in: ZHR 168 (2004), S. 8–54.

Vetter, Jochen Modifikation der aktienrechtlichen Anfechtungsklage, in: AG 2008, S. 177–196.

Vetter, Jochen Bewertungsrügen im Freigabeverfahren, in: Festschrift für Georg Meaier-Reimer zum 70. Geburtstag, München 2010, S. 819–837.

von Gerkan, Hartwin Gesellschafterbeschlüsse, Ausübung des Stimmrechts und einstweiliger Rechtsschutz, in: ZGR 1985, S. 167–190.

West, Marc D. Why Shareholders Sue: The Evidence from Japan, Journal of Legal Studies 30 (2001), 351–382.

Widmann, Siegfried/ Mayer, Dieter Umwandlungsrecht. Kommentar, 209. Ergänzungs-Lieferung, Stand: November 2023.

Winter, Martin Die Reform des Beschlussanfechtungsrechts – eine Zwischenbilanz, in: Liber amicorum Wilhelm Happ, Köln 2006, S. 363–383.

Witty, Thomas Das neue Gesellschaftsrecht in Japan, in: ZJapanR 23 (2007) S. 185–194.

Yanaga, Masao Shin-kaisha-hô ni okeru kabushiki kaitori seikyûken seido [Das System des Abfindungsanspruchs im neuen Gesellschaftsrecht], in: Kigyôhô no riron. Egashira Kenjirô sensei – Tôreki kinen. Jyôkan [Die Theorie des Unternehmensrechts. Festschrift für Prof. Kenjirô Egashira, Bd. 1], 2007, S. 623–657.

Yanaga, Masao Kaisha-hô Legal Mind [Gesellschaftsrecht Legal Mind], 15. Aufl., Tokyo 2021.

Yanaga, Masao Kaisha-hô hanrei sokuhô [Kurzmittteilung gesellschaftsrechtlicher Gerichtsentscheidungen], Jurist 1567 (2022), S. 2–3.

Zöllner, Wolfgang Evaluation des Freigabeverfahrens, in: Festschrift für Harm Peter Westermann zum 70. Geburtstag, Köln 2008, S. 1631–1647.

Zöllner, Wolfgang Die sogenannte Gesellschafterklagen im Kapitalgesellschaftsrecht, in: ZGR 1988, S. 392–440.

Zöllner, Wolfgang/ Noack, Ulrich Kölner Kommentar zum Aktiengesetz. Band 5-3, 3. Aufl., Köln 2017.

Zweigert, Konrad/ Kötz, Hein Einführung in die Rechtsvergleichung auf dem Gebiet des Privatrechts, 3. Aufl., Tübingen 1996.

Sachregister

Japanisches Recht

Band 1 *Grundprobleme des Zivilprozeßrechts*
Japanische Veröffentlichungen in deutscher und englischer Sprache
Herausgegeben von Prof. Dr. Dr. h. c. mult. Gottfried Baumgärtel
1976. VIII, 285 Seiten. Kart. ISBN 3-452-18193-6

Band 2 *Strafvollzug in Japan*
Von Dr. Dieter Bindzus und Akira Ishii, LL.M.
1977. VIII, 190 Seiten. Kart. ISBN 3-452-18248-7

Band 3 *Gegenwartsprobleme des Verbraucherschutzes*
Berichte über Erfahrungen in Japan und Deutschland
Im Auftrage des Goethe-Instituts Osaka
Herausgegeben von Prof. Zentaro Kitagawa
und Prof. Dr. Manfred Rehbinder
1978. VIII, 180 Seiten. Kart. ISBN 3-452-18425-0

Band 4 *Die japanische ZPO in deutscher Sprache*
Übersetzt von Prof. Dr. Hideo Nakamura und Dr. Barbara Huber
Mit einer Einführung in das japanische Zivilprozeßrecht
Von Prof. Dr. Hideo Nakamura
1978. X, 135 Seiten. Kart. ISBN 3-452-18429-3

Band 5 *Einführung in das Völkerrecht*
Von Prof. Yuichi Takano
1979. XIX, 486 Seiten. Kart. ISBN 3-452-18639-3

Band 6 *Arzneimittelprobleme in Deutschland und Japan*
Bericht über das Deutsch-Japanische Arzneimittel-Symposium am
7. und 8. April 1978 in Osaka, veranstaltet vom Goethe-Institut Osaka
Herausgegeben von Prof. Dr. Peter Badura und Prof. Zentaro Kitagawa
1980. XII, 123 Seiten. Kart. ISBN 3-452-18705-4

Band 7 *Gyoseishido und das Anti-Monopolgesetz in Japan*
Eine Untersuchung über Praxis, Hintergrund und rechtliche Problematik von »Administrative Guidance«
Von Dr. Wolfgang Pape
1980. XXVII, 124 Seiten. Kart. ISBN 3-452-18799-3

Band 8 *Das Tatemonohogohô in der höchstrichterlichen Rechtsprechung Japans*
Rezeption und Handhabung der Gebäudemiete und Grundstücksnutzung im modernen Japan
Von Dr. Roland R. Bahr
1980. IX, 125 Seiten. Kart. ISBN 3-452-18856-6

Band 9 *Das Gesundheitswesen in Deutschland und Japan*
Symposium des Goethe-Instituts Osaka am 9. und 10. November 1979
Herausgegeben von Prof. Dr. Wolfgang Gitter
1982. VII, 202 Seiten. Kart. ISBN 3-452-19062-5

Band 10 *Japanisch-Deutsches Atomrechts-Symposium*
Veranstaltet vom Central Research Institute of Electric Power Industry, Tokyo, und Japan Atomic Industrial Forum, Tokyo, in Tokyo vom 3. bis 5. April 1979 – Referate und Diskussionen
Herausgegeben von Prof. Dr. Dr. Rudolf Lukes und Osamu Saito
1981. VIII, 150 Seiten. Kart. ISBN 3-452-18979-1

Band 11 *Strafrechtliche und strafprozessuale Fragen aus dem japanischen Recht*
Von Kenichi Nakayama, Tatsuo Kagawa, Hideo Sato, Akira Idota und Chihiro Saeki
Ausgewählt, zusammengestellt und bearbeitet von Prof. Dr. Dietrich Oehler
1982. VII, 90 Seiten. Kart. ISBN 3-452-19123-0

Band 12 *Änderung und Wandlung der Japanischen Verfassung*
Von Dr. Reinhard Neumann
1982. XVIII, 239 Seiten. Kart. ISBN 3-452-19303-9

Band 13 *Computer im Dienst der Gesellschaft?*
Bericht über das deutsch-japanische Symposium am 22. und 23. Oktober 1982 in Osaka
Herausgegeben von Prof. Dr. Hans Peter Bull und Prof. Zentaro Kitagawa
1984. XIV, 129 Seiten. Kart. ISBN 3-452-19937-1

Band 14 *Zweites Japanisch-Deutsches Atomrechts-Symposium*
Veranstaltet von Prof. Dr. Dr. Rudolf Lukes, Forschungsstelle Recht und Technik an der Westfälischen Wilhelms-Universität Münster in Münster vom 21. bis 22. März 1983 – Vorträge
Herausgegeben von Prof. Dr. Dr. Rudolf Lukes und Yoshio Kanazawa
1984. X, 186 Seiten. Kart. ISBN 3-452-19918-5

Band 15 *Das japanische BGB in deutscher Sprache*
Übersetzt von Prof. Dr. Akira Ishikawa und Rechtsanwalt Ingo Leetsch, LL.M.
1985. XII, 189 Seiten. Kart. ISBN 3-452-19917-7

Band 16 *Einführung in das Völkerrecht, Band 2*
Von Prof. Yuichi Takano
1984. XVIII, 362 Seiten. Kart. ISBN 3-452-20139-2

Band 17 *Studien zum japanischen Arbeitsrecht*
Herausgegeben von Prof. Dr. Hiroo Mukooyama, Prof. Dr. Kameo Akuzawa und Prof. Dr. Peter Hanau
1984. XXII, 254 Seiten. Kart. ISBN 3-452-20152-X

Band 18 *Grundprobleme des Privatrechts*
Japanische Veröffentlichungen in deutscher Sprache
Herausgegeben von Prof. Dr. Dr. h. c. mult. Gottfried Baumgärtel
1985. VIII, 328 Seiten. Kart. ISBN 3-452-19400-0

Band 19 *Grundprobleme des Zivilprozeßrechts, Band 2*
Japanische Veröffentlichungen in deutscher und englischer Sprache
Herausgegeben von Prof. Dr. Dr. h. c. mult. Gottfried Baumgärtel
1985. X, 261 Seiten. Kart. ISBN 3-452-19401-9

Band 20 *Das Ehescheidungsrecht in Japan*
Die geltende Ordnung vor ihrem sozialgeschichtlichen Hintergund
Von Dr. Wolfgang Humbert-Droz
1985. XXIII, 132 Seiten. Kart. ISBN 3-452-20246-1

Band 21 *Verfassungsrecht (Kempō)*
Von Miyazawa Toshiyoshi
Übersetzt, bearbeitet und herausgegeben von Dr. Robert Heuser und Prof. Yamasaki Kazuaki
1986. XXXIX, 348 Seiten. Kart. ISBN 3-452-20464-2

Band 22 *Das japanische Handelsrecht in deutscher Übersetzung*
Das japanische HGB, GmbHG, HandelsregistrierungsG, RechnungsprüfungsG und die BilanzVO
Übersetzt von Prof. Dr. Akira Ishikawa und Rechtsanwalt Ingo Leetsch, LL.M.
1988. XIV, 306 Seiten. Kart. ISBN 3-452-21076-6

Band 23 *Rechtskräftige Entscheidung und Nachforderung in Unterhalts- und Schadensersatzsachen in Japan*
Zugleich ein Beitrag zur japanisch-deutschen Rechtsvergleichung
Von Dr. utr. Keizo Sakamoto, LL.M.
1990. XXII, 89 Seiten. Kart. ISBN 3-452-21558-X

Band 24 *Geheimnisschutz, Informationsfreiheit und Medien im japanischen Recht*
Von Dr. Jürg Gassmann
1990. LVII, 190 Seiten. Kart. ISBN 3-452-21843-0

Band 25 *Einführung in das Völkerrecht, Band 3*
Von Prof. Yuichi Takano
1992. XII, 248 Seiten. Kart. ISBN 3-452-22401-5

Band 26 *Die Reform des japanischen Internationalen Privatrechts*
Von Dr. Monika Schmidt
1992. XXIV, 104 Seiten. Kart. ISBN 3-452-22436-8

Band 27 *Die Entwicklung des Grundeigentumsrechts im modernen Japan und die* Landpachtgesetzgebung der zwanziger Jahre
Von Dr. Hans Peter Marutschke
1993. XXX, 162 Seiten. Kart. ISBN 3-452-22512-7

Band 28 *Die Entwicklung des japanischen Erbrechts nach dem Zweiten Weltkrieg*
Von Petra Schmidt, M.A.
1993. XXVI, 188 Seiten. Kart. ISBN 3-452-22690-5

Band 29 *Drittes Japanisch-Deutsches Atomrechts-Symposium*
Veranstaltet vom Central Research Institute of Electric Power Industry, Tokyo, in Tokyo vom 5. bis 7. Oktober 1992 – Vorträge
Herausgegeben von Prof. Dr. Dr. Rudolf Lukes und Prof. Dr. Yoriaki Narita
1995. VIII, 178 Seiten. Kart. ISBN 3-452-23131-5

Band 30 *Wandel und Kontinuität im japanischen Adoptionsrecht*
Von Dr. Bernd R. Mayer
1996. XIV, 205 Seiten. Kart. ISBN 3-452-23327-8

Band 31 *Der Verlagsvertrag in Japan und in Deutschland*
Von Dr. Axel Küchle
1998. XIV, 163 Seiten. Kart. ISBN 3-452-24011-8

Band 32 *Der Sanierungsplan nach japanischem Recht*
Von Dr. Fabian Pape
1998. XXIII, 377 Seiten. Kart. ISBN 3-452-24024-X

Band 33 *Arbeitsordnungen und Tarifverträge japanischer Unternehmen*
Herausgegeben von Priv. Doz. Dr. Hans Peter Marutschke
1999. XIII, 282 Seiten. Kart. ISBN 3-452-23920-9

Band 34 *Das japanische Handelsgesetz*
einschließlich des Gesetzes über die Ausnahmen von den Vorschriften des Handelsgesetzes über die Rechnungsprüfung etc. der Aktiengesellschaft
übersetzt von Dr. Olaf Kliesow, Ursula Eisele und Moritz Bälz
2002. VII, 276 Seiten. Kart. ISBN 3-452-25221-3

Band 35 *Das internationale Zivilprozessrecht in Japan*
Von Dr. Anja Petersen
2003. XXV, 626 Seiten. Kart. ISBN 3-452-25223-X

Band 36 *Unternehmenssanierungsrecht in Japan*
Von Dr. Thomas Krohe
2002. XX, 370 Seiten. Kart. ISBN 3-452-25291-4

Band 37 *Vergleichende Einführung in das japanische Arbeitsrecht*
Von Prof. Dr. Satoshi Nishitani
2003. XXVI, 375 Seiten. Kart. ISBN 3-452-25320-1

Band 38 *Hundert Jahre Japanisches Zivilgesetzbuch*
Herausgegeben von Prof. Dr. Rolf Knütel und Prof. Dr. Shigeo Nishimura
2004. VIII, 400 Seiten. Kart. ISBN 3-452-25544-1

Band 39 *Abwehrmaßnahmen börsennotierter Aktiengesellschaften gegen feindliche Übernahmeangebote in Deutschland und Japan*
Von Dr. Shigeo Yamaguchi
2005. XVI, 336 Seiten. Kart. ISBN 3-452-25895-5

Band 40 *Die japanische ZPO in deutscher Sprache*
Übersetzt von Prof. Dr. Dr. h.c. Hideo Nakamura und Dr. Barbara Huber unter Mitarbeit von Nicola Bornkamm, mit einer Einführung in das japanische Zivilprozessrecht von Prof. Dr. Dr. h. c. Hideo Nakamura
2006. XX, 266 Seiten. Kart. ISBN 3-452-26357-6

Band 41 *Beweislast. Schuldrecht – Allgemeiner Teil*
Von Dr. Takuji Kurata, Prof. Shigeru Namiki, Prof. Takao Yamada, Prof. Kazuo Kunii und Prof. Dr. Ichirô Kasuga
Übersetzt von Prof. Dr. Hans-Peter Marutschke
2006. XXXI, 269 Seiten. Kart. ISBN 3-452-26275-8

Band 42 *Verbände und Organisationen im japanischen und deutschen Recht*
Japanisch-deutsches Symposium Osaka 2005
Herausgegeben von Prof. Dr. Dieter Leipold
2006. VIII, 337 Seiten. Kart. ISBN 3-452-26462-9

Band 43 *Restrukturierung von Kapitalgesellschaften*
Ein Rechtsvergleich der Insolvenzrechtsreformen in Deutschland und Japan
Von Dr. Annerose Tashiro
2006. XIII, 327 Seiten. Kart. ISBN 3-452-26559-5

Band 44 *Deutschland und Japan im rechtswissenschaftlichen Dialog*
Symposium der Nihon Universität und der Freien Universität Berlin
Herausgegeben von Prof. Dr. Philipp Kunig und Prof. Makoto Nagata
2006. VIII, 330 Seiten. Kart. ISBN 3-452-26557-9

Band 45 *Das japanische Zivilgesetzbuch in deutscher Sprache*
Übersetzt von Dr. jur. Andreas Kaiser
2008. XLII, 256 Seiten. Kart. ISBN 978-3-452-26958-4

Band 46 *Persönlichkeitsschutz und Eigentumsfreiheit in Japan und Deutschland*
Herausgegeben von Prof. Dr. Philip Kunig und Prof. Makoto Nagata
2009. X, 330 Seiten. Kart. ISBN 978-3-452-27096-2

Band 47 *Recht und Gesellschaft in Deutschland und Japan*
Herausgegeben von Prof. Dr. Dr. h.c. Peter Gottwald
2009. VIII, 180 Seiten. Kart. ISBN 978-3-452-27167-9

Band 48 *Beiträge zur japanischen Verfassungsgeschichte*
Herausgegeben von Prof. Dr. Hans-Peter Marutschke
2011. VII, 235 Seiten. Kart. ISBN 978-3-452-27470-0

Band 49 *Die Verschmelzung im japanischen Gesellschaftsrecht*
Von Dr. Deniz Günal
2014. X, 146 Seiten. Kart. ISBN 978-3-452-28018-3

Band 50 *Aktuelle arbeitsrechtliche Herausforderungen in Japan und Deutschland*
Herausgegeben von Prof. Dr. Martin Henssler und
Prof. Kazuaki Tezuka
2014. IX, 179 Seiten. Kart. ISBN 978-3-452-27923-1

Band 51 *Rechtsvergleichung mit Japan*
25 Jahre Japanisches Recht an der FernUniversität in Hagen: Zu Allgemeinen Rechtsbegriffen und zur Bedeutung der Rechtsvergleichung
Herausgegeben von Prof. Dr. Hans-Peter Marutschke
2017. VI, 231 Seiten. Kart. ISBN 978-3-452-28865-3

Band 52 *Die Bündelung gleichgerichteter Interessen im japanischen Zivilprozess*
Unter besonderer Berücksichtigung der japanischen Gruppenklage
Von Dr. Maximilian Lentz
2017. XIII, 282 Seiten. Kart. ISBN 978-3-452-28940-7

Band 53 *Die Besicherung syndizierter Kredite in Japan*
Eine rechtsvergleichende Untersuchung aus Sicht des deutschen Rechts
Von Dr. Nico Lemke
2026. XV, 207 Seiten. Kart. ISBN 978-3-452-30616-6

Band 54 *Präventive Rechtsschutzmechanismen im japanischen Umwandlungsrecht*
Ein Vergleich der präventiven Unterlassungsklage mit dem deutschen Freigabeverfahren
Von Dr. Veronika Julie Gaile
2026. XVIII, 290 Seiten. Kart. ISBN 978-3-452-30600-5

Japanische Rechtsprechung

Band 1 *Japanische Entscheidungen zum Verfassungsrecht in deutscher Sprache*
Herausgegeben von Prof. Dr. U. Eisenhardt, Prof. Dr. Dres. h. c. H. G. Leser, Prof. Dr. Dr. h. c. M. Ishibe, Prof. T. Isomura, Prof. Dr. h. c. Z. Kitagawa, Prof. Dr. h. c. J. Murakami, Priv. Doz. Dr. H. P. Marutschke
1998. XVI, 559 Seiten. Hardcover. ISBN 3-452-23504-1

Band 2 *Japanische Entscheidungen zum Bürgerlichen Recht*
I. Allgemeiner Teil und Sachenrecht
In deutscher Übersetzung mit rechtsvergleichender Kommentierung
Herausgegeben von Prof. Dr. U. Eisenhardt, Prof. Dr. Dr. h. c. M. Ishibe, Prof. T. Isomura, Prof. Dr. Dr. h. c. Z. Kitagawa, Prof. Dr. Dres. h. c. H. G. Leser, Prof. Dr. h. c. J. Murakami, Prof. Dr. H.-P. Marutschke
2004. XIX, 403 Seiten. Hardcover. ISBN 3-452-25774-6